日本史研究叢刊 34

豊臣政権の形成過程と大坂城

中村博司 著

和泉書院

目　次

第二部　大坂城の構築と秀吉の政権構想をめぐって

序章　豊臣政権形成過程についての研究史

はじめに

羽柴／豊臣秀吉は、天正十年（一五八二）六月に本能寺の変で横死した織田信長の後継者として頭角を現わし、僅か八年後の同十八年七月に小田原の後北条氏を攻めて屈服させ、さらに陸奥黒川に進んで奥羽仕置を行なって天下統一を成し遂げた。この間の秀吉の主な事跡としては、天正十一年の賤ヶ岳合戦・大坂築城開始、十二年の小牧長久手合戦、十三年の紀州雑賀攻め・四国攻めと関白任官、十四年の聚楽第造営、十五年の九州島津攻め、更には十六年に行なわれた後陽成天皇の聚楽行幸などがあり、これらを経て十八年の全国制覇に至るということになろうが、こうした一連の経過のなかで、取り分け政治的に大きな画期として認めるべきは天正十三年七月に行なわれた秀吉の関白任官であろうと思われる。それまでの期間は、いわば秀吉が統一事業を進めるにあたっての政権の枠組みを模索していた時期であるといえようが、関白任官によって成立した政権をもってそれが確定し、以後、その枠組みを保ったまま天下統一への途を歩みだしたという意味で、天下統一に至る八年間を前後に分ける画期となる出来事であったと評価できよう。[1]

本研究の第一部では、秀吉が新たな政権の枠組みを模索する時期としてとりわけ流動的な要素の多い天正十年六月の山崎合戦・清須会議から十三年七月の関白任官に至るおよそ三年間に視座を据えて、この間の秀吉の政権構想にかかわる諸課題を、主として政治史的視角から検討する。これによって、秀吉によって樹立された関白政権の形成過程を明らかにするとともに、それがどのような歴史的意義を有するものであったのか、という政権移行期に特有の深刻かつ豊富な課題に取り組むことを意図したものである。

もちろん、天正十八年に達成された天下統一に至る、秀吉のいわゆる「天下獲り」の経過についてはこれまで多くの研究が蓄積されてきているが、私見によれば、そこには今なお解明しなくてはならない多くの問題が潜んでいるように思われる。とりわけ、上記のおよそ三年間については、天正十一年五月に摂津大坂を本拠地とする中央政権としての秀吉の政権（以下、羽柴時代も含め、豊臣政権という）が樹立された時期であるとはいえ、依然として近隣諸国には多くの政敵を抱えており、そうした状況下での政権の実態や安定性如何という点は、なお充分に議論されてきておらず、検討に値する課題が多々あるのは間違いないところであろう。

こうした認識のもと、本章では本書第一部で扱う豊臣政権の形成過程がどのように扱われてきたのかという観点から、これまでの豊臣時代の枠組みをめぐる研究史を振り返ることによって、秀吉による関白政権が樹立されるに至る経過が研究者によってどのように扱われてきたのかを振り返っておきたいと思う。

ところで、この豊臣政権形成期の軍事的・政治的本拠地となったのが大坂城であり、そういう意味で当該期の大坂城の実態解明は、上記課題と密接な関連を持つものといえよう。しかしながら、豊臣氏の本城たる大坂城についてはそれに留まらず、例えば秀吉が慶長三年、死に臨んで秀頼の伏見から大坂への移居を指示した(2)ように、晩年まで秀吉が一貫して整備してきた城であったことも確かである。したがって、秀吉が如何なる政権構想のもとに大坂城の経営を図ってきたのかという課題が、豊臣政権の全期間を通じてその構想とも密接なかかわりを持つものであることは多言を要しないと思われる。

第二部ではかかる認識を前提として、天正十一年から慶長二十年（一六一五）の落城に至るおよそ三十三年間を視野に収めて大坂城と城下町の築造経過とその実態解明を目指した検討を行なうこととした。そしてさらに、この間、秀吉が大坂城と並行する形で京都において営んだ諸居城との関係性もまたその政権構想に大きなかかわりを持っているとの認識から、最後に合わせてその問題も取り上げることとした。ただ、こうした豊臣期大坂城とその城下町にかかわる研究史は、関係各章の冒頭で言及することとし、ここでは割愛せざるを得なかった。了とされたい。

第一節　明治以降、戦前までの研究

近代における豊臣時代史研究の包括的な仕事は、一九〇七年（明治四十）刊行の渡邊世祐著『安土桃山時代史』（早稲田大学出版部）をもってその嚆矢と認めることができる[3]。同書は、「第一編　安土時代」・「第二編　桃山時代」に分け、信長の生涯、秀吉の生涯をほぼ時系列に沿う形で通史的に概観するもので、列島各地の政治的軍事的動向にも注意を払っているものの、著者の関心は明らかに前者にあって、信長・秀吉による中央政権確立史という色彩の濃い著作であることが窺われる。そしてそれは、冒頭の「要説」に「安土時代は準備的時代にして桃山時代は其功果（ママ）を収めし時代なり」とあるように、秀吉の時代は信長が準備した時代を引き継ぎ完成させたものであるとの認識に裏打ちされている。

さて、同書の「第二編　桃山時代」は、秀吉を主人公に「第一章」で信長在世中の事件を概述した後は、「第二章　山崎の決戦」に始まり、清須会議、信長の追善（以上第三章）、岐阜征伐、伊勢征伐、賤ヶ岳の役（以上第四章）、と時期を追って解説しているが、特に賤ヶ岳合戦については、「羽柴秀吉の柴田勝家を破り滝川一益を下せし以来

（中略）、秀吉天下併呑の端緒を開き毛利、結城、北条等諸氏に書状を送り其志の存ずる所を告げて勢を誇示せり」との評価を与えている。続く第五章に至って「羽柴秀吉の成功」と題して、①大阪築城、②諸将分封、③羽柴秀吉の官位、の各節を掲げ、早くも大坂築城をもって「秀吉大業をなすの開序と云ふを得べし」との認識を示しているのが注目される。その後はまた時間軸に沿って、小牧長久手、紀州・四国・北国攻め、関白任官のことを述べるが、興味深いのは第十三章においてこの間の事績をまとめる形で「昇平熈楽」と題する一章を宛て、延暦寺再興、大仏造営、聚楽の造営と行幸、北野大茶湯、財宝分与（天正十七年の金配りのこと）、検地、の各項目を解説していることである。

同書には、秀吉の国内統一戦争やその時々の造営事業、催事などが項目ごとに論述されており、寛永年間に刊行された小瀬甫庵の手になる『太閤記』以来、江戸時代を通じて実に多くのものが生み出されてきた秀吉の一代記（いわゆる「太閤伝記」）のあらましが、近代の実証的歴史学の装いをまとって再登場した、おそらくこれがその嚆矢であろうと思われる。

続いて一九一一年（明治四十四）、滋賀県大津市で日本歴史地理学会主催による講演会が行なわれ、その講演録をまとめる形で一九一五年（大正四）に刊行された『安土桃山時代史論』（日本歴史地理学会編、仁友社）がある。[4] 同書に秀吉に関連する論文を寄稿した顔触れを見ると、内田銀蔵（「織田豊臣二氏の時代に就きての所見」）、渡邊世祐（「安土桃山時代史概説」）、三上参次（「豊太閤に就て」）、大森金五郎（「秀吉の外征」）、黒板勝美（「秀吉と醍醐三宝院」）、三浦周行[5]（「織田豊臣二氏の法制と財政」）、村上直次郎（「安土桃山時代の基督教」）、福井利吉郎（「桃山時代の美術」）、中山再次郎（「桃山城址」）ら錚々たる学者が名を連ねている。その内容は多岐に渡っているが、今注目したいのは、「秀吉の平和的事業」と題する藤田明の講演録である。

藤田は、本論文において、「私は先づ秀吉一世の間を三期に分けやうと思ひます」として、秀吉の生涯を次の三期に分類した。

第一期：「信長に仕へて居つた時代」

第二期：「信長が歿して後より朝鮮征伐に至る間、即ち天正十年より同十九年までの間」

第三期：「文禄慶長の交、即ち朝鮮征伐を始めてから薨去に至るまで」

そして続いて藤田は、それぞれの時期の意義を次のように述べる。

第一期：「秀吉の修養時代」

第二期：「社会的に最も活動した時代」

第三期：「大成した時代で、寧ろ晩年というべき時代」

そのうえで藤田は、「今日お話ししたいのはこの第二期で、桃山の最盛の時で、凡ての社会的事業に於て最も活動した花やかな時代でありまして、実に仕事が応接に暇がないばかり、百花一時に開くの概がある時であります」といいささか高揚した物言いでこの期を表現した。そして、この期の秀吉の平和的事業を十項目に分けて概説していく。そこには①大阪城の修築、②叡山の再興、③聚楽第の建築、④北野の大茶湯の会、⑤聚楽第行幸、⑥大仏の造営、⑦幣制の改革、⑧金銀の分配、⑨検地、⑩京都市中の整理と伏見城の建築、が含まれている。これら①から⑩に至る事業が行なわれたのは天正十一年（大坂築城）から同二十年（伏見築城）のこと（以下、天正後半期という）であった。

さて、この藤田の論考でひときわ注目されるのは、秀吉の生涯を三期に分けたうえで、天正十年から同十九年に至る十年間をことさら「桃山の最盛の時で、凡ての社会的事業に於て最も活動した花やかな時代」であるとの認識を示したもので、この「花やかな時代」に行なわれた事績が秀吉の平和的事業であったとされる見方は、既に渡邊世祐にみられるところを一歩進めたものであるが、藤田がその意義について、「秀吉の天下統一に対する着眼点が普通でなく、たゞ軍事的行動を以て足れりとせず、寧ろ平和的事業に於てその理想を発現せんとした訳である」と述べ、この秀吉の「平和事業が軍事的行動で人を威圧するよりも寧ろ有力で、（中略）為に天下統一の大業が奏功するを得た」と見なしている点に興味を惹かれる。この見解は、秀吉の天下統一事業が軍事一辺倒では無かったことを明示した初めての見解であろうが、それは遠く後の藤木久志によって提唱される「豊臣平和令」[6]と響きあっているようにも感じられてならない。

それはともかく、一九二四年（大正十三）には田中義成『豊臣時代史』が登場した。これは前年刊行の『織田時代史』とともにその講義ノートを元にして刊行されたもの[7]であるが、第二章「豊臣秀吉の素性」から第二十三章「朝鮮征伐の起因」に至る各章を通史的に概述している。第九章には、「秀吉の経営」として①大坂城の構築、②諸将の分封、③叙任、④改姓など六節が挙げられているが、①の冒頭に「秀吉は勝家を滅ぼすと共に、早くも海内統一の志を立て、越前から凱旋するや同月直ちに大坂築城の計画を定めたり。是即ち天正十一年五月なり」と記して、賤ヶ岳合戦勝利が天下統一への志の出発点になったとしている。次に興味深いのは、第十八章にやはり「秀吉の平和事業」という表題を掲げ、大坂築城以降天正末年に至る事業として①大仏建立、②聚楽第行幸、③北野大茶会、④秀吉の金銀分与、⑤諸国の検地、⑥寺院政策（延暦寺の再興、高野山の再興、本願寺優遇などを含む）の項目を挙げ、天正後半期の事績をまとめていることで、前掲の渡邊著書や藤田論文との関連が強く認められるところである。ただ「第一章　緒言」では、その冒頭に「豊臣秀吉の事業を大観するに、其根本精神は織田信長の遺業を継承せるものに過ぎず」と述べて、その意義をやや軽視する認識を示しており、そこに本書独自の立ち位置を見ることができよう。

さらに、一九二九年（昭和四）には花見朔巳によって『安土桃山時代史』（五月）、『総合日本史大系第八巻　安土桃山時代史』（十一月、内外書籍）の二著作が相次いで刊行されている。特に後者は八百五十頁にも達する大著で、

「前編　安土時代」「中編　桃山時代」「後編　当代文化の諸相」とする三部構成を採る。これも信長と秀吉の生涯を統一政権確立史という観点から時系列に沿って解説したものである。「中編」は「第一章　羽柴秀吉の争覇戦」から「第十二章　秀吉の晩年」に至る構成を採っているが、その第二章三節は「柴田勝家の敗亡と滝川一益の投降」と題し、賤ヶ岳合戦については「秀吉の意気はこの抗争が単に一勝家との勝敗を決するもの、みでなく、実は日本統一成否の岐る、大運命の鍵であることを十分知悉して居た」として、その歴史的意義を強調している。続く第三章は、「豊臣氏飛躍の基礎成る」と題して、①大坂城の経営、②秀吉の栄達と奉行の任命とし、②には秀吉の叙位、諸侯の分封、の細目を立てている。また、ここでも「第九章　豊臣秀吉の対内政策」として、延暦寺再興、大仏造営、聚楽の造営と行幸、北野大茶会、金銀分配、検地など、やはり天正後半期の事績を列挙しているのが注意される。

こうして見てくると、これらの著作にはその構成において共通部分の多いことが看取される。まず、いずれも安土桃山時代史（田中では織田時代史・豊臣時代史）と言いながらその論述の中心は織田信長・豊臣秀吉の生涯を軸とした統一政権の通史的叙述を目指していること、秀吉の政権を信長の事業を完成したものと位置付けていること、天正十一年の賤ヶ岳合戦における勝利が秀吉の天下統一事業に大きな意義を有しているとすること、大坂築城開始をもってその画期と見なしていること、またこうした通史的叙述とは別の形で、大坂築城以降に行なわれた延暦寺や本願寺の再興・大仏造営・聚楽第造営と行幸など、天正後半期に行なわれた諸事業を秀吉の平和的事業として一括して叙述していることもこれら著作に共通する特徴である。特に後者については、この天正後半期が秀吉にとっては国内統一事業を推し進め、完成させる時期であるとともに、中央政権の確立者という立場から社寺造営や聚楽行幸などの諸事業を行なった時期であり、それを顕彰するという意図があるのは明白である。また、関白任官については、いずれもその補任に至る経過を述べることが中心で、前掲渡邊著『安土桃山時代史』の「第八章　秀吉関白宣下」には、菊亭晴季の入れ知恵で関白職や豊臣姓を手に入れたことが述べられており、興味を引かれるが、その歴史的意義についてはあまり語るところがない。

なお花見はさらに一九三四年（昭和九）、岩波講座の一冊として『織田豊臣二氏の統一事業』（国史研究会編）を著わしている。これはそのタイトルにもあるように信長・秀吉の二代にわたる天下統一事業を主題に据えたものである。構成の基本的枠組みは従来と一緒であるが、(8) ここでとくに注意されるのは、「賤ヶ岳役と豊臣秀吉の統一の意志表示」と題する節で前田利家息女摩阿宛羽柴秀吉自筆書状（『豊臣秀吉文書集』(9) 一、866号文書）を紹介するなかで、「これいこむほうなきやうにいたし申候て、五十ねんもくにくしつまり候ように」とあるのを「秀吉の本懐を吐露したもので、諸国住民をして無法暴戻なることを企つるを得ざらしめ、天下の統一、永遠の平和をはからうとしたものである。されば秀吉の天下統一の企画は実に天正十一年の柴田勝家征伐の時を以て公にしたものとも言へるのである」とし、さらに「この役が秀吉の運命を決した重大戦役たると共に、その結果に依りて秀吉はこゝに天下統一の大業に向つて猛進するの手順を開いたものといふを得るのである」と詳しく述べて、この合戦の勝利の意義をことさら強調しているのが注目される。

なお、「第九章　豊臣秀吉の対内政策」と題して、①秀吉の仏教政策、②聚楽第の造営及び行幸、③北野の大茶会、④幣制及び金銀分配、⑤検地付土地制度の変遷、⑥秀吉の対諸侯策、⑦交通政策、⑧秀吉の商業政策と耶蘇教禁止、の各節をもって、天正後半期の諸事業をまとめて叙述しているのは、これまでの諸氏の見解をさらに詳説したものである。

以上、これら管見に触れた戦前の著作を通覧すると、秀吉の生涯における政治・軍事あるいは文化的な主要事跡が網羅的に言及され、またそれに応じて意義・画期を論ずるなど、時代的な制約は当然あるものの、既に戦後の通史的叙述と同レベルに達しており、今日に至る豊臣時代研究の主要な課題が俎上に乗せられていることを感じさせる。

第二節　戦後の研究

戦後になって、皇国史観という桎梏から解放された日本史学界では、堰を切ったように様々な視角からする研究が現われたが、まず豊臣時代史研究についての戦前までに確立された枠組みはどうかという点を一九五四年に出た鈴木良一『豊臣秀吉』（岩波新書）で見ておきたい。同書の構成は、まず大きく二部に分けたうえで、第一部は「武家奉公」から「信長の末期」までを扱い、第二部は「一山崎・賤ヶ岳・小牧の戦」に始まり、「七最期」で締めくくっており、「五世界と日本」を途中に挟んで、前では天下統一の過程を、後では朝鮮侵略をテーマとしている。本書でも『織田信長』（岩波新書、一九六七年）と併せて読めば、織豊二氏の連続性が前提となった記述となっているのが分かるが、朝鮮出兵については戦前までの「有史以来の壮挙」（渡邊世祐前掲書）などという論調が一変して、その侵略的性格を明確に打ち出しているところに、近代の日本帝国主義が行なった朝鮮半島・中国大陸等への侵略戦争に対する深刻な反省が込められていることは明らかである。

そうしたなか、一九六三年に岩波講座『日本歴史』9（近世1）が刊行される。同書では、「近世史概説」（奈良本辰也）に続いて「信長の出現と中世的権威の否定」（今井林太郎）や「豊臣政権論」（朝尾直弘）が配置され、織田信長が中世的権威の否定者、近世の開拓者として位置づけられ、豊臣政権はそれを受けて近世社会を確立した政権とされている。[10]この『岩波講座』の発想も、枠組みとしては信長の革新性を強調し、秀吉をその完成者とした戦前までの議論の延長上にあると言えるだろう。

ところで、朝尾直弘はその前年（一九六二年）に論文「豊臣政権の問題点」（京都女子大学史学会編『史窓』21号）

を発表している。[11]そこでは、豊臣政権という言葉が織豊政権や徳川政権という言葉に比して熟していないとし、「その内容の確定は全く今後の研究に依存している状況である」と述べる一方、「豊臣政権を論ずる際の時期的な範囲をおおざっぱにでも決めておく必要があ」るので、「その間での若干の区分を行な」うとした。これが朝尾による豊臣政権の時期区分の始めであるが、[12]この時点で、朝尾が豊臣政権の「内容の確定は全く今後の研究に依存している」との認識を持っていたのは注意すべきで、豊臣政権という言葉が熟していないという認識とも相まって、図らずもその枠組み研究がいまだ緒に就いたばかりであることを示していよう。こうした認識を踏まえて朝尾は、豊臣政権の形成過程については、大坂築城をもって政権の始まりとすべきだとし、[13]その前提として畿内掌握や京都奉行に前田玄以を任命したことが「秀吉が全国を支配すべき基礎的条件を天正十一年に確立したことを示して」いることからも、「中央政権としての豊臣政権の始期とするに足ると考えられる」とした。そして、その終期を慶長四年閏三月の前田利家の死とし、「第一の時期は、天正十三年七月、秀吉が関白になった時、次に天正十九年十二月、関白を秀次にゆずり、みずからは太閤とよばれて政治の実権を掌握した時期をあげることができる」としている。

ただ朝尾は、一九七二年に著わした「豊臣政権論」（『シンポジウム日本歴史』一〇、学生社）では、豊臣政権を四時期に分けるなかで、[14]第一期は天正十三年七月（関白任官）までで「政権の構想としてははっきり確定していない時期」「政権の形態としては、将軍になるか、関白になるかといった問題があって、その方向をいろいろ模索（中略）している時期である」と述べており、関白任官までは政権の有り方を模索する時期であるとの見解を示している。[15]即ち、大坂築城段階ではその政権が未だ必ずしも安定的ではないとの認識である。そのうえで、はっきりとは書いていないのであるが、朝尾はこの第一期をさらに天正十一年の賤ヶ岳合戦を境に二分しているようで、その勝利をもって「中央権力としての自己を非常に自覚した時期」と規定した。こうしたことからは、豊臣政権の第一期は天正十年六月の山崎合戦や清須会議あたりから十三年の関白政権樹立までとするが、その中間点である十一年四月の賤ヶ岳合戦の勝利をもって、第一期を前後に二分しているように読み取れるのである。[16]

その後、朝尾は、一九八八年の『天下一統』（大系日本の歴史8、小学館）においても、「秀吉が真に天下人の後継者たろうと自覚したのは天正一一年四月、賤ヶ岳の合戦に柴田勝家を破ってからである」とし、これを裏付ける三つの事実として、①大坂築城、②諸大名・直臣の配置換えを実行したこと、③新しく朱印を制定したこと、を挙げた。そして、この戦いではまだ織田家中のライバルを倒したに過ぎなかったので、諸大名統合の権威として将軍職就任を考えたのであるが、小牧長久手合戦において、家康という大きな障壁が立ちはだかったことから、将軍を目指すその権力抗争の転換をよぎなくされた、と「豊臣政権論」と同様の見解を披瀝している。

こうして見てくると、豊臣政権の枠組みにかかる朝尾の主張はおそらく、本能寺の変を秀吉の人生の大きな転換点として、それ以後を大きく四期に分けたうえで、その第一期は関白任官に至るまで、第二期は秀次への関白譲渡、第三期は秀次の追放まで、第四期は秀吉死後の有る時期までとするものである。そして、第一期については、それをさらに賤ヶ岳合戦で二分して、前半は政権樹立に至る準備期間であり、賤ヶ岳合戦の勝利による大坂築城（ただし、朝尾のいうのはそれが決定されたとする天正十一年五月）をもってその後半が始まり、関白任官をもって豊臣政権が確立したとすることであるように思われる。とすれば、賤ヶ岳合戦直後に中央政権としての豊臣政権が樹立され、関白任官によって関白政権としての豊臣政権が確立したとの理解であろう。

以上、ここまでは一九六〇年代から豊臣政権の形成過程について積極的な発言を行なって研究をリードしてきた朝尾直弘の見解を中心に検討してきた。こうした豊臣政権の期分け（時期区分）は、大正期の藤田の論考を除けば、この論点を自覚的に取り上げた初めての成果であるといえよう。ただその朝尾の見解にしても、この問題が取り上げられたのは講演やシンポジウムでの発言を元にした記録でのことであり、例えばなぜ賤ヶ岳合戦の勝利や大坂築城の決定が中央政権の樹立につながるのかといった点についても根拠を挙げて説明されているわけではなく、いまだ議論が尽くされていないようにも見受けられる(17)。

その一方で、ではこの間、他に誰がこの問題に取り組んでいるのかといえば、管見の限りではその名を挙げるのは容易ではない。

ただそうしたなかにあって、小林清治の「秀吉の書札礼」(『秀吉権力の形成―書札礼・禁制・城郭政策―』東京大学出版会、一九九四年)は注目すべき論考である。小林は、秀吉の武家宛書状・直書に見られる書札礼を、筑前守(天正三年七月三日)、五位少将叙任(同十二年十月上旬)、関白就任(同十三年七月十一日)を画期とする四期に分けた。すなわち、「秀吉の書状・直書の書札礼は、Ⅰ藤吉郎期(無官期)、Ⅱ筑前守期(天正三年七月〜)、Ⅲ叙爵少将以後期(天正十二年十月〜)、Ⅳ関白以後期という、秀吉の位官昇進に伴う四つの時期区分に基づく形式群の序列をもって、厚礼から薄礼へという趨勢をたどりつつ展開した」というのである。このように書札礼が、秀吉の地位向上に伴って相手との関係に変化が生じ、それによって一つのまとまりを構成しつつ展開するとすれば、それは本研究のテーマである豊臣関白政権の形成過程ともなにほどかの相関関係がみられてしかるべきであろうと思われるのだが、そういう目でこの論文を見てみると、何点か興味深い現象が認められる。

関白任官が秀吉のたどりついた政権構想の確立・確定を意味するならば、書札礼もこれを画期として「最終段階を迎えるに至」り、一層の薄礼化、尊大化(自敬表現)が進むのは当然の成り行きであろう。一方、天正三年から十二年の間と一括りにされたⅡ期筑前守期のなかには幾つかの小画期があるようである。まず最も厚礼であるⅡA型書状の発給時期について、小林は「最もはやいものでも天正十年七月であり、その限りではこの書札礼は、天正十年六月山崎合戦を契機とする秀吉の実力上昇の結果と見るべき余地も存する」としており(18)、そこに何がしかの画期のあることを予想させる。また天正十一年八月頃に秀吉朱印状(地下宛)が出現することを「天正十一年四月柴田勝家を自刃させた秀吉は、六月大坂城に入ってここを居城とした。(中略)畿内近国を完全に掌握した中央政権の誕生である」こととの関係で評価しており、とすれば、天正十年六月頃（七月にⅡA型が登場）、十一年六月頃（八月に朱印状が登場）にⅡ期の内部で秀吉の地位・立場の変化に伴う書札礼上の小変化が現われているとも言えるのではないだろうか。とすれば、これはまさに豊臣政権形成過程の問題と絡めて考えるべき問題であるようにも思えるところである。

それはともかく、以上に見てきた研究史を通観すれば、豊臣政権の枠組みのなかでその形成過程の実態を如何に見、そこに如何なる歴史的意義を見出すのかというテーマは、明治時代以来の織豊期を扱う通史的叙述のなかで言及され、その限りにおいて概ね共通理解が得られてきたということはあっても、いわば本論に至る前提条件的扱いであって、それ自体が独立した考究の対象になることは、これまで基本的にはなかったと言わざるを得ないように思われる。

第三節　豊臣政権の形成過程にかかわる本研究の立場

ところで、一九五〇年代には既に安良城盛昭の一連の論考[19]が出て、太閤検地の封建革命的意義を唱えることによって、織田・豊臣の時代の断絶が強調されるようになり、また織田政権をなお中世的な残滓を色濃くまとった戦国大名政権の一種とみなし、豊臣政権の登場を待って初めて真に近世的な政権の誕生とみなす脇田修の主張[20]もあって、織田から豊臣への移り変わりの有り様については現在でもなお解決を見ていない移行期特有の課題を抱えているといってもよいであろう。

こうして近年では、織豊政権期を「中近世移行期」という概念で捉え直し、上記のような論点を含みながら実証的な研究が不断に積み重ねられているという状況である。そして、そうしたなかで織田から豊臣への移行の過程についても、秀吉は信長の何を引き継ぎ、何を引き継がなかったのか、という観点からする問題が新たな論点として浮かび上がってきたように思われる。例えば、藤木久志が唱えた「惣無事令」論[21]は、天正十三年の関白政権成立をその前提として実施された豊臣政権独自の政策であると言われてきたが、近年の研究では、「惣無事」の本質は天正十一年に始まり、信長の東国政策を受け継いだものとの見方がなされ、定着しつつあることもよく知られている事例となろう[22]。

そして現在、「戦国史研究会」(一九八五年二月発足)や「織豊期研究会」(一九九五年三月発足)など、当該時代に的を絞った研究会も活発に活動しており、いよいよ豊臣時代をめぐる議論は多様化しているという状況にある。そうしたなか、朝尾の見解が出された六十年代から半世紀を過ぎようとする今になって、ようやく少しずつではあるが、豊臣政権の形成過程を扱った個別研究が現われつつある。しかし、かつて藤田達生が織田・豊臣両政権の関係について今なお共通認識が獲得されていないとし、その要因の一つとして「信長の晩年から秀吉の関白就任に至る政権移行期が、独自の研究対象とならなかったこと」を挙げたが[23]、筆者には依然としてその状況は今日でもあまり変わっていないようにも思われるのである[24]。

本研究が目指したのは、こうした認識を前提として、今一度、新しい論点を示して自覚的にこの織田政権から豊臣政権への移行にかかわる課題と向き合うことであり、それによって、豊臣政権が如何なる経過を経て生み出され、また如何なる計画をもって樹立され、関白政権として確立されるに至ったのかという政権成立にかかわる根本問題に迫ることである。

注

(1) この時秀吉は、関白を頂点とする武家官位制を創出して、武家をも天皇を頂点とする律令制的な位階制度の中に組み込み序列化することによって新たな支配の枠組みを確立し、以後それを実践・拡充していった（一九〇〇年代の主な成果として、宮沢誠一「幕藩制的官位の成立」（『史観』101号、一九七九年）、李啓煌「近世武家官位制の成立過程について」『史林』74―6、一九九一年）、池享「武家官位制の創出」（永原慶二編『大名領国を歩く』吉川弘文館、一九九三年）、下村效「豊臣氏官位制度の成立と発展―公家成・諸大夫成・豊臣授姓―」（『日本史研究』377号、一九九四年。後同著『日本中世の法と経済』続群書類従完成会、一九九八年に収録）などを挙げておきたい）。

（2）「（慶長三年）八月五日付豊臣秀吉遺言覚書案」（早稲田大学図書館編『早稲田大学所蔵荻野研究室収集古文書』下、吉川弘文館、一九八〇年）には「大坂ハ秀頼様被成御座候間」とある。

（3）同書は、一九一六年（大正五）に改訂増補して再刊されている（『訂正増補大日本時代史　安土桃山時代史』早稲田大学出版部）。本稿での内容検討はこれによる。

（4）同書には「明治四四年滋賀県大津市に於て同県教育会と共に夏季講演会を開催して、安土桃山時代及び近江一国の歴史・地理を説きたり」とある。

（5）本書「緒言」あとがきによれば、三浦の論文は刊行に際して新たに寄稿されたものの由である。

（6）藤木久志著『豊臣平和令と戦国社会』東京大学出版会、一九八五年。

（7）田中義成著『豊臣時代史』明治書院、一九二四年。講談社学術文庫（一九八〇年）で再刊されている。本稿はこれによった。

（8）冒頭に「信長の事業の殆ど総てが半途に終り、その後継者たる豊臣秀吉が殆どそのまゝ継承せるものが少なくない。即ちこれ等の事業は織豊二氏にして漸く完成したものと云ふを得べく、従つて之を信長一代の中に説くよりも秀吉と併せて説くことを以て、一層適切明瞭とすべきものが少なくない」としており、信長の事業を継いだのが秀吉であるとするそれ以前の認識を引き継いでいること、明らかである。

（9）名古屋市博物館編『豊臣秀吉文書集』一、吉川弘文館、二〇一五年。なお、本文書集は木下／羽柴／豊臣秀吉の発給文書を年月日順に集成したもので、二〇一九年現在、一～五（永禄八年～文禄元年）が刊行されている。

（10）朝尾は同論文のなかで「豊臣政権の歴史的意義は、近世封建社会の基本構造を確定したところに求められるだろう」と規定する。

(11) 本論文は後、『朝尾直弘著作集』第四巻(岩波書店、二〇〇四年)に収録された。以下、本章で述べる朝尾論文は、すべてこれによる。

(12) 『朝尾直弘著作集』第四巻の解題(藤井譲治執筆)中の「豊臣政権の時期区分」による。

(13) なお、朝尾が大坂築城という場合、前掲前田利家息女摩阿宛羽柴秀吉自筆書状中に見える「大坂をうけとり候て、人数いれおき」の文言が典拠となっているようだが、厳密に言えば、ここでは大坂城を受け取って軍勢を配置することが語られているだけであり、大坂築城に触れている訳ではない。

(14) このことについて、『朝尾直弘著作集』第四巻解題は、朝尾が天正十三年までを第一期とし、「大坂築城」をもってその始期としているとするが、後述するように、朝尾は、大坂築城が豊臣政権の始期ではあっても第一期の始期ではないと考えているのではないかと思われる。注(16)を参照されたい。

(15) なお朝尾は、第二期は天正十三年七月から同十九年十二月までの時期で、「ひとことでいえば、関白政権の時代」であり、第三期は天正十九年十二月から文禄四年八月の豊臣秀次事件までとし、第四期はそれ以降、慶長四年閏三月ないし慶長五年九月、さらには同八年の将軍宣下あたりまでを挙げ、まだ充分考えていないとしている。

(16) 朝尾によれば、「第一の時期は、政権の形態としては、将軍になるか、関白になるかといった問題があって、その方向をいろいろ模索」する時期だとしたうえで、「将軍になろうという一つの表れとして、(中略)中央権力としての自己を非常に自覚した」が、これが賤ヶ岳合戦で柴田に勝利した後の大坂築城の構想にあらわれているとした。しかし、将軍任官は結果的に失敗する(朝尾は「徳川家康との妥協によって、将軍権力の構想が挫折を余儀なくされた」という)のであるから、止む無く秀吉は関白を目指したのだという理解になろう。すなわち、朝尾の考える政権第一期の本質はその安定的確立を目指す時期であることにあり、当初「将軍になるか、関白になるか」を模索した秀吉が、賤ヶ岳合戦の勝利を機に将軍になることを目指したというのであるから、それを境に前後に分けられるということとなるように思われる。

(17) この点について、『朝尾直弘著作集』第四巻解題は、朝尾の時期区分論を扱った論文として、本稿で紹介した①

「豊臣政権の問題点」六二年・②岩波講座「豊臣政権論」六三年・③シンポジウム「豊臣政権論」七二年・④『天下一統』八八年のほか、⑤「幕藩制と天皇」（『大系日本国家史』3、東京大学出版会、一九七五年）を掲げているが、これらはいずれも近世社会を切り開いた統一政権としての織田・豊臣両政権の課題や性格を読み解くことを主眼としている。時期区分ないし政権確立過程はその問題にかかわる限りにおいて取り扱われているにすぎないともいえる。

(18) ただし、『豊臣秀吉文書集』一所収史料を見ると、ⅡA型書状（恐惶謹言　秀吉（花押）―殿人々御中（御報など））の事例は小林が初出とする七月七日（同書「表1―1」による）を遡って、（天正十年）七月三日（織田信孝宛、452号）、（天正十年）六月九日付（織田信孝宛、427号）があるようである。とすれば、七月三日はともかく、六月九日は山崎合戦以前であるから、ⅡA型書状の出現意義には再考の余地がありそうである。

(19) 安良城盛昭「太閤検地の歴史的前提」（『歴史学研究』163・164号、一九五三年）、同「太閤検地の歴史的意義」（『歴史学研究』167号、一九五四年）など。なお、これらの主張の多くは『幕藩体制社会の成立と構造』（御茶の水書房、一九五九年）、『歴史学における理論と実証』第Ⅰ部（御茶の水書房、一九六九年）にまとめられている。

(20) 例えば脇田修「織豊政権論」（歴史学研究会・日本史研究会編『講座日本史』四、東京大学出版会、一九七〇年）。

(21) 藤木注(6)前掲書。

(22) 竹井英文著『織豊政権と東国社会―「惣無事令」論を超えて―』吉川弘文館、二〇一二年。

(23) 藤田達生著『本能寺の変の群像　中世と近世の相克』雄山閣、二〇〇一年。

(24) 近年刊行された堀越祐一著『豊臣政権の権力構造』（吉川弘文館、二〇一六年）では、豊臣政権の政治段階を大きく四期に分けるとし、第一期を天正十三年七月の関白任官（これを堀越は「豊臣権威の確立」と呼んでいる）から同十九年の秀次への関白職譲渡まで、第二期は文禄四年七月の秀次失脚まで、第三期を「五大老」「五奉行」による集団指導が行なわれた関ヶ原合戦まで、第四期はそれ以降とした。すなわち、ここでは朝尾が第一期とし、本研究でも主たる検討対象とする天正十年六月～十三年七月までの期間を、豊臣政権の確立以前の段階として考察の対象外としているのである。こうした事例からも筆者としては、いまだこの時期の歴史的位置付けが明確にはなされていないという研究の現況を感じざるを得ない。

第一部　豊臣政権の形成過程をめぐって

第一章　「清須会議体制」下の羽柴秀吉の政治的立場と課題

――その居城構築と洛中支配・居所のあり方をめぐって――

はじめに

織田信長の政権から羽柴（豊臣）秀吉の政権（以下、豊臣政権とする）への移行にかかわる問題については、これら両政権が近世社会を切り開いた「織豊」政権として統一的に捉えられることがある一方で、前者をなお中世的な残滓を色濃くまとった戦国大名政権の一種とみなし、後者の登場を待って初めて真に近世的な政権の誕生とみなす立場もあって、そこにはなお解明しなければならない、いわば中近世移行期特有の深刻かつ豊富な課題を抱えている。とりわけ、本能寺の変直後に起きた山崎合戦や清須会議、さらにそれに続く山崎築城、北伊勢・賤ヶ岳合戦などを経て、大坂築城の着手にいたる天正十年（一五八二）六月から同十一年九月頃までのおよそ一年数ヶ月間の秀吉をめぐる歴史事象の丹念な解読という仕事は、当該期が極めて流動的な時期であっただけに、豊臣政権初発期の課題とその克服の方向性を考えるうえで大きな意義を有すると言うべきである。

しかしながら、序章でも言及したごとく、これまでこの時期の持つ固有の特質を自覚的に明らかにしようとした研究は、管見の限りほとんど無いと言わざるを得ない。

そこで本章では、天正十年六月二十七日頃に開催された清須会議で約諾された「誓印之置目[1]」がその後の織田一門や宿老衆を規定することとなった点を積極的に評価してこの体制を「清須会議体制」と呼ぶこととし[2]、秀吉が清須会議によってその一角を占めるに至った織田家宿老の立場を脱して自立し、信長の後継者として天下人への道を歩み始めるのがいつ如何なる契機に拠るのかという点を念頭に置きながら、この一年余の秀吉の立場と彼がその克服すべき課題に如何に対処していったのかを探っていきたいと思う。

さて、この時期の主として織田一門・宿老衆の政治的軍事的動向をめぐる先行研究としてまず挙げるべきは、二〇〇六年三月に尾下成敏が著わした「清須会議後の政治過程—豊臣政権の始期をめぐって—」[3]（以下、尾下a論文とする）であろう。これは、「中央政権としての豊臣政権の始期」を天正十一年五月とした朝尾直弘の説[4]を批判する形で、この時期の秀吉が抱えていた課題を織田信雄との関係性において捉えて再検討したもので、秀吉が京坂を中心とする畿内を掌握したという意味での妙顕寺築城が九月であることから、「天正十一年九月こそが豊臣政権の始期と考えられる」と主張した。独自の検証によってこの時期の秀吉の立場を明らかにしようとしたその姿勢は高く評価したい。ただ、尾下はその半年後の同年十月に執筆した論考（以下、尾下b論文とする）では、政権の始期を同年六月下旬〜七月中旬に訂正している[5]。それについて尾下は、それまで信雄を推戴していた秀吉が信雄を排除する方向に舵を切るに至る、その方針変更の時期を、尾下a論文では「天正十一年の六月下旬から九月までの間」としたが、その「時期を今少し詰める作業を行ないたい」とし、信雄の安土退城が同年六月下旬から七月中旬であるので、「豊臣政権の始期は、秀吉の政治方針が転換する六月下旬から七月中旬とせねばならない」とした。すなわち、秀吉の織田信雄からの独立をこの六月下旬〜七月中旬と見なし、これをもって政権の始期としたのである。その結果、朝尾説との時間的な差異は、僅か一ないし二ヶ月となった。しかし、にもかかわらず、秀吉に拠る中央政権確立の契機をこの間の「清須会議体制」の克服の何に求めるのか、という観点から見た場合、筆者にはやはりこの差は大きいものがあるように思われる。

いずれにしろ、これらの尾下論文は、当該期の秀吉の立場を廻る数少ない専論として今も大きな影響力を有するものであり、その後も当該期の秀吉の立場と課題にかかわるテーマについては、尾下論文の成果に負う形での論考が多いように見受けられる。(6)

ともあれ以下、「清須会議体制」の規定性とそれに伴う秀吉の限界性が集約的に表われていると思われるその居城経営をめぐる問題と洛中支配・洛中居所のあり方というテーマについて検討することによって、織田政権から豊臣政権への移行期における諸矛盾の具体相を明らかにするとともに、中近世移行期のなかでもとりわけ流動的なこの時期の歴史的意義を解明する一助としたい。

第一節　羽柴秀吉の居城経営について

1　清須会議から山崎築城まで

天正十年六月二日未明、京都を舞台に引き起こされた本能寺の変は、その十一日後の同月十三日、山崎の合戦において羽柴秀吉・織田信孝方の勝利、明智光秀方の敗北という形で決着が着く。そして、同月二十七日には尾張の清須城に織田家の四人の宿老が集まり、戦後処理の話し合いが持たれた。世に言う「清須会議」である。

この会議では、主として織田家の家督相続問題と信長・信忠および明智領国の再分配問題が話し合われた。このとき、家督問題については織田信雄（信長次男）・羽柴秀吉らと織田信孝（信長三男）・柴田勝家らのグループの対立が表面化したが結局、秀吉の主張にもとづいて信忠嫡男の三法師（後の織田秀信）とし、宿老衆が後見することと決した。そのうえで、安土城の修復がなるまでの当面の間は信孝の居る岐阜城で養育し、その後安土城に移して養育することとなった。(7)

一方、遺領などの再分配問題では、秀吉はそれまでの江北長浜領を手放すこととなり、長浜城には柴田勝家の養子勝豊が入ることとなったが、その一方で秀吉は新たに山城一国と河内の一部を手に入れた。なお、小瀬甫庵の『太閤記』巻三では、養子の羽柴秀勝（信長四男）が得た丹波国を秀吉が得たとしているが、名目上は秀勝領であったとしても、実態はその通りであっただろう。こうしたことも含め、奈良興福寺の多聞院主英俊が「大旨ハシハカマ、ノ様也」（『多聞院日記』天正十年七月七日条）との見解を書き残しているように、清須会議では秀吉の意向が強く反映される結果となった。このことが、柴田勝家らとの間に深い確執を生み、翌年の賤ヶ岳合戦への伏線となったのは言うまでもない。[8][9][10]

ところで、そもそも秀吉は天正元年に信長から浅井長政の旧領を与えられて小谷城に入るのだが、翌二年には改めて湖畔の今浜の地を卜して築城工事を開始し、長浜と改名して新たな居城を構えるに至った。その後、天正五年十月から中国地方を転戦して播磨・但馬・因幡・伯耆・備前・備中・美作などの攻略に携わる（『信長公記』）が、そうしたなかの同八年二月頃、信長から播磨と但馬を与えられ、四月にはそれまでの城主であった黒田孝高から譲られるかたちで播磨の姫路城を修築のうえ居城とすることとなったのである。[11][12]

こうして秀吉は天正八年以降、近江と播磨において二つの城郭を自らの居城としたのであるが、清須会議の結果を受けて近江の所領を失うこととなった秀吉にとっては、今や播磨を中心とする中国地方東部こそがその権力基盤であり、その時点で姫路城が唯一の居城というべき事態に立ち至ったことを確認しておきたい。

このことについて、秀吉は清須会議以後の自らの立場を次のように述べており、播州姫路をその本拠地として五畿内に意見したとの認識を持っていたことが窺われる。

【史料1】（天正十一年）七月二十九日付太田資正宛羽柴秀吉書状（傍線引用者）

去六月廿六日之御札被閲、本望之至候、

（中略）

一去年六月中ニ国之知行分仕、信長御子達事者不及申、宿老共迄令支配、筑前守者有播州姫路、五畿内異見申候処、三七殿・柴田修理亮・滝川左近両三人申合、企謀叛雖令調儀、筑前守不能許容、則江州与越前之境目ニ有之柳瀬表江、去三月馳向致居陣候事、

（中略）

羽柴筑前守
秀吉

（天正十一年）七月廿九日

太田三楽斎
御返報

（『豊臣秀吉文書集』一、744号文書）

こうして唯一の居城を畿内から遠く離れた地に移さざるを得なくなったという状況のもとで、秀吉は会議後間もなく、京都の西南方にそびえる天王山々頂にひとつの城郭を拵えることとした。この地は、琵琶湖から流れくだってきた淀川が山城国から摂河への国境にかかる地点で、その北を天王山が、南を男山が挟むように位置する軍事上・交通上の要衝の地であった。この地峡の北岸の大山崎集落は、中世、石清水八幡宮の神人が荏胡麻の独占的な販売を行なって繁栄し、都市的な発展を遂げてきた場として知られるが、京都から中国地方への大動脈である西国街道が町の中を貫通しており、秀吉にとっては姫路城との連絡を保ち、また畿内やその近国の情報を収集し、五畿内に「異見」するうえでも極めて重要な節所であったといえよう。そのことを充分自覚していた秀吉は、清須会議の終了直後からいち早く天王山の山頂部を中心に、おそらく既存の城郭を大々的に修築する形で、山崎城の築城工事を開始することになるのである。

2　山崎築城とその波紋

山崎城の具体的な築城経緯は不明な点も多いが、山崎合戦後初の上洛を七月八日前後に果たしているから、その頃に具体的な指示を始めたのであろう。『毛利家文書』一に収める七月十七日付毛利輝元宛の秀吉書状が現在までのところこの築城に関する初出史料であるが、この日、『兼見卿記』(天正十年七月十七日条)によって秀吉の在山崎が判明するので、この日以前にすでに普請に取り掛かっていたことは確実である。[13]

こののち山崎築城の記事は暫く見えないが、秀吉は同年八月十一日、惟住(丹羽)長秀に宛てて三法師の安土移座が遅れていることを難詰する次のような書状を出しており、その中で山崎普請のことに触れている。興味深い史料ではあるが、長文なので関係部分だけ掲出する。

【史料2】(天正十年)八月十一日付惟住長秀宛羽柴秀吉書状(傍線引用者)

(前略)

一若子様之儀、未無御越候由候、普請等無出来ニ付而、右之分与相聞候ニ、其方程近候間、貴所被煎御肝候ハて不叶事候、其元御普請をハ先々被置候ても、安土御普請急度被仰付、不被参越候事御油断と存候、左様ニ候へは、其方我等外聞あしく候間、山崎普請をも打置候て、其方同前ニ安土へ罷越可申付候哉、坂本へ成共御越候様ニ可有御馳走儀候条、被入御精尤候、

(中略)

(天正十年)八月十一日　秀吉(花押)

惟五郎左殿

御返報

(『豊臣秀吉文書集』一、476号文書)

これによれば、このとき惟住長秀も坂本において居城普請に取り掛かっていたことが分かるが、安土城の修復の

遅れが三法師をいつまでも信孝の元に留めておく口実とされることを恐れる秀吉は、坂本の普請を中止してでも「安土御普請」を急ぐよう長秀に指示し、場合によっては秀吉自身が山崎普請をも中断して長秀と同様に安土に赴こうかとまで述べている。秀吉の焦慮が伝わってくる文面であるが、同時にこの頃山崎築城工事がたけなわだったことも窺い得る史料である。

ただし、この年八月の秀吉の所在地を確認すると、八月三日に姫路へ「帰城」（『豊臣秀吉文書集』一、471号文書）した秀吉は十一日、惟住長秀に対し、「軈而山崎へ可罷越候」（『豊臣秀吉文書集』一、476号文書）といいながら戻った形跡は無く(14)、逆に二十四日に姫路に赴いた津田宗及が秀吉から「四十石ノ極上半袋」を拝領している(15)から少なくとも八月中は姫路にいたと思われる。総じて七月の着工以来、築城工事は普請奉行に任せ、秀吉自身は姫路にあって領国支配に精を出していたのであろう。

しかし九月に入ると、十五日には「今日冷泉山崎城羽柴筑前守へ礼被申」（『言経卿記』同日条）、また二十五日にも「順慶上洛、明日山崎財寺城越之、為筑州見廻歟」（『多聞院日記』）などと公家や武将の訪問が相次ぐようになり、またそれまで「山崎」という表現だったのが「山崎城」・「山崎財寺城(16)」などと表現されるようになることからも、おそらくこの頃までには城郭としての大要を整えたものであろう。

越えて十月十五日になると「羽柴筑前守山崎城へ、葬已後各被帰了」（『言経卿記』）とあって、この日大徳寺において信長の葬儀を主催した秀吉が京都には留まらず、即時に山崎に帰還したことを報じている。

以上のような経過から考えると、七月早々に着工された山崎城は遅くとも九月中旬頃にはその主要部が完成しており、それに伴って諸人の訪問が増えるとともに、秀吉がここを拠点として上洛したり、本領である播磨や養子秀勝の在城する丹波亀山との間を盛んに往還する様子が窺われるようになる（『兼見卿記』・『言経卿記』ほか）。

こうした迅速な秀吉の新城構築に対して心穏やかでないのは柴田勝家であった。おそらく山崎城の大要が九月中旬には完成していたことを知ったのであろう、十月六日付で勝家は堀秀政に宛てて秀吉の所業に対する次のような糾弾状を出している。ここで、勝家はいわば三法師を織田家家督と仰ぐ者としての正論を吐露しており、これは彼の考えや秀吉の立場また山崎城の位置付けにも関する重要な文書であると思われ、いわば彼等宿老衆に対する「清須会議体制」の規定性が色濃く表われている史料である。ただ、原文は五ヶ条からなる長文なので最初に概要を述べ、関係部分のみ掲出して検討したい。

第一・二条では、秀吉が清須会議で決めた「誓印之置目」を無視して会議で決めたことどもを勝手に変更しているので、諸人が不審に思っていると述べる。第三条では、一方の勝家はどうかというと、清須会議の置目を守って長浜での配分以外は一粒一銭たりとも私していないと言う。さらに第四条では、岐阜の織田信孝の元にあってなかなか安土へ移されない三法師について惟住長秀が岐阜へ申し入れたようだが、自分も「おのおの一同約諾の如く、御座移られ候様にと」信孝と長秀に申し入れたと述べる。ここで勝家も清須での約諾に沿った形での三法師の安土移座を主張しているのであるが、これは秀吉から勝家が信孝方として見られている事に対する弁明であろう。

さて、第五条である。

【史料3】（天正十年）十月六日付堀秀政宛柴田勝家覚書（傍線引用者）

（前略）

一今度上様御不慮之刻、天下不可伴□之処雖相治、イマタ四方ニ御敵在之上、内輪之申事鉾楯ヲ相止、引切其行ヲ、四方へ令馳走者、上様雖無御座、可為本意処、無是非次第存候、家康手前之儀、度々被成御動座、武田一類悉被討果、平均被仰付御跡候、殊更北條事御在世中者、毎時伺御意候処、立所替覚悟、無所存候、誠続目之軍忠、且者一天下之誉不可過之候歟、然而其段ニモ不付手、御分国之内為私構新城、種々雅意何ヲ敵仕如此候哉、於如置目、加様之題目無勿体候、我人間柄悪候共、此般ハ入魂仕、近年上様以御苦労被相治、

御分国御仕置等、不及迄モ可相守之処、結句友喰ニテ相果シ、人之国ニナスヘキ哉、併非本意、天道ニモ可迦歟、其段ニ於相究者、無念至極候事、

已上

柴修

（天正十一年）十月六日　勝家（花押）

堀久太郎殿

（「南行雑録」『大日本史料』十一編之二）

この条において、勝家は次のようにいう。

信長の死去によって天下が不安定となってしまい、いまだ周囲には敵がいる状況だ。今は内輪の揉め事を止め、家中を挙げて敵に対処することが大切で、そうすれば信長がいなくてもうまく行くのに（そうなっておらず）、残念なことである。家康の目の前で（信長は）度々出馬なされ、武田の一類を悉く討ち果たされ平定された。北条は信長在世中こそその意に従っていたが、死後は覚悟を替えてしまった。（今我々が協力して北条を討ち果たしたならば、）信長の後継者である三法師に対する軍忠、天下の名誉にもなるべきところ、（秀吉は）そうしたことに手を付けず、御分国のなかで勝手に新しく城郭を構え、さまざまにわがまま放題にふるまうのは、いったい誰を敵と考えてのことであるかと難詰し（傍線個所）、さらにこのままでは共食いとなって、御分国が織田家以外の人物の領国となってしまうではないかと嘆いている。

こうした勝家の発想の根底には、清須会議でそれぞれが手に入れた領国は織田家家督である三法師からお預かりした「御分国」であるとの認識がある。つまりここで勝家が、秀吉の新たな領国内での新城建設に異を唱えることのできた論理的根拠は、清須会議の結果によって諸将らが分割支配している諸国は、あくまで上級支配者（織田家家督）たる三法師から一時的に預かった上での支配であるとの観念であって、そこにこそ秀吉の行為が「為私構新

城」えたと非難されうる理由があった。そして、このことが「於清須申究誓印之置目」（第一条）に違反しているのだという勝家からの難詰は、秀吉側から見れば、まさに「清須会議体制」下での織田家宿老たる自らの限界性が如実に表出した事態ということとなろう。当然ながら秀吉がこの柴田からの非難に対して反論した形跡は無い。秀吉はこのことについて正面切って反論する論理を持ち合わせていなかったのである(17)。

とはいうものの、秀吉にしてみれば江北の長浜城を手放した今、居城としては畿内から遠く離れた播磨の姫路城しかなくなったのであるから、新たな領国山城をはじめとする畿内やその近国で活動を展開していくためには何としても京都に近い位置に然るべき拠点を確保しておく必要があった。その場所を秀吉が獲得した領内で考えるならば、上述したように、京都に程近く、領国播磨に至る西国街道を眼下に押さえる大山崎以外には考えられないところであろう。山崎築城の継続は秀吉には譲れない一線であった。

3　山崎廃城・姫路城譲渡から大坂入城へ

秀吉は、勝家からの糾弾を受ける前後から自身に近い諸将と談合を重ねるようになる。史料上の初見は九月十八日、吉田神社で行なった長谷川秀一・堀秀政・惟住長秀との談合である（『兼見卿記』同日条）。そして、糾弾後の十月二十八日には惟住長秀・池田恒興に秀吉を加えた「清須会議体制」下の三宿老が本国寺において談合しており、ここで「天下可被相静旨」を決定（『多聞院日記』五付録「蓮成院記録」十月晦日条）していることが注目される。ここでいう「天下可被相静旨」が指し示す事象についてこの後の彼らの行動を見れば、彼らが連合して勝家・信孝を反逆者(18)として追い落とし、彼らの排除を含む最終的な決着を図らんと決したことであったのは明らかであろう(19)。

それを傍証する史料として、この談合に先立つ同月二十一日付の書状で秀吉が、小出秀政以下九名の姫路城留守居衆に対して畿内と近国の情勢が有利に展開していることを伝え、「何も申談、神妙ニ留主儀可申付候」（『豊臣秀吉文書集』一、523号文書）と述べていることを挙げたい。ここからは、この後秀吉が本国播磨の支配を彼らに委ね、自らは長期間姫路を留守にして畿内・北国方面の手当てに専念する決意を持っていたことが窺われる。実際、秀吉がこの後、翌年六月十日頃まで播磨に赴いた形跡はない(20)。

こうして羽柴と柴田との間の軍事衝突は不可避となり、以後秀吉は年末から翌年四月にかけて織田信孝とその同盟者である柴田勝家・滝川一益との戦いや駆け引きに明け暮れることとなる。この後の秀吉の行動を簡単に確認しておくと、十二月七日に京都を発って江州へ赴いた秀吉は長浜城を攻めて柴田勝豊を誘降し（『兼見卿記』）、ついで美濃に移って岐阜城の信孝を降伏させ、二十一日には織田三法師の身柄を引き取って安土に移し(21)、二十九日に上洛・山崎帰城を果たしている（「柴田退治記」『天正記』第二）。その後、秀吉は山崎で越年し、亀山や安土などを訪れたりしているが、翌年二月三日になると、再び江州へ出陣、十日には伊勢に転戦して長島城主の滝川一益と戦っている。そして、三月にはまたも江州へ戻って、四月二十一日勝家との間に最後の決戦となる賤ヶ岳合戦を戦って勝利すると坂本城で戦後処理を済ませ、ようやく六月一日、およそ四ヶ月ぶりの上洛を果たすことになる（天正十一年には閏正月がある）。

なお、この坂本での戦後処理の最中に、秀吉は前田利家息女摩阿に宛てて次のような自筆の書状を出して、近く大坂城に入るつもりであること、そして大坂を拠点にして全国平定を進めることを述べており、秀吉の天下統一への意志を読み取ることができるものである。

【史料4】（年月日欠）摩阿宛羽柴秀吉自筆書状（傍線引用者、猶書省略）

いそき其方へまつ〳〵参可申候へとも、さかもとニ居申候て、大ミうちのちきやうあらためさせ、又ハしろともわらせ申候て、こゝもとひまをあけ候ハゝ、大さかをうけとり候て、人数いれおき、くに〳〵のしろわり候て、これいこむほうなきやうニいたし申候て、五十年もくに〳〵しつまり候ようニ申つけ候、かしく、

より
ま阿　　　　ちくせん
まいる　御返事
（『豊臣秀吉文書集』一、866号文書）

そして、『多聞院日記』天正十一年五月二十五日条には「大坂ヲハ池田紀伊守ヨリ筑州へ渡了、池田ハ濃州へ入了」とあるので、この日、それまで摂津国の大半を領し大坂を押さえていた池田恒興父子が、秀吉によって美濃へ移されたことが分かる。

ところで、正月を山崎城で過ごした秀吉は、閏正月五日には城内で茶会を開くなどしている（「宗及他会記」）が、山崎城の役割は賤ヶ岳合戦に秀吉が勝利したことによって突如終わりを迎えることとなった。すなわち、その在城記事は天正十一年六月三日（『兼見卿記』同日条）を最後に見られなくなるのであって、その後いったん大坂城に入った秀吉は同月十日頃に播磨に下向して姫路城に入るが、同月下旬に改めて大坂城に入りそのまま在城[22]、二度と山崎城に戻ることはなかった。そしてその山崎城はといえば、次のように翌年三月には天守が破却され、廃城とされたのである。

【史料5】『兼見卿記』天正十二年三月二十五日条

松田勝右衛門尉所へ遣喜介、今朝山崎之天主ヲ為壊取、奉行罷越之由申了、四五日滞留之由申了、

（史料纂集『兼見卿記』二）

それが意味することは、上述したように、山崎城が播磨に本拠地を持つ秀吉にとって山城・河内をはじめとする畿内とその近国や京都における諸活動を円滑に行なうための拠点であったことに尽きるものと思われる。従って、秀吉が政権の本拠地を播州姫路から摂津大坂に移そうとする以上、もはや山崎城の存在意義は消滅せざるを得なかったのであろう。勝家からの糾弾を受けた山崎城とは、元々こうした存在だったのである[23]。

一方、この時の秀吉の播磨下向の意図についてはどうであろうか。それについては次のような史料がある。

【史料6】『浅野考譜』（天正十一年条）

一（天正）十一年癸未年、秀吉姫路に帰城有て、播州を八舎弟羽柴美濃守秀長に譲しかハ、則秀長の城代木下右衛門佐勝利と、長吉入替て後、秀吉、長吉ともに上洛す、（『大日本史料』十一編之四）

つまり、秀吉の播磨下向の意図は一度大坂入城を果したという実績を踏まえたうえで、それまでの本国播磨と姫路城を弟羽柴秀長（後の豊臣秀長）に譲るためだったというのである。[24] とすればこの本国播磨と姫路城を弟に譲り、いまだ築城に着手していない大坂に拠点を移すという秀吉の思惑はどのあたりにあったのだろうか。

ここで思い起こされるのが、天正三年十一月に「尾州・濃州」二国と居城岐阜を嫡男信忠に譲ったうえで、翌年正月を期して新たに近江の安土に築城を開始せんとした織田信長の事例である（『信長公記』巻八・九）。そこには信長自身によって、美濃を本拠とする一地方政権から天下に号令せんとする中央政権への脱皮を演出しようとする意志が如実に感じられる。

とすれば、この秀吉による播磨委譲・大坂移座も、それまで播磨姫路を本拠地とする一地方権力に過ぎなかった秀吉の政権が、賤ヶ岳合戦の勝利を受けて摂津大坂に本拠地を構える中央政権に脱皮せんとすることを秀吉自らが演出するものだったといえるのではないか。信長の後継者であることを強く意識する秀吉が、今や勝家・信孝を倒して後継政権の樹立を狙う地位に立ったことを宣言するために、信長と同様の演出を目論んだ可能性があると考えたい。

ここで、この頃の秀吉が示した大坂城評価にかかわる記録を見ておきたい。

【史料7】『川角太閤記』巻二（傍線は引用者）

一筑前守殿所より大坂の御番衆江被仰聞御内証は其城何方へも被相渡ましく候、其子細ハ上様の御跡御次可被成天下人江目出度可被相渡候、其内ハ御番衆油断不可有候事御尤に候と被仰渡候故、御留守居衆御門〳〵を

相かため中々聊爾に可相渡共見えさりけれハ三七殿も丹羽五郎左衛門殿も国々へ一先御入候、（以下略）
（『改定史籍集覧』新加通記類第六）

これは、天正十年六月上旬、本能寺の変報を得た秀吉が備中高松から摂津に戻る途中で出した指示にかかわる記事である。ここで秀吉は大坂の御番衆に対して、その城は誰にも渡すなと命じているが、その理由として大坂城が信長の後を継ぐべき天下人に渡されるべき城であるとの認識を示している（傍線個所）。この時、実際にこうした命令を実際に秀吉が発したのかどうかは大いに疑問だが、翌年の賤ヶ岳合戦直後のすみやかな大坂獲得宣言（前掲【史料4】）を見れば、ここに示された大坂城観については、当時の秀吉が抱いていた考えと見なしても差し支えないように思われる。

いずれにしろ、ここに秀吉の政権は、播磨を本拠とする一地方政権から、畿内枢要の地である摂津大坂を本拠地とする中央政権へと脱皮したといえる。[25] そして、これら山崎・姫路の放棄と大坂獲得という事態について織田家家督の名代である織田信雄の意向を窺った形跡が一切ないことからすれば、[26] この居城経営という観点から見る限り、秀吉の織田家宿老という立場からの離脱はまさにこの時に始まったと見なすべきであろう。

第二節　羽柴秀吉による洛中支配の様相

1　織田信雄の立場―家督か名代か―

行論の関係上、秀吉の洛中支配の様相を検討する前に、あらかじめ当該期における織田信雄の立場について見ておきたい。

尾下ａ論文は、天正十年十月、秀吉らはそれまで三法師を家督としていた立場を改め、信雄を家督に擁立して主従の関係を結んだという。尾下はこれを「清須会議の決定事項を反故にする（中略）クーデター」と呼んで、その画期性を示そうとした。尾下はその論拠の一つとして「秀吉が三法師の家督相続に固執していたのが十月二十二日までであり、その後固執した形跡がない」とするのであるが、その後固執したことを示す史料が紹介された。そもそも秀吉が十二月に岐阜城を攻めるのも、三法師をなかなか手離さない信孝に対して業を煮やした秀吉による示威行動であったのであって、秀吉の包囲網に孤立した信孝は三法師を手離すとともに、実母を人質として秀吉に指し出して降伏しているのである。そして、これまで三法師がいついかなる状況下で安土に至ったかを示す史料は見つかっていなかったが、二〇〇八年、滋賀県立安土城考古博物館に次の新出史料が所蔵されるにいたった。[27]

【史料8】（天正十年）十二月二十一日付遠山佐渡守・同半左衛門尉宛羽柴秀吉・惟住長秀・池田恒興連署状

御状拝見候、仍而此表之儀、三介様御名代ニ相究、若子様今日請取申、致供奉候、当国不届仁者曲事ニ相臥、悉一篇ニ申付候条、可有其御心得候、将亦委儀森勝可被申候、恐々謹言

（天正十年）
極月廿一日

羽筑
秀吉（花押）

惟五郎左
長秀（花押）

池勝
恒興（花押）

遠山佐渡守殿
同　半左衛門尉殿
御返報

（『豊臣秀吉文書集』一、544号文書）

この史料によって、三法師は天正十年十二月二十一日に、他ならぬ羽柴・惟住・池田の三名が供奉して安土へ送られたことが判明した。ここからは、秀吉が三法師に固執しなくなったどころか、三法師を織田家家督として固執していたため、信孝を岐阜に囲んでまでして三法師の身柄を確保したという事情が読み取れる。そして、安土への送り届けが四宿老のうち、柴田を除く残りの三名によって行なわれたことは、秀吉や信雄個人の思惑ではなく、「清須会議体制」の置目に沿う形で実行されたものであることをも示していよう[28]。

そこで、この間の秀吉の動きを、あくまで三法師が織田家家督であったとの前提で読み解いてみるとどうなるだろうか。

当初、清須会議の決定は、織田信孝を三法師の後見として安土城に移すまでの間、岐阜城内で養育するというものであった[29]。しかし、信孝は安土城の整備が整わないことを理由に三法師を手離そうとしない（【史料2】）。十月、信孝から柴田との仲を仲介すべく持ちかけられた秀吉はこれに反論し、「一書幷誓紙血判之筈、相違申候」として柴田を糾弾する（（天正十年）十月十八日付斎藤玄蕃允（利堯）他宛書状写『豊臣秀吉文書集』一、512号文書）。ことここに及んで秀吉と信孝・勝家との手切れは決定的となったのである。その直後の十月二十八日、秀吉・惟住・池田の三宿老は本国寺で談合して、先に見たように、「天下可被相静旨」を決定している（『蓮成院記録』十月晦日条）。

それを受けて出された十一月一日付の石川数正宛秀吉書状（注(17)引用史料）によると、三七殿（信孝）が「誓紙之筈被相違」れ、柴田の「所行」を以て「被企御謀叛」ているのでその地位から追い落とし、三宿老として三介殿（信雄）を新たに「御代ニ相立馳走」するといっている。このことについて、三法師を織田家家督とする立場からいえば、この信雄擁立が「クーデター」という表現でいわれるような政権奪取行為などではなく[30]、あくまで清須会議での取り決めに従わないと秀吉らが認定した信孝を三宿老として三法師の後見役から追放し、その地位を三介様（信雄）へ変更すること、すなわち「清須会議体制」の枠内においての措置であったとすることで足りるのであって、ことさらそれまでの「清須会議の決定事項を反故にする」ような政変だと見なす必要はないであろう。

　そして、秀吉はこれ以降、信孝から三法師を奪い返すための軍事行動へと打って出るのであるが、これに関して尾下は、(天正十年)十二月二十一日付和田助右衛門尉宛羽柴秀吉・惟住長秀・池田恒興連署状写(『豊臣秀吉文書集』一、546号文書)に「今度三介様御家督之儀」とあるのを、文字通り信雄が「織田家督」の地位に付いたことを示すと理解するが、同日付で三法師の安土移送を報じた三宿老連署状(【史料8】)のなかに「三介様御名代ニ相究」の文言があることと合わせて理解すれば、ここでいう「家督」は三法師を戴く立場、すなわち「名代」の義だとせざるを得ないであろう。

　こうした検討の結果、尾下の想定に反して秀吉は信雄を三法師の後見人以上の何者とも見ていなかったことが明らかとなった[31]。秀吉が信雄に臣従したのは、あくまで織田家家督たる三法師の後見役としてという意味においてであった。

2　京都奉行をめぐる通説と前田玄以登用の意義

　続いてこの時期における京都奉行(後の京都所司代)の様相について見ていく。

　山崎合戦後の京都支配を担当した京都奉行の顔ぶれについて通説では、柴田・羽柴・惟住・池田の織田家四宿老が交代で家臣を京都に送って支配させたが、秀吉の権威が上がるにつれて、惟住・池田は遠慮し、翌年正月からは秀吉の家臣のみが京都奉行の地位に就いた、とするものであった[32]。これに対して、豊臣期の京都支配の特質を解明するなかで京都奉行／京都所司代に着目した伊藤真昭は、山崎合戦直後から京都奉行の地位に着いたのは秀吉の家臣のみであったことを明らかにした[33]。伊藤の研究はこれまでの通説に大きな変更を迫るものであるが、良質の史料に裏打ちされたその見解は尊重すべきものであろう。

ここで、伊藤の研究に導かれて京都奉行／京都所司代の顔ぶれの変遷について私見によって期分けをすれば、（**表1**）のようになる。

表1　京都奉行・所司代の期分け（天正十年六月～慶長三年八月）

第1期	桑原貞也の時期＝［天正十年六月十三日～八月七日］ 桑原は秀吉が山崎合戦に勝利した六月十三日、いったん入京した時に京都支配を任された人物で、事績はあまり明らかではないが、秀吉子飼いの家臣である。秀吉は合戦直後の治安安定等を期待したのであったが、それに充分応ずることはできなかったようで、わずか二ヶ月足らず後の八月七日に罷免されている。
第2期	杉原家次・浅野長吉（二人制）の時期＝［天正十年八月七日～十月二十五日カ］ 杉原・浅野両名は、桑原が罷免された当日に任命されたのであるが、いずれも秀吉内室の縁者であり①、秀吉股肱の家臣であったことはいうまでもない。ここで京都奉行が二人体制となるのは、一人体制ではまだこの混乱期を乗り切るのに不十分との伊藤の評価がある。
第3期	杉原家次の時期＝［天正十年十月二十五日カ～天正十一年五月二十日］ 伊藤は、同年十月の紀州攻め計画によって浅野が外れ、ふたたび、杉原一人の体制となり、翌年五月に前田玄以が新たに任命されるまで続いたとする。
第4期	杉原家次・前田玄以（二人制）の時期＝［天正十一年五月二十一日～十一年八月四日頃］ 同十一年五月二十一日には、前田玄以が織田信雄に任命される形で京都奉行に就任した。ただし、杉原の発給文書が同年八月四日まで存在することから、伊藤はこの間約二ヶ月余はふたたび二人制になったとしている。
第5期	前田玄以（一人制）の時期＝［天正十一年八月五日以降～文禄四年八月初旬頃］ この期は京都奉行期と京都所司代期の二期に細分できる。 第5—a期（京都奉行期）＝［天正十一年八月五日以降～十三年七月十一日］ 第5—b期（京都所司代期）＝［天正十三年七月十一日～文禄四年八月初旬頃］

	伊藤は朝尾直弘の見解を批判的に継承し、天正十三年三月の秀吉の内大臣任官によって、京都奉行を改めて所司代が成立し、秀吉の関白就任と玄以の昇殿により名実ともに所司代制が成立したとする。② そして、この体制が、文禄四年七月の秀次事件を受けて三名体制に移行するまでの長期間続くこととなる。
第6期	前田・石田三成・増田長盛（三人制）の時期＝［文禄四年八月～慶長三年八月］ 文禄四年七月のいわゆる関白秀次事件によって、石田・増田の二名が加わり、職掌を分担した。「京中の儀ハ石田・右衛門尉両人奉行之由候、民法ハ公家・門跡・諸五山申次之様ニ申候」（「古文書纂」）とあるが、秀吉の死去によって瓦解した。

※主として伊藤真昭著『京都の寺社と豊臣政権』によるが、文責は筆者にある。
①杉原家次は秀吉室の叔父であり、浅野長吉はその妻が秀吉室の妹という関係にある。
②ただし『寛政重修諸家譜』前田玄以の項には「十三年七月諸司代となりて」とある。

さて、京都奉行／所司代の顔ぶれの変遷が以上のようなものであったとして、では天正十一年五月二十一日、信雄による前田玄以の京都奉行就任にはどのような意義があるのであろうか。奉行就任にかかわる玄以宛織田信雄判物から見ておきたい。

【史料9】 天正十一年五月二十一日付前田玄以宛織田信雄書状（傍線引用者）

一京都奉行職事申付訖、然上公事篇其外儀、以其方覚悟難落著仕儀有之者、相尋筑前守、何も彼申次第可相極事、
一於洛中用事有之者、信雄以墨付、何時も可申出候、不然者、下々申越候共、不可信用事、
一其方事程隔候て、自然讒言云成等事在之者、直ニ申聞可随其、不申出以前者、如何様之取沙汰雖有之、聊不可気遣事、
　　右条々、可成其意候也、
　　　天正拾壱年
　　　　五月廿一日　　　　　　信雄判

玄以

（「古簡雑纂」『大日本史料』十一編之四）

尾下a論文は、この信雄による玄以の奉行職下命をもって「信雄が京都の掌握に乗り出した」と評価する[34]のであるが、当時秀吉と「対抗関係にあった」と評価する信雄が出したものとしては第一条の傍線部分がいかにも奇異に感じられる。なぜ、そうした状況下でこのような文言を入れる必要があったのであるのか疑問である。さらに、この件については秀吉側からも玄以の京都奉行就任について次のような発言が見られることに注意したい。

【史料10】「柴田退治記」

（上略）洛中洛外の成敗する所の者半夢斎玄以なり、若年より智恵専ら深ふして私曲無し、秀吉これを知るによりて奉行を定むる者也、若又法度の外（理非を）決断せ（ざ）るときんは秀吉是を糾明し、（下略）

（慶長元和古活字版『天正記』第二）[35]

これは奥付によって同年十一月中に秀吉側近の大村由己が書いたと認められる記録であるが、玄以の素質を高く評価する秀吉が京都奉行に定めたものとしており、やはり先の信雄判物と同様、玄以が理非の判断に迷ったならば秀吉がこれを糾明するとしている。

こうしたことからすれば、玄以の京都奉行任命は信雄が自主的に単独で行なったのではなく、秀吉との合意の上でなされたものと考えられる。つまり、この奉行職任命は信雄と秀吉が単純に「京都の掌握をめぐり対抗関係にあった」ことを示すものではなく、少なくとも両者の合意に基づいた措置であることを証するものであろう[36]。

そもそも、「清須会議体制」下での洛中支配については、（天正十年）六月二十七日付で上下京中に宛てた四宿老連署状に「洛中政道方、先奉行裁許、於順路者、可為如其置目候、若非分族於在之者、被成御改」（『豊臣秀吉文書集』一、445号文書）とあって、まず京都奉行による裁許があり、筋目通りであれば認め、非分があれば（宿老が）糾明するというのである。そして奉行については六月十三日以来京都を押さえていたという実績を踏まえて秀吉から出すことが認められていたのであるが、それにもかかわらず、秀吉の洛中支配は安定したものとは言い難かった。そのことは、（**表1**）にあるとおり、天正十年六月から翌年八月に至る一年間余で、京都奉行の顔ぶれは、桑原貞也→杉原家次・浅野長吉→杉原→前田玄以・杉原→前田と、目まぐるしく変わっていることからも窺われるのであるが、秀吉の代官たる京都奉行がこの時期にかくも変遷するのは、桑原の力量不足はともかく、これ以降も秀吉が自らを取り巻く敵対勢力への対処に苦慮していたことを示すものだろう。(37)

そうした中、玄以が京都奉行に任命された天正十一年五月二十一日といえば、前節で見たように秀吉が賤ヶ岳合戦の戦後処理を近江坂本で行なっており、近く本拠を大坂に移さんとしていた時期であった。こうした時に、従来の杉原では任に堪えないと判断(38)し、かねて「若年より智恵専ら深ふして私曲無し」と評価していた玄以をその後任に据えたいと考えたとすれば、その任命にあたっては織田家名代たる信雄を通じてという形を取ることしかできなかったであろう。織田信雄による任命という形を取ったのは、それまでの京都奉行が秀吉家臣であったのに対して、織田家家臣であった人物を取り立てようとしたための必要な手続きであったのである。

すなわち、玄以の奉行就任は、「清須会議体制」に則した形で織田家家督名代の下命という形を取ってはいるが、「以其方覚悟難落著仕儀有之者、相尋筑前守、何も彼申次第可相極事」（【史料9】）などという文言を見ても、秀吉主導の許に行なわれたと見るべきであって、むしろこの頃、秀吉による京都支配が着々と進みつつあることを証していることが分かろう。こうした点からも、そもそも藤田(39)や尾下（a論文）の言うような、信雄がこの時期に「京都の掌握に乗り出した」などという事態が本当にあったのかは極めて疑わしいと言わねばならない。

以上によって、前田玄以が京都奉行に任命されたのは、近江坂本における戦後処理の一環として秀吉によって行なわれたと考えられるが、とすれば以後、玄以による京都支配が安定して長期間推移していくことからも、前節で見た居城の有り方と同様、やはりここで明らかに秀吉の立場に大きな変化が生じたことを示すものであろう。(40)

3　秀吉在京時の宿所をめぐって

次に、この時期に秀吉が上洛し在京した時の居所（宿所と会合場所をいう）の様相を検討したい。まず天正十年七月から同十一年々末にいたる時期の秀吉在京時の居所表（**表2**）を掲げる。(41)

これを一瞥すれば、この時期の秀吉の京都における居所は一定せず、上洛する必要が生じるごとに本国寺・吉田神社・慈照院といった寺社のほか「三条伊藤所」（伊藤秀盛邸）や徳雲軒全宗邸といった、洛中に屋敷を構える家臣や医師の屋敷に滞在するというスタイルをとっていたことがわかる。

これは如何にも便宜的な居所のあり方というべきで、そのことはたとえば『言経卿記』天正十年九月十七日条に「明日卅三間［堂脱カ］談合有之」としながら、実際は翌日「吉田ニテ談合也」とあって談合場所の変更が行なわれているところにもその一端が窺えるのであるが、こうした事態が解消され、秀吉が洛中において安定した居所、とりわけ宿所を得るようになるためには、やはり賤ヶ岳合戦の勝利によって秀吉の立場が大きく変わる必要があったのである。(42)

このことを考えるうえで重要なのが、天正十一年九月に大坂築城と並行して二条西洞院の法華寺院妙顕寺を取り立てて普請を命じた妙顕寺築城工事であった。

秀吉は、九月一日から始めた大坂築城工事とほぼ並行する形で、日蓮宗の妙顕寺を在京時の宿所とすることに決し、(43)九月中旬頃には築城に着手している（『兼見卿記』天正十一年九月十一日条）。妙顕寺普請の具体的な経緯はまだ不明な部分が多いが、同年十一月八日には初めて妙顕寺への入城を果たしている（『兼見卿記』同日条）。そしてこれ以後、天正十二・十三年にかけての秀吉上洛時の宿所は、十二年十一月二十五日の「徳雲軒所」（『兼見卿記』同日条）を除けばことごとく妙顕寺城であった。

ただし、この妙顕寺城が過渡的な性格を持っていたことが次の史料から推測し得る。

表2　天正10年7月～11年12月の秀吉在京時の居所（★は天正11年）

	1回（=①）	2回（=②）	3回（=③）	4回（=④）
本国寺	7/8 or 9 or10～13（3～5泊）	7/19（1泊カ）	10/13～15（2泊）	10/27～11/3（6泊）
吉田社	9/18（相談）	11/10（対談）		
伊藤邸	9/17～22頃（5泊カ）	12/3～7頃（4泊カ）	★6/3（立寄）	★7/21～22（1泊）
徳雲軒	12/5（相談）	★6/2～3（1泊）		
慈照院	★6/1～2（1泊）			
妙顕寺城	★11/8～14頃（6泊以上）			
不明	★閏1/4（立寄）	★閏1/15～23（8泊）		

本国寺＝①7月8～10日、三法師を擁しての上洛。②7月19日、宿所カ。③10月13日、播磨から上洛。15日は大徳寺にて信長葬儀。④10月27日＝山崎から上洛［10月28日秀吉・惟住・池田が談合］。

吉田社＝①9月18日相談［秀吉・長谷川秀一・堀秀政・惟住］。②11月10日対談［秀吉・惟住］。

伊藤邸＝①9月17日頃山崎から上洛。②12月3日～6日頃山崎から上洛［12月4日対談、秀吉・惟住］、7日に江州へ。③11年6月3日、立寄カ。④11年7月21日、大坂から上洛。

徳雲軒＝①12月5日相談［秀吉・惟住］。②6月2日、大徳寺で信長一周忌。

慈照院＝①6月1日坂本から上洛。

妙顕寺城＝①11月13日坂本へ下向の所、延引して滞在を続ける。←この年はこの一度のみだが、翌年2月から13年10月まで11回滞在。

不明＝①亀山から上洛。この日の内に山崎下向か。②17日秀吉は、茶之湯のため「小座敷之間」に居る。

【史料11】『貝塚御座所日記』天正十三年六月七日頃条（傍線引用者）。

京都ニハ玄以宿所、元妙願（顕）寺ト云寺也。ソレニ要害ヲカマへ、堀ヲホリ、天主ヲアゲテアリ。秀吉在京之時ハ、ソレニ御座候也。常ハ玄以ノ宿所也。（『真宗史料集成』第三巻）

すなわち、秀吉が確保した新しい京都での宿所妙顕寺城は、普段は京都奉行である前田玄以の宿所であり、秀吉が上洛する時に滞在するという形の宿所であった。これは、前代の洛中寺社や町人屋敷を宿所とするあり方からは明らかに一歩進んだ滞在の仕方であるといえようが、それでも、玄以との共用というのはやはり便宜的なあり方という側面は免れないように思われる。その克服は天正十三年七月に秀吉が関白となり、京都における関白公館の必要から翌年二月を期して大々的に開始した聚楽第造営を待たねばならなかったのである。

ところで、ここで注意しておきたいのが大坂築城や妙顕寺築城の開始をもって、秀吉の立場の変化が天正十一年九月からとする見解である。例えば藤田達生は、大坂築城が九月一日に開始されることをもって、「信雄に対して程なく「天下」を簒奪すべく挑発的な行動を開始」したとしている[44]。また、尾下a論文は妙顕寺城の築城開始をもって政権の始期とした（尾下がその後、この説を撤回しているのは、「はじめに」で見たとおりである）。しかし、九月に大坂築城や妙顕寺築城に着手したとしても、それをもって信雄から独立する行動を開始したという議論は少し乱暴ではないだろうか。その前提として、これまで述べてきたような様々な段階、すなわち、賤ヶ岳合戦の勝利を踏まえて五月には大坂獲得宣言をし、同月二十五日に池田恒興父子を美濃へ移し、六月下旬には山崎・姫路両城を引き払って大坂入りし、七月十日頃から築城準備に取り掛かり、八月五日に近江諸職人に大坂普請参加を命じるという一連の経過[45]があったのである。これらを見れば、九月の着手は賤ヶ岳合戦直後からの一連の手続きを踏まえた結果であることは明らかである[46]。

よって、大坂・妙顕寺築城開始も、なるほど九月からではあるが、やはり賤ヶ岳合戦の勝利によってその立場に大きな変化のあった秀吉が、誰憚ることなく大坂を入手し、京都における安定的な宿所を模索し得た結果だと見なすべきであろう。

第三節　羽柴秀吉の立場と政権の開始期について

織田政権から豊臣政権への移行がいつごろ、いかなる過程のもとで行なわれたのかという課題について、二〇〇六年、それまで朝尾直弘によって提唱されてきた天正十一年五月という説を批判して、同年九月（a論文）、ついで六〜七月（b論文）とする尾下成敏の論考が発表された。朝尾説は、同年四月の賤ヶ岳合戦の勝利を踏まえ、その戦後処理を近江の坂本で行なっていた秀吉が、その最中に行なった「大坂築城の決定」（実際は大坂獲得宣言）をもって豊臣政権の始期と捉えたのに対して、尾下は、同月二十一日の京都奉行任命が信雄の名によってなされていることから、この時点ではまだ秀吉は信雄を推戴するつもりであったとし、信雄が安土を退城した六月下旬から七月中旬を以て、秀吉がその考えを変え、信雄排除に動き出したとして、政権の始期としたのである。

つまり尾下b論文によれば、秀吉は、六月中旬まで信雄を推戴するつもりでいたのに、六月下旬以降に方針を変えたということとなる。ではなぜ、秀吉は方針を変えたのかというと、尾下は「天正十一年五月段階の秀吉が真に天下人の後継者たろうと自覚していたことが、大きな背景だと思われる。こうした政治目標を現実のものとするため、政治方針を変えたと考える」とする。その直接的なきっかけとしては六月二日に行なわれた信長一周忌法要への信雄の不参をいうのであるが、それにしてもこの記述は分かりにくい。これでは、秀吉が「方針を変えた」というよりも、それまで持っていた信雄排除の方針を顕在化させたということになるのであって、結局、朝尾のいう五月に豊臣政権を始動させたという主張と大差ないものとなるであろう。

さて本章では、天正十年六月の清須会議によってもたらされた事態を「清須会議体制」と呼び、それが織田一門や織田家宿老衆の立場を強く規定する体制であったとし、秀吉がこの体制を如何に克服して新たな政権への道を切り開こうとしたのかという観点から、二節に分けてこの時期の秀吉の居城経営（山崎・姫路・大坂）や京都支配のあり方（京都奉行の任命・在京中の宿所）などを対象として検討を加えてきた。

その結果、天正十年七月に始まる山崎築城については柴田勝家から織田家の家督である三法師から預かった「御分国」における恣意的な築城であると非難されたし、また同年六月に洛中の執政権もいち早く秀吉が握ったものの、それを担う京都奉行の顔ぶれは二転三転していたし、この頃の秀吉の上洛も、その度に家臣の屋敷や寺社に宿泊するという便宜的な滞在の仕方を取らざるを得ない状況にあったことが確認された。つまり、この時期の秀吉による京都とその近郊をめぐる政権運営は極めて不安定なものであったのである。そして、秀吉をめぐるこうした事態は、この体制下の秀吉があくまで播磨に本拠を置く織田家宿老の一人にすぎないという立場からする構造的な限界に起因するものであったと考えられる。つまり、この体制は一面では桎梏として作用したのである。

しかし、そもそも清須会議を主導したのが秀吉であったことは、その結果が「大旨ハシハカマ、ノ様也」（『多聞院日記』天正十年七月七日条）といわれるような結果をもたらしたことからも窺われるのであるが、だとすれば、秀吉にとって清須会議体制は自らの行動を規制するものであったと同時に、信長の後継者としての地位を確立するためにむしろ効果的に利用すべき体制でもあった筈である。その表われとなる事件が八月頃から顕在化する、安土城に移すべき三法師を信孝が手離さないという出来事であった。これを好機と見た秀吉は十月、半ば強引に信孝に清須会議の盟約違反（「誓紙之筈被相違」）の烙印を押し、名代不適格としてその地位から追い落とし、その後、いわば清須会議で決められた置目に対する反逆者（「被企御謀叛」）の汚名の元に彼を支持する柴田勝家ともども、十二月七日の近江出陣から翌年五月五日の長浜帰城までの、実に六ヶ月におよぶ抗争[47]を経て討ち果たしたのである。

こうして、秀吉は「清須会議体制」の名分をうまく利用しながら信孝・柴田を倒したのであるが、実はその成功は同時に彼を織田家宿老という立場から解放するものでもあった。すなわち秀吉は、賤ヶ岳合戦直後から半年足らずの間に、京都の支配に織田家家臣の前田玄以を登用し（五月二十一日）、池田父子を追放して大坂を入手し（同二十五日）、山崎を放棄したうえで姫路から大坂に入り[48]（六月二十日頃）、大坂・京都にそれぞれ居城を構築する（九月）といった手を次々と打っていくこととなる。そして、いずれの諸策を実行するにあたっても、もはや織田家家督たる三法師にも名代たる信雄にも配慮した形跡が無いことからすれば[49]、賤ヶ岳合戦の勝利こそが秀吉にとって「清須会議体制」を克服する画期となった事件であることは間違いなく、これをもって秀吉は織田家宿老という立場を脱して、信長後継者たる地位を確立することができたという評価を与えるべきだと考える。つまり、秀吉の新たな立場の成立という意味での豊臣政権の始期を言うならば、坂本で戦後処理を行なっていた天正十一年五月と見るのが至当であろう[50]。そして、六月下旬に姫路から大坂に入ったことが、実質的な中央政権としての豊臣政権の始まりと考えられる。

おわりに

本章では、天正十年六月に行なわれた清須会議から翌年九月の大坂・妙顕寺築城頃までの、およそ一年数ヶ月にわたる中央政局の動向を、秀吉の行動の意味を考えながらたどってきた。そのため、筆者は、織田一門や宿老と呼ばれた重臣たちの間で取り決められた「盟約」を重視し、それを順守する「清須会議体制」という枠組みに彼らが如何に対応してきたのかを見てきたのである。その結果、秀吉がこの体制を止揚し、信長の後継者、すなわち中央政権の樹立者の立場に立つことができた時期を、朝尾のいう天正十一年五月段階であると結論付けた。

ただ、最後になお確認しておかねばならないことがある。それは、豊臣政権の始期が天正十一年五月だとしても、ではそれまでの一年間、「清須会議体制」下で織田家の宿老として活動した秀吉の底意がどこにあったかという問題である。この問題については近年、金子拓が「従来は、「清須会議」の運営から勝家との対立、賤ヶ岳の戦いに至るまで、その背後には一貫して〝秀吉の天下獲りの野望〟があったと考えられてきた」、すなわち、秀吉は清須会議の当初から「全国」統一を目指していたとするとした上で、その見解に異を唱え、「清須会議体制」の発足からおよそ三ヶ月の間（十月末頃まで）、秀吉には天下を獲るつもりはなく、いわば織田家宿老としての生涯を指向していた、という見解を発表した。例えば、十月十八日付で出した信孝家臣の斎藤玄蕃允他宛書状写が、本稿で述べたような秀吉から信孝・勝家への手切れを通告したのだとすることも、金子はそうではなく、「あくまで信孝との決定的な対立を避けたい（織田体制を維持したい）と」思っていた、とする。したがって、十月二十八日に秀吉・池田・惟住によって「天下可被相静旨」（『蓮成院記録』）が決せられた談合についても、当初から予定されていたのではなく、和睦交渉の決裂による決断であったとするのである(51)。

ところで、上述したように、この談合に先立つ同月二十一日付で秀吉は、小出秀政以下九名の姫路城留守居衆に対する書状を認め、この後本国播磨の支配を彼らに委ね、自らは長期間姫路を留守にして畿内・北国方面の手当に専念する決意を明らかにしているのであるが、その書状のなかで秀吉は、「五畿内之儀、堅相卜候」と述べ、高山・中川［以上摂津］、筒井［大和］、三好（康長）・若江三人衆［以上河内］から人質を取り、また当時摂津の大半を領していた池田恒興をも味方に引き入れた（「入魂候」）こと、さらに近江についても、惟住、長谷川（秀一）、山崎（片家）、池田（景雄）、山岡（景隆）らと入魂だと述べている。

つまり、秀吉はこの時点で既に、摂津・河内・大和・近江の諸将を悉く味方に付けているのである。これは取りも直さず秀吉による多数派工作であるが、こうした状況を見れば、この工作が相当早くから行なわれていたことは明らかであろう。それが清須会議の時点からであるかどうかは即断できないが、むしろそれに先立つ山崎合戦時に秀吉の元に参じた武将も多数含まれていることから、相当早い段階で工作の骨格は出来上がっていたとみるべきである。こうしたことからも、筆者は通説通り、秀吉の天下人への歩みは「清須会議体制」の発足時から始まっていたと考えたい(52)。

総じて、清須会議後の二、三ヶ月間の秀吉は、山崎築城や領国支配のことに力を入れており、それが一段落するまでは軍勢を動かせなかったのだが、九・十月頃には山崎築城の目途が付き、領国支配も姫路留守居衆に任せられる目途が立ったのに従って、行動を起こしたのだと考えられるのであり、十月十八日の斎藤玄蕃允他宛書状写も、既に秀吉の腹（信孝・柴田らの討伐）は決まっており、その饒舌な論調も一種の正当化工作であったと見るべきであろう。

そして、賤ヶ岳合戦後に秀吉がいち早く信雄を東海に追いやり、三法師についても間もなく安土から坂本城に移していること、そしてフロイスによれば、その扱いはぞんざいだったことなどからも(53)、秀吉には元々三法師の下で織田家宿老としての生涯を過ごそうなどという殊勝な気持ちはなく、如何に手際よく信長後継者の地位を得るかに関心があったのであり、その階段をぬかりなく昇るために三法師を擁してまず信孝を倒し、政権樹立の目途が付いたことによって三法師の名代たる信雄を放逐、それが済むと三法師もうやむやの内に家督の立場から追い落としたという経過の意味をこそ読み取るべきではないだろうか。

以上から窺われる秀吉にとっての「清須会議体制」とは、一義的には自らが家督に擁立した三法師に敵対する勢力を合法的に排除するための体制であったと考えられるが、その真の意義は、信長の後継者としての地位を、簒奪者としての汚名を受けること無く手に入れるための手段とすることであったと位置付けられよう。

注

（1）この語は、天正十年十月六日付堀秀政宛柴田勝家覚書（本章28頁【史料3】）第一条に出てくる。清須会議においてこうした「置目」が定められたことは、「惟任退治記」（『天正記』の一、以下同じ）からも窺われるが、同年十月十八日付斎藤玄蕃允他宛羽柴秀吉書状写（名古屋市博物館編『豊臣秀吉文書集』一（吉川弘文館、二〇一五年）、512号文書）によればこの時、信雄・信孝・家康と柴田ら四人の宿老が互いに誓紙を取り交したことが分かる。この取り決めがその後の織田家宿老衆の行動を規定したことは間違いない。しかしそれが同時に、信雄・信孝兄弟をも規定するものであったことには注意しておきたい。

（2）この「体制」呼称に関して管見に触れた近年の説を挙げれば二〇〇六年、藤田達生は「この清須会議の結果、織田信忠の嫡男三法師を織田家の家督とすることが決定し（中略）それを羽柴秀吉・柴田勝家・丹羽長秀・池田恒興という重臣たちが補佐するという体制が誕生したのである」（「「天下分け目の戦い」の時代へ」同編『小牧・長久手の戦いの構造　戦場論』上　岩田書院）とし、同年加藤益幹も「幼少の三法師に代わって、秀吉・勝家・長秀・池田恒興の四宿老が互いに誓紙を取り交し、合議により重要政務を決める体制が整った」と述べている（「史料紹介　天正十年九月三日付惟住（丹羽）長秀宛柴田勝家書状について」『愛知県史研究』10号）。二〇一〇年、堀新は清須会議によってもたらされた「宿老四人による合議体制」をさして「信長の「天下」は、信長の死後もなおその息子や秀吉ら家臣団を拘束していたのである。（中略）信長の死後もその仕組みが生き続けている状態を、仮に「織田体制」と呼んでおこう」（同著『日本中世の歴史7　天下統一から鎖国へ』吉川弘文館）と述べており、いずれも清須会議によってもたらされた織田一門・重臣を規定する事態を「体制」と呼んでいる。なお堀は、この命名は秀吉死後も秀吉が定めた国制がしばらく機能しており、これを「豊臣体制」と呼ぶのにならって付けたとしているが、堀のいう「織田体制」は信長の定めた国制（「天下」）がその死後も息子や重臣を規定したというよりも、その国制概念を息子や重臣たちが三法師を頂点とする新たな体制に換骨奪胎したという方が正しいと思われる。筆者が「清須会議体制」という呼称を採用した所以である。

（3）尾下成敏「清須会議後の政治過程―豊臣政権の始期をめぐって―」（『愛知県史研究』10号、二〇〇六年）。

（4） 直接的には「豊臣政権の問題点」京都女子大学史学会編『史窓』21号、一九六二年（後に『朝尾直弘著作集』第四巻に再録）を対象としている。ここで朝尾は、「豊臣政権の始まりは、天正十一年五月の大坂築城の決定におくのが至当」とし、柴田勝家という大敵を賤ヶ岳合戦で撃破したことによって、「はじめて彼は信長死後における日本の統一支配者としての地位を確実に継承したといえる」と述べており、この見解はその後も引き継がれている（例えば、「豊臣政権論」『シンポジウム日本歴史10 織豊政権論』学生社、一九七二年（後に同著作集第四巻に再録））。ただ、朝尾が「大坂築城の決定」の根拠としたであろう前田利家息女摩阿宛自筆書状（31頁【史料4】）では「大さかをうけとり候て、人数いれおき」とあるのみで、必ずしも築城のことが述べられているわけではない。

（5）「小牧・長久手の合戦前の羽柴・織田関係―秀吉の政権構想復元のための一作業」織豊期研究会編『織豊期研究』第8号、二〇〇六年十月。

（6） 近年の豊臣政権にかかわる通史的叙述の代表である中野等「豊臣政権論」（『岩波講座 日本歴史』近世一、岩波書店、二〇一四年）でもこの時期の記述は簡略であり、参考文献として掲げているのは尾下a論文のみである。また二〇一六年、谷口央も「清須会議と天下簒奪 実像編」（堀新・井上泰至編『秀吉の虚像と実像』笠間書院）という論考において、概ね尾下a論文の趣旨に沿う形でこの間の秀吉・織田信雄らの動向を論じている。ただ、金子拓は「秀吉は、本能寺の変後から全国統一をめざしていたのか」（『秀吉研究の最前線』洋泉社、二〇一五年）のなかで、尾下a論文を念頭に「尾下氏の学説の当否について、現在の筆者には詳しく検証して評価する能力はない」と述べており、尾下説の評価が今なお定まっていないことを思わせる。

（7）（天正十年）十月十八日付斎藤玄蕃允（利堯）他宛羽柴秀吉書状写（『豊臣秀吉文書集』一、512号文書）には、「信忠様御子を取立申、為宿老共もり立可申と相定、（中略）四人の宿老共、かやうにも可有御座と存、御誓紙をしるへと従清須岐阜へ御供申、信孝様　若君様を預ケ申候事」とある。また、安土城修復後は三法師を安土に移す予定であったことは、26頁の【史料2】から分かる。

（8） 従来、浅井攻めに功績のあった秀吉が天正元年に得たのは、江北三郡（伊香・浅井・坂田）とされていたが、柴裕之は「羽柴秀吉の領国支配」（戦国史研究会編『織田権力の領国支配』岩田書院、二〇一一年）において、このとき与えられたのは三郡の一円支配権ではなく、浅井滅亡以前から信長領であった地域などを除く一帯であることを明らかにし、それを「江北長浜領」と呼んだ。従うべきであろう。

(9) 『多聞院日記』天正十年七月七日条。

(10) 檜谷昭彦・江本裕編『太閤記』（新日本古典文学大系60）岩波書店、一九九六年。

(11) 森岡栄一「長浜築城と町づくり」（長浜市史編さん委員会編『長浜市史』2、長浜市、一九九八年）。

(12) 今井林太郎「近畿における織田・毛利両勢力の抗争」（兵庫県史編集委員会編『兵庫県史』三、兵庫県、一九七八年）。

(13) 秀吉の上洛日については、八日とする史料（『多聞院日記』）、九日とする史料（『津田宗及茶湯日記』・「鍋島文書」）、十日とする史料（『兼見卿記』）があって定まらない。

(14) 藤井讓治「豊臣秀吉の居所と行動（天正10年6月以降）」（同編『織豊期主要人物居所集成』思文閣出版、二〇一一年）では八月十九日に「在京都（言）」とするが、『言経卿記』天正十年八月条に該当する記事は見当たらない。また、管見の限り九月十五日まで秀吉が山崎・京都で活動した形跡も見当たらない。

(15) 「宗及他会記」（永島福太郎編『天王寺屋会記』六、淡交社、一九八九年）。

(16) 「財寺城」とは、この山の中腹にある宝寺（正式には宝積寺）にちなむ山崎城の別名である。

(17) ただし、秀吉も間もなく、次の（天正十年）十一月一日付石川数正宛書状（『豊臣秀吉文書集』一、532号文書）にあるように柴田勝家・織田信孝が「誓紙の筈」に違反しているとの主張を行ない、三宿老が合意して信孝を名代の地位から追い落とし、織田信雄をその後釜（「御代」）に据えることを決めている。この頃、互いの糾弾合戦が清須会議で取り決めた置目を念頭に展開されていたことがよく分かる。

　（前略）成瀬藤八ニ先度如申含候、誓紙之筈被相違、柴田以所行、三七殿被企御謀叛候条、此上者惟五郎左衛門尉・池田勝三郎・我等申談、三介殿を御代ニ相立馳走可申ニ大方相究候、（後略）

(18) 注(17)引用史料に「柴田以所行、三七殿被企御謀叛候」とある。

(19) このことについて、尾下a論文の「織田家督三法師が信孝の許に居り、その信孝と信雄・秀吉が対立していた状況は、情勢次第では、信孝が三法師を戴き彼らを逆臣と位置づけかねない可能性を有していた」という指摘は正しく、であればこそ後述するように秀吉らは、信孝降伏後直ちに三法師の身柄を確保したのである。

(20)『太閤記』は、秀吉が天正十一年元日に姫路に赴いたとするが、傍証なく疑わしい。

(21) 遠山佐渡守・同半左衛門尉宛羽柴秀吉・惟住（丹羽）長秀・池田恒興連署状（35頁【史料8】）。

(22)『貝塚御座所日記』天正十一年七月四日条に「筑州ハ六月十日比歟播州へ下向。下旬ニ至テ帰路。すぐニ大坂ニ逗留云々」とある（『真宗史料集成』第三巻、同朋社、一九七九年）。

(23) こうした山崎城の評価について、後年の記録ではあるが、竹中重門の著わした『豊鑑』（寛永八年（一六三一）成立）からは秀吉が山崎城の立地に満足していなかった様子が窺われるつぎのような記事がある。

秀吉その頃、山崎宝寺のうへに城をかまへ居給へり、されともこの所思ひ定さるにや、はかはかしく構にもし給さりけり、

(24) その結果、秀長は但馬・播磨二国の領主となった（「柴田退治記」には「はりま・たじまは羽柴美濃守、ひめじい城（居城―引用者）なり」とある）。なお、天正十一年の播磨下向は、管見の限りこの時だけである。

(25) この時期の織田信雄の置かれた立場についての見解は次節で述べる。

(26) 秀吉が五月十五日、坂本から出した十七ヶ条に及ぶ書状（小早川左衛門佐（隆景）宛『豊臣秀吉文書集』一、705号文書）の末尾近くで、「東国者氏政、北国ハ景勝まて、筑前任覚悟候、毛利右馬頭殿秀吉存分次第ニ被成御覚悟候へハ、日本治、頼朝以来これニハ争か可増候哉」と述べているのは、この時点での自身の立ち位置を示したものとして著名な個所であるが、ここにはもはや三法師や信雄を憚った言辞は全くない。

(27) 滋賀県立安土城考古博物館編『おおてみち』67号、二〇〇九年。

(28) 藤田達生は、『本能寺の変の群像　中世と近世の相克』（雄山閣、二〇〇一年）のなかで、織田信雄が「三法師を奪ってその後見人として安土城に入城する」としたが、この史料を読む限り、三法師は「清州会議体制」の置目に則って三宿老の手で安土に入れられたのであるから、信雄が「奪って」、というような表現はあたらない。なお、中野等「豊臣政権論」（注(6)前掲論文）においても藤田と同様の表現が見られる。

(29)（天正十年）十月十八日付斎藤玄蕃允他宛秀吉書状写（『豊臣秀吉文書集』一、512号文書）第三条に「（前略）御誓

紙をしるへと従清須岐阜へ御供申、信孝様　若君様を預ケ申候事」とある。

(30) クーデターの語義については、『岩波国語辞典』に「権力者階級の一部が政権を奪い取る目的で行う武力行使」とある。

(31) なお尾下a論文では、信雄が織田家家督となったのならば、それ以降、秀吉らの分国以外での知行宛行権は信雄の許に移ったことが予想される、として自ら検討を加えているが、予想に反して信雄の家督相続後も秀吉・惟住は自身の分国以外で知行宛行権を行使していることを見出している。このことも信雄が織田家家督ではなかったとすれば容易に了解されることである。さらに続けて尾下は「こうした知行宛行のあり方は、賤ヶ岳合戦によって勝家が滅亡すると、変容を遂げることになる。従来の如き宿老達の連署による知行宛行状の発給事例が見られず、代わって秀吉単独で宛行を実施する事例が目立つようになる」と記す。これは取りも直さず、秀吉の立場が賤ヶ岳合戦後に大きく変化したことを物語るものであるが、このことについての評価は明らかにしていない。

(32) 「池田氏家譜集成附録」・「丹羽家譜」など（いずれも『大日本史料』十一編之一所収）。

(33) 伊藤真昭著『京都の寺社と豊臣政権』法蔵館、二〇〇三年。

(34) 藤田達生も注(28)前掲書のなかで「この段階で信雄が京都の支配権を掌握していた」とする。

(35) 天正記を読む会「『天正記第二』改訂文」（龍谷大学国史学研究会編『国史学研究』34、二〇一一年）を一部変更して掲載した。

(36) いずれにしろ、玄以は信雄の家臣ではなく織田信忠の家臣であり、その死後は三法師に傅役として仕えていた（伊藤注(33)前掲書）。このことから言えば、信雄は玄以に対してその主人としてではなく三法師の名代という立場から京都奉行に任じていることとなる。

(37) 近年、山崎布美は、秀吉主導の許で京都の治安が維持されるはずであったが、織田信孝の元に公家・社寺等から安堵依頼や訴訟案件が持ち込まれるという状況を指摘し、これが「秀吉ら宿老衆（柴田を除く三宿老という意味であろう）」による京都支配の妨げとなるので信孝を排除する必要があった、と述べている（山崎布美「織田信孝の継目安堵―織田権力の終焉をみる―」（国史学会編『國史學』215号、二〇一五年）。従うべき見解であろう。

(38)『多聞院日記』天正十一年十一月二十日条には「坂本ノ城ニ居杉原ハ筑前無並仁也、近日以之外物ニ狂云〻」・「一段ノ物クルイ」等とあって、杉原家次がこの頃精神の異常を来たしていたことを窺わせる記述がある。日記には「近日」とのみあるので杉原が何時頃発病したのかまでは分からないが、病状が深刻となってこの頃英俊の耳にまで届いたということであろうから、同年五月頃には既に何らかの変調が見られるような状態であったということも充分考えられるであろう。

(39)藤田注(28)前掲書。なお藤田は、「織豊政権の独自性」(織豊期研究会編『織豊期研究の現在〈いま〉』岩田書院、二〇一七年)において、大坂遷都論を支持する立場から、大坂築城について、織田信雄が天下人としての権限を継承していたとみなければ、その意義を正確に理解することができないとし、京都支配に乗り出していた信雄によって再興されつつあった「安土幕府」を否定しようと画策したことにその意義を見出そうとしている。すなわち、京都に拠る信雄と大坂に拠る秀吉を対立的に捉えようというのである。しかし、拙稿「「大坂遷都論」再考」(『史学雑誌』125編11号、二〇一六年。本書第三章に再録)で述べたように、秀吉は大坂築城と同時進行の形で京都の妙顕寺築城に着手しているのであるから、既に京都の支配権も秀吉の手にあったことは明らかである。従って、大坂と妙顕寺両城の築城工事が始まった天正十一年九月時点で信雄が京都を支配していたというような主張はなりたたない。

(40)玄以の一人奉行体制となるのは十一年八月である。ただし、上述したような前田玄以の任命事情を踏まえれば、その画期を五月の玄以着任時に求めるべきであろうことは言うまでもない。差し詰め、杉原・前田併存期はその引き継ぎ期間ということになろう。なお、玄以は、この後急速に秀吉の家臣としての立場を強めていき、既に同年九月に始まる秀吉在京時の宿所妙顕寺城構築にはその奉行として行動している。

(41)(**表2**)は、藤井注(14)前掲編著に収める藤井「豊臣秀吉の居所と行動(天正10年6月以降)」を参考としながら、秀吉在京時の居所一覧を作成したものである。

(42)なお、清須会議後、初の上洛を目前にした秀吉が本国寺を居城化しようとしたことを示す史料がある(「則下京六条ヲ城ニ拵云々」『多聞院日記』天正十年七月七日条)。しかし、このことは沙汰止みになったらしく、以後同年中に四回、本国寺に逗留する(**表2**)が城郭化を図った形跡はない。この時点の秀吉には洛中に居城を構える実力は無かったものと考えられる。

(43) 秀吉による妙顕寺接収令は、次の史料によって天正十一年九月五日に出されたことが分かる（「歴代略伝」『妙顕寺文書』）。

天正第十一庚申九月五日、二條妙顕寺真地柴筑前守上官已前也、御屋敷被定、為替地上京北洛外当寺今境内地給之也、

(44) 藤田注(28)前掲書。従って、賤ヶ岳合戦後も秀吉は依然として織田家の重臣という立場であったとする。

(45) 拙著『天下統一の城　大坂城』新泉社、二〇〇八年。

(46) なお付言すれば、秀吉の妙顕寺築城開始は九月であるが、そもそも六月上旬の大坂入城以降、秀吉が京都に宿泊するのは七月二十一日の伊藤邸での一泊だけで、上洛もこの時だけ（一泊二日）である。すなわち、この間秀吉は京都支配を前田玄以に任せ、自身は京都に足を向けていないのである。

(47) 天正十一年は、閏一月がある。なお、この間の一月・閏一月は在京もしくは在山崎で、二月三日から再び長浜に出陣（『兼見卿記』）している。

(48) 賤ヶ岳合戦後、秀吉が山崎城から大坂城に居城を移したとの見解（すなわち、山城から摂津へ）がある（例えば、熱田公著『天下一統』集英社、一九九二年）が、こうした見解に立つ限り「清須会議体制」克服の意義を正しく認識することはできないであろう。姫路城から大坂城、すなわち播磨から畿内の摂津へと本拠地を移し得たことにこそ、事の本質が如実に現われているのである。

(49) 尾下が、六月中旬まで信雄が京都の支配権を保持し（a論文）、秀吉も信雄を擁する方針を維持していた（b論文）ことを示す根拠として掲げる史料の一つに（天正十一年）六月十七日付新発田重家宛佐々成政書状がある（『大日本史料』十一編之四）。そこには、信雄が伊勢国司となられ、信長在世時と同様、天下を差配（「天下被成御存知候」）し、秀吉が指南すると出てくるのであるが、これはそのまま受け取ってよい記事なのであろうか。フロイスによれば、秀吉はこの頃信雄に対して次のように言明していたという。

信長の第二子には伊勢国ほかに、尾張、伊賀両国を与え、彼には（これらを治めるべく）立ち去って、右の三カ国で満足し、二度と天下に足を踏み入れぬこと、また、何か望むものがある時はかの地より書状を送れば与える

であろうと伝えさせた。

（「一五八四年一月二十日付フロイス書簡」松田毅一監訳・東光博英訳『十六・七世紀イエズス会日本報告集』第Ⅲ期第6巻、同朋社出版、一九九一年）

すなわち、伊勢・尾張・伊賀の三国を与えるので（安土から）領国に下ってその支配に専念せよ、今後上洛するには及ばないと言うのである。ここでの秀吉は伊勢国主という立場と天下を支配するという立場を峻別している。佐々は伝聞として上記のような情報を得ていたのであろうが、これまでの検討結果から見てもフロイスの伝える状況の方が正しいと思われる。

(50)　注(37)で取り上げた山崎論文は、織田信孝文書の集成・分析を元とした手堅い論考で多くの示唆を受けたが、その問題意識は「豊臣政権の確立と表裏関係にある織田権力の終焉」を何時と見るかであった。そこで山崎は、織田権力崩壊の原因は「信孝が清須会議での取り決めを反故にし、京都支配に介入して信長後継として独自の動きを見せたこと、すなわち宿老主導の「織田体制」（筆者のいう「清須会議体制」）を蔑ろにしたため」であるとし、その終焉は「織田信孝の失脚」にあるとした。すなわち、「織田体制」をめぐっての信孝と宿老衆との対立軸に視座を据えているのだが、なぜ宿老衆が「織田体制」に拘泥しようとしたのかという点が必ずしも明らかではないように思われる。ともあれ、織田信孝の失脚は賤ヶ岳合戦直後の五月二日のことである。本稿の論点および結論と密接な関連を持つ論文だと評価したい。

(51)　金子注(6)前掲論文。

(52)　秀吉は、既に（天正十年）九月二十日付出羽の下国（安東）愛季宛書状のなかで「来年者至東国相働、不相届仁可申付候」（『豊臣秀吉文書集』一、491号文書）と述べている。これも織田家宿老という立場を墨守しようとする姿勢からは出てこない言辞であるように思う。遠国の武将であるから、思わず本音を吐露したのではないだろうか。

(53)　その後の三法師は、秀吉によって安土から坂本に移されたが、秀吉は「少しも優遇しなかった」（注(49)前掲フロイス書簡）とある。

第二章　本願寺の貝塚・天満移座と羽柴秀吉の紀州攻めについて

はじめに

近年、織豊政権にかかわる研究は多面的に進展しており、さまざまな視角からする成果が不断に積み重ねられている状況である。そうしたなか、織豊政権と本願寺との間に横たわる諸問題についてもこれまで数多くの研究が発表されてきているが、それらはおおむね次のような観点からのものであるといえよう。

まず織田政権と本願寺との関係では、何といっても元亀元年（一五七〇）から天正八年（一五八〇）まで足かけ十一年にわたって戦われてきた、いわゆる「石山合戦」が中心的なテーマであり、それを大枠としてこれに関わる研究が多様な論点から積みかさねられてきた。すなわち、織田政権と本願寺間の問題は、細かな論点は多々あるとしても大きくはほぼ「石山合戦」問題に収斂されると言ってよいだろう(1)。

一方、豊臣政権と本願寺との関係では、十一世宗主の顕如がいち早く秀吉の傘下に入ったことによって織田期のような両者間の抗争は無くなり、天正十三年の天満本願寺の成立や同十七年の天満寺内騒動における政権の強権発動、さらには同十九年の京都六条への移転問題、顕如没後の宗主継嗣問題にかかわっての政権の介入などが個別に論及されてきたといえよう(2)。そこに一貫して流れる基調としては、新たに成立した中央政権とそれに従属しながら自らの立場を維持・確立していこうとする本願寺という構図があったように思われる。

本章では、この豊臣政権と本願寺との間に横たわる論点のうち、天正十一年七月に行なわれた本願寺の貝塚移座および同十三年五月に行なわれた天満移座の経過と意義をめぐって、今までほとんど注意されることのなかった秀吉による紀州攻めとの関係性という観点から検討する。なかでも貝塚への本願寺移転をめぐる問題は、織田政権の後嗣として全国的権力を確立しようとしていた時期の秀吉にとって、その対処を誤れば大きな障害ともなりうる出来事であり、両者の初期的な関係性を窺う上で重要なテーマであるが、管見の限りこれまでこの問題を扱った専論はなく、ましてやそれを、当時大坂を本拠地として天下統一を目論んでいた秀吉の政権構想と関連付けて考察するという視点もほとんど無かったといってよい。

一方、天満への移座については、秀吉がこの年（天正十三年）三～四月に行なった紀州攻めの成果を受けて、それまで貝塚に居た本願寺をこの地に誘致したものであるが、天満を選んだ理由については、この地に京都の朝廷や五山などを誘致するつもりであった秀吉がそれに失敗したため、その移転用地として開発されながら空地となっていたためであるとする内田九州男の見解がよく知られていよう。これは秀吉による「大坂遷都論」として、その大坂首都構想のなかで語られてきたものである(3)。しかし、この秀吉による本願寺の天満誘致は、そうした偶発的な結果によって行なわれたものではなく、天正十一年来の秀吉の周到な準備の結果であったと考えられるのであり、そこにも信長の後継者としての地位を確立しようとしていた秀吉が、本願寺の処遇と紀州攻めを通じて如何に自らの政権の安定を図ろうとしたかという重要な論点が横たわっているように思われる。にもかかわらず、現状ではこうした視角からの研究も皆無といわざるを得ない状況である。

そこで以下、「石山合戦」後の和睦によって本願寺の宗主顕如らが紀州鷺森に退いた時点の検討から始め、貝塚への移座と天満への移座について、この間の数次にわたる秀吉の紀州攻め計画と絡めながらそれぞれの持つ課題・

意義について検討していくこととしたい。

第一節　顕如・教如らの紀州滞在と羽柴秀吉への接近

1　鷺森御坊の顕如父子と羽柴秀吉の接触

元亀元年九月以来、足かけ十一年という長期に及んで対立・抗争を続けてきた織田政権と本願寺は、天正七年十二月の勅命を受けて翌八年三月十七日、宗主顕如らの大坂退去が決せられた（天正八年）三月十七日付織田信長覚書並びに起請文（千葉乗隆・北西弘編『本願寺文書』柏書房、一九七六年、46号文書）。しかし、この講和に納得できなかった顕如の長男で後嗣の教如が大坂本願寺死守・徹底抗戦を掲げて大坂に籠城する構えを見せたために父子は義絶し、顕如は教如を大坂に残したまま、四月九日に大坂を退去し、紀州鷺森に座を移すにいたった（『信長公記』巻十三、天正八年四月九日条）。

鷺森には文明十八年の蓮如巡錫以来の由緒[4]を持つ鷺森御坊が営まれ、長らく紀州門徒の精神的紐帯の在り所となっていた。顕如の下向ののち、信長と本願寺との仲は一応良好だったようで、翌九年三月には下向にあたっての最大の懸案事項であった門徒の参詣路の安全も、信長から朱印状が出されて[5]確保されるようになった。

それに対して大坂に残った教如の一派は、諸国門徒らに支援を求めるが、父顕如側からの切り崩し[6]に加え、七月に頼みとしていた花熊城・尼崎城などが相次いで陥落したこともあって一転、和睦の道を探ることとなった[7]。そして八月二日、ついに教如も大坂を退去し、父の後を追って紀州へと落ちて行った。しかし父の勘当は容易には解けず、やがて紀州を離れて諸国を遍歴、反信長の勢力を糾合すべくひそかに活動を続けたという[8]。

ところが同十年六月、本能寺の変で信長が倒れると、六月二十七日には勅命によって教如の勘当が解け（『鷺森日記』天正十年条）[9]、これ以後父子は紀州鷺森を拠点として行動を共にすることとなった。

一方、信長死後の織田家中の方向性はなかなか定まらなかった。一応、六月二十七日に行なわれた清須会議の席で織田家家督の問題と織田信長・信忠、明智光秀らの旧領の再配分問題で合意を見たため、即軍事的対立とはならなかったが、宿老のなかでも一、二の実力を争っていた柴田勝家と羽柴秀吉の反目はだれの目にも明らかで[10]、両者がいずれ決着をつけなければならない情勢であるのは衆目の一致するところであった。こうしたなか、本願寺と秀吉は急速に接近していくこととなる。

管見の限り、本能寺の変後に本願寺と秀吉とが直接交渉を持つようになるのは、天正十年十月十六日のことで（『鷺森日記』天正十年十月十六日条）、そのきっかけは先年、信長によって接収されていた堺御坊の返付にかかわってのことであったと推定される[11]。

2　堺御坊領等の返付問題と秀吉の「第一次紀州攻め計画」

堺御坊の創立は建武四年（一三三七）、堺北荘山口に創建された道場に遡るとされるが、直接的には文明八年、その境内に建てられ蓮如の住院、信証院のことをいう[12]。『蓮如上人一期記』には「堺御坊ニテ夜更テ、蠟燭ヲトホサレ、名号ヲアソハサレ候」などとあり、蓮如はここに住しながら和泉方面に布教した。その後、転変を重ねるものの、天文五年（一五三六）に再建された堺御坊は、石山合戦時には本願寺の「堺三坊主」の一として活躍するなど教団内において重きをなしたが、天正八年の和睦に際しては、当時の十世顕珍が親教如派として活動したこともあってか[13]、おそらく和平後間もなく織田方に接収されたものと思われ、以来本願寺の元を離れたままであった。

さて、この堺御坊を本願寺に返付する件は、天正十年八月三十日の『鷺森日記』の記事に初出する。それによればこの日、顕如は下間仲之・平井越後ら四名を「堺御坊並寺領諸坊主屋敷田畠以下事。可被返付由ニ」ついて堺へ派遣したとある。すなわち、彼らは信長在世中からの堺政所代官であった松井友閑の元へ赴いたのであろう。

　次いで、上述のとおり、十月十六日には顕如父子が羽柴秀吉・惟住長秀・堀秀政に音物を贈ることがあったが、その返書として秀吉が十月二十二日付で認めた書状（後掲【史料1】）の追手書には「尚以御坊領之事蒙仰候、聊不可得御意候」とある。ここで、「御坊領之事」が堺御坊の返付にかかわることとするならば、遅くともこの十月中旬頃から堺御坊返付一件に秀吉が積極的に関与するようになっていたと見なしうる。

　そして、翌十一月十六日には顕如から松井友閑と秀吉に宛ててこの件で使者を送っており、それを受けて秀吉と惟住長秀が連署して判形を据え、堺御坊を本願寺に返付したうえで百八十石の寺領を宛行うことで同意しているのである（いずれも『鷺森日記』）。

　こうして天正十年十一月の中頃には本願寺と羽柴方との交渉も進み、堺御坊領等返付の手続きは完了しているようにも見受けられる。実際、翌十一年閏正月二十五・二十六日頃には「堺御坊屋敷並坊領等被返付御礼也」（『鷺森日記』）として、秀吉と惟住にそれぞれ銀五枚が贈られてもいる。しかし、にもかかわらず最終的に返付が実現するのは同年四月になってからのことであった。『鷺森日記』同年四月条には「此儀者、旧冬より相済タリトイヘドモ、兎角打過、此節当寺へ請取者也」とある。いわば、手続きは済んだが引き渡しはまだ、という状態である。ではこの間、「兎角打過」と言われるようないかなる事情があったのであろうか。以下、私見を交えながら検討していきたい。

　秀吉は、清須会議後間もない天正十年七月十日頃から京都の西南郊にある天王山山頂に山崎城の構築を開始した[14]が、これに対して同年十月、柴田勝家は強く抗議した[15]。一方、秀吉はといえば、この前後から惟住・池田らと「天下静謐」の儀について相談・談合等を重ねて柴田・織田信孝らの排除に向けての行動を視野に入れるようになっていた[16]。そして、ついに秀吉は十二月七日に兵を起こして近江に攻め込み、長浜城の柴田勝豊を誘降すると、ついで美濃に攻め寄せて信孝を降伏させた。翌年二月にはまた兵を起こして北伊勢の滝川一益を攻め、ついで近江・美濃を再征し、四月二十一日には江北賤ヶ岳において柴田勝家を破り、そのまま北ノ庄城に攻め寄せて柴田を自害に追い込んだのである。

このように、この時期の秀吉は柴田・織田信孝・滝川などに対する近江・東海・北陸方面での軍事行動に忙殺されており、それが返付遅延の一因になったことは否めないであろう。しかし、筆者にはそれだけではなく、そこにはこうした事態のもとでの本願寺の出方を見極めようとする秀吉の眼差しが感じられるのである。

次に掲げるのは、先にも少し触れた（天正十年）十月二十二日付で、秀吉が顕如の側近の下間刑部卿法眼（下間頼廉）に宛てた書状である。[17]

【史料1】（天正十年）十月二十二日付下間頼廉宛羽柴秀吉書状（傍線引用者）

尚以御坊領之事蒙仰候、聊不可得御意候、委細浅野弥兵衛かたより可申入候、已上

預御使札、殊薫革十枚、被懸御意候、御懇慮之至畏悦存候、（中略）去十五日於京都御仏事執行候処、還而各蒙意趣儀、不能分別候、然者五畿内之儀堅相ト（メカ）、人質共悉取申候、就今度之雑説ニ、根来之事、泉州知行等出入在之由候之条、遂糺明為可申付、廿五日、為先勢中村孫平次・伊藤掃部・筒井順慶・浅野弥兵衛・若江三人衆・三好孫七郎・同山城守・其外人数差遣候、依様子、自身も相働候、其元之儀、連〻不得如在通候ハヽ、弥御分別尤奉存候、（下略）

（天正十年）十月廿二日　秀吉（花押）

下間刑部卿法眼

（『豊臣秀吉文書集』一、524号文書）

ここで秀吉は、十月十五日に京都・大徳寺で執行された信長葬儀のことに触れ、そのことがかえって柴田勝家や織田信孝らの反発を買ったこと、それによって畿内の動静が不安定になることを恐れた秀吉が近隣の武将たちから

人質を取ったことを述べている。ところが続いて、こうした状況に乗じて根来衆らが泉州表で騒動を起こしているという「雑説」があるので、来る二十五日に中村一氏以下を先勢として遣わし、場合によっては自分自身も出馬するつもりだ、とも述べており（a部分）、紀州表の反秀吉勢力に対する軍事行動を示唆する文言を認めている（これを秀吉による**「第一次紀州攻め計画」**とする）。

ただし、この時期の中村以下諸将への出陣命令や秀吉の出馬を窺わせる史料はほかに確認されないので、これは実行されることはなかった。むしろ、ここでその紀州出兵計画がことさら本願寺に宛てて表明されていることに注意すれば、この出兵の意思表明はおそらく鷺森御坊にいる顕如らに対する一種の牽制であったのではないかと思われる。それに続く「其元之儀、連〻不得如在通候ハヽ、弥御分別尤奉存候」という文言（b部分）がそれを示していよう。すなわち、紀州での不穏な動きに対して、本願寺がそれに加担してその立場を誤るということのないような「御分別」が大切だと言っているのである。こうした秀吉の発言と堺御坊等返付の遅延という事実から、筆者には本願寺がいわば堺御坊返付問題を人質に取られて、羽柴方への与同の圧力を加えられているように思えるのである。

3　賤ヶ岳合戦と本願寺の動向

翌十一年閏正月～二月頃には、秀吉や織田信雄・徳川家康のみならず、柴田勝家にも年頭の音信を遣わして[18]、いわば全方位外交を展開していた本願寺であるが、秀吉と勝家が直接対峙する兆しを見せる三月以降[19]になると、羽柴方への旗色を鮮明にした。

四月八日付で、秀吉は次のような書状を下間頼廉に送って、本願寺が勝家の背後を突くような一揆を加賀国で起こして秀吉に対して忠節する旨申し出ていることについて感謝し、加賀・越前を錯乱せしめるような忠義があれば、加賀一国を進上するとして、軍事行動を起こすように促している。

【史料2】（天正十一年）四月八日付下間頼廉宛羽柴秀吉書状（傍線引用者）

今度柴田江北境目江罷出付而、賀州被相催一揆、可有御忠節旨被仰越候、一廉被及行、賀越令錯乱、於被抽忠儀者、賀州之儀任　御朱印旨、如先々無相違致馳走、進上可申候、恐々謹言

（天正十一年）卯月八日　　秀吉　花押

下間刑部卿法眼御坊

（『豊臣秀吉文書集』一、635号文書）

このように、本願寺が加賀や越前で一揆を起こそうかと申し出ていることを踏まえるならば、天正十一年四月にまで延引された堺御坊領等の返付は、秀吉が本願寺側のこうした対応を確認したうえで初めて実現させたものだと見なすべきだと思われる。

第二節　顕如・教如らの貝塚移座とその意義

1　秀吉の大坂入城と本願寺の貝塚移座

賤ヶ岳合戦に勝利した秀吉は、北陸地方の仕置きを行なったうえで天正十一年五月五日に近江の長浜城に、ついで五月十二日には坂本城に入って戦後処理のことを差配した。この頃、秀吉が前田利家の息女に送った自筆書状によれば、坂本で近江国の城割と知行処理を行なった後、大坂を受け取って軍勢を入れ置いて本拠地としたうえで、諸国の城割を進めていくのだと宣言している[20]。当時、清須会議の結果を受けて大坂を含む摂津一円を支配していたのは池田恒興父子であったが、秀吉はこの月二十五日に彼らを美濃国に移した（『多聞院日記』同日条）。そして六月一日、およそ四ヶ月ぶりに上洛を果たした秀吉は、二日に大徳寺で信長の一周忌法要を営んだ後、山崎城に（『兼見卿記』同日条）、ついで大坂城に入った後（「興福寺学侶集会引付」[21]）、十日頃姫路へ下向し、遅くとも同月下旬

には姫路から「すぐニ大坂ニ逗留」(『貝塚御座所日記』)した。

こうして大坂入城を果たした秀吉は、間もなく大坂城の新たな築城工事への準備を始めることとなる。その最も早い記録のひとつとされるのが『大日本史料』十一編之五、天正十一年八月二十八日条に収める次の史料である。[22]

【史料3】『多聞院日記』天正十一年七月十日条

七月十日、(中略)海住山ノ坊共給人壊取、大坂へ取ト、咲止〻〻、

こうした状況のもと、顕如らは天正十一年七月四日に紀州鷺森から泉州貝塚に寺基を移した(『貝塚御座所日記』同日条)。まさに彼らの貝塚移座と秀吉の大坂入城・築城準備が同時期に行なわれていたこととなるが、ではなぜ彼らの移座がこの時期であり、貝塚だったのか。このことの持つ意義について閑説した見解は管見に触れないが、筆者は、この点をどう理解するかという論点こそこの時期の秀吉と本願寺との関係性を論じる場合、決定的に重要だと考える。そこで以下、そうした点を念頭に置きながら、本願寺の貝塚移座に関するこれまでの諸説を検討していきたい。

まず、貝塚移転が専ら本願寺側の都合によるとした説がある。『貝塚市史』第一巻(貝塚市、一九五五年)では、根来衆が畿内方面から鷺森に参詣する者を妨害するという事情から本願寺の貝塚移転の考えが起こったとしている。この問題は既に顕如らの紀州下向間もない頃からの懸案であって、天正九年三月には信長も禁制を出し、顕如もまた根来惣中に対して音物を送るなどして改善を訴えていたが充分な効果を挙げえなかった、とする。

また小泉義博は、「信長の滅亡に伴って、本願寺は紀伊雑賀に逼塞している必要がなくなったので、天正十一年七月に至って和泉貝塚へ転ずることとする」と述べている。[23]

なおこの点に関して享保八年(一七二三)に成立した『鷺森旧事記』(仏書刊行会編『大日本仏教全書』仏書刊行会、

一九一二年）では、紀州が「辺国」であるゆえに「諸国ノ参詣モタヨリ悪敷」としていることを挙げておきたい。

以上を要するに、これらの説ではこうした紀州在住の宗主顕如らを取り巻く複合的な事情があって、その故に本願寺が貝塚移座を決心したと取れる見解となっている。

ところでこのことに関連して、そもそもこの貝塚移座を言い出したのが秀吉であるとした史料（「並河記録」『貝塚市史』第三巻、貝塚市役所、一九五八年）がある。[24]

それによれば、賤ヶ岳合戦の戦後処理のため長浜に居た秀吉は、陣中見舞いにやって来た当時の板屋道場（後の貝塚御坊）の初代卜半斎了珍から、紀州鷺森に参詣する門徒が根来衆の山賊行為によって迷惑している旨の陳情を受け、それならば和泉（の貝塚）を本願寺御坊として寺内に取立てるように命じ、了珍をして顕如らをより畿内に近い貝塚に移すために尽力せよと命じた事情が窺われる。つまり、秀吉の主導・斡旋によって顕如らの貝塚移座が行なわれたとしているのであるが、いずれにしろ、これも貝塚移座の理由が本願寺側の事情によるものとすることは共通している。

一方、貝塚移転を秀吉側の事情によるものだとした見解もある。

『増補改訂　本願寺史』第一巻（浄土真宗本願寺派、二〇一〇年）には、貝塚移座の理由について「天正十一年七月、羽柴秀吉の命により、顕如宗主は鷺森から和泉貝塚へ移った（『貝塚御座所日記』）」とあって、秀吉の命令であったとしている。そして、秀吉が貝塚移座を命じた理由については「その後におこなわれる紀州討伐と関連するものであった」と記している。[25]

また川端泰幸は、紀州が遠国辺土にあるため参詣の便が悪いというのを「移転の表向きの理由」としたうえで、「織田信長の後継者となった羽柴秀吉が、本願寺に移転を要請してきたのである。（中略）信長の段階では、大坂を退去させ、雑賀門徒を本願寺とともに封じ込めることが大きな目的であったが、秀吉の場合は明らかに自らの天下統一という大事業の一環として政治的な意図をもって本願寺を移転させたものと思われる」とした[26]。

以上のように本願寺の貝塚移座について、それを本願寺側の事情によるとする見解と秀吉側の事情によるとする見解が並んで主張されてきたのであるが、私見によればこれらの見解は移座の理由の一端を明らかにしてはいるがどちらも不充分であり、いま少しこの間の経緯を踏み込んで検討していく必要があるように思われる。そこで、続いてこの時期の秀吉と本願寺との関係性についてさらに見ていくこととしたい。

2　大坂築城と秀吉の「第二次紀州攻め計画」

上述したように、七月上旬から準備が始まったとされる大坂築城工事であるが、八月上旬には江州の諸職人に宛てた事実上の大坂築城工事への動員令が発せられ[27]、いよいよ本格的な工事の開始が目前に迫っていることが感じられる。

ところが秀吉は、この後間もなく、有馬への湯治を理由に工事の延期を表明したようで、所領安堵の御礼に大坂へ向かおうとしていた吉田兼見は十九日、秀吉湯治の報を得て下坂を中止している（『兼見卿記』同日条）。次に示すのはこの有馬湯治にかかわるとされる秀吉の自筆書状である（追手書き部分のみ掲出）。

【史料4】羽柴秀吉自筆書状（日付・宛名欠、傍線引用者）

ゆへハおゝく候て二七日、我等ハ一七日ほといり候へく候、ふしんを申つけ候ハんまゝ、いそかわしく候へとも、それさまをゆへいり候ハんために、さてふしん、又ハさいかのちんものへ申候、

（以下省略）

（『豊臣秀吉文書集』一、866号文書）

このなかで秀吉は、今は大坂普請を命じて忙しい時なのだが、あなたを湯に入れるために大坂普請も紀州攻め（「さいかのちん」）も延期すると言っている。すなわち、秀吉はこれ以前に大坂築城とともに紀州攻めを計画してい

た（これを秀吉による**「第二次紀州攻め計画」**とする）のである。そして大坂普請の方は、こののち九月一日を期して開始されることになる（『兼見卿記』同日条）のだが、紀州攻めの方はそのまま延期となってしまった。

この紀州攻めについては、ちょうどこの時期、秀吉は大坂城普請と並行するかたちで京都において妙顕寺城普請も開始させており[28]、そうしたなかで大量の軍勢動員を要する紀州攻めをも実行できたかどうかというと甚だ疑問である。そうしたことからいえば、いったん計画された紀州攻めは、居城普請の準備が進むに伴って実現不可能なことが明らかになった結果、延期されたものと判断せざるを得ない。

ところで、本願寺の貝塚移座を秀吉の新たな大坂築城工事およびこの紀州攻め計画という動きのなかに当てはめてみると、秀吉の意向というものが次のように想定されるのではないだろうか。すなわち、大坂に新たに築城し、ここを拠点として天下統一事業を果たそうとする秀吉の構想のなかで、大坂の南方にあって常にその足下を脅かす存在である紀州の雑賀・根来勢を速やかに討つことは必須の要件であった。そして、今や柴田勝家・織田信孝・滝川一益らを滅ぼした秀吉にとって、次のターゲットが天正十年来の懸案であった上記の紀州勢であったことは充分考えられることである。とすれば、その征討をスムーズに運ぶためには、その前段階として彼らの精神的な紐帯である顕如父子の身柄を事前に紀州雑賀から切り離すことが最も重要な条件であった、と。

実際、翌十二年三月に織田信雄・徳川家康と対陣するため、尾張に向かった秀吉の留守をついて根来寺・雑賀衆が大坂を目指して攻め上ってくるということがあったが、その理由について、イエズス会の記録は次のようにいう（傍線引用者）。

【史料5】「一五八四年八月三十一日（天正十二年八月九日）付フロイスよりイエズス会総長宛書簡の写し[29]」

羽柴が全軍を率いて出発した後、根来と称する仏僧たちは、羽柴が彼らを憎悪しており、勝利を得て帰ったならば、彼らを攻めることが分かっていたので、この機に乗じておよそ一万五千人が一団となり、大坂の周囲に建設された新たな市をすべて焼き払い、城を占領した後は、信長が五、六年包囲して屈服させることのできなかった仏僧をふたたびここに入らせることに決した。

このように、根来・雑賀らの紀州勢が大坂を襲撃しようとする名分の一つに大坂本願寺の再興があったのである。こうした反秀吉方の行動はもちろんこの時期に始まったことではなく、既に天正十年十月段階で秀吉が紀州に出兵する意向を表明していた（【史料1】）ように、長らくくすぶっていたであろうことは言うまでもない。とすれば秀吉が、紀州勢が顕如らを擁して大坂へ攻め込んでくる事態を恐れていたことは充分考えられることである。

こうして見てくると、顕如らの貝塚移座は、本願寺側にとっては辺土である紀伊から少しでも畿内中枢に近づくことができるし、秀吉側としては顕如らを紀州から羽柴方の軍事拠点のある岸和田にほど近い泉州貝塚に移すことで、その身柄を紀州勢から切り離すことができるという利点があったと考えられる。そうした意味で秀吉が卜半斎了珍の訴えに応じる形で本願寺の貝塚移座を斡旋したことも充分あり得たことと思われる。

いずれにしろ、この本願寺の貝塚移座によって秀吉の紀州攻めの条件は整ったのであり、第二次紀州攻めはこれを受けて計画されたものと見ることができよう[30]。

3　貝塚から天満への道

しかし、ここでさらなる疑問が生じる。それは、両者にとってこの貝塚御坊がその最終目的地だったのかどうか、という点である。史実としてはその二年後に本願寺は天満の中島[31]に座を移すこととなるが、それは内田説によれば「大坂遷都」の失敗という偶発的な出来事に起因する事態であった[32]。しかし、果たしてそうした理解でよいのだろうか。

ここで考えてみたいのは、顕如らがこの貝塚御坊を新たな本願寺と定め、例えばこの後百年も二百年もの長きにわたって浄土真宗の本山として法灯を掲げようとする意志があったのかどうか、という点である。このことに顕如らが直接言及した史料は管見に触れないが、注目されるのは先にも少し触れた卜半家二代了閑が幕府に提出した記録中にみえる次の記事である。

【史料6】「並河記録」（傍線引用者）

（上略）

一、其以後、御門主様鷺の森ゟ貝塚へ御座を被成御移候時、寺内の地子を御門主様へ被召上候へと申あけ候へハ、少将殿為御使被成御意候ハ、卜半造作仕而取立申御坊之地子何とて可被召上候哉、卜半進退可仕旨御諚候而三年貝塚ニ御逗留被成候へ共、地子一粒も不召置候、（下略）

（『貝塚市史』第三巻）

これによれば、貝塚へ移ってきた顕如は、寺内の地子を進上しようとした卜半斎了珍に対し、それには及ばない、貝塚寺内は卜半斎が造作して取り立てた御坊なので、これまで通り進退するようにとの意向を示している。地子収入は、領主の得分としてその領域経営の基礎的な財源となるものであるから、これを放棄しようとした顕如の態度からはこの後、長期にわたって貝塚に寺基を定めるというつもりはなく、いわば客分として当面の間の滞在というつもりであったようにも考えうる。実際、顕如は足掛け三年に及ぶ貝塚御坊在住中、「地子一粒も不召置候」という状態で過ごしたのであった。とすればそこから、貝塚御坊は顕如らが紀州から大坂（実際は天満であるが）へ帰還するその途中における一時的な御座所だったのではないかという考えがでてこよう。

すなわち、貝塚移座にあたって顕如父子と秀吉との間であらかじめ、状況が整い次第（これは、とりもなおさず紀州攻めの完了ということである）、大坂へ帰還する／させるとの合意ができており、その条件が整うまで父子は暫定的に貝塚に逗留したということである。

これを顕如側から見れば、もはや軍事的に秀吉を破って大坂へ帰還するという企図が現実的では無いと判断して、むしろ積極的に秀吉の保護下に入ることで大坂への帰還を果たそうとしたこととなり、一方の秀吉にとっては、本願寺を大坂城の足下に置くことで、より確実にその動向を監視することができるということになろう。それについてはルイス・フロイスの次の言葉が端的に示している。

【史料7】『フロイス　日本史』2、三十三章(33)

（羽柴）筑前殿は、本章の冒頭で述べたように雑賀（に移っていた）大坂の仏僧（顕如）に対しては、彼が悪事をなさず、なんらの裏切りなり暴動をなさぬようにと、川向うにあたり、（秀吉）の宮殿の前方の孤立した低地（中之島、天満）に居住することを命じた。

以上のように、筆者は、貝塚移座にあたって本願寺と秀吉との間で天満移座にかかわるある種の合意ができており、それこそが両者にとっての貝塚移座の真のメリットであったのではないかと考える。すなわち天満移座こそが両者にとっての最終目標だったと推定するのだが、そこで以下、この点に留意しながらさらに別の角度から検討していきたい。

4　天満東寺町の成立と中島普請

伊藤毅はその『近世大坂成立史論』のなかで、天正十三年に成立する天満寺内の北辺を限る天満東寺町の成立について、その東西端を押さえる専念寺と九品寺の成立がいずれも天正十一年に遡ることを指摘したうえで、「この寺町が大坂城下町構想の一環として、（中略）秀吉によって計画されたものであったことを示唆している」とした。そして、そこから「大坂城下町の北辺を限る寺町をこの段階で設定したことは、その南に広がる一定の区域になんらかの都市的な施設が導入されることを明らかに予定したものであったはず」だとしたのである(34)。（**地図**）

そしてさらに、「天正十一年の大坂城下町建設開始のわずか二年後にここに秀吉の陣頭指揮で本願寺寺内町が建

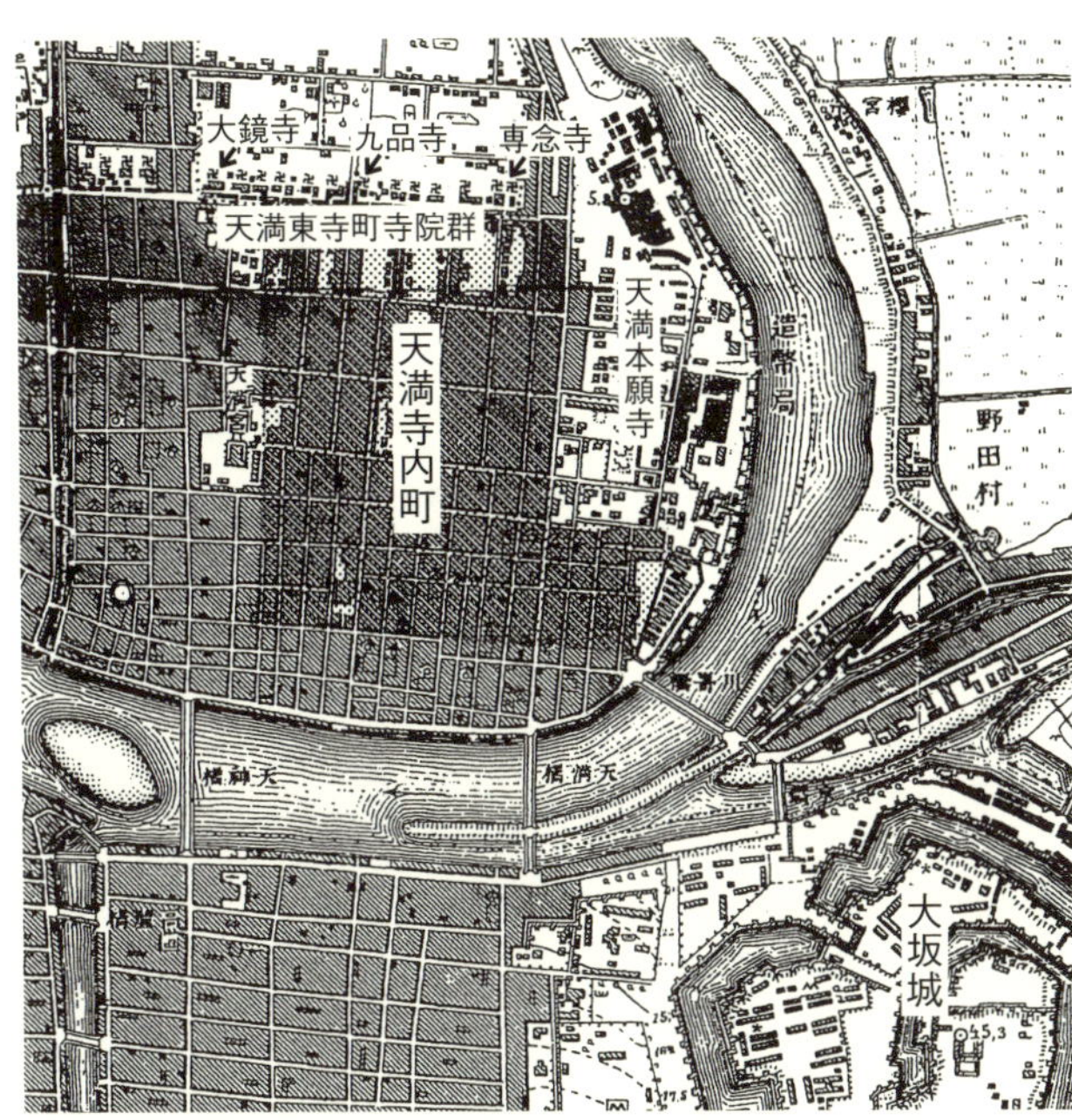

地図　天満東寺町と天満本願寺・同寺内町（平凡社『日本歴史地名大系28』特別付録（「二万分一仮製地形図復刻版 大阪市街図」を一部改変。）（九品寺は当初大鏡寺の位置にあったが、天正18年２月に２丁ほど東の現在地に移転した）
※伊藤毅著『近世大坂成立史論』（生活史研究所、1987年）を参照して作成した。

設されていることを想起すれば、この区域に本願寺寺内町を建設させることが早くから秀吉の計画にあった可能性は高い」とも指摘しながら、その一方で、「ここに当初から本願寺寺内町を誘致することが秀吉の構想にあったかどうかは不明とせざるを得ない」ともしたのであった。

ところで、秀吉は天正十一年九月一日を期して大坂築城工事をスタートさせるのであるが、次の史料によってその一環として天満の中島普請をも行なわせていた様子が窺われる。

【史料8】（天正十一年）十一月十五日付中川秀政宛羽柴秀吉書状

（前略）
随而中嶋普請儀、無由断被申付由尤候、早々出来由候、被入精候様喜悦候、軈而可下向之条、面時可申述候、
恐々謹言、

羽筑
秀吉（花押）

（天正十一年）
十一月十五日

中川藤兵衛尉殿

御返報

（『豊臣秀吉文書集』一、840号文書）

これによれば、この普請は中川秀政分が十一月中旬にいち早く完成したものであるから、中島普請全体の竣工は今少し遅れるものと考えるべきであろうが、それでも年末あるいは遅くとも翌年春にはできあがっていたものと見なして大過ないであろう。とすれば、この中島普請が天満東寺町の形成に深くかかわるものであったことも間違いない。

ところがこの地は、その完成以降十三年五月に、他ならぬ本願寺が貝塚から移転してくるまでの少なくとも一年半もの間、利用された形跡がないのである(35)。

その理由について、内田説では「大坂遷都」に伴う朝廷などの移転予定地であったために塩漬けされていたということになるのであるが、その直接的な裏付けは無い(36)。そこで筆者は、これまでの検討を踏まえ、伊藤の主張を一歩進める形で、秀吉と顕如らとの間で賤ヶ岳合戦終了後間もない天正十一年五、六月頃に、紀州攻めが完了し次第すみやかに本願寺を天満中島に移すという約束がなされ、それを前提として同年七月、本願寺は当面の御座所として貝塚に居を移し、秀吉はそれを受けて大坂築城・中島普請を行ない、同じ頃紀州攻めを計画したのであったとの仮説を提示したい。これによれば、もしこの時紀州攻めが断行されていたならば、本願寺は中島普請が完成し次第、速やかに天満移座を果たすこととなる筈であったが、その紀州攻めは大坂・妙顕寺両城同時普請という現実の前に延期とされざるを得なかったということとなる(37)。

以下、この仮説を踏まえながら更にその後の経過を見ていくこととしたい。

第三節　天正十二年の紀州雑賀一揆と本願寺の立場

1　小牧・長久手合戦と「第三次紀州攻め計画」

賤ヶ岳合戦が行なわれた天正十一年四月の頃までは、反織田信孝という立場から秀吉と行動を共にしてきた織田信雄であるが、信孝の滅亡後間もなく両者の間の隙間が顕在化するようになった。それは、戦後間もなく秀吉の威勢が急激に高まってきたことに対して、主筋である織田家の後継者としての信雄の不満が高じてきたからに他ならない。信雄は五月二十一日、前田玄以を京都奉行に任じた際、「以其方覚悟難落著仕儀有之者、相尋筑前守、何も彼申次第可相極事」（天正十一年五月二十一日付前田玄以宛織田信雄書状「古簡雑纂」『大日本史料』十一編之四）としていたが、これ以降、両者の関係は冷え込んで行った。

こうしたなか、安国寺恵瓊らは次のように、秀吉が来年二月を期して四国・紀州攻めを計画しているという情報を国元に伝えている。

【史料9】（天正十一年）十二月十五日付安国寺恵瓊・林就長連署状

（上略）年改候者、御公事新罷成、上辺之弓矢も、二月ハ四国・雑賀両口へ可被仕懸と相聞え候、（下略）

（『毛利家文書』三）

この情報がどの程度秀吉の意向を正確に伝えているかは不明であるが、翌年正月になると恵瓊は重ねて「二月ハ雑賀立と陣触候」（（天正十二年）正月十一日付安国寺恵瓊書状『毛利家文書』三）と秀吉側の動向を伝えているように、秀吉が近く紀州攻めを決行するとの情報は周辺諸国にも伝わっていたようである。実際、根来・雑賀衆からなる紀州一揆は十一年十月頃から翌年の年初にかけてたびたび和泉国における羽柴方の拠点岸和田周辺を攻撃するようになっていた(38)。

こうした情勢を受けて、秀吉は天正十二年二月を期してまたまた紀州攻めを計画したのである（これを秀吉による**「第三次紀州攻め計画」**とする）。

ただしこの計画は、恵瓊のいう二月からは少し遅れて、三月二十日までに諸大名の大坂集合を予定したものであったらしい。

【史料10】『貝塚御座所日記』天正十二年三月条（傍線引用者）

一、此比根来寺、雑賀成敗之由有之。諸国人数三月廿日已然ニ大坂へ可罷越云々。三月廿七日日執之由申也。

又ハ其内トモ申。説々不同之。

しかし、その準備中の三月六日、秀吉への内通を疑った織田信雄が、岡田重孝、津川義冬、浅井長時の家老三名を切腹させるという事件が起こり、これに激怒した秀吉は、急きょ自ら兵を率いて尾州表に出陣することとなった。この間の事情を『貝塚御座所日記』は次のように記す。

【史料11】『貝塚御座所日記』天正十二年三月条（傍線引用者）

三月八日、晩爰元へ申来趣ハ、三介殿内、岡田助三郎、津川玄蕃頭、浅井新八此三人六日ニ生害サセラルト云々、筑州以外腹立ニテ、富田平右衛門ヲ、いかやうの題目候哉と不審ノタメニ三介殿へ被越之云々。既来十五日尾州へ諸勢被差遣由候也。シカラバ泉州表へノ働ハ可延引由風聞有之。

これが、最終的な講和に同年十一月までかかることとなる小牧・長久手合戦である。

さて、秀吉は三月十日に大坂を発って尾州に向かったが、果たして十八日、秀吉不在の虚を突いて紀州から大坂に向かって、海陸両面から攻め上ってくる大軍があった（『貝塚御座所日記』）。根来・雑賀衆からなる紀州一揆の軍勢である。彼らの来襲の噂を聞いた大坂の住民たちの騒動ぶりも前引の「フロイスよりイエズス会総長宛書簡の写し」（【史料5】）に続く個所で語られているが、あたかも大坂城はいまだ本丸築造工事の最中であり、「城にも町にも戦闘に堪えるものはほとんどな」いという有様であったという。

ところが、一揆勢は大坂への途中にある岸和田城の中村一氏をはじめとする羽柴方の軍勢によって二十一日の合戦で大敗を喫し、多くが討取られ、命からがら紀州方面へと引き上げていかざるを得ない仕儀となった[39]。

さてこの時、一揆勢が貝塚御坊の顕如らを再び大坂へ帰還させることを目論んでいたことについては上述したとおりであるが、これに対して顕如らがいかなる態度で臨んだのかといえば、一貫して親羽柴の立場をとり続け、ついに一揆勢に加担することはなかったのである。それを窺わせるのが『貝塚御座所日記』にある次の一文である。

【史料12】『貝塚御座所日記』天正十二年三月条

廿二日、中孫平昨日の合戦本意ノ由ニテ、今日廿二日当寺へ為御礼被参。於御堂とりあへず御見参。御盃出て、御酌にてのまれ、帰城あり。新門様興門様同前ニ御見参也。

このように、顕如らは一揆方には組せず、中村一氏の戦勝の挨拶を受けて盃を交わしている。こうした本願寺の姿勢は既に前年十月に「対岸和田相色立、恣之働」をした紀州門徒を叱責する下間仲之・頼廉連署状[40]からも、一貫したものであったことが窺える[41]。

こうして、中島普請が完成する天正十二年春頃には紀州攻めが終わり、その直後に本願寺の天満移座も成るはずであったが、それは以上のような経過で延期となったのである。

2　「第四次・第五次紀州攻め計画」とその頓挫

ついで、この天正十二年には史料上からはあと二回の紀州攻め計画が看取される。まず、次の史料によって六月末頃に紀州攻め計画のあったことが窺われる（これを秀吉による**「第四次紀州攻め計画」**とする）。

【史料13】（天正十二年）六月二十一日付淡輪徹斎宛中村一氏書状（傍線引用者）

（上略）御所労之由、無御心元候、秀吉出馬可為近日之条、無御油断、被加御養生、此刻別而御忠儀専用候、
（下略）

中村孫平次
一氏（花押）

（天正十二年）六月廿一日
徹斎公
淡輪太和守殿（ママ）
御宿所

（「淡輪文書」[42]）

これは岸和田城将の中村一氏が泉州南端に位置する淡輪の土豪淡輪徹斎（大和守）に対して、病気の見舞いをしたあと、近日秀吉の出馬があるので油断なく養生しておくようにとの指示である。この記事だけでは必ずしも紀州攻めとは読めないが、この時期、尾張対陣中の秀吉が新たに出馬する場所はほかに考えにくい。実際秀吉は、後事を甥の羽柴信吉（後の豊臣秀次）に託して[43]六月二十八日の夜に突如「馬五六騎にて大坂へ帰城」（『貝塚御座所日記』）することがあったが、この史料と考え合わせれば紀州出陣の可能性は充分考えられるところである。ただし、「これは暫時ノ儀」であって「七月六日ニ、モトノ陣所へ可被打帰由」（いずれも『貝塚御座所日記』）ということであり、結局紀州攻めは実行されなかった。

ところで、この時期、織田・徳川方から紀州や河内の諸勢力に対してたびたび出馬要請がなされている。例えば四月四日には織田信雄が紀伊と河内に所領を持つ保田安政に対して尾州表における対陣の様子を伝えているが[44]、この後安政は根来寺・雑賀衆と河内国の国見山城に立て籠もってたびたび中村一氏らと争っている。

【史料14】『寛永諸家系図伝』第六　佐久間（傍線引用者）

安政　久六郎　久右衛門尉　従五位下　生国同前
保田左助養て子とす。故にはじめハ保田久六と号す。左助紀州保田谷をよび河州錦郡を領す。（中略）其後織田信雄、秀吉とあひた丶かはんとするとき、安政、大権現の台命をうけたてまつり、信雄の令に応じてまさに勢州おもての軍をはじめんとす。爰にをいて旧好の士卒及根来寺の衆徒・雑賀の鋭兵等を率て、河州国見山の城に栖籠、秀吉の臣泉州岸和田の城主中村式部少輔と屢挑た丶かふ。（下略）

こういう情勢下で、秀吉は八月四日、河内の烏帽子形城を修築させている（『貝塚御座所日記』）のであるが、位置関係から見ても保田らの籠る国見山城に対する付城的な役割を負わせたものであろう。

このように、秀吉が尾張出張中であるのに乗じて織田・徳川らは紀州・河内の勢力を糾合してその背後を突かせており、それに対抗すべく秀吉は情勢の許す範囲で帰坂してさまざまな指示を出していたのである。そして、その一環として紀州攻めの計画も含まれていたものと考えられるが、それは尾州表の情勢が許さず実行されなかった。ところがさらに、小牧・長久手合戦も終盤近くの十月、秀吉は次のように、二十七日を期してまたもや紀州攻めを計画している（これを秀吉による**「第五次紀州攻め計画」**とする）が、これも河内における織田側の軍事行動がきっかけとなった事態である。[45]

【史料15】『貝塚御座所日記』天正十二年十月条（傍線引用者）

一、秀吉十月廿七日泉州表出馬必定之処、東国表より注進アリテ、俄廿日晩ヨリ、タダ五騎にて坂本迄御越云々。（中略）北伊勢ニ不審之儀アリテ、一戦被申付由其沙汰有之。

しかし、このたびも北伊勢方面で不穏な動きがあり、秀吉はあわてて近江の坂本に向かっている。緻密に戦況を見定めて手を打っていく秀吉にしては、尾州表の情勢を見誤った感があるが、これも秀吉にとって紀州・河内の動向が如何に気にかかっていたかを傍証する出来事といえるであろう。

ともあれこの年、三度にもわたって計画された紀州攻めは、三月から十一月まで続いた小牧・長久手合戦によっていずれも実行するに至らなかったのであり、それによって本願寺の天満移座も延期せざるを得ない仕儀となったのである。

第四節　天正十三年の紀州攻めと本願寺の天満移座

天正十二年春以来、半年以上の時日を要して小牧・長久手合戦を乗り切った秀吉は、当面織田信雄・徳川家康という東海地方の強敵からの脅威が無くなったのを幸い、翌年三月を期して、いよいよ宿願であったともいえる紀州攻めを実行することとなった（これを秀吉による**「第六次紀州攻め計画」**とする）。合戦の経過については『天正記』の「紀州御発向之事」や『貝塚御座所日記』など同時代の諸書に記録されているので、以下ではごく概略を見るのにとどめるが、次の秀吉書状からは既に二月中旬には諸大名に対する動員が掛けられていたことが分かる。

【史料16】（天正十三年）二月十三日付中川秀政宛羽柴秀吉朱印状

来三月廿一日至紀州表可出馬之条、人数等馳走候て、廿一日以前、至大坂近辺着陣可在之条、依之今度之普請相延候、無由断弥用意尤候也、謹言

（天正十三年）二月十三日　秀吉（朱印）

中河藤兵衛尉殿

（『豊臣秀吉文書集』二、1333号文書）

さて、三月二十日に羽柴秀次（後の豊臣秀次）らの先勢が大坂を出発するや、秀吉率いる本隊も翌二十一日には大坂を立ち、総勢十万ともいわれる羽柴勢は二十三日、一揆方の出城である千石堀城・積善寺城・沢城などをことごとく落とし、二十五日には根来寺を襲ってこれを壊滅させた。そのまま紀州雑賀に押し寄せた羽柴勢は、ここで

太田城に籠る一揆衆と対峙し、紀ノ川の流れを塞き止めて作った土手による水攻めを行ない、自滅させる方法をとった。果たして籠城衆は四月二十二日に降参し、秀吉は主だった五十三人の首を切って阿倍野に曝し、他は赦免したという（「某宗俊書状」[46]）。

こうして紀州平定を成し遂げた秀吉は四月二十五日に陣を開き、二十六日に堺まで引き上げ、次いで大坂へ凱旋した。『貝塚御座所日記』によれば、この秀吉に祝詞を述べるため顕如から派遣された下間頼廉・円山内匠の二人は堺で秀吉に見参するつもりが追い付けず、結局二十七日に大坂城まで赴いて秀吉に拝謁した。この時彼らは秀吉から大いに歓待され、城中で一泊して天守や奥御殿を秀吉自身の案内で見物したという（『貝塚御座所日記』）。

それはさて、二十八日には城内において秀吉から両人に対して次のような下命があった。

【史料17】『貝塚御座所日記』天正十三年四月二十八日条

今度、門跡寺内ニ、渡辺ノ在所ヲ可被仰付由、秀吉被仰也。

すなわち、紀州征討を終えたばかりの秀吉は早速、本願寺に対して、貝塚から「渡辺ノ在所」すなわち天満中島の地へ座を移すことを命じたのである。これが大坂帰城の翌々日のことであることを思えばまことに迅速な措置であり、秀吉の脳裏に紀州攻めの完了と本願寺の天満移座とが早くから結びつけて考えられていたことを窺うに充分である。そして、この話は五月に入ると一挙に具体化してくる。『貝塚御座所日記』によれば、顕如は秀吉の下命から五日目の五月三日（この年四月は二十九日までしかない）に下間頼廉ら重臣三名を再び上坂させて秀吉に天満移座を受諾する旨の挨拶をさせた。この本願寺側の反応も極めて早いというべきで、二十八日の夜貝塚に戻った両名が翌朝ただちに顕如らに上申したとしても三日以内に天満へ移るべきことを判断している。もし顕如らが、貝塚御坊に腰を据えて長く真宗の本山として維持するつもりでいたのならば、今少し違った対応もありえたのではないかと思われる。

それはともかく、翌四日には早速秀吉自らが天満に赴いて新しい寺内の縄打ちを行なった。『貝塚御座所日記』によれば、その広さは「七町ト五町」であり、宇野主水は「元ノ大坂寺内ヨリモ事外広シ」との感慨を漏らしている。こうしてようやく天満中島の寺地を得た宗主顕如らの移徙が行なわれたのは同年八月三十日のことであった（『貝塚御座所日記』同日条）。

おわりに

以上、六次にもわたった羽柴秀吉による紀州攻め計画を縦糸に、本願寺の顕如父子らの紀伊鷺森から和泉貝塚を経て摂津天満に至る移座の経過を横糸として、天正十年十月から同十三年五月にいたる秀吉と本願寺との関係性について検討を加えてきた（**別表**）。この作業から明らかになったことの要点はおよそ次のようになろう。

まず第一に、この移座問題は、大坂を本拠地として天下統一事業を進めようと目論んでいた秀吉の喉元に突き刺さった矢ともいうべき、紀州の反秀吉勢力の征圧事業と関連して捉えるべきものでもあった点である。この間、六度にも及ぶ紀州攻め計画を立てたというのも、秀吉にとって大坂南方からの脅威が如何に大きなものと認識されていたかを雄弁に物語っていよう。

第二に、天正十一年秋に行なわれた天満の中島普請から一年半という長いブランクを経て本願寺の天満誘致が実現したのは、秀吉が朝廷の天満誘致に失敗したからではなく、秀吉と本願寺との間であらかじめ交わされていた内約が実行された結果であったと見られる点である。いわば秀吉の当初の目論見がここにようやく結実したというべきであって、そういう意味で筆者は伊藤毅の「天満寺内町はその建設当初から豊臣秀吉の都市政策を明確に反映して成立した都市であった」とする指摘[47]に耳を傾けたい。すなわち、秀吉は大坂に政権の本拠地を構えるにあたって

別表　羽柴秀吉による紀州攻め計画

年次	月	日	事件・動向
天正8	4	9	本願寺11世顕如、大坂から紀州鷺森へ移座。
	8	2	顕如の長男、教如も大坂退去、紀州へ下る。
天正9	3	—	信長、鷺森参詣路の安全を保障する朱印状を発給する。
天正10	6	2	本能寺の変　13/山崎の合戦　27/清須会議。
	7	10頃	秀吉、天王山山頂に築城を開始する。
	8	22	本願寺の使者、堺御坊返付の件で、堺政所に赴く。
	10	30	**紀州攻め［第1次］の表明。**秀吉、本願寺の「御分別」を期待。
	12	7 21	秀吉、近江に出兵し、長浜城の柴田勝豊を誘降する。 岐阜城の織田信孝も降参。秀吉ら、三法師を安土に入れる。
天正11	4	21	賤ヶ岳合戦。秀吉、柴田勝家を破る。
	5	12～	秀吉、近江の坂本で戦後処理を行なう。
	6	下旬	秀吉、姫路城を弟の羽柴秀長に与えて大坂城へ入る。
	7	4 10	本願寺、貝塚へ移座。この頃、紀州攻め［第2次］を表明するか。 この頃、大坂築城の準備始まるか。
	8	5 17カ	秀吉、大坂普請参加のため近江諸職人の課役免除。 **紀州攻め［第2次］の「延期」を表明。**
	9	1	大坂城普請。その一環として中島普請も開始。11/妙顕寺普請の開始。
	11	15頃	中島普請のうち、中川秀政分、完成。
	12	15	安国寺恵瓊ら、来年2月の秀吉による紀州・四国攻め計画を報ず。
天正12	1	11	安国寺恵瓊、重ねて秀吉の紀州攻め計画を報ず。
	3	— 6 10 18 21	**紀州攻め［第3次］の表明。** 織田信雄、秀吉への内通を疑い、3家老を誅殺する。 秀吉、織田征討のため尾張へ向かう、そのため紀州攻めは延期となる。 根来・雑賀一揆、大坂を目指して北上、岸和田城の中村一氏らと戦う。 一揆勢、中村軍に敗れて退く。22/中村、戦勝を貝塚の顕如に報ずる。
	4	4	織田信雄、河内の保田らに情勢を報じ、出勢を促す。この後、保田ら、河内の国見山城によってたびたび岸和田城の中村一氏らと戦う。
	6	21	この頃、**紀州攻め［第4次］を表明するか。**
	8	4	秀吉、烏帽子形城の修築を命ず。
	10		**紀州攻め［第5次］の表明**するも、北伊勢の情勢不安により中止。
天正13	2	13	**紀州攻め［第6次］の表明。**
	3	21	秀吉、紀州攻めを決行、根来・雑賀に出兵。
	4	22 28	太田城に籠る一揆衆降参、25/開陣。 秀吉、大坂城内で本願寺の使者に天満移座を仰せ付ける。
	5	3	本願寺の使者、天満移座を受諾。4/秀吉自ら天満寺内の縄打をする。
	8	30	本願寺宗主顕如ら、天満へ座を移す。

城下の北辺に位置する中島の地を大規模な寺町地区とする構想を持っており、当初からその中心施設として本願寺を予定していたのである。

そして第三としては、もはや武家権力と軍事的に伍しての存立が現実的でないと判断した顕如らがこの移座を好機と捉え、積極的に秀吉政権の傘下に入ることで宗教権門としての自らの新しい運命を切り開こうとしたという点である。かかる対処を成しえたことによって、本願寺は中世的な権門から近世的なそれへの脱皮を図ることができたのである。

ところでこれまでの通史類を瞥見すると、本能寺の変後の秀吉が取り組むべき課題は、山崎合戦であり、清須会議であり、賤ヶ岳合戦であり、小牧・長久手合戦であって、そのまさに同時期、秀吉を悩ませていた紀州からの脅威については、上記の諸課題を解決した秀吉が次に取り掛かったのが紀州攻めであった、とする論調が多い(48)。しかしその実態はといえば、本稿で縷々述べてきたように、秀吉は柴田や織田信孝、あるいは徳川・織田信雄などの諸勢力とのかけひきや合戦を行なう一方で同時に、この脅威に対処していこうとしたのであった。本願寺の貝塚・天満移座という問題も、こうしたこの時期の秀吉が直面していた諸課題のなかに位置付けることによって初めて、その真相が明らかになるべきものであることを改めて強調して本章を閉じたい。

注

(1)　辻善之助著『日本仏教史』第七巻近世篇之一（岩波書店、一九五二年）、本願寺史編纂所編『本願寺史』第一巻（浄土真宗本願寺派宗務所、一九六一年）、本願寺史料研究所編『増補改訂　本願寺史』第一巻（浄土真宗本願寺派、二〇一〇年）、同朋大学仏教文化研究所編『教如と東西本願寺』（法藏館、二〇一三年）など。

(2)　注(1)前掲諸著書。なお、本稿で扱う天満寺内の成立や規模等についての専論には、伊藤毅「天満の成立」（同著

『近世大坂成立史論』生活研究所、一九八七年）がある。

（3）内田九州男「大坂と京都」（朝尾直弘著『大系日本の歴史8　天下一統』小学館、一九八八年）、同「豊臣秀吉の大坂建設」（佐久間貴士編『よみがえる中世二　本願寺から天下統一へ』平凡社、一九八九年）など。ここで内田は、秀吉が足利義昭の猶子となって源姓を得たうえで大坂に幕府を開き、京都の朝廷や主要な寺院を天満に移すつもりであると主張した。

（4）鷺森御坊の由緒は、文明八年（一四七六）創起の紀州冷水浦の道場に始まるようだが、同十八年、本願寺八世蓮如がこの地を訪れたことから本願寺派の勢力が大きくなった。

（5）天正九年三月日付織田信長朱印状（千葉乗隆・北西弘編『本願寺文書』柏書房、一九七六年、57号文書）。なお、このことについて、（天正九年）三月廿四日付顕如書状には「態染筆候、仍爰許先以無事ニ候、諸国門徒も漸此比は参詣之様候間、有難覚候、（中略）信長公ゟ国中之門徒、本寺へ参詣不可有別儀之通、今度朱印を出され候条、尤大慶候、（下略）」（本願寺史料研究所編『本願寺教団史料　京都・滋賀編』二〇一〇年、一二・一三号文書）とある。

（6）（天正八年）六月十九日付（紀州）三ヶ郷門徒中宛顕如書状（「本願寺文書」）、同月二十一日付越前国惣門徒中宛顕如書状（「専応寺文書」）など。なお、これに対して教如方の下間頼竜も顕如の妨害を非難して大坂支援を依頼している（七月五日付ときたら惣中宛、「唯願寺文書」）。以上はいずれも真宗史料刊行会編大桑斉担当『大系真宗史料　文書記録編十二　石山合戦』（法蔵館、二〇一〇年）所収。

（7）七月十七日には、織田信長から、「本願寺新門主」宛て五ヶ条の血判誓詞が出され、八月十日以前の退去が求められている（千葉乗隆・北西弘編注（5）前掲書53号文書）。

（8）この間の教如の動向については小泉義博「教如の諸国秘回と本能寺の変」（同著『本願寺教如の研究』上、法蔵館、二〇〇四年）が詳しい。

（9）本章では、顕如の側近宇野主水の執筆にかかる『鷺森日記』および『貝塚御座所日記』の引用は、北西弘編『真宗史料集成』第三巻（同朋舎、一九七九年）に収められた『宇野主水日記』を用いることとする。

（10）この時、柴田が秀吉を切腹させようとしたとか討ち取ろうとしたなどという話が『川角太閤記』や『豊鑑』などに見えているが、清須会議の結果が「大旨ハシハカマ、ノ様也」（『多聞院日記』天正十年七月七日条）という結果であってみれば、これらが後世の著作とはいえ、真実の一端は伝えているようにも思われる。

(11) 谷下一夢著『顕如上人伝』（平楽寺書店、一九四一年。『増補　真宗史の研究』一九七七年に再録）でも「秀吉の本願寺接近は先づ堺坊舎の寺領還附に始まった」としている。ただし、その証左として挙げられている八月三十日の『鷺森日記』の記事からは、厳密にいえば秀吉の関わりは確認できない。

(12) 小葉田淳編『堺市史　続編』第一巻（堺市役所、一九七一年）。

(13) 当時の十世顕珍は、教如派の有力坊主で、「堺周辺の一向一揆の中心的存在であった」（『日本歴史地名大系28　大阪府Ⅱ』「真宗寺」の項、平凡社、一九八六年）とされる。

(14) 山崎城構築にかかわる初出史料は、（天正十年）七月十七日付毛利輝元宛羽柴秀吉書状（名古屋市博物館編『豊臣秀吉文書集』一（吉川弘文館、二〇一五年）、463号文書）。

(15) （天正十年）十月六日付柴田勝家覚書（「南行雑録」『大日本史料』十一編之二）。

(16) この間秀吉は、九月十八日には吉田社で長谷川秀一・堀秀政・惟住長秀と談合、十月二十八日には本国寺で惟住・池田恒興と相談、十一月十日には吉田社で惟住と対談、十二月四・五日には徳雲軒で惟住と対談している（『兼見卿記』『言経卿記』『多聞院日記』など）。このうち、十月二十八日の相談については「廿八日六条之寺ニテ、羽芝（柴）筑前守、刃場（丹羽）五郎左衛門、池田紀伊守両三人被相談、天下可被相静旨決定之由申来間、珍重旨返条了」（『多聞院日記』五付録「蓮成院記録」十月晦日条）という記事が残されている。ここで、「天下可被相静旨決定」とは、その後の行動をみれば、彼らが今後の方針として軍事行動をも辞さずに柴田・織田信孝を排除したうえで天下静謐を目指すことを確認するものであったことは間違いないだろう。

(17) これは十月十六日に顕如から秀吉・惟住・堀の三名に出された音信への返書である。

(18) 『鷺森日記』によれば、天正十一年閏一月十八日に「柴田修理（および息子の権六、家中の佐久間・徳山）」、同二十五日に「羽筑（および家中の杉原・浅野）」・「三介」（織田信雄）・「堀」・「惟住」ら、また二月中旬には「徳川（および家中の酒井・石川ら）」に、それぞれ年頭の音信・音物を送っている。谷下一夢は、この年頭の音信のうち柴田への音信について、「十一年三月に、勝家及び其一族に年頭の音信を贈ってゐる（鷺森日記）が、之はどこまでも一遍の儀礼であって、内実は秀吉と結託し」とする（谷下注(11)前掲書）が、実際は上述のごとく柴田には閏一月十八日付で、秀吉を含め誰よりも早く、かつ家中にまで音信しているのは、秀吉・家康と並び、織田信雄よりは明らかに厚礼である。通り一片の儀礼ではないだろう。

(19)　三月十一日、柴田出勢の報に接した秀吉は、北伊勢から近江の佐和山へ移動している。「昨日十一日、江州至佐和山之城羽筑州登城云々、柴田至北郡□出勢云々」（『兼見卿記』天正十一年三月十二日条）。

(20)　前田摩阿宛羽柴秀吉自筆書状（『豊臣秀吉文書集』一、866号文書）。本史料には日付がないが、坂本にいて戦後処理をしていること、また近々大坂を受け取るといった文言などから、状況的に池田恒興父子が摂津を秀吉に明け渡して美濃に下っていった五月二十五日以前と想定できるので、この書状も五月十二〜二十四日の間のものと確定することができる。

(21)　藤井譲治「豊臣秀吉の居所と行動（天正10年6月以降）」（同編『織豊期主要人物居所集成』思文閣出版、二〇一一年）。

(22)　この項の綱文は、「羽柴秀吉、大ニ摂津大坂ニ城ク、是日、前野長泰ニ石材ノ採取運搬ニ関スル条規ヲ付ス」で、南山城の古刹海住山寺の諸坊を同地の給人らが壊し取って大坂へ運んだというものであるが、これが果たして大坂築城にかかわるものかどうかを傍証する史料は管見に入らないので慎重を要するかとも思われるが、当面ここに掲げておく。

(23)　小泉注(8)前掲書。

(24)　「並河記録」は、慶長十五年（一六一〇）四月十四日付で卜半家の誅求と苛政を訴えた寺内町民三十二名の連署状に対する卜半家二代了閑から幕府への返答書で、卜半家の家来筋にあたる並河家四代正英の手記に収められた写本である（編者による注は略）。

一、大閤様近江長浜御陣之時、右之訳（紀州への参詣人に対して根来衆らが山賊などの妨げ行為をしていること—引用者）連々被及聞召、鷺森への伝ニ泉本願寺御坊御取立候へと被仰……我等親卜半ニ右之才覚仕候へと被仰付候を、追々斟酌、御門跡様へ之御奉公ニ而候間、是非可成程、卜半馳走いたし候へ、左様なく候へハ別ニ才覚可仕ものもなきと達而被仰付候故、不及是非と申上、貝塚を寺内に取立申候事、なお、この手記はその後焼却されてしまったらしい（福尾猛市郎「封建再編成期における集落自治の一様相とその変貌について」『福尾猛市郎　日本史選集』福尾猛市郎先生古希記念会、一九七九年）。

(25)なお、『増補改訂　本願寺史』第一巻の旧版である『本願寺史』第一巻（注(1)前掲書）では「天正十一年七月、本願寺は寺基を鷺森から和泉貝塚に移した。これは雑賀衆の動向に不穏な気配が感じられたからであろう」とする一方、この移座には秀吉が「雑賀との闘争を事前に予知して本願寺の貝塚移転」を行なったとも述べて、両者の立場からする視点を取っているのが注目されるが、この見解は引き継がれなかったと言わざるを得ない。

(26)川端泰幸「4　本願寺の流転と天満本願寺」（大谷大学真宗総合研究所真宗本廟（東本願寺）造営史資料室編『真宗本廟（東本願寺）造営史―本願寺を受け継ぐ人びと―』真宗大谷派宗務所刊、二〇一一年）。

(27)（天正十一年）八月五日付秀吉書状写（『豊臣秀吉文書集』一、797号文書）には、近江諸職人の諸役免許が命ぜられているが、八月七日付浅野長吉の添状写（「河路佐満太氏所蔵文書」『大日本史料』十一編之五）では、それが「於大坂御普請御用可被仰付」ためであることが明記されている。

(28)「妙見寺筑州屋敷ニ成、寺中悉壊取云々、近日普請在之云々」（『兼見卿記』天正十一年九月十一日条）。この後『兼見卿記』天正十一年・十二年条には普請関係記事が頻出する。

(29)松田毅一監訳・東光博英訳『十六・七世紀イエズス会日本報告集』第Ⅲ期第6巻（同朋社出版、一九九一年）所収。

(30)ただし、実際にこの時、紀州攻めが発令されたのかどうかは明らかでない。秀吉の意識としては、昨年十月の「第一次紀州攻め計画」（【史料1】）の実現を目指した構想段階であったとも考えられる。

(31)『貝塚寺内基立書』には、「同十三年八月御門跡様ヲ始、天満中嶋へ御移也」とあって、この地が天満中島とよばれていたことが確認される（近藤孝敏「貝塚寺内の成立過程について」『寺内町研究』創刊号、一九九五年）。なお、その頃この地は「渡辺」とも呼ばれていた（後掲【史料17】）。

(32)内田注(3)前掲論文。

(33)松田毅一・川崎桃太訳『フロイス日本史』全十二巻（中央公論社、一九七七～八〇年）は、原著の構成を大幅に組み替えて刊行された。同書2、三十三章は、原著の第三部四十四章に相当する。

(34) 伊藤注(2)前掲論文。なお、内田も「城下町大坂」(『日本名城集成　大坂城』小学館、一九八五年)において、専念寺と九品寺の成立が天正十一年に遡ることを指摘し、また中島にあった渡辺村が大坂築城に伴って移転を余儀なくされたという伝承(「大坂濫觴書一件」)を踏まえて「秀吉はたしかに中島に何かを建設しようとしていたようだ」とする。ただし、内田は後年これを朝廷移転の予定地と考えるようになる(内田注(3)前掲論文)。

(35) このことは、既に注(34)前掲論文において内田が指摘している。

(36) 天満中島の開発とそれが朝廷の移転地とするためであることを直接結びつける証拠は何もなく、ただ「大坂遷都論」によって支えられているにすぎない。筆者のみるところ、「大坂遷都論」は論拠が薄弱であり成り立ちがたいと思われるが、ここで詳論することはできないので、改めて別稿にて取り組みたい。
付記―これは「「大坂遷都論」再考―羽柴秀吉の政権構想をめぐって―」(『史学雑誌』125編11号、二〇一六年)で詳説し、本書第三章にも再録した。

(37) なお、紀州攻めの前に本願寺を天満に移してしまうという考えもあろうが、天満に入った顕如らが紀州勢と与同する可能性を考えれば、秀吉としては到底選択できないものであっただろう。

(38) 「中村一氏記」・「真鍋真入斎書付」など(いずれも『大日本史料』十一編之五、天正十一年十一月是月条・天正十二年一月一日条)。

(39) (天正十二年)三月廿六日付佐竹義重宛羽柴秀吉書状には、「去廿二(ママ)日、至泉州面、根来寺・雑賀・玉木・湯川其外一揆三万計ニ而取出候所、岸和田先番者切懸、首五千余討捕候、以其競、敵城不残乗取、紀州面迄存分申付隙明候事」とある(「佐竹文書」『和歌山市史』第四巻、和歌山市、一九七七年)。

(40) (天正十一年)十月廿六日付下間仲之・下間頼廉連署状(神田千里「本願寺の行動原理と一向一揆」同著『一向一揆と戦国社会』吉川弘文館、一九九八年所収「真光寺文書」)。

(41) なお、この時期徳川家康も本願寺に対して、信雄が本意を遂げ上洛を果たした暁には大坂を元のごとく返還することを約束する次のような書状を出しており(「大谷派本願寺文書」『愛知県史』資料編12、829号文書)、本願寺に対する切崩し工作も行なわれていたことが窺えるが、本願寺は応じていない。

今度信雄被遂御入洛、御本意之上、大坂之儀如先規之可被進置候、殊賀州之儀者、信長如御判形之、是又不可有相違候、委細者彼口上相含候、恐々謹言
卯月十日　家康（花押）
本願寺

(42) 北川央「織豊期の岬町」（『岬町の歴史』編さん委員会編『岬町の歴史』岬町、一九九五年）。
(43)（天正十二年）六月二十一日付上坂意信宛羽柴信吉書状（上坂文書）。
(44)「佐久間軍記」（『愛知県史』資料編12、366号文書）。
(45) 次の史料はこの時期、信雄が河内国見山の保田安政に対して根来や雑賀の勢力を糾合して泉州表へ出張するよう促したものである（『愛知県史』資料編12、903号文書）。

（天正十二年）九月二十三日付織田信雄書状写（傍線引用者）

追而染筆候、羽柴此中無事之儀色々雖懇望候、一切無許容、此節可遂本意覚悟無二候間、其表之事弥無油断可被相励儀専一候、北国表佐々内蔵助一味至賀・能及行、七尾城取巻、所々任存分候、於此様子不可有其隠、根来与雑賀・奥郡自其方被申届、泉州表出勢肝要候、猶三浦駿河守方ヨリ可申候、恐々謹言、
九月廿三日　信雄
保田久右衛門殿

(46) 海津一朗編『中世終焉　秀吉の太田城水攻めを考える』（清文堂、二〇〇八年）所収「史料一一　某宗俊書状　○中家文書」。
(47) 伊藤注(2)前掲論文。
(48) 例えば、山田邦明著『日本の歴史第8巻　戦国の活力』（小学館、二〇〇八年）では、本稿で述べてきたような貝塚・天満移座をめぐる本願寺と豊臣政権との長期にわたる関わりには触れることなく、「徳川家康との和睦をとりつけた羽柴秀吉がつぎに着手したのは、紀伊の攻略だった」（第八章第一節「秀吉の戦争と平和」の「紀伊攻略と関白任官」の項）と述べるにとどまっている。

第三章　「大坂遷都論」再考
——羽柴秀吉の政権構想をめぐって——

はじめに

如何なる時代を対象とするにせよ、時の政治権力と朝廷との間に横たわる緊張関係をどのように読み解くかという観点が、その政権が如何なる構想を持って支配を進めようとしていたのかという問題を考える上で非常に大きなものであろうとの認識は、大方の研究者の一致して抱くところであろう。

今その時代を、羽柴秀吉が柴田勝家を賤ヶ岳合戦で破ったことによって、織田信長の後継者としての地位を確立し、天下統一への拠点としての大坂を手に入れた天正十一年（一五八三）五月から[1]、関白公邸としての聚楽第造営に着手する同十四年二月[2]に至るまでのおよそ二年九ヶ月に限ってみた場合でも、秀吉の営もうとする政権（以下、豊臣政権とする）と当時の朝廷との間に如何なる緊張関係が存在したのかという問題は、その政権の性格を読み解く上で大変重い問題であろうと思われる。そして、そのような意味での重要な論点のひとつに、内田九州男が一九八八・八九年に相次いで発表した大坂遷都構想をめぐる一連の論考をどう評価するのかという問題があろう。

内田はそれらの論考において、主としてイエズス会宣教師L・フロイスの執筆にかかる『一五八三年の耶蘇会日本年報』および『一五八四年の日本年報附録』に収められた二点の記事[3]（後掲【史料1・2】）と徳川家康の重臣本多忠勝の書状一点(4)（後掲【史料3】）をもとに、大坂築城工事が始められる天正十一年九月頃(5)の秀吉の見解として、京都から大坂への遷都の構想と自らが将軍となって大坂に幕府を開くというその政権構想を提示した。

これらの論考は大きな反響を呼び、その後この提言に賛同する研究者も相次いで現われ、発表以来四半世紀を過ぎた現在でもなお多くの研究者がこの説を支持する状況にある。(6)しかし、これらの支持には内田の提示した史料を独自に再吟味しその検討の上に立って表明したものは無く、ほとんどが内田の行論をそのままなぞったものばかりである。

ところがその一方で、内田のこうした問題提起について当然ひと言触れてしかるべきと思われる豊臣政権と朝廷との関係性を取り扱った論文・著書等においてはまったく等閑視される、という状況があることも確かであろう。(7)

これは「大坂遷都構想」および「将軍任官・大坂幕府開設」という問題（以下、両者を合わせて「大坂遷都論」とする）が、豊臣政権と当該期朝廷との関係性について考察する上での最重要課題のひとつであるのみならず、中近世移行期における天皇制の在り方にもかかわる論点であることに思いを致すとき誠に奇妙な状況と言わざるを得ず、しかもそれが今日まで四半世紀という長年の間、実証的な検証が行なわれることなく、いわば両論並立のような状況のままで推移してきたことは、長年、豊臣政権の性格に関心を抱いてきた者として残念なことでもある。

そこで、本章では、上記の内田の諸論考について、その根拠史料の再吟味を踏まえて「大坂遷都論」を独自に検証し、ついで遷都に失敗した秀吉が止む無く京都に築造したのが聚楽第であるとするその主張をも検証したうえで、秀吉による「大坂遷都」発言の持つ意味について再考してみたいと思う。

まず、この問題にかかわる内田論文を含む現在までの先行研究を見ておくと、上記フロイスの記録の翻訳された時期が戦中の一九四三年という年であったためか、管見の限りではこの問題に言及した戦前の研究は見当たらないようである。

戦後になって、最初にこの問題に触れたのは城郭研究家の櫻井成廣である。櫻井は一九七〇年の『豊臣秀吉の居城　大阪城編』において後掲する【史料1】を取り上げ、「彼の理想は大阪を繁華な帝都にし、名実共に近世日本の首府たらしめんとするにあった事が推察される」とした[8]。管見の限り、この言及が大坂を「帝都」、あるいは「日本の首府」という表現で大坂遷都を示唆した最初のものであるが、これに留まっている。

ついで朝尾直弘が一九七二年のシンポジウム記録において、やはり【史料1】を取り上げ、「首都構想がおのずから政権構想を表現しているわけです。すなわち、大坂には彼は自分の城をつくる（「耶蘇会の日本年報」）。諸大名の邸宅をつくる。内裏および都の主要な寺院、五山もここに移す。それからキリシタンの聖堂をおく、各国の大名、商人、僧侶などの邸宅をおく。このような計画自体も大坂を中心としたかれの政権構想があらわれているのではないかと思います」として、大坂の首都構想を秀吉の政権構想と絡めて理解しようとの姿勢を示したのが注目される[9]。しかしその後、朝尾自身によって直接この議論が深められることは無かったようである[10]。

その後十数年の空白期間を経て発表されるのが、一九八五年の内田の論考「城下町大坂」[11]で、大坂築城・城下町の形成と絡めて「大坂遷都構想」を述べているが、この時点ではまだ本多忠勝書状の存在は視野に入っておらず、国内史料が見当たらないので判断保留だとしている。そして、国内史料としての本多忠勝書状を得た内田が一九八八・九年に相次いで発表したのが以下の三論考である。

論考A．「大坂と京都」一九八八年（朝尾直弘著『大系日本の歴史8　天下一統』小学館[12]）
論考B．「豊臣秀吉の大坂建設」一九八九年（佐久間貴士編『よみがえる中世二　本願寺から天下統一へ』平凡社）
論考C．「大坂遷都計画」一九八九年（『別冊歴史読本六　豊臣秀吉　天下統一への道』新人物往来社）

内田はこの後、一九九三年「船場の成立と展開」[13]においてこれまでの所論を再掲しており、さらに二〇〇四年には「秀吉の遷都構想と大坂の都市建設」を発表する[14]。後者は、二〇〇三年度大阪歴史科学協議会大会での報告を活字化したものであるが、そこでは一九八八年の「遷都構想の骨子を再度述べる」として自説を繰り返している。ただし、一九九三年論文、二〇〇四年論文ともに秀吉が「将軍任官」、「大坂幕府」を目指したとの記事は見られなくなる。

ところで、内田の二〇〇四年論文と同じ号に、豆谷浩之が内田の報告を論評する形で「内田九州男氏の近世大坂成立史研究について」を発表している[15]。これも二〇〇三年度大会報告における論評を活字化したものであるが、豆谷はこのなかで「大坂遷都構想」について支持・不支持を表明するのではなく、①秀吉が遷都を発想したことの意味、②遷都構想のなかで、朝廷をはじめとする五山や大名屋敷など多くの要素がどう配置され、全体としてどのような規模・構造の都市が想定され、どこまで実現したのかを見通す必要があること、③豊臣政権全体の政権構想の中で大坂や他の都市がどのように位置付けられていたのかと言う問題には踏み込んでいないとして、秀吉がその時点で京都をどう位置付けようとしていたかを明らかにする必要があること、の三点を指摘した。

以上、これまでの研究史を概観してきたが、冒頭で述べたように一九八八・八九年の内田の論考発表以降、今日に至るまで多くの賛同者が現われているが、豆谷の指摘を除けば、この問題の解明に資する論考はほとんど見られないという状況にある。

第一節　「大坂遷都論」の再検討

1　「大坂遷都論」の論点整理

内田は、論考Bのなかの「秀吉の構想―遷都計画と大坂幕府構想」および「城下の建設」の小見出しを掲げた節において、遷都構想にかかわる次の四つの論点を提示している[16]。

論点1＝天正十一年九月頃、秀吉が内裏や五山（禅宗）・その他宗派の寺院の大坂移転を朝廷に要請したこと。これは取りも直さず、京都から大坂への遷都構想である。

論点2＝その場合、移ってきた朝廷・五山などの用地として、大坂城の北西低地天満の「中嶋」（ここでの「中嶋」は、現在の大阪市北区天満一帯に相当する地域（101頁**地図**）で「渡辺ノ在所」ともいう。以下、中島と表記）地域を構想していたこと。天満中島の開発は天正十一年十一月に完了したにもかかわらず、天正十三年五月に和泉貝塚の本願寺が移転してくるまで一年半もの間、空地のままであった。このことを踏まえ、当該地は当初新都建設予定地として開発されたが、なかなか実現しなかったため放置されたと理解。遷都の断念により、本願寺の天満移座が実現したとする。

論点3＝「遷都構想」と直結した秀吉の政権構想として、室町幕府第十五代将軍であった足利義昭の猶子となって大坂で幕府を開こうとしていたこと。しかし、まだ武家の棟梁たる実力を備えていなかったため、「旧勢力の抵抗」にあって将軍任官を断念した。

論点4＝将軍職断念に伴って大坂遷都も断念し、大坂幕府構想も日の目を見なかった。この結果、秀吉は京都に聚楽第を造営し、関白政権の京都における拠点としたこと。

以上である。

そこで以下、内田の「大坂遷都論」で提示されたこれら1〜4の論点について、典拠史料の紹介と整理を行なっていくこととしたい。

i．論点1にかかわって

内田はまず二点の史料を提示する。

【史料1】 フロイスよりイエズス会総長宛年報[17]（傍線引用者）

聞く所に拠れば、日本の王なる内裏及び都の主要なる寺院を此所に移さんとしてゐる。都から同所までは十三レグワある故、此移転に要する経費と困難は非常なものであるが、若し之を厭ひ、又は反対する者があれば、当八四年には都の市に火を放つて焼払ふと誓つたといふことである。

（『一五八三年の耶蘇会日本年報』）

【史料2】フロイスよりヴァリニャーノ宛書簡(18)（傍線引用者）

羽柴は若し可能ならば都の市を同所に移さんと欲し、五山と称する五箇所の主なる僧院並に其他の坊主の宗派に命じて、其建築を移させんとしてゐる。（中略）又人を内裏に遣はし大坂に移らんことを願ひ、信長が安土山に於て造つた宮殿に劣らぬ立派なもの、営造を命ずるであらうと言つた。

（『一五八四年の日本年報附録』）

これらは、当時『日本年報』執筆担当者として長崎にいた宣教師フロイスが、ローマのイエズス会総長とインド地方長ヴァリニャーノに送った年報および書簡中の記事である。

これらの史料によって内田は「内裏の移転、五山（禅宗）の移転、その他宗派の寺院の移転を秀吉は朝廷に要請したのだ。禅宗の五山長老は外交文書作成に携わっており、国家を動かしていく上では朝廷とともに不可欠のものである」と説明した。

続いて内田は、「先のイエズス会の年報及びフロイス書簡はこの遷都計画を伝聞として書いていたが」として、次に掲げる本多忠勝書状を紹介し、「来春＝天正一二年に秀吉が京都を大坂に引取る予定と明確に報じていた」とした。

【史料3】（天正十一年）九月十五日付水谷勝俊宛本多忠勝書状(19)（傍線引用者）

（猶々書略）

内々自是可被申入之所存候処、御使者、家康一段祝着被申候、仍上方儀筑前守何篇にも家康与入魂被申候、去月三日不動国行之御腰物、自羽筑家康へ被進之候、只今ハ大坂ニ普請被仕候、来春者、京都をも大坂へ可引取

之由候、

（中略）

（天正十一年）九月十五日　　忠勝（花押）

水谷伊勢守殿

御宿所

（『大日本史料』十一編之五）

ii．**論点2にかかわって**

内田は朝廷・五山の移転先についても明快な解答を用意していた。

【史料4】（天正十一年）十一月十五日付中川秀政宛羽柴秀吉書状

（前略）

随而中嶋普請儀、無由断被申付由尤候、早々出来由候、被入精候様喜悦候、軈而可下向之条、面時可申述候、

恐々謹言

羽筑

（天正十一年）十一月十五日　　秀吉（花押）

中川藤兵衛尉殿

御返報

（神戸大学文学部日本史研究室編『中川家文書』）

ここに見える「中嶋普請」こそ、新都建設予定地として開発された天満中島での普請で、天正十一年十一月には造成が完了していたにもかかわらず、「それ（新都建設）が実現しなかったため、放置された」とした。

iii．**論点3にかかわって**

内田は朝尾の所論（「秀吉が足利義昭の猶子になろうとして失敗したエピソード[20]」）に従って、「旧勢力の抵抗で将軍

任官も実現せず、したがって大坂幕府構想も歴史の表面に現れることはなかった」とした。ここで、「旧勢力の抵抗」という事態がいかなるものであったのかには論及していないが、おそらく朝尾の一九七二年の論考にある、内裏や五山を指して「そこに象徴的にあらわれている一つの古い勢力の抵抗」という言葉[21]が念頭にあったものかと思われる。なお、ここでの朝尾の所論は、林羅山の『豊臣秀吉譜』中の記事[22]に拠るものであるが、内田は「義昭が断ったため、実現しなかったという」とする。

ⅳ．論点4にかかわって

内田は特に根拠史料を提示していない。この点は第二章で論ずる。

2　「大坂遷都論」で提示された史料の再検討

ここでは上記の諸論点にかかわって、四つの観点から検討していきたい。

ⅰ．「大坂遷都」情報の出所について

内田は論考Cのなかで、【史料1・2】の執筆者である宣教師フロイスについて述べたくだりで、「何故彼ら宣教師たちが（遷都情報を）知りえたのか」疑問だとして、秀吉の右筆の一人「安威五左衛門」（了佐）あるいは北政所に仕えていた「きやくじん（客人）と呼ばれていた」女性がいずれもキリシタンであり、ここから「政権のトップシークレットがイエズス会に洩れたことは十分考えられる」とする。すなわち、内田は「大坂遷都」情報が「トップシークレット」であり、それが秀吉に近侍する人物から密かに宣教師側に洩れたとするのである。しかし果たしてそうなのだろうか。以下、こうした遷都情報の出所について検討する。

まず、【史料3】のなかで本多忠勝は、「只今ハ大坂ニ普請被仕候、来春者、京都をも大坂へ可引取之由」と述べているのであるが、内田は当時浜松城にいた徳川家康がこの遷都の情報を入手したことについて、論考Cで「政敵

になるやも知れない秀吉の動向に目をひからせていた家康の情報網に、秀吉の遷都計画がひっかかったのであった」とした。

しかし、この情報入手の経路については、次の記事によっていま少し明らかにすることができる。

【史料5】『家忠日記』天正十一年八月六日条（傍線引用者）

（前略）、雨降、羽柴筑前所より家康江津田左馬丞使者被越候、進上物ふとう國ゆきの刀まいらせ候、

（竹内理三編『家忠日記』）

これは、秀吉が家康に津田左馬丞(23)を遣わして「不動国行の刀」を進上したとの記事であるが、これを【史料3】と考え合わせて位置づければ、天正十一年八月三日、津田は不動国行の刀を家康へ進上するにあたって「只今は大坂で普請をしている。来春には京都をも大坂へ引き取るつもりだ」という主旨の秀吉からの口上を述べたのであろうとの推測が可能である。すなわち、この情報には［秀吉→津田→家康・松平・本多］という伝達ルートが想定できるのである。京都を大坂へ「引き取る」という表現も、当時大坂にいて築城準備をしていた秀吉の発言として相応しい。

このように考えると、家康に向けた秀吉の「大坂遷都」情報の出所は他ならぬ秀吉自身だったこととなるので、これは秀吉の張りめぐらせた情報網に家康がひっかかったのではなく、秀吉自身が家康に対して意図的に流した情報操作であったということになろう。そしてこの見解に立つならば、【史料1・2】の情報源についてもまったく別の見解が可能となる。

【史料1・2】は、上述のごとくいずれも、在長崎の宣教師フロイスの手によって執筆され、前後およそ半月の間に相次いで発送されたものである。

では、こうした年報や書簡の元となった情報は如何にして彼の許に届けられたのであろうか。内田は、秀吉周辺

のキリシタンから密かにもたらされたとするのであるが、家康の場合と同様、在畿内の宣教師が秀吉自身から「大坂遷都」にかかわる情報を得る機会があって、それを都教区の地方長がまとめて年報執筆者であるフロイスの許に送った可能性は無いのであろうか[24]。以下にその点について検討してみたい。

次に掲出するのは前掲注(3)の『一五八三年の耶蘇会日本年報』中にある別の記事である。

【史料6】フロイスよりイエズス会総長宛年報（傍線引用者）

パードレ・オルガンチノは昨年（天正十一年のこと―引用者）九月筑前殿を大坂に訪問し、地所を請ひ受け、河内国に在る聖堂を同所に移築することを願った。（中略）是まで多くの人に拒んだが、其目的に適した甚だ善い地所を与へると言ひ、又願った聖堂は何人の妨害も受けず移すことを許した。パードレが辞去した時、筑前殿は態々城外に出で、自ら我等に与へることに定めた地所に行き、之を測量させた。此地所は幅六十ブラサ（約百二十メートル）奥行六十ブラサで、彼自らイルマン・ロレンソに所有権の書付を渡し、此の如くの広き地所を与へたるはパードレ等が樹木を多く植えることを得ん為であると言った。（『一五八三年の日本年報』）

オルガンティーノは、当時河内国岡山（現在の大阪府四条畷市）にあった教会を大坂に移築したいという希望を持っており、それについて然るべき地所を与えていただきたいと、一五八三年九月、大坂城に秀吉を訪ねた（この訪問は、松田毅一らによれば天正十一年八月五〜十六日に当たる[25]）。この依頼に対して秀吉は大変好意的で、「其目的に適した甚だ善い地所を与へる」と言い、早速自ら選んだ土地に足を運び三千六百坪余りにも上る敷地の権利書をイルマンのロレンソに与えたという。

この時イエズス会に与えられた土地がどのあたりだったのかという点については、次のフロイス著『日本史』の記事によって推測することができる。

【史料7】『フロイス　日本史』1　第一部[26]（天正十四年条、傍線引用者）

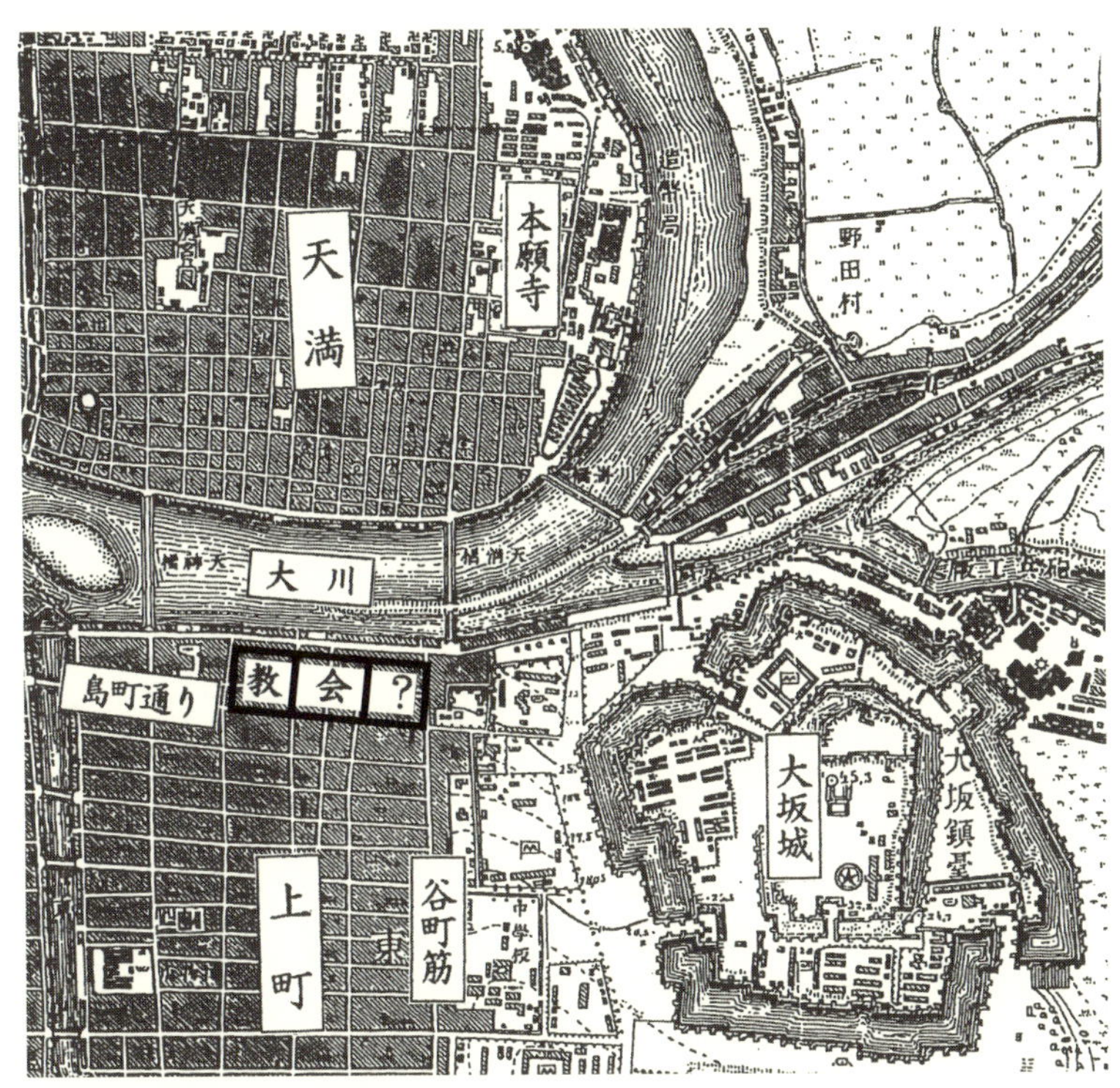

地図　大坂城・天満本願寺・教会の推定位置（教会は図中央やや左寄りに見える正方形の３区画中のいずれかと推定）（平凡社『日本歴史地名大系28』特別付録「二万分一仮製地形図復刻版　大阪市街図」部分に加筆）

これがために関白は大坂周辺二十ないし三十里（以内）にいる全領主に対し、おのおの禄高に応じ、毎日しかるべき数の船に石を積み送るようにと命令した（中略）。司祭たちは、高台にあって河（淀川のこと―引用者）を一望に収め得る我らの修道院から、日々石材を満載して入って来る無数の船舶を目撃した。かくて午後ともなると、帆に微風を孕んだ（船が次々と）遡行して行き、それらの船舶以外にはなにも見えぬ有様であった。

これは天正十四年に行なわれた大坂城二之丸普請にかかわる記事であるが、それによれば、十一年に与えられた教会の所在地は大坂城より大川（旧淀川本流）の下流域で、しかも大川を臨む上町台地北端の高台ということになるから、この時、おおよそ現在の大阪市中央区石町・島町一丁目あたりの百二十メートル四方の土地が与えられた可能性が高いように思われる[27]（前頁**地図**）。すなわち、そこは大川を介して北に天満地域一帯を一望することのできる高所であった。とすれば、教会用地に立った秀吉とロレンソとの間で、近く天満で始められる中島普請に話題が及んだ可能性も大いにあり得たことであろう。

このように「大坂遷都」情報は、こうした機会に秀吉からオルガンティーノやロレンソに伝えられ、それをさらに都教区の地方長（これは、オルガンティーノ自身であった可能性が高い[28]）がフロイスに書き送った可能性がある。つまり、**【史料1・2】**に見える「大坂遷都」の情報も、秀吉自身が意図的に流した情報だったと見なして差し支えないこととなるが、その場合の伝達ルートは、［秀吉→オルガンティーノ・ロレンソ→（都教区の地方長）→フロイス］ということとなろう。

しかも同書によれば、オルガンティーノは「其後再び城に赴き、彼に与へられた恩恵に対して感謝を述べたが、筑前殿は再び款待し」たというから、少なくとも前後二回にわたって大坂城において秀吉に謁し、歓待を受けていたことが分かるので、それぞれの機会に年報（**【史料1】**）と書簡（**【史料2】**）に対応する情報を得ていた可能性も考えられるところである。

残念ながら、以上の見解も今のところそれを裏付ける史料を見出し得ず、筆者の推測に過ぎないが、政権の「トップシークレット」が、それにもかかわらず密かに秀吉側近から宣教師側に洩れたとする不可解な想定よりも、その蓋然性は数段高いのではないだろうか。

ⅱ．秀吉は本当に「大坂遷都構想」の実現を目指したのか

続いて、この「大坂遷都構想」なるものを秀吉が朝廷などに働きかけて、本当に実現するつもりであったのかという点について検討していきたい。

【史料1】（一五八四年一月二日発信）と【史料2】（一五八四年一月二十日発信）は、前後僅かに十八日間の時間的ずれがあるに過ぎない。しかし、その論調はずいぶん異なっている。【史料1】は非常に高圧的である。それは【史料1】の「若し之を厭ひ、又は反対する者があれば、当八四年（天正十二年のこと）には都の市に火を放つて焼払ふと誓つたといふことである」という個所に端的に表われているが、では結果的に大坂遷都が実現しなかったことによって、後年秀吉が朝廷や五山に対して何らかの報復措置を行なったのかといえば、そうした痕跡は諸史料のなかにまったく見出し得ない。

一方、【史料2】になると調子は一変して「若し可能ならば」という文言が入ったり、「大坂に移らんことを願ひ」とか「信長が安土山に於て造つた宮殿に劣らぬ立派なもの丶営造を命ずる」ためである、などと言うようになる。秀吉発言の基調が短期間の間にこんなにも変わるところも、実際にこれらの命令を朝廷に送ったということについて疑い得る要素であるように思えるのだが、それはともかく、こうした秀吉の移転要請に対する朝廷側の反応は前掲【史料2】に続く以下の個所に示されている。

【史料8】フロイスよりヴァリニャーノ宛書簡（傍線引用者）

内裏は之に対して彼に感謝し、居を同国外に移すことは（三百年以来祖先の行はぬことである故）珍しく思慮を欠いたと評される惧がある故、先ず日本の貴族王侯と協議し、彼等が之に賛成した後に、内裏は其可否を考慮するであらうと答へたといふことである。（『一五八四年の日本年報附録』）

つまり、秀吉の提案を受けた朝廷は、「先ず日本の貴族王侯」と協議すると返答したというのである。従って、もし実際に協議が行なわれたのであれば、「大坂遷都」情報が「トップシークレット」とは考えられない以上、公武の記録にその片鱗たりとも残されていないはずはなかろうと思われる。しかし、先行研究はもとより管見の及ぶ限りの当時の諸記録[29]を見ても、大坂遷都に関する何らかの協議が行なわれた事を窺わせるような記録はまったく見当たらなかった。これは、この事態が京都の朝廷に与えるであろう重要性に鑑みればきわめて不思議な現象であると言わざるを得ない。

さらに、秀吉から遷都情報を得た徳川家康がそれを他の大名に積極的に伝達するなどして善後策を協議したという痕跡が見られない(30)ことも妙といえば妙である。そもそも、当時無位無官であった秀吉(31)が大坂遷都を強行して朝廷を膝下に置こうとしていること自体、従来の天皇を頂点とする律令制的国家秩序に対する根源的な挑戦であり(32)、当時畿内近国にあって秀吉と対抗しうる武家勢力の筆頭である家康にとっても深刻な衝撃であった筈である。にもかかわらず、家康は静観したというか、ありていに言えば黙殺しているように見えるのである。

このように、【史料1・2・8】に見える秀吉の発言やそれに対する朝廷の反応を裏付けるような彼らの行動は、まったくそれを確認することができないし、さらに言えば、その後、秀吉が関白に任官し、あるいは天下統一を果たした後になっても改めて大坂遷都の儀を起こそうとした痕跡も一切認められないのである。こうした諸事実を勘案すれば、秀吉がかかる発言を家康や宣教師に発したことは事実であるとしても、それを実際に朝廷側などに働きかけて実現させようとするような意志はまったく無かったのだと判断せざるを得ない。

言い換えれば秀吉の「大坂遷都」発言は、大坂築城の準備を進めていた秀吉が在坂の宣教師や在浜松の徳川家康らに向けて流した一種の情報操作であって、実際に朝廷や五山に働きかけたものではなかったのである。その意図についてはさしあたり彼らに対して、当時の秀吉が都をも動かし得るという自らの政治権力の大きさを示すための、一種の誇大宣伝であると理解しておきたい。

ⅲ．内裏・五山の移転先について

内田は【史料4】によって、中川秀政に命じた中島普請が天正十一年十一月十五日までに完了したと述べているが、これは同史料に「早々出来由」とあることからも窺えるように、あくまで中川家の持ち場がいち早く完了したということであって、中島普請全体が完成とされたかどうかは別問題である。とは言え、全体工事の完工もそんなに遅れたものとは考えられず、秀吉が「来春者、京都をも大坂へ可引取」（【史料3】）と言っていることからすれば、天正十二年春（一～三月）頃には中島の造成工事全体が完成していたと見ることはできよう。

ただこの普請が、即内田の言うように内裏や五山造営の用地整備のためだったかどうかと言えば、それは別問題であって、そうと断定し得る史料的根拠は管見に触れない。

ⅳ．秀吉の将軍任官、大坂幕府開設について

秀吉の将軍任官についても拠るべき同時代史料が無く、そもそも足利義昭の猶子となって源姓を得、征夷大将軍となろうとしたという話自体が寛永十九年（一六四二）成立の『豊臣秀吉譜』が初出であり、近年これを羅山による捏造だとし、逆に秀吉が将軍任官を望んでいなかったとする次の同時代史料を元に、秀吉は将軍職に就任しようとしなかったとの堀新の見解[33]は説得力がある。

【史料9】『多聞院日記』天正十二年十月十六日条（傍線引用者）

一今度於京都羽柴筑前ハ従叡慮四位ノ少将ニ任ジテ、兼将軍ノ官ヲ可被成之旨雖有勅定、主ノ望ニテ五位ノ少将ニ任了ト、

以上のように、将軍任官とそれに伴う大坂幕府の開設についても、同時代史料による裏付けがなく、逆に将軍職を望んでいないとの同時代史料もあるので成立しがたい[34]。

以上、「大坂遷都」情報、中島普請、「将軍任官・大坂幕府」をめぐって検討した。その結果、天満の中島で大規模な開発が行なわれたことを除けば、秀吉が将軍に任官して大坂幕府を樹立するという意志、またそれとともに大坂遷都を実現する構想、そしてそのことを朝廷にも迫っていたとすること、いずれの観点についてもそれを支える良質な史料は存在しないとの結果となった。とりわけ、内田の「大坂遷都論」を支えているのは遷都情報が「トッ

プシークレット」であったとすることにあるのだから、それが崩れた以上、内田の説が成り立たないのは明らかであろう。

第二節　妙顕寺城造営をめぐって

ここでは、第一節の論点4にかかわって、秀吉による聚楽第経営の契機について検討していく。内田は、「大坂遷都」が挫折したため、いわばやむなく天正十四年春、京都における拠点として聚楽第を営んだとする。しかし、秀吉は天正十一年九月、まさに大坂築城と並行するかたちで、上洛時の居館として京都二条に妙顕寺城を営んでいたのである。(35)

1　秀吉による妙顕寺（二条）築城の経過

妙顕寺は京都最初の日蓮宗寺院であるが、天正三年十月以来「二条以南、三条坊門以北、油小路与西洞院間東西一町南北二町」（『妙顕寺文書』『大日本史料』十一編之八）の敷地を有する寺院となっていた。

ところが、秀吉は、この妙顕寺を自らの京都滞在中の宿所とすべく目論んでいたようで、天正十一年九月五日、妙顕寺に対して秀吉側から在京時の屋敷にする旨申し出があり、(36)吉田兼見は十一日、近々普請が始まるとの情報を得ている（『兼見卿記』天正十一年同日条）。そして早くも同年十一月九日には、兼見自身が妙顕寺の「城中」において秀吉と対面している（『兼見卿記』天正十一年同日条）から、既にこの時までに一定の結構を備えていたのであろう。これが秀吉の妙顕寺在城の初見記事であるが、その際、勅使として万里小路充房が派遣されていることを注意しておきたい。

翌十二年になると、四月十四日を期して、秀吉は下京衆に対してさらにその周囲に堀を廻らして強化することを命じた。すなわち『兼見卿記』には、「筑州屋敷妙見寺大普請、外城之堀下京衆堀（掘）之」（天正十二年四月十四日条）とある。

こうして、妙顕寺城は内外二重の堀に囲まれた城郭（これは取りも直さず本丸・二之丸の二重構造からなると言ってよい）として完成したが、加えてこの城は後掲【史料10】にもあるように「天主」をも有しており、本格的な城郭であったと考えられる。

そして、この間も秀吉は折に触れて妙顕寺城に滞留していたことが知られるが、普請の最終的な完成時期はよくは分からない。十二年四月に着手した「外城之堀」がその二、三ヶ月後に出来上がったとすれば、秀吉の大坂城移徙（天正十二年八月八日）と相前後して完成したものと見なしてよいのかも知れない。

2　妙顕寺城の対朝廷窓口としての意義

ところで妙顕寺城は、秀吉在京時はその御座所となるが、そうでない時は京都奉行・前田玄以の宿所となる、いわば秀吉と玄以の共用施設であったことが次の史料によって窺われる。

【史料10】『貝塚御座所日記』天正十三年七月六日頃条

京都ニハ玄以宿所（割註略）、元妙願（顕）寺ト云寺也。ソレニ要害ヲカマヘ、堀ヲホリ、天主ヲアゲテアリ。秀吉在京之時ハ、ソレニ御座候也。常ハ玄以ノ宿所也、（『真宗史料集成』第三巻）

ただし、では秀吉にとっての妙顕寺城が単に在京時の御座所という位置付けだけで充分かというと、決してそうとは思われない。今、天正十一年十一月から天正十三年十月までの二年間における秀吉の妙顕寺城滞在の様子を『兼見卿記』によって見る（**別表**）と、実に十二回に及ぶ秀吉の在城において、従五位下少将叙任（天正十二年十月

別表　秀吉の妙顕寺城滞在一覧（『兼見卿記』による。天正11年11月～天正13年10月）

回数	年次	上洛月日	滞在期間	記事	用件
1	天正11	11月８日	６日	妙顕寺宿所、本堂、城中	８日公家衆・京中悉く迎えに罷り出る。９日妙顕寺へ諸家群参、**勅使**（万里小路）派遣［妙顕寺、初の入城か］、11日筑州未在京、12日には徳雲軒に逗留する。13日坂本へ下向の所、延引。
2	天正12	２月１日	４日	本堂、城中、広間	公家衆・地下人ら礼問、**勅使**派遣。
3		３月10日	２日	妙顕寺之屋敷、奥之座敷	軍勢とともに上洛、江州出陣。
4		８月11日	３日	妙顕寺屋敷、奥の座敷	諸家礼参［８日の大坂城移徙後、初上洛］。兼見、奥の座敷で茶を賜わる。坂本へ。
5		10月２日	４日	二条城	従五位下左近衛権少将に任官、**勅使**は菊亭・久我・勧修寺。仙洞御所造営を命ず。
6		11月21日	３日	外城、主殿之外之座敷、本殿	22日従三位大納言に昇進、**勅使**は菊亭・勧修寺・久我・藤中将。23日丹波へ下向。
7		11月24日カ	４日カ	妙顕寺	仙洞御所の造営状況を巡視、25日徳雲軒泊。
8	天正13	２月28日	７日	二条城、秀吉城中	３／１織田信雄権大納言任官の口宣案披露。**勅使**は菊亭・久我・勧修寺・頭中将（中山）。
9		３月６日	８日	二条之屋敷	10日正二位内大臣、**勅使**来城。のち**参内**。
10		７月８日	13日	内府御屋敷、奥間	11日関白任官、**勅使**来城。のち**参内**、関白宣下の陣儀。
11		閏８月24日	４日	御屋敷、御殿	北陸から帰陣、徳雲軒邸で茶湯。
12		10月１日	８日以上	城中、殿中	１日未下刻上洛、２日城中に赴く。６日**参内**、主上秀長ら10人の新たな昇殿衆と対面。７日**参内**、於紫宸殿摂家・諸門跡・清華ら列座。８日兼見ら「殿中」に伺候。

※滞在期間は足掛けの日数を示す。

三日）、あるいは従三位権大納言叙任（同年十一月二十二日）、さらには関白任官（天正十三年七月十一日）時など、秀吉の昇進にかかわる場合にはいずれも妙顕寺城に勅使が遣わされていることが確認できる。このことから、ここが秀吉上洛時の宿館であるに留まらず、発足当初の豊臣政権にとっては重要な対朝廷の窓口として機能していたことが明らかである。

以上の検討から窺われるこの頃の秀吉の行動は、大坂に秀吉の本城たる大坂城を営み、京都にはその在京時の宿舎であり、また朝廷との窓口拠点でもあった妙顕寺城を営むという計画で行なわれたものであったということである。

しかしながら、天正十三年七月に関白任官を果たした秀吉が、前田玄以との共用という京都における居館の在り方を発展的に解消して、関白に相応しい京都における専用公邸の造営を目論んだであろうことは想像に難くない。実際、上述のように秀吉はその翌年二月を期して工事に着手することとなるが、それが聚楽第に他ならないのであって、妙顕寺城から聚楽第への道は、関白任官を期して行なわれたその発展的形態と捉えることができる。

第三節　「大坂遷都構想」発信の意図と発想

かくて、秀吉が大坂遷都を発したと言われるまさにその頃、京都に朝廷との窓口としての機能を持った在洛時の居城を建設していたわけで、内田の言うような大坂遷都構想の断念の結果、秀吉が止む無く京都に聚楽第を造営したという主張は成立しないと言わざるを得ない。

とは言え、では秀吉がなぜ他ならぬ天正十一年八月にかかる発言をしたのか、という課題は残されたままである。本節では、秀吉がなぜこの時期に「大坂遷都構想」を家康や宣教師らに発信したのか、その背景について卑見を述べてみたい。

1　中島移転を軸とする秀吉と本願寺との協力関係

これまで検討してきた「大坂遷都構想」の論点のうち、朝廷・五山などの大坂誘致は否定されることとなったが、秀吉がこの時期実際に天満の中島に大規模な普請を行なって、それが内田のいうように天正十一年十一月をあまり下らない時期に完成したであろうことは事実である。とすれば問題は、秀吉が行なった中島普請の真の目的は何かということであろう。

この点について筆者は先年、中島普請はその当初から本願寺移転用地として実施されたのではなかったかとの仮説を提議したところである[37]。その要点は次のとおりである。

本願寺十一世宗主の顕如らは、秀吉の大坂入城後間もない天正十一年七月四日に、それまで居た紀州鷺森から和泉貝塚に移っている。この移座については、賤ヶ岳合戦の戦後処理を長浜で行なっていた秀吉がこれを斡旋したとの史料[38]もあるので、おそらく五月頃には両者の間で合意に至っていたものであろう。当時、大坂を拠点として中央政権樹立を目指していた秀吉にとって、その南方にあって反秀吉の旗色を鮮明にしていた根来・雑賀の軍勢は早晩、排除せねばならない存在であったが、その前提として彼らの精神的紐帯である顕如父子をあらかじめ紀州から引き離しておくことは必須の要件であった。一方、もはや軍事的に秀吉政権と対峙するのは現実的でないと判断した顕如らもこれを受け入れ、座を移したのである。

ところが、この貝塚移座はそれ自体が最終目的ではなく、あくまで一時的な滞在であって、秀吉と顕如らとの間で紀州攻めが完了した暁には速やかに大坂城下の天満中島に本願寺を移すとの内約が前提としてあった。そうした相互了解のもと、将来の本願寺御座所であり寺内町予定地でもある天満中島の普請が大坂築城工事と並行して実施されるのであるが、肝心の紀州攻めは諸般の情勢によりなかなか実行に移されず、従って本願寺の天満移座も延期を余儀なくされた。

ようやく天正十三年三月に紀州攻めを敢行した秀吉は、四月二十五日に太田籠城衆を降伏させ、二十七日大坂に凱旋した。そしてその翌日、秀吉はさっそく大坂城を訪れていた本願寺の使者に対して天満移座を命じた（『貝塚御座所日記』同日条）。これに対して本願寺側も五月三日までに受諾、秀吉は翌日自ら天満に出向いて新しい本願寺敷地の縄張りを行なっている（同日記同日条）。

以上の経緯から窺われるのは、秀吉が居城構築と並行して城下町の整備を行なうにあたり、大坂城とは淀川を隔てた北西低地に位置する天満を寺町地区とする構想を持っており、当初からその中心的施設として本願寺を誘致する予定であったということである。

2　家康やイエズス会宣教師との微妙な関係

ところで、天正十一年八月三日に行なわれた秀吉から家康への「不動国行の刀」贈呈については、同年五月二十一日に家康が、賤ヶ岳合戦の勝利と越前平定を賀して「初花の茶壺」を贈ったことに対する返礼だと言われている[39]。秀吉と家康との仲はこのように互いに贈答を行なうなど、一応は小康状態を保っていた。

しかしながらこの頃、秀吉と、家康の同盟者である織田信雄との関係は悪化の一途をたどっている。秀吉はこの年一月時点までは織田家家督織田三法師の後見として信雄を暫定的家督として推戴するが、賤ヶ岳合戦後の五月二十一日に前田玄以を京都奉行に任命するに際しては、信雄の下命という形を取らざるを得なかったことに端的に現われているように[41]、次第に両者の仲は緊張感を増していった[42]。

こうした状況のなか、上述のとおり七月の貝塚移座までに秀吉と本願寺との間で、紀州攻め完了後の天満移座の合意が出来ていたとするなら、これは周囲の状況、特に織田信雄らと連携して反秀吉の動きを見せていた紀州勢力の存在を考えれば、まさにトップシークレットとするべき事案であり、秀吉は近い将来の仮想敵である信雄の同盟者である家康に対しても、当然ながらその情報を秘匿する必要があったであろう。実際、翌年のこととなるが、小牧長久手合戦勃発当時、家康は雑賀衆に影響力を持つ顕如を懐柔しようとして、次のように信雄入洛後の大坂本願寺返還を申し出てさえいた。

【史料11】（天正十二年）四月十日付本願寺顕如宛徳川家康書状（傍線引用者）

今度信雄被遂御入洛、御本意之上、大坂之儀如先規之可被進置候、殊賀州之儀者、信長如御判形之、是又不可有相違候、委細者彼口上相含候、恐々謹言、
（天正十二年）卯月十日　家康（花押）
本願寺

（『愛知県史』資料編12、829号文書）

こうした秀吉を取り巻く政治状況を踏まえれば、この時期にことさら家康に対して行なった「大坂遷都」発言は、秀吉側が間近に迫りつつある大坂築城工事とその一環としての中島普請の意義を示し、自己の権力の強さを誇示するためと言う側面があったとしても、その背景にはこの頃本願寺との間で密かに進行しつつあった天満移座を軸とする連携工作から敵対勢力の目を逸らすという目的があったと考えたいのである。

一方、イエズス会に対する場合はどうだろうか。こちらは少し難しいのであるが、秀吉が与えようとしていた天満を一望する教会予定地のことを話すなかで話題が中島普請に及んだとすれば、やはり当時、本願寺に対して激しい敵愾心を抱いていた宣教師ら(43)に対しても、家康に対するのと同様、本願寺誘致という中島普請の真の目的から眼を逸らすために発した放言であったと考えておきたい。

3　「大坂遷都構想」のその後

では、八月以降、「大坂遷都構想」は他ならぬ秀吉によってどのように扱われたのであろうか。次にこの点について確認しておきたい。

秀吉の御伽衆で、当時「外典第一」（『川角太閤記』）の学者と言われた大村由己が、秀吉の意を体して書きあげた『天正記』と総称される一群の記録がある。これは、天正八年に成立した「播磨別所記」を皮切りに、同十八年の「小田原御陣」に至る秀吉の戦勝や家族の慶事をその都度記録した一種の秀吉伝記であるが、そのなかの「柴田退治記」は、天正十一年四月の賤ヶ岳合戦の顚末を中心に、その前後の秀吉の動向を記したもので、奥付によって天正十一年十一月の成立と見なし得る作品である。

この「柴田退治記」の末尾には同年九月から始まる大坂築城工事にかかわる記事を載せているが、そこにはもはや大坂遷都を窺わせる記述はまったく見られない。『天正記』の一つである「柴田退治記」が秀吉の意向を色濃く反映しているものであるとすれば、そこに朝廷を恫喝してでも成し遂げようとした大坂遷都構想の片鱗も見られないのはやはり奇異というべきであろう。とすれば、その理由として最も考えやすいのは、次掲の（天正十一年）十一月五日付書状（【史料12】）や前掲【史料4】（同年十一月十五日付書状）から窺われるように、秀吉にはそのころ大坂築城・中島普請が一段落しつつあるとの認識があり[44]、そのことに依って、もはや大坂遷都の構想を事新しく周囲に吹聴する必要が無くなったからであろうということである。そしてこの後も、秀吉の口から大坂遷都が語られることは二度と無かった。

【史料12】（天正十一年）十一月五日付某宛羽柴秀吉書状（傍線引用者）

（前略）

一、大坂事、五畿内之廉目能所ニ候之間、居城相定、念を入普請申付、悉出来候之事、

（中略）

（天正十一年）十一月五日　秀吉（花押）

（『豊臣秀吉文書集』一、835号文書）

こうして「大坂遷都」の発言は、天正十一年七・八月時点の秀吉が置かれた特殊な状況にもとづく一過性のものであることが明らかとなったと思う。

以上のように、秀吉の発した大坂遷都発言は八月三日の家康に対する場合も同月十日頃のイエズス会に対する場合も、第一義的には間近に迫った大坂城と中島普請の意義を誇示するための情報操作という側面があったにせよ、そこには彼らの目から中島普請の真意を逸らせるために発したという面もあったと考えられる。これらの発言が天正十一年八月上・中旬という大坂築城工事開始直前の短時日に限って行なわれたものであることに注目すれば、大坂遷都発言の背景にはまさにこの時期の秀吉が置かれた本願寺・紀州勢や家康・織田信雄等反秀吉勢力をめぐっての緊迫した状況があったことを改めて強調しておきたい。

第四節　「大坂遷都論」と秀吉の官位獲得運動

以上三節にわたって、内田九州男によって一九八八・八九年に提起されながら、長らく本格的な検討が加えられなかったいわゆる「大坂遷都論」について、関係史料の再吟味を軸にしながら詳しく論述してきた。その結果、その中身である秀吉の将軍就任と開幕、朝廷や五山を軸とした京都の大坂移転、聚楽築城の意図に関する議論などはいずれもなりたたず、天正十一年九月頃に提起したとされる「大坂遷都論」は総体として成立しないと考えられるに至った。では、この検討結果を踏まえてこの時期以降の秀吉の政権構想はどのように描けるのであろうか。最後にこの点を論じてまとめとしたい。

1　横田冬彦論文の検討

秀吉の居城経営をめぐる政権構想については先年、横田冬彦によってそれまでの首都二重性論を踏まえたうえで、内田説を前提とした天正十四年の聚楽第築造を契機とする大坂本城（豊臣家の城）・京都首都説が唱えられている。(45) これは、大坂遷都論にかかわる議論の多くが通史的叙述のなかで簡単に触れられているにすぎないのに対して、大坂遷都論を基礎的な前提と位置付けたうえで豊臣政権の確立過程に対する広範な議論を展開しているという点で貴重な論考と言えるであろう。そこでここでは、横田論文を検討する形でこの時期の秀吉の政権構想について論じていきたい。

まず、横田論文において本章の論点とかかわる個所の要点を摘記する。

山崎合戦・賤ヶ岳合戦を経て信長後継者の地位を確立した秀吉は、天正十一年九月から大坂城と妙顕寺城の築城に着手した。そのうち、後者はあくまで秀吉上洛時の宿館であって、そこに大名屋敷などは造営されないが、前者においては大坂遷都構想にもとづいて朝廷や五山などをはじめ、大名屋敷などの移転が目論まれており、そこには大坂の「首都」構想があった。しかしながら、「当時の（天正十一年九月段階―引用者）秀吉にその実力はなく、〈大坂首都構想〉は挫折せざるをえ」なかったが、「特に天正十二年四月の小牧長久手における徳川家康に対する敗北」は、それまで指向していた「信長以来の軍事的征服による天下統一路線」を「関白就任による、天皇権威や官位制度など、伝統的国制の戦略的活用」へと方向転換させた。こうして秀吉は天正十四年、京都に関白公邸としての聚楽第を営み、家康を臣従させ、また「惣無事」令のもと、その城下に大名を集住させることによって武家集団の統合を実現させた。そしてその城下集住については、東国・西国大名は基本的に京都在住で、秀吉の直属家臣団のみ、在大坂が基本であったとし、そこから「大坂城は基本的に豊臣「家中」を結集した豊臣家の城であり、大坂はいわば最大大名の城下町にとどまった」のであり、聚楽第こそが「公儀」の首都たり得た、としたのである。

さて、本章の趣旨から見て注目すべき論点は、大坂遷都構想の断念理由であり、それに伴う路線転換であろう。横田は、もともと当時の秀吉には遷都を実現させる「実力」は無かったとした上で、それに加えて天正十二年三月に始まる秀吉と織田・徳川連合軍との合戦の緒戦である長久手合戦において、味方が徳川方に大敗したことによって、秀吉がそれまでの天下統一路線を転換せざるを得ない状況に追い込まれたとし、それに伴って大坂遷都構想も断念せざるを得なくなったと述べている。そして特に小牧長久手緒戦での敗北が直接の引き金となって、それまでの大坂一極化路線を軌道修正させ、洛中に聚楽第を営むという方針に変更したことが強調されているのである。

まず、前者については、そもそもそこで語られる「実力」とは何であるのかに明確な言及はなく、しかもその実力が無かったとする秀吉がなぜ大坂遷都を目論もうとしたのか（あるいは、目論まなければならなかったのか）という点も明らかにされていないのであって、そうした点が充分に論じられないまま、「当時の秀吉にその実力はなかった」と言われても説得力はないと言わざるを得ない。さらに後者の小牧長久手合戦についても、近年の研究では、なるほど緒戦における羽柴秀次らの大敗はその通りだとしても、合戦の推移をみると秀吉方の敗北という見方は早計で、その後の経過、特に和睦後の推移を見れば、この合戦は最終的には秀吉方の勝利ではなかったかという見方が出され[46]、こうした見解を支持する学説もある[47]。少なくとも、秀吉有利の状況で合戦が収束したのは間違いないところであろう。このように小牧長久手合戦での羽柴敗北説が必ずしも成り立たないとすれば、横田らの言うような意味での路線転換説はその重要な根拠を失うことになると思われる。

そこで改めて後者、すなわち小牧長久手合戦開始から関白任官に至る時期の秀吉の動向を検討しておきたい。

2　小牧長久手合戦の講和と秀吉の官位獲得運動

天正十二年三月、秀吉はこの頃紀州の根来・雑賀攻めを予定していたが、六日に織田信雄による三家老謀殺を知って激怒し、急遽予定を変更して大軍を率いて尾張に向かった。その緒戦である長久手合戦で羽柴秀次率いる秀吉方が大敗するということはあったが、その後は大きな戦闘も無く、概ね両軍は睨み合ったままで推移した。そして合戦も半年を過ぎようとする九月に入ると、秀吉は織田・徳川らとの講和を模索し始め、九月六日、信雄・家康らから人質を取る予定であることを報じたのを皮切りに講和に関する記事が散見するようになる。[48] こうした和平方針への転換の背景には、四国の長宗我部元親や越中の佐々成政らの織田・徳川との連携の動きに加え、秀吉不在の大坂へ攻め上ろうとするなど、やはり織田・徳川と連携する形で秀吉の背後を脅かす紀州勢の存在が大きく、[49] 秀吉は何度も尾張から大坂への一時的な帰城を余儀なくされるなど、大変手を焼いていた。[50] つまり、この頃の秀吉はいわば両面作戦を強いられる状況になっていたのであって、もはや尾張での合戦をこれ以上長引かせることは許される状況ではなかったのである。そこにこそ、秀吉が路線転換をしてまで信雄らとの和睦を模索する理由があったと考えたい。

和睦の交渉は必ずしも順調には運ばなかったようではあるが、十一月に入ると講和への動きを加速させ、ついに十五日に信雄との間で講和を成立させることに成功し、この日家康はやむなく三河に引き上げている（『貝塚御座所日記』十一月十五日条）。その家康も年末には、人質として次男義伊（後の結城秀康）を大坂に送った（『貝塚御座所日記』十二月二十六日条）。そして、翌十三年になると三月二十日、念願であった紀州の根来・雑賀攻めを断行し、さらに六月中旬からは四国の長宗我部攻め、八月上旬には越中の佐々攻めをも行なっていずれも平定している。

こうして見てくるとそこに、戦線が膠着していた東海地方の強大な敵対勢力との間には和睦を取り結ぶ一方、その和睦によって後顧の憂いが無くなると、紀伊の根来・雑賀衆、四国の長宗我部、越中の佐々などに対しては各個撃破していくという秀吉の手法を読み取ることは容易であろう。

ところで秀吉は、天正十二年十月二日、従五位下左近衛権少将に叙爵された。これはそれまで「平人」であった秀吉側から「昇任」の件で朝廷に申入れがあり実現したものであったという（『貝塚御座所日記』十月二日条）。次いで十一月二十二日、秀吉は途中の位階を飛ばして一気に従三位権大納言に叙任されることとなる。さらに翌十三年になると三月一日、自身の奏請によって織田信雄を正三位権大納言に叙任させたうえで三月十日、自らは更に高位の従二位内大臣に叙任され、ついに七月十一日には従一位関白という天皇輔弼の重職に就任することとなる。従五位下権少将任官からこの間僅か八ヶ月余、異常に早い昇進と言わざるを得ないが、こうした一連の経過から窺い得るのは、織田・徳川との講和を模索し、実現させていったまさにこの時期に、秀吉はそれまでまったく顧慮しなかった朝廷官位への意欲を示し始め、急速にそれを実現させていったという事実である。そういう意味で、路線転換の起点を織田・徳川との和睦を指向した十二年九月頃に置くことはできるであろう。[51]

こうして秀吉はこの時、織田・徳川との和平を取り結ぶ一方で、その新たな政権構想として、朝廷での官位を高めることに努めて最終的に関白任官を果たし、その権威のもとに彼らを臣従させるという外交的手法が現実的かつ包括的な路線だと自覚してそれに転換したことは事実であろうと考える。[52]

こう言うと、横田の言う敗戦によるやむを得ない路線変更説と同じように捉えられるかも知れないが、そうではなく、小牧長久手合戦が長引くなかでの講和を指向せざるを得ない状況を、当面の敵である信雄・家康らを臣従させることはもちろん、天下統一事業を全国的に推し進めるうえでのもっとも効果的な方途を得るための機会と捉え直して実施した、積極的かつ用意周到な路線変更であったことを強調したいのである。

そこで続いて、秀吉の関白任官に至る経緯を詳しく見ていきたい。

3　秀吉の関白任官とその政権構想

秀吉の関白任官に至る経緯には不明な点も少なくないが、その概要は次のようになろう。天正十三年三月十日に[53]

内大臣になったばかりの秀吉がさらなる昇進を望んだので、菊亭晴季の右大臣辞任を前提にその後任とする案を打診したところ、秀吉はそれを嫌って[54]、左大臣を望むという挙に出た。そのため、そのあおりを食って時の関白二条昭実と左大臣近衛信輔との間で関白の地位をめぐって相論が生じた。そして、彼らが所司代前田玄以を通じて秀吉に仲裁を求めたところ、意外にも秀吉自身が関白職につくことを望み、実現したというものである。しかし、三月に昇進したばかりの秀吉がその直後に更なる昇進を望むというのは極めて異例であり、意図的なものを感じざるを得ないが、このことについては米田雄介が「関白の補任資格の一つに、現任の大臣または大臣の経験者であることがあるから、秀吉が関白になる四ヶ月前に内大臣に補任されているのは、関白就任の前提であったといえなくもない[55]」と述べているのも参考になるのであって、然りとすれば、関白就任の考えは少なくとも内大臣任官時には胚胎していたことになる。

さらに遡れば秀吉は、前年十一月二十二日に権大納言に任官しているが、この時、従五位下左近衛権少将叙爵と従四位下参議叙任の日付を遡らせ、綸旨や口宣案もこれに併せる形で発給するよう朝廷に働きかけたと言われている[56]。このことの意義については、三鬼清一郎も言うように、既にこの時点でこの後の異常な昇進を視野に入れて、公家社会の衝撃を少しでも和らげ、あたかも公家社会の階段を一段ずつ昇っていったように見せかけるための工作であったと考えざるを得ないのであるが、とすれば、まさに秀吉がこの頃、既に関白任官を視野に収めるようになったことをも暗示させるものではないだろうか。

この叙任時期の工作問題については、これまで織田信雄や徳川家康に対する秀吉の劣等意識から説明することがあった。例えば堀新は、「戦国の世とて実力万能の時代では無く、君臣上下の秩序は無視できなかった」とし、主筋たる織田信雄を官位の点で凌ぐためとの説明をした。そして、十三年三月一日に信雄が正三位権大納言に任官した僅か九日後に、秀吉が従二位内大臣に昇進して信雄を追い越したことを、「律令官制を利用して信雄との間に上下関係を築こうとした」のだと説明する[57]。しかし、もしそうなら、秀吉が更なる官位を求めた事はどう理由付けできるのであろうか。関白相論の裁定に際しては二条もしくは近衛のどちらかに軍配を挙げればよかったのであって、自身が関白になるという選択肢を取る必要は無かったこととなろう[58]。

従来、秀吉の関白任官そのものについて、秀吉側の積極的なアプローチが論じられることはなく、二条・近衛両家の関白をめぐる相論という予期せぬ事態が強調されてきた。そこから、関白になったのは偶然なのだという主張が出てくるのである[59]。しかし、上述したような叙任の経緯や秀吉のブレーン的存在であった菊亭晴季の存在[60]などを考慮に入れると、秀吉側では朝廷の内情に詳しい菊亭や京都奉行の前田玄以らとの間でかなり早い段階からの筋書きがあったという可能性は排除できないのではないだろうか。ことの性格上、それが天正十二年十〜十一月段階からであったと判断できるような直接的史料は管見に触れないが、十月二日の権少将任官に際して、朝廷からの将軍任官打診を拒否している事実（【史料9】）も加味すれば、既にこの時点で秀吉側に関白就任が視野に入っており、それを踏まえて半ば強引にその路線を進めていったということは充分あるのではないかと思う。

むしろ、そうした展望も無しにこの間漫然と官位を進めていき、さまざまな偶然に助けられて、まさに棚ぼた式に関白職を手に入れたとするようなこれまでの見方にこそ無理があるのではないかと考えるところである。

こうした見解が認められるならば、天正十二年九月に端を発する秀吉の路線転換は、その時点で公武の頂点に立ち得る関白職への任官を梃子にして天下統一を進めていくという方針が視野に入ってきたからであって、それは小牧長久手合戦を有利に収束させつつある秀吉であるからこそ持ち得た、用意周到かつ新たな全国支配の構想だという評価をこそするべきであり、そこに秀吉政権の画期を見るべきであろう。

おわりに――「大坂遷都構想」の挫折について――

以上の検討を通して、小牧長久手の敗戦が大坂遷都構想挫折の主因ではないということが明らかになった以上、改めて問われるべきは、横田によって唱えられたもうひとつの「大坂遷都構想」挫折の理由―大坂遷都が目論まれたものの、当時の秀吉にその「実力」が無く、断念せざるを得なかったとすること―であるが、これについては上述したように、その「実力」なるものの具体的な説明は無かった。

その一方で横田は、大名の集住（大名屋敷の経営）がその首都性を示す有力な指標だとして、それが妙顕寺段階にはなく、関白任官を踏まえた聚楽第段階になって初めて実現するとした。確かにそこに両者間の段階差を認めることもできるとは思われる。しかし、大坂首都構想の挫折という要因を介在させなければならない必然性は存在しないのではないか。言い換えれば、秀吉が天正十一年九月の時点で大坂遷都を目論んでいたという評価が、当時の秀吉の政権運営を語るうえで不可欠の要素だとは考えられないのであって、むしろ、この頃の秀吉にあっては、摂津大坂に居城を建設し、当時既に臣従していた武士の屋敷をその城下に構えさせることはできたものの、依然として周囲を取り巻く敵も多く、京都においてはようやく朝廷との窓口を兼ねた自身の屋敷を営むことができたにすぎなかった。そのため、如何に今後の政権運営を進めていくかというような点については未だ確たる方針を持ち得る段階にはなかった（これこそ、横田の言う「秀吉にその実力はなく」の実態であろう）との評価を与えても何らおかしくないと考えるものである。

従って、秀吉が大坂築城と同時に「他の諸国の領主たちにはその城の周囲に大なる邸宅を建築することを命じた」（『一五八三年の耶蘇会日本年報』）としても、そこに当時無位無官であった秀吉が大坂の「首都」化を目論んでいたことまでを読み取る必要はないのであって、横田の言葉を借りれば、「大坂城は基本的に豊臣「家中」を結集した豊臣家の城」として構想されていたのであり、[61]秀吉はそれを前提として洛中に妙顕寺城を営むなかで、より高次な公権力の拠点を確立する方法を模索していたのであろうと考えられる。

聚楽第とその城下における大名屋敷の経営こそ、小牧長久手合戦の和平を模索するなかで秀吉が目指し、実現させた関白任官を契機とするその成果に他ならない。

注

(1) 天正十一年五月二十五日、前年の清須会議の結果大坂を手に入れていた池田恒興が、この日、大坂を秀吉に渡す形で美濃国に移っている（「大坂ヲハ池田紀伊守ヨリ筑州へ渡了、池田ハ濃州へ入了」『多聞院日記』同日条）。

(2) 天正十四年二月十五日付一柳直末宛秀吉朱印「（聚楽第石運び）定」写（小野市立好古館編『播州小野藩一柳家史料3　将軍・大名・家臣』同館、二〇〇四年）によって、聚楽第造営がこの頃始められたことが分かる。

(3) いずれも村上直次郎訳『耶蘇会の日本年報』第一輯（拓文堂、一九四三年）所収。前者は一五八四年一月二日（天正十一年十一月三十日）付でフロイスからローマのイエズス会総長に送られた年報。後者は、一五八四年一月二十日（天正十一年十二月十八日）付、すなわち前者の十八日後に在長崎のフロイスがインド地方長のアレッサンドロ・ヴァリニャーノに送った書簡である。

(4) （天正十一年）九月十五日付水谷勝俊宛本多忠勝書状（『大日本史料』十一編之五）。

(5) 秀吉は、天正十一年八月五日付で近江の諸職人に対して大坂築城工事に参加させるために諸役免許の条々を発し、同月二十八・二十九日には赤松広秀・黒田孝高・前野長康・一柳直末らに対して石運び掟条々を発し（以上はいずれも名古屋市博物館編『豊臣秀吉文書集』一（吉川弘文館、二〇一五年）所収809〜811、814・815号文書）、九月一日を期して築城工事を開始させている（『兼見卿記』同日条）。

(6) 以下、その主な支持者を論考発表年次順に掲げる。

朝尾直弘（『大系日本の歴史8　天下一統』小学館、一九八八年）、矢内昭（「秀吉期の城下町形成」『新修　大阪市史』三、大阪市、一九八九年）、玉井哲雄（「都市の計画と建設」『岩波講座　日本通史』第十一巻近世1、岩波書店、一九九三年）、藤田達生（「豊臣政権と天皇制」『歴史学研究』667号、一九九五年。のち「豊臣国分論（三）―九州国分―」と題して『日本近世国家成立史の研究』校倉書房、二〇〇一年に収録）、横田冬彦（「城郭と権威」『岩波講座日本通史』第十一巻近世1、一九九三年）・同（「豊臣政権と首都」日本史研究会編『豊臣秀吉と京都』文理閣、二〇〇一年）、池上裕子（『日本の歴史15　織豊政権と江戸幕府』講談社、二〇〇二年）、吉田洋子（「豊臣秀吉の大坂建設と遷都計画」大阪市史料調査会編『編纂所だより』大阪市史編纂所、二〇〇五年）、小和田哲男（『秀吉の天下統一戦争』吉川弘文館、二〇〇六年）、北川央（「大坂城と城下町大坂―豊臣から徳川へ―」懐徳堂記念会編『大坂・近畿の城と町』和泉書院、二〇〇七年）、水本邦彦（『全集日本の歴史10　徳川の国家デザイン』小学館、二〇〇八年）、藤田達生（『信長革命』角川学芸出版、二〇一〇年）、大澤研一（「上町台地の中世都市から大坂城下町へ」中世都市研究会編『中世都市から城下町へ』、二〇一三年）、藤田達生（『天下統一』中央公論新社、二〇一四年）、跡部信（『豊臣秀吉と大坂城』吉川弘文館、二〇一四年）、大澤研一著『大坂の都市史的研究』（思文閣出版、二〇一九年）など。なお、朝尾を内田説の支持者としたことについては注(12)を参照されたい。

(7)　さしあたり二〇〇〇年以降の仕事として、堀新「I信長・秀吉の国家構想と天皇」特に「四　秀吉と天皇」池享編『日本の時代史13　天下統一と朝鮮侵略』吉川弘文館、二〇〇三年、同著『日本中世の歴史7　天下統一から鎖国へ』特に「三　羽柴秀吉と惣無事」吉川弘文館、二〇一〇年、池享著『戦国・織豊期の武家と天皇』第三章第三節「豊臣政権と天皇」校倉書房、二〇〇三年、藤井譲治著『天皇の歴史05　天皇と天下人』特に「第3章　天下人秀吉の誕生」講談社、二〇一一年、矢部健太郎著『豊臣政権の支配秩序と朝廷』吉川弘文館、二〇一一年などを挙げておく。

(8)　櫻井成廣『豊臣秀吉の居城　大阪城編』城郭資料館出版会、一九七〇年。

(9)　朝尾直弘「五　豊臣政権論」（『シンポジウム日本歴史10　織豊政権論』学生社、一九七二年、のち『朝尾直弘著作集』第四巻、岩波書店、二〇〇四年）。

(10)　朝尾は「幕藩制と天皇」（原秀三郎他編『大系日本国家史』3、東京大学出版会、一九七五年）のなかの一節「豊臣政権と天皇」では「賤ヶ岳合戦に勝利した段階で、織田政権の継承者の地位を確保したが、東進しようとして徳川家康にさえぎられ、同十三年路線を変更し、関白として政権を樹立した」と述べるに留まっている。
(11) 内田九州男「城下町大坂」(岡本良一編『日本名城集成　大坂城』小学館、一九八五年)。
(12) 本書は朝尾の単著という形式を採っているが、同書末尾で「大坂と京都」は内田九州男氏に援助を仰いだと断っているように、この部分は内田の執筆にかかる。従って、その内容については朝尾の承認・支持があったと考えられる。なお、この論考Aの主旨は論考B・Cでより詳しく論じられているので、本稿では取り上げない。
(13)『ヒストリア』139号小特集《大坂船場の成立と展開》一九九三年。
(14) 大阪歴史科学協議会編『歴史科学』176号「大会特集号・近世都市大坂の成立をめぐって」二〇〇四年。
(15) 注(14)前掲誌。
(16) ただし、内田は、論考Bにおいてこのほか、「大坂築城」・「寺町の建設」・「平野町—町割りのルーツ—」・「大坂の繁栄と慶長の大地震」(堺の外港化)・「三の丸の工事」(慶長三年の大坂城普請)・「城下の拡張と再編」などの項目を掲げて豊臣期大坂の形成にかかわる諸問題を多面的に論じている。そのなかで、「大坂遷都」に関する四点だけを切り離して取り上げることについては不審があるかも知れないが、大坂築城・城下町整備とその拡張構想は「大坂遷都構想」にかかわらず実施されるべきものであるから、筆者としては両者を切り離して論じることは可能と考えている。
(17) 注(3)前掲書。なお、本年報の発信場所については明記されないが、長崎から発信したことが明らかな注(3)のヴァリニャーノ宛書翰中に「八三年当地より発した年報」と出てくる「年報」が本年報であろうと思われるので、その発信地も長崎と見ることができる。
(18) 注(3)前掲書。
(19) 注(4)前掲史料。
(20) 朝尾注(6)前掲書。
(21) 注(9)前掲論考。
(22)『豊臣秀吉譜』は、寛永十九年(一六四二)、林羅山が幕命によって編纂した秀吉の伝記で、秀吉は自分を養子にすれば義昭の将来が安泰なことを述べて迫ったが、義昭は愚かなためその申し出を拒絶したとの趣旨を述べている。

(23) 津田盛月（つだ・もりつき、左馬允、?―一五九三）のこと。谷口克広によれば、津田ははじめ織田左馬允、後に四郎左衛門、隼人正を名乗った人物で、中川重政の弟。天正十一年から十二年にかけて頻繁に津田宗及の茶会に出席しており、小牧、九州の陣にも従軍している（同著『織田信長家臣人名辞典』吉川弘文館、一九九五年）。

(24) 当時の在日イエズス会がローマのイエズス会本部に送付していた『日本通信』と『日本年報』の執筆状況について、松田毅一の見解を紹介しておきたい。

松田毅一他訳、ヴァリニャーノ著『日本巡察記』（平凡社、一九七三年）に収める「解題Ⅱ」によれば、「日本巡察師のヴァリニャーノは、従来日本各地から個別に送られていた報告（『耶蘇会士の日本通信』のこと―引用者）がその内容の確実性について日本布教長の制御力が及ばなかったことに鑑み、爾後日本通信は日本布教長の責任で、一人の司祭が自分の責任において執筆されるべきこと、その際、一人の司祭に全布教区の発展を一通の年報に纏めることを指示した」という。すなわち、「日本の個々の修道院から、過去一ヶ年の出来事について、ポルトガル船の出航の二、三ヵ月前に各地方長の元に届け、彼はそれらをまとめ、摘要を作成し、全日本の上長、または地方長から年報の作成を依頼されている者に送付した。ヴァリニャーノはまず、自ら指導して一五七九年一二月一日付で口ノ津からフランシスコ・カリオンにイエズス会総長宛の年報を執筆させ、翌一五八〇年一〇月にはヴァリニャーノの補佐司祭ロレンソ・メシアが執筆し、その翌年（一五八一年）からはL・フロイスがほとんど専任執筆者となった」とある。

(25) 松田毅一・川崎桃太訳『フロイス　日本史』1、第一章註56（中央公論社、一九七七年）のオルガンティーノ大坂訪問記事による。

(26) 注(25)前掲書第八章。

(27) なお、このことからは、この教会敷地付与が、古代以来の港湾である渡辺津を志向した上町城下町形成の方針としてこの年に秀吉がはじめたとされる石町通り・島町通りの両側町整備の一環であったことをも窺わせるのである（松尾信裕「豊臣期大坂城下町の成立と展開」『ヒストリア』193号、二〇〇五年）。なお、拙著『大坂城全史』（筑摩書房、二〇一八年）をも参照されたい。

(28)　当時の日本宣教区は都地方区、豊後地方区、下地方区の三地方区（教区）からなっていたが、『一五八一年の耶蘇会日本年報』には「京都地方の長老 Superior であるパードレ・オルガンチノ」と出てくる。

(29)　ここでいう「貴族王侯」が具体的に誰を指すのか必ずしも明らかではないが、天正十一年八月から同十二年春頃にかけての『大日本史料』の当該冊は元より、『国史大辞典』第四巻「記録年表」掲載の諸記録のうち、『兼見卿記』『舜旧記』『言経卿記』『北野社家日代日記』『多聞院日記』『蓮生院記録』『家忠日記』の記事を閲読した。そのほか、『大徳寺文書』『大徳寺真珠庵文書』（いずれも『大日本古文書』家わけ第十七および同別集に収録）も参照した。

(30)　中村孝也著『新訂　徳川家康文書の研究』（日本学術振興会、一九八〇年）、徳川義宣著『新修　徳川家康文書の研究』（財団法人徳川黎明会、一九八三年）。

(31)　『貝塚御座所日記』天正十二年十月三日条には「今日三日京都より申来趣ハ、筑州昇進事被申入云々。今迄ハ平人也」とある。

(32)　なお、平面図ではよく分からないが、大坂城本丸は標高三十三メートルの台地高所にあるのに対して、天満は標高二メートルの低地である。よって、天満への遷都がなされた場合、秀吉は遥かな高みから御所を見おろすこととなることもこの際、指摘しておきたい。

(33)　堀新「豊臣秀吉は征夷大将軍になりたかったのか？」（山本博文・堀新・曽根勇二編『偽りの秀吉像を打ち壊す』柏書房、二〇一三年）。

(34)　また、秀吉が源姓を得べく足利義昭の猶子となろうとしたという点についても、たとえ義昭に拒否されたとしても源姓公家である久我や庭田に働きかければ済むことであるという三鬼清一郎の指摘（「第二章　戦国・近世初期の天皇と朝廷をめぐって」同著『織豊期の国家と秩序』青史出版、二〇一二年。初出は『歴史評論』492号、一九九一年）も説得力がある。

(35)　妙顕寺築城が大坂築城と並行して進められたことは、周知の史実である（たとえば京都市編『京都の歴史4　桃山の開花』学藝書林、一九六九年）。しかし、横田冬彦を除き、注(6)で掲げた諸氏がそれに触れることはなく、従ってその意義が説かれることもなかった。この点、**はじめに**で触れた豆谷の指摘の③が的確な問題提示をしている。ただし、横田は妙顕寺築城の意義については単に「上洛時の宿館」としてしか理解していないが、後に触れるように、ここには再三勅使が遣わされており、公武の交渉窓口でもあったことを忘れてはなるまい。

(36)『妙顕寺文書』「歴代略伝」天正十二年九月三日条（『大日本史料』十一編之八）。

(37)拙稿「本願寺の貝塚・天満移座と羽柴秀吉の紀州攻めについて」（『ヒストリア』250号、二〇一五年、本書第二章に再録）。

(38)慶長十五年（一六一〇）四月に成立した「並河記録」（臨時貝塚市史編纂部編『貝塚市史』第三巻、大阪府貝塚市役所、一九五八年）には、長浜に居た秀吉が、陣中見舞いにやって来た板屋道場（後の貝塚御坊）の初代卜半斎了珍からの陳情を受け、了珍をして顕如らをより畿内に近い貝塚に移すために尽力せよと命じた、とある（本書第二章を参照されたい）。

(39)『武徳大成記』（『大日本史料』十一編之四所収）。

(40)天正十一年五月二十一日付前田玄以宛織田信雄書状（『大日本史料』十一編之四所収「古簡雑纂」）。

(41)このことについては、本書第一章第二節2を参照されたい。なお、「一五八四年イエズス会日本年報附録」（注(3)前掲書）には次のようにあるが、これは家臣がその主人に言う言葉ではないであろう。

信長の第二子には伊勢国の外尾張及び伊賀二国を与へ、行きて彼の三国を領すべく、再び天下に来らず、望むものがあれば書面を以て之を求むれば与へるであらうと言った。

(42)『家忠日記』天正十一年十一月二十日条は「小田三介殿上にて御腹めされ候風説候」との記事を載せている。この記事は二日後には「せつにて候」と否定されたが、この頃、織田信雄をめぐって上方との間に不穏な空気が漂っていたことを窺わせるもので、こうした状況が翌年三月に始まる小牧長久手合戦の伏線になったことは確かであろう。

(43)その一例を掲げるならば、フロイスはちょうどこの頃、以下のような本願寺観を示している。「大坂の街は、わずか数年前までは、日本でもっとも忌むべき呪わるべき宗派の一つである一向宗の本山であり中心地であって、同所で悪魔は意気軒昂と采配をふるっていた」（注(25)前掲書第七章）。

(44)拙著『天下統一の城　大坂城』新泉社、二〇〇八年。

(45) 横田「豊臣政権と首都」(注(6)前掲『豊臣秀吉と京都』所収論文)。

(46) 例えば、跡部信は「秀吉の人質策」(『小牧長久手の戦いの構造　戦場論』上、岩田書院、二〇〇六年)において、小牧長久手合戦における秀吉の外交的勝利を主張している。

(47) 「特集　小牧・長久手の戦い」(『愛知県史』資料編12、愛知県、二〇〇七年)では、「家康率いる軍勢が三河国への侵入をこころみた秀吉方の軍勢を追撃して大勝した四月九日の長久手合戦については(中略)歴史的大勝利と喧伝されてきた。「しかしながら、長期的かつ広域的な争乱の全体像を見渡すならば、総合力に勝る秀吉方が主導権を握り、優勢に戦いを進めたことは確かであり、秀吉の政権確立に向けて大きく前進する結果となった」と総括している。

(48) 『愛知県史』資料編12、626号文書。

(49) 織田・徳川と長宗我部との連携については、(天正十二年)三月二十日付香宗我部親泰宛織田信雄書状(『愛知県史』資料編12、322号文書)、佐々および根来・雑賀衆との連携については(天正十二年九月二十三日付保田安政宛織田信雄書状(同、903号文書)などを参照のこと。

(50) 拙稿注(37)前掲論文で述べた二度の大坂帰城のほか、七月晦日に帰城し、八月四日に河内の烏帽子形城の修築を命じた(『貝塚御座所日記』同日条)後、十一日に再度尾張の陣所に戻った事例が確認できる。

(51) 『公卿補任』等によれば、秀吉は天正十年十月三日に従五位下権少将に叙爵したのを皮切りに十一年五月二十二日に従四位下参議となったとされるが、『貝塚御座所日記』などの記録を参照すればこれらの叙任は疑わしいと断じざるを得ない。この問題については、三鬼清一郎注(34)前掲論文を参照されたい。

(52) もちろん、これには秀吉による対朝廷工作が付随した。秀吉は、叙爵に先立って正親町天皇譲位・誠仁親王即位の費用として一万貫の支出および院御所の造営を申し出ている(『貝塚御座所日記』天正十二年十月三日条)が、これらは当時の朝廷にとっての懸案事項であった。つまり、秀吉の官位昇進と朝廷によるその授与との間には両者の思惑の合致という側面があったのである。

(53) 例えば橋本政宣は、二条昭実の関白就任から秀吉の内大臣任官までの叙任の日付に関する『公卿補任』・宣旨・口宣案など「一等史料」の記事の間に深刻な齟齬のあることを指摘している(「豊臣政権と摂関家近衛家」同著『近世

公家社会の研究』吉川弘文館、二〇〇二年所収）。

(54) 近衛信尹（当時は信輔）の「羽柴秀吉関白宣下次第」（史料纂集『三藐院記』）には「同年月日、秀吉、右府ハ信長公就凶例、左府ヲ被申」とある。

(55) 米田雄介「豊臣秀吉および秀次の叙位・任官文書」（山陽新聞社編『ねねと木下家文書』同新聞社、一九八二年）。

(56) 三鬼注(34)前掲論文。

(57) 堀注(7)前掲書。

(58) 「羽柴秀吉関白宣下次第」（注(54)前掲書）は、この間のいささか奇妙な事件を記している。それは、関白相論における三問三答の後、突如、秀吉が前田玄以を通じて近衛信輔に「龍山御所持ノ光○(忠)ノ刀」を見たいと言い出したというもので、この申し出に対し当初は渋っていた龍山（近衛前久、信輔の父）が、秀吉の機嫌を損ねては如何と釈明のため大坂に赴いた信輔に一日遅れて刀（太刀）を持参してやはり下坂し、玄以を通じて秀吉に披露したのである。そうするとついで、誰から告げられたのか（此次ニ誰ヤノ者カ告ケン）、秀吉が玄以に関白相論の経過を尋ね、「非ニ落着スル、一家併破滅ノ詔タレハ、朝家ノ御為、旁以不可然事ニテ候へハ、秀吉庶幾ハ関白ノ詔ヲ申度之間、可有如何由近衛殿父子へ尋申へキ由、被申出」たという。これを受けて父子で談合した結果、龍山は最終的に「イカヤウニモ秀吉御計イ次第」として承諾、自らの猶子という形で秀吉の関白任官への道を開いたのであった。

こうした経過からは、太刀の件がさりげなく関白任官の話にすり替えられてしまっている様子が窺われるが、だとすれば、秀吉がこの時点で言い出したこの太刀拝見こそ、近衛父子を秀吉のもとに出仕させるための口実であったように思われる。この関白任官問題を詳説した橋本正宣も、太刀の件が仕組まれたこととするのには慎重であるものの、このことが秀吉の関白任官に重要な意味を持っていたとしている（橋本注(53)前掲論文）。

いずれにしろ、この太刀拝見事件からは、秀吉が抱いていた関白職への強い執着と、それを得るために行なった秀吉側の臆面無き工作が見て取れるのではないだろうか。

(59) 例えば、池享は注(7)前掲編著のなかで「秀吉は、成り行き任せで関白になった」と述べているし、堀新も注(7)前掲書のなかで「関白任官の実際は、秀吉からすれば「たなぼた」のようなものであった」との見解を表明している。

(60)　菊亭晴季の具体的な働きは不明だが、自身の右大臣位を秀吉に譲るように画策し、それを秀吉が凶例により拒否するという顚末も、疑おうとすれば疑い得る筋書きである。菊亭は秀吉叙任の勅使として天正十二年十月の叙爵から十三年七月の関白任官まで毎回顔を見せるが、これは清華家としては異例であり、伊藤真昭も言うように（伊藤「織豊期伝奏に関する一考察」『史学雑誌』107編2号、一九九八年）、そこに菊亭の強い権力志向を読み取ることができよう。この後、菊亭は秀吉の豊臣姓創設にも一役買っており（「関白任官記」『天正記』第五）、紛れもない秀吉のブレーンであった。なお、秀吉の関白就任と同時に当事者である近衛信輔・二条昭実とともに菊亭にも従一位が授けられているが、これは関白就任に至る関与への論功行賞であろう。

なお、矢部健太郎は、秀吉の関白任官にあたって、菊亭とともに聖護院道澄（近衛前久弟）の名を挙げ、この二人の助言が少なからず影響を与えたのではないかとの見解を表明している（同著『豊臣政権の支配秩序と朝廷』吉川弘文館、二〇一一年）。

(61)　横田注(45)前掲論文。

第四章　羽柴秀吉の五畿内支配構想

――大村由己「柴田退治記」の史料批判を通じて――

はじめに

羽柴（豊臣）秀吉が如何なる支配構想をもって天下統一事業に邁進したのかという課題は、旧主織田信長が本能寺の変に倒れてから僅か八年後の天正十八年（一五九〇）にこの事業を成し遂げた秀吉の政権（以下、豊臣政権）にかかわる諸課題のなかでももっとも重要なもののひとつであることは論を待たないであろう。

この豊臣政権にかかわる支配構想について、画期的な論点を示したのは藤木久志である。藤木は一九七八年、いわゆる「惣無事令」論を提起し[1]、それ以後、藤木はこの論を発展的に改変しながら推し進め、『豊臣平和令と戦国社会』に結実させた[2]。

そこにおいて藤木は、秀吉が天下統一事業を進めるにあたって、関白高権を元とした「惣無事令」によって東国・西国各地の大名の紛争を調停しようとし、この「令」を関白秀吉による「職権的な広域平和令」と規定し、これに従わない場合には「叡慮」を体した関白軍による軍事制圧という手段を取った、とした。そしてこれは、「豊臣平和令」として普遍化されるに至り、周知のように現在も大きな影響力を持っている見解である。

一方ここ十年程、こうした藤木の「惣無事令」論の再検討が精力的に進められていることもまた周知の事実である。当初は史料の年次比定の問題が中心であったが、近年ではいわゆる「惣無事令」の存在自体、あるいは「惣無事」の意義を根底から問い直す作業が進んでいるが、それに関して研究史を踏まえながら詳説しているものに藤井譲治の仕事がある。(3)

また、近年の研究動向の特徴として、東国における「惣無事令」について特化した再検討が重点的に行なわれているように思われる。その早い事例としては家康・景勝の動向を軸に論じられた矢野健太郎の研究が挙げられよう(4)が、その包括的な研究成果が二〇一二年、『織豊政権と東国社会』としてまとめられた竹井英文の一連の研究(5)であろう。そこにおいて竹井は、先行研究に共通する問題点として、「惣無事の趣旨・裁定原則」に基づく「惣無事令」という法令の存在を前提とし、それに規定されていたか乖離していたかという議論に陥ってしまっており、結局は、「惣無事」基調か、好戦的本質かという議論に終始していると指摘したうえで、「「惣無事令」論に肯定的か否定的かに関わらず、豊臣政権の政策がどのような歴史過程を経て、全体の政治社会秩序とどう関連して登場したかという視点が明らかにされていないのが現状。（中略）原因の一つとして考えられることは、焦点となるべき天正十年前後の政治過程や社会状況の解明があまりされないままに議論が進んできた点である」とした。

そのうえで、「惣無事令論はそもそも豊臣政権の対東国政策から立論されたもの」であるから、年代比定の再検討により、織豊政権の東国政策が当時の東国固有の政治社会状況に対応して登場したものであることを論証し、新たに「関東惣無事政策」と命名した。

また尾下成敏も、天正十～十二年七月における秀吉と徳川家康の関係に留意しながらこの間の秀吉の東国政策の内容や背景を明らかにした。(6)

一方、北国・西国における「惣無事令」の再検討を行なったものに、四国・北国・九州国分け論からの藤田達生による一連の批判的検討(7)が挙げられる。藤田は「総無事令」というスローガンは、直接境界を接しない遠隔地の戦国大名間紛争に軍事介入するための名分であって、秀吉政権の本質は独善的かつ好戦的であると断じた。尾下も秀吉による九州平定過程について、「惣無事令」の批判的検討を行なっている[8]。

以上に見てきたように、「惣無事令」論研究の現状は、主として豊臣政権による関東・奥羽、あるいは中国・西国・北国などにおける支配のあり方にかかわる議論となっている。これは、畿内に権力の基盤を置く中央権力としての豊臣政権が、如何なる仕方で全国支配を推し進めようとしていたのかという観点に立つ限り有効な研究である。しかし筆者には、そこには一つの大きな空洞が存在するように思われてならない。というのは、では秀吉が全国統一事業を遂行するにあたって、その政権の足元であり拠点であった五畿内とその近国についてはどのような支配構想をもっていたのかと言う点が抜け落ちているからである。取り分け、天正十年六月の本能寺の変以降、同十三年七月の関白政権樹立に至るおよそ三年余の間は流動的な時代であったと思われるが、秀吉がこの時期、五畿内とその周辺地域を如何なる構造をもった体制としてまとめあげ、全国支配への拠点としようとしたのかという点についてのまとまった研究は、これまで知られていないように思われる。

そこで、本章では、この三年余における豊臣政権の畿内および近国に対する支配構想について、関係史料の再吟味を軸としながら論述していきたい。

この時期の秀吉による五畿内の支配構想について、管見の限りもっとも明快に論じているように思われたのは、林屋辰三郎の次の見解である[9]（傍線引用者）。

【史料1】（林屋辰三郎著『天下一統』）

賤ヶ岳以後、秀吉は征討を終えるごとに有功の将に封地を分与したが、その当初は信長の遺児や先輩・同輩にたいして新しく秀吉とのあいだに主従関係をむすぶことを意味するから、相対的配慮が必要であった。しかしそれも小牧の役後にはかなり情勢が変化したので、新しく大坂を中心に五畿内を外構えとして、各城主をもって警固せしめるという自主的配置をとるようになった。
したがって摂津は近臣に分封し、紀伊・和泉・大和の三州は弟秀長に、河内は直轄すなわち御蔵入りに、山城は京都奉行の前田玄以に、丹波には養子於次丸秀勝、近江には八幡山城を甥秀次にあたえたうえ、堀尾吉晴を封じ、越前北庄の丹羽長秀の遺児長重を若狭に移して、この地に佐和山の堀秀政を移した。こうした配置転換の結果、高槻の高山長房は播磨明石に、茨木の中川秀政も同国三木に移された。

これによれば、秀吉は賤ヶ岳合戦後に軍功のあった部将に所領を与えるが、そのさい信長の遺児や先輩・同輩に配慮せざるを得なかった。しかし、小牧長久手合戦の終結以降になると、情勢の変化にともない、大坂城を中心として五畿内に配置された各城主をしてその外構えとする自主的配置（秀吉の自律的な配置、の意であろう）をとるようになったというのである。そしてその結果、摂津は近臣に分与、紀伊・和泉・大和は羽柴秀長、河内は蔵入地、山城は京都奉行の前田玄以、丹波は羽柴秀勝（於次）、近江は秀次・堀尾吉晴、若狭は丹羽長重、越前は堀秀政という配置となった、とする。

こうして林屋は、小牧長久手合戦以降の情勢変化に伴い、天正十三年閏八月に行なわれた大規模な移封[10]によって、秀吉が大坂城を中心として五畿内の城主をその外構えに据える体制を取ることとなったと主張した。これには少し事実誤認も含まれている[11]が、取りも直さず、この記述がこの時点、すなわち関白任官（天正十三年七月）直後における秀吉の五畿内支配の構想を端的に示しているということになろう。すなわち、摂津の大坂城を中心に残る畿内四ヶ国の城主をもって警固せしめるという体制を確立したこと、そしてその結果、五畿内とその近国における諸将の新たな配置転換を実現したとするのである。

その後、このことについては、岡本良一が『天正記』[12]のなかの「柴田退治記」を引いて、「五畿内をもって外構とするというような大構想は、全日本的視野に立たないかぎり、とうていうまれてくるものではない」[13]と評価し、あるいは藤田達生が天正十三年閏八月の国分・国替の結果を、同じく『天正記』の「四国御発向幷北国御動座記」などによってまとめた表1を示して、「大坂を中心とした同心円構造が誕生したことが看取される」と述べている[14]のが注意される程度である。

このように、五畿内をもって大坂城の外構えとする秀吉の支配構想については、林屋の言及以来、その意義については積極的に研究が深められてきたという状況にはない。

そうしたなか、筆者も二〇〇七年、「豊臣秀吉と茨木城[15]」と題する論考において、林屋説を批判的に継承した私見を述べたことがある（以下、前稿）。しかしこれは、茨木城主中川氏と秀吉の関係を中心に据えた論考だったので、今回、その後考えを改めたところも含め、秀吉による全国統一事業の根拠地であり、足元でもあった五畿内の支配構想について、秀吉がどう考えていたのかを、他ならぬ秀吉自身の言葉に依拠しながら再考してみたいというのが、本章の意図である。

第一節　羽柴秀吉の大坂城・大坂観

まずこの時期、秀吉が大坂城や五畿内をいかに見ていたかという点について、彼自身の言葉を伝えている史料によって確認しておきたい。

最初に掲げるのは、天正十年六月、山崎合戦に向かう秀吉が大坂城を守備していた御番衆に宛てた「御内証」である。

【史料2】『川角太閤記[16]』巻二（傍線は引用者）

一筑前守殿所より大坂の御番衆江被仰聞御内証は其城何方へも被相渡ましく候、其子細ハ上様の御跡御次可被成天下人江目出度可被相渡候、其内ハ御番衆油断不可有候事御尤に候と被仰渡候故、御留守居衆御門〳〵を相かため中々聊爾に可相渡共見えさりけれハ三七殿も丹羽五郎左衛門殿も国々へ一先御入候、（以下略）

（『改定史籍集覧』新加通記類第六）

これは、文中に織田信孝・惟住（丹羽）長秀の名が見えているので、彼らが六月四日、当時大坂城二之丸千貫櫓に居た織田信澄を討ち果たしたにもかかわらず、「大坂の御番衆」が秀吉の指示により、彼らの入城を拒んでいたということを述べているのである。ここで秀吉は「其城」、すなわち大坂城が信長の後を継ぐべき天下人に渡されるべき城との認識を示している。これこそ秀吉が示した最初の大坂城観であるといえよう。ただし、この時点で「大坂の御番衆」が秀吉の指示に従って、信孝・丹羽らの入城を拒んだとか、あるいは大坂城に対するこうした認識を秀吉が持っていたということ自体、ほかに証する史料もなく、翌年、大坂城が秀吉の居城とされたという事実を踏まえて記述された可能性も充分考えられるところである。そういう意味で、確かな同時代史料によって窺われる秀吉独自の大坂観の嚆矢は、次のものであろう。

【史料3】 宛先欠羽柴秀吉書状［（天正十一年）十一月五日付］（傍線引用者）

（前略）

一去夏先書ニ委曲如中入候、北国西国不残申付候故、小早川、吉川両人事、去朔日ニ致出仕、在大坂仕候事、

一大坂事五畿内廉目能所ニ候之間、居城相定、念を入普請申付、悉出来候之事

（中略）

（天正十一年）十一月五日　秀吉（花押）

（『豊臣秀吉文書集』一、835号文書）[17]

これは、大坂は五畿内で廉目よきところなので居城に定めた、との記事である。ここで、「廉目（かどめ）」という語は管見の古語辞典・国語辞典・漢和辞典の類に見えないが、『日本国語大辞典』には「角目（かどめ）」という語があり、「とがっ

てかどばっていること」とする。また、『角川古語大辞典』によると、角と廉は通字で「物のとがり、突き出た端で目に立つ部分。丸くなく、角な部分」とある。これらを参考にすると、大坂城地が南から北へ伸びる上町台地の北端にあり、大川を介して北西方の天満低地に突き出るように位置していることから、防衛上の好所という意味で「廉目能（き）所」といったものであろうと推測される。

とすれば、ここで秀吉は大坂城地の地形に着目して、その高度な防衛性という観点から居城の地と定めたと述べていることとなる。ただ、秀吉が大坂に着目したのは何もこうした防衛上の理由だけではなく、京都や天王寺・堺など、当時の都市的な場との距離を念頭に置いた地政学上、あるいは交通貿易上の利点に注目していたことを、次の「柴田退治記」の記事によって知ることができる(18)。

【史料4】「柴田退治記」（『続群書類従』の読み下し(19)）

秀吉は摂津国大坂において城郭を定む。彼の地は五畿内の中央にして、東は大和、西は摂津、南は和泉、北は山城。四方広大にして、中に巍然たる山岳なり。麓を廻る大河は淀川の末、大和川流れ合ひて、其の水即ち海に入る。大船小船、日々岸に着く事、数千万艘と云ふ事を知らず。平安城へは十余里、南方は平陸にして、天王寺・住吉・堺津へ三里余り、皆、町・店屋・辻小路を立て続け、大坂の山下となるなり。

（桑田忠親校注『太閤史料集』）

この「柴田退治記」は、その奥書（「于時天正十一年十一月吉日」）によって、政権成立期の秀吉の思惑を窺うことのできる基本史料のひとつであり、秀吉の大坂・五畿内をめぐる政権構想上の貴重な記事が含まれている。にもかかわらず、これまで一部が『大日本史料』第十一編の関係巻などに引用されることはあるものの、その全体的な内容の吟味は充分になされてこなかったようにも思われる。そこで以下、そうした点にも留意しながら関係個所の内容について、成立年代の明らかな『天正記』に含まれる「柴田退治記」諸本との比較を通して検討していきたい。

まず、『続群書類従』に収められた「柴田退治記」の関係個所を二節に分け、桑田忠親の読み下し文によって取り上げる（前半部分aは【史料4】と重複する）。

【史料5】「柴田退治記」（『続群書類従』の読み下し。ゴチック・段落・傍線は引用者）

a秀吉は**摂津国大坂**において城郭を定む。彼の地は五畿内の中央にして、東は大和、西は摂津、南は和泉、北は山城。四方広大にして、中に巍然たる山岳なり。麓を廻る大河は淀川の末、大和川流れ合ひて、其の水即ち海に入る。大船小船、日々岸に着く事、数千万艘と云ふ事を知らず。平安城へは十余里、南方は平陸にして、天王寺・住吉・堺津へ三里余り、皆、町・店屋・辻小路を立て続け、大坂の山下となるなり。

b五畿内を以て外構へとなし、彼の地の城主を以て警固となすものなり。故に、大和には筒井順慶、和泉には中村孫平次、摂州には三好孫七郎秀次、茨木には中川藤兵衛秀政、山城の槇島には一柳市介直末、洛中洛外を成敗するところは半夢斎玄以なり。

（中略）

時に天正十一年十一月吉辰

大村由己謹んで之を誌す

（桑田忠親校注『太閤史料集』）

右史料の大要は、以下のようである。

a秀吉は摂津国大坂を居城と定めた。大坂は五畿内の中央に位置し、東には大和、西には摂津、南には和泉、北には山城がある。大坂は四方広大で、大坂城地は険しい山岳となっている。そこは、大河の流れ合うところでもあって多くの船が行き来し、都・堺などにも近く、天王寺へは町や店屋などを立て続け、城下としている。

b大坂を囲む五畿内をもってその「外構へ」となし、各地の居城主をもって大坂の警固とする。そこで、大和に

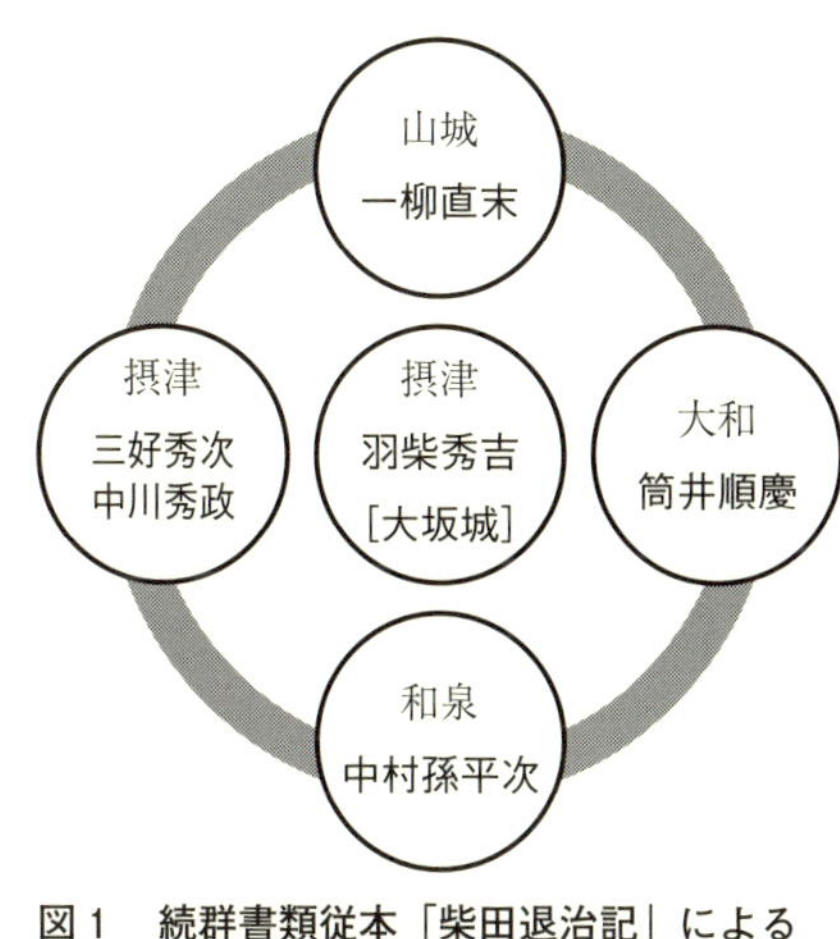

図1　続群書類従本「柴田退治記」による五畿内諸将配置図（著者作成）

は筒井順慶、和泉には中村孫平次、摂津には三好孫七郎秀次、茨木には中川藤兵衛秀政、山城の槇島には一柳市介直末を配置することとした。なお、洛中洛外を成敗するのは前田半夢斎玄以である。

さて、これを一読すれば、たちまち次のような疑問点が浮かび上がってこよう。**a**では摂津国大坂の西にまた摂津国があり、しかも五畿内の中央にあたる河内国が欠落している。また**b**では、摂津の城主として「三好孫七郎秀次」とあることである。彼は後の関白豊臣秀次であるが、当時は三好信吉と名乗っており、秀次と改名するのは天正十二年十月頃のことである[20]。

ともあれ、以上の諸将配置の設定を図化すれば**図1**となろう（前田玄以は省略）。

続いて奥書によって貞享二年（一六八五）の成立と知られる金沢市立玉川図書館蔵の写本『豊臣記』を検討したい。これも漢文体であるため、引用者が読み下した文を掲げる[21]。

【史料6】「柴田退治記」の読み下し（ゴチック・段落・傍線・括弧は引用者）

a秀吉は、**河内国大坂**において城郭を定む。彼の地は五畿内の中央にして東は大和、西は接津（ママ）（摂津）、南は和泉、北は山城、四方広大にして中に巍然たる山岳なり。麓を廻る大河は淀川の末に大和川流れ合いて、その水は即ち海に入る。大船小船日々着岸すること、幾千万艘かを知らず。平安城は十余里、南方は平陸にして天王寺、住吉、堺津三里余、皆町店屋辻小路を建て続け、大坂の山下とするなり。

b五畿内をもって外構えとなす。彼の地の城主をもって警固とするものなり。ゆえに大和には筒井順慶、和泉には中村孫平次、接州（ママ）（摂州）には三好孫七郎、茨木中川藤兵衛尉、山城の槇島には一柳市介、洛中洛外成敗する所の者は、半夢斎玄以なり。

（中略）

于時天正十一年十一月吉辰　由己謹誌之

（金沢市立玉川図書館蔵『豊臣記』）

本史料傍線部について、【史料5】との異同個所はといえば、aでは秀吉は「河内国大坂」を居城に定めた、とするところであり、bについては、「三好孫七郎」とするところである。

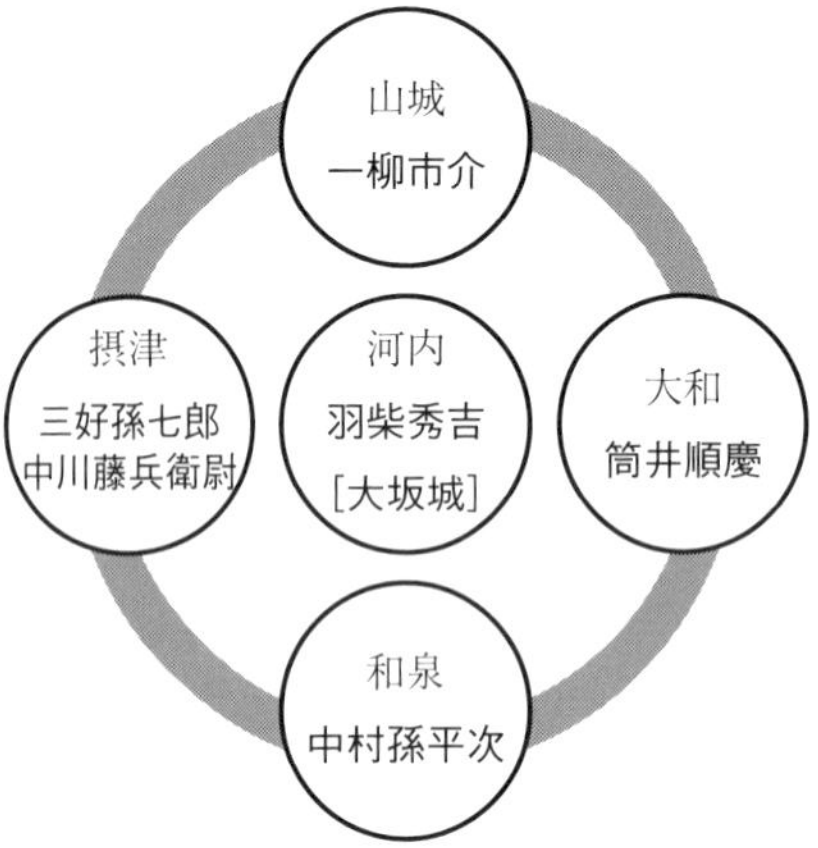

aについていえば、大坂はいうまでもなく摂津国にあるので、これは一見同書の瑕疵のようにもみえるが、このように設定することにより、図式的には五畿内の中央に位置する河内国大坂を中心にその四周を残りの四ヶ国の城主が囲むという整然とした配置ができあがることが注意される。またbについていえば、続群書類従本に比べて明らかに良質と評価できる。この諸将配置を図化すれば**図2**となろう（前田玄以は省略）。

この【史料6】の妥当性を検証するために、さらにその成立が慶長・元和頃まで遡る第一種古活字版『天正記』の「柴田退治記」[22]を取り上げてみたい。

図2　『豊臣記』所収「柴田退治記」による五畿内諸将配置図（著者作成）

【史料7】 第一種古活字版「柴田退治記」の一節[23]（ゴチック・傍線は引用者）

a 秀吉ハ**かはちの国**におひて城くハくをさため、かの地、五き内中ひろうして東ハやまと、西ハ摂津、南ハいすミ、北ハ山しろ、四方くハう大にして中に山かくあり。ふもとに大がまはりよと川のすゑやまと河なかれ相、其水則うミに入、大舩小舟ちやくかんする事、いく千万そうといふ事をしらす、へいあんしやうへ十余里、南ハへいろくにして天わう寺、住吉、さかいの津三里余、町てんや物つじこうじおたて続ゝき大坂の山下とする也、

b 五き内においてそとがまへとし、かの地の城ぬしを以てけいごとするものなり、かるか故に、やまと筒井じゅんけいい、いすみ中村孫平次、摂州三吉（ママ）孫七郎、いはらき中川藤兵衛尉、山城の間嶋（ママ）一柳市助、らく中洛外のせいはいする所のものはんむさい玄意（ママ）なり、（中略）

尓時天正十一年十一月吉日　　由己謹誌之

（国立公文書館蔵『天正記』第二）

この退治記は「柴田退治記」諸本のなかではもっとも成立時期の古い作品だが、ここでも【史料6】と同じく「かはちの国大坂」とし、「三吉（三好の誤り、以下の引用では三好とする）孫七郎」としていることに注意したい。これを図化すればやはり**図2**となろう。なお、「間嶋」は「槇嶋」の誤記である。

※

以上、秀吉の大坂城観・大坂観を示す史料を検討してきた。その結果、【史料2・3・4】からは、秀吉が先主信長と同じく、早くから大坂の持つ防衛上・地政学上、あるいは交通貿易上の価値に着目していること、そのため賤ヶ岳合戦の勝利によって信長の後継者としての地位を確立するといち早く大坂に築城の工を起し、本拠地とするといった状況が読み取れる。

さらに、『天正記』のひとつ「柴田退治記」の記事（【史料5】）からはもっと具体的に、遅くとも天正十一年十一月段階で秀吉が本拠地大坂を中心としその周囲に畿内四ヶ国の城主を配して大坂城を警固する体制を指向していることも読み取れるが、「柴田退治記」の諸本を検討した結果、【史料6・7】など成立時期の早い写本・刊本に「河内国大坂」とあることが確認できた。このことから、由己によって作られた未見の原本「柴田退治記」では大坂が河内国にあると設定したうえで、その四周に城主を配するものであったであろうことは間違いないものと思われる。【史料5】aでの大坂の四至にかかわる不可解な記述は、大坂城を河内国とすることに疑問を感じた『続群書類従』の編者が「摂津国大坂」と書き改めたために生じた錯誤であろう。

さてこの記述によって、極めて理念的にではあるが、秀吉が天正十一年段階で五畿内の中央に位置する河内国の大坂城を中心に、その四周の畿内四ヶ国を「外構え」（これは「惣構」と読み替えることができる）として大坂を警固するべき城主を配置するという一種の政治的・軍事的体制を志向していたことが明らかになったとすることができよう。【史料1】における林屋の著述の元となったのは明らかに、「柴田合戦記」のこの個所であったのだが、林屋は天正十一年段階の事象を指す「柴田合戦記」の記事を天正十三年の事象と読み替えていたこととなる。

そこで以下、この構想の意義を探るために、もっとも成立の早い【史料7】の第一種古活字版「柴田退治記」（以下、特に断らない限り、「柴田退治記」はこれを指す）に見える大名配置について、節を改めて検討していきたい。

第二節　「柴田退治記」から見た大坂城防衛構想

「柴田退治記」全体の構成を見ていくと、天正十年七月の山崎築城に始まって翌年二月の北伊勢攻め、四月の賤ヶ岳合戦とその論功行賞、八月一日発令の大規模な知行改め、そして【史料7】の引用個所を経て大坂城・城下町の造営に及んでいるが、そのうち知行改めの個所は、織田信雄の伊賀・伊勢・尾張から始まり、美濃、近江、越前、能登、加賀、若狭、丹後、丹波、播磨・但馬、因幡、伯耆、淡路、備前・美作、土佐の諸国と城主の名を挙げている。そして、それに続く形で、「秀吉は」として引用個所、すなわち大坂城のある河内国を中心に大和・和泉・摂津・山城とそこに配置された大名の名が列記されるのである。こうした文章構成から窺われるのは、伊賀以下の諸国と畿内五ヶ国との差別化が図られているということだろう。この時点で秀吉は、畿内と当時その力が及んだ諸国とを明確に区別し、そのうえで畿内四ヶ国を秀吉の本拠地たる河内国大坂の外構えとするという構想を表わしているのである。しかし、ではこの四ヶ国に配置された城主の顔触れはその任にあたるに相応しい者たちであったただろうか。以下、その点に留意しながらこの顔触れの配置時期について検討していきたい。

［和泉］

中村孫平次（一氏、?～一六〇〇）は秀吉子飼いの部将の一人で、秀吉が賤ヶ岳合戦直後にそれまで岸和田城将であった蜂屋頼隆を若狭に移してその後に据えた者である(24)。

このことについては、『中村一氏記』にも「其年（天正十一年）四月江州柳瀬表、志津カ嶽合戦柴田勝家切腹、其月中村式部少輔岸ノ和田城へ入城」とある(25)。四千石という石高からいえば(26)、岸和田城の城代的立場であったと考えられる。

［大和］

筒井順慶（一五四九～八四）は当時三十五歳。天正八年信長より大和の一職支配者とされ郡山城主となる（『信長公記』）。同十年の山崎合戦では、明智光秀から味方することを期待されながら、なかなか態度を明らかにせず、戦後その態度を秀吉に叱責される（『多聞院日記』）こととなるが、清須会議によってその所領は安堵された。同十二年八月十一日病没し、後は養子の定次が継いだ(27)。ここで順慶が、山崎合戦の態度にも現われているように信長によって明智光秀に付けられたその組下であったことに注意したい。

［摂津］

三好孫七郎（信吉、一五六八～九五）と中川藤兵衛尉（秀政、一五六八～九二）の名を挙げる。両名はともに、当時十六歳の若輩であった(28)。中川秀政は、賤ヶ岳合戦で討死した中川清秀の長男で、父の死後、秀吉から家督の継承を許され茨木城主となった。その年月日については、次の『中川氏御年譜』(29)によると天正十一年六月一日であったらしい。

【史料8】『中川氏御年譜』第二

天正十一年癸未　御年十六歳

一、日詳ナラス羽柴殿越前仕置相済ミ、帰洛ノ旨ニ付、石千代丸様及ヒ老職共ヲ召連レラレ、城州粟田口ニテ御待受ケ、羽柴殿御対面アリ、（中略）清秀公御遺領茨木十二万石御領知アルヘキ旨仰セ蒙ラル、（後略）

ここで石千代丸とは秀政のことであり、秀吉の帰洛は天正十一年六月一日のこと（『兼見卿記』同日条）であるから、まさにこの時に清秀遺領の安堵が申し渡されたのであろう。

一方、三好信吉については、信吉が当時、摂津のどこを領有していたのかは書かれていない。その理由については次のように考えられるのではないだろうか。

天正十年六月の清須会議によって、高槻城主の高山長房（右近）領（芥川郡・能勢郡の内）、茨木城主の中川秀政領（太田郡・豊島郡）を除く摂津の大部分は池田恒興父子が得た。ところが、翌年五月になると彼らは秀吉によって美濃へ移封され、それに伴って、恒興の女婿となっていた信吉が、それまで恒興の次男池田輝政（当時の名乗りは照政）が居た尼崎城に入ることとなった(30)。ただ、実はこの時、後述するように、信吉の養父三好康長が池田父子の跡を追うように美濃に追放されているので、本来ならば信吉は新たな三好家の当主として、康長の所領南河内

（居城は高屋城）に向かうべきであった。にもかかわらず、秀吉の河内直轄化の意向により、河内には向かわずに尼崎に留まって池田領を引き継ぐ形で摂津支配に携わったのであろう。こうした、この時点での信吉のいささか不安定な立場が、ここにその居城名を書くことができなかった理由だと考えられる[31]。

さて、こうした認識の下で今一度、【史料7】bの「摂州三吉孫七郎、いはらき中川藤兵衛尉」とある個所を検討してみると、まず従前の高山領、中川領を除くその大部分が三好信吉の支配するところとなった[32]ので、最初に「摂州三吉孫七郎」と記した。そして、その三好分を除く高山領と中川領を「たかつき高山右近亮、いはらき中川藤兵衛尉」とでもすべきところ、高山を割愛して「いはらき中川藤兵衛尉」とのみしたのだと考えられる。

ここで、高山を割愛した理由については定かではないが、次に掲げる史料にあるような事情も考えられるところであろう。

【史料9】『多聞院日記』天正十一年五月十六日条（括弧内は引用者）

（前略）摂州高ツキノ城高山厨（図）書筑前ヨリ人数取寄之云〻、今度柴田ハ（ト）一所ノ衆故也、瀬田ノ山岡モ逃散了云〻、当国衆モ少〻同心之衆在之、佐久間玄番（蕃）白状ト云〻、

これによると、高山図書（長房の父）は賤ヶ岳合戦後、戦後処理を行なっていた秀吉に柴田勝家への与同を疑われてその逆鱗に触れ、高槻城を囲まれていたことが分かる。実は、図書は天正六年、荒木村重に組したことから翌年十二月、信長によって柴田に預けられており（『信長公記』巻十二）、本能寺の変によって信長が亡くなるとようやく妻子とともに、長房が城主を務める高槻城に戻ってきていたのであった[33]。ところがこの時、勝家の甥である佐久間盛政の自白によって図書の内通が疑われ、高槻城を囲まれるに至ったのである。結果的には大過なく済んだようであるが、こうした事情により、この時点では高山氏そのものの処遇が未定であったことが疑われるのである。

［山城］

一柳市助（直末、一五四六―九〇）は当時三十八歳。秀吉生え抜きの家人であるが、天正十一年当時のその立場については、岩沢愿彦の研究[34]によって天正十一年五月二十五日、それまで槇島城将であった浅野長吉が瀬田城に移った際（『多聞院日記』同日条）、その後任となったことが分かる。岩沢は、一柳が加増されたうち山城三千五百石は、前任者の浅野が十年十月に秀吉から与えられた山城三千石余（天正十年十月十九日秀吉知行宛行状『浅野家文書』）であるとした。従うべきであろう。

ただし、一柳の所領高は六千二百石に過ぎなかった[35]から、中村と同様代官的立場だったと思われる。

［河内］

清須会議で秀吉が得たのは「山城一円・丹波一円コレハチクセンカ弟ノ小七郎へ・西ノ岡勝龍寺以下河内ニテ東ノ山ノねき」であった（『多聞院日記』天正十年七月七日条）。この内、丹波一円は小七郎（小一郎の誤り）ではなく養子の羽柴秀勝が獲得したのであるが、ここで気になるのは「河内ニテ東ノ山ノねき」とある個所である。わざわざ河内国の「東ノ山ノねき」と断っているのであるからこの時秀吉が得たのは河内一国ではないことが分かる。

イエズス会『日本年報附録』によれば、織田信長は河内国南部を三好康長に、中・北部を若江三人衆（多羅尾右近・池田教正・野間佐吉）に与えていた[36]が、河内国はその中・北部の西寄り部分を大きな沼沢地が占めているから、「東ノ山ノねき」という表現からはその東部すなわち生駒山の西麓地域のことを指すものと考えられる。つまり、清須会議によって秀吉が手に入れたのは河内国中・北部の生駒山麓部分のみであって、依然として南部は三好康長が、中・北部の平野部は若江三人衆が支配していたのである。秀吉にとってこうした状況が改善されるのは、賤ヶ岳合戦後のことであった。

先の『日本年報附録』によると、三好康長を美濃の池田恒興（十一年五月二十五日移封）のもとに追いやっており、また若江三人衆もこれを追放しているが、そのひとり池田教正は池田恒興の家臣であった[37]から結局、康長を含む彼らすべてが池田の移封と同時に美濃へ移された可能性が高いように思われる。その結果、天正十年六月末段階では河内の一部を得たに過ぎなかった秀吉が、賤ヶ岳合戦の翌月に河内全域を掌握するに至ったものであろう。

※

以上の検討によって、「柴田退治記」で言われている畿内四ヶ国の城主による大規模な大坂城防衛の体制は、中川秀政の襲封、中村一氏の岸和田・一柳直末の槙島入部、あるいは秀吉の河内掌握などがなされたと思しき天正十一年五月頃に構想されたと考えられることとなった。このことは、前月に戦われた賤ヶ岳合戦に勝利したことによって摂河泉の大半が実質的に秀吉の手に入る状況に立ち至ったことが前提となっていることは言うまでもない。とすれば、林屋は五畿内城主をもって大坂城の外構え（＝「惣構」）とする配置の成立を小牧長久手合戦の和睦以降とする（【史料1】）が、その構想そのものはそれ以前の天正十一年五月時点ですでに秀吉によって志向されていたとするべきであろう。

そして、この見解が認められるならば、まさにこの五月に秀吉が賤ヶ岳合戦の戦後処理を行なっていた近江坂本から前田利家の息女摩阿に宛てた自筆書状[38]のなかで、大坂城を受け取り、そこを軍事的拠点として諸国の城破りを行なう、すなわち天下統一事業に着手するつもりだと主張している次の史料（【史料10】）と合わせて考えるべきもの、つまり、秀吉の大坂入手・天下静謐構想と畿内の諸城主による大坂城の防衛構想の理念は一体のものであったことが、ほかならぬ秀吉自身の意志として確認しうるのである。

【史料10】（天正十一年五月）摩阿宛羽柴秀吉自筆書状（括弧内は引用者）

（尚書略）

いそき其方へまつ〳〵参可申候へとも、さかもとニ居申候て、大ミ（近江）うちのちきやうあらためさせ、又ハしろともわらせ申候て、こゝもとひまをあけ候ハヽ、大さかをうけとり候て、人数いれおき、くに〳〵のし

ろわり候て、これいこむほうなきやう二いたし申候て、五十ねんもくに〱しつまり候よう二申つけ候、かしく、

まいる　御返事
ま阿
より
ちくせん
（『豊臣秀吉文書集』一、866号文書）

すなわち、こうして出来上がった畿内四ヶ国城主による大坂城の防衛の構想（図2）は、天下統一を見据えた五畿内支配の構想でもあったといえるだろう。これを、筆者は取りあえず「柴田退治記」中の語を借りて、大坂城―五畿内外構えの構想と仮称したい。このように、天正十一年五月という時点で、極めて理念的ではあるが、秀吉が河内国の大坂城を中心に、残る四ヶ国の城主によってその四周を固めるという一種の軍事的・政治的構造体を作り上げ、それを中核として天下統一事業を推し進めようとしていたことが確認できるのである。

ただし、ではこれがその完成形態であったのかといえば、その顔触れはいかにも不審である。というのも、林屋のいうように、筒井・中川はもともと秀吉の同僚家であり、「相対的配慮」が必要であった。また、中川も三好もこの年いずれも弱冠十六歳に過ぎないし、中村・一柳はいずれも秀吉子飼いの臣であり、相応の年齢に達していたと思われるが、いずれも知行高少なく代官的存在にすぎなかった。

従って、この時点での大坂城―五畿内外構え構想はあくまで暫定的なものであり、秀吉はやがてこの体制を止揚し、自身にとってあるべき体制を目指さざるを得なかった。そういう意味で林屋が、この体制を天正十一年ではなく、小牧長久手合戦後のこととしたのにもそれなりの理由があったというべきであろう。その時期は、結論を先取りしていえば、秀吉が小牧長久手合戦を乗り切り、関白に就任した天正十三年七月の前後から実施される畿内とその近国における大規模な配置換えであったと思われる。

そこで以下、節を改めてこの時期の諸大名移封の様相を見ていきたい。

第三節　大坂城を中心とする五畿内支配構想の完成

天正十二年三月以来、織田信雄・徳川家康との小牧長久手合戦に明け暮れていた秀吉は、同年十一月和睦にこぎつけ、後顧の憂いを断つに至ったが、それを踏まえて翌十三年に入ると上記体制の改変に着手する。以下にこの時期の五畿内における大名配置換えの様相を見ていくこととしたい。

［和泉］

天正十三年五月、紀伊とともに弟の秀長に与える。

【史料11】（天正十三年）五月十一日付溝江長氏宛羽柴秀長書状（猶書は省略）

御状拝見候、如仰紀州・泉州拝領候、為御祝儀判帋送給候、令祝着候、如仰越前守殿（丹羽長秀のこと―引用者）事不及是非候、（以下略）

（天正十三年）
五月十一日　　美濃守
　　　　　　　　秀長（花押）

溝江近江守殿
　　　返報

（早稲田大学図書館所蔵文書）

これに伴い、岸和田の中村一氏は近江へ転封（『貝塚御座所日記』天正十三年五月八日条）された。秀長は和歌山城に入り築城工事に専念したようで、岸和田城には桑山重晴が城代として入ったが、次項で見るように閏八月に秀長が大和を賜って郡山城に入るに及んで、岸和田には小出秀政が城代として入り、桑山は和歌山城代に移ったと見られる。

さてこの二ヶ月後の七月十一日、秀吉は関白に就任して新たに関白政権を発足させるに至るが、その後間もない閏八月、以下に見るような畿内と近国の大規模な国替えを実施している。

【史料12】『貝塚御座所日記』天正十三年九月（三日頃）条（括弧内は引用者）

一、今朝早々より、秀吉和州へ御越也。此中、国わけ、国がへ以下有之。和州之筒井（筒井定次）伊賀国へ被遣。和州へ（ハ）美濃守殿（羽柴秀長）へ被遣之。高山右近播州明石へ。羽柴左衛門督殿（堀秀政）江州佐保山（佐和山）を被退、越前国ニテ三十万石被遣之。中川藤兵衛（秀政）播州三木へ。江州一ヶ国南北次兵衛殿（羽柴秀次）へ被遣之。

（『真宗史料集成』第三巻）

［大和］

天正十三年閏八月、秀長に与え郡山城主とする。これに伴い筒井定次は伊賀へ転封された。なお、宇陀郡では、秀長の入部とともに筒井系の大名を伊賀に転出させ、替わって秀長家臣の伊藤嘉之が松山城に入っている。(39)

［摂津］

天正十三年閏八月、秀吉は高槻の高山長房を明石、茨木の中川秀政を三木へ移した。その結果、織田政権下での同僚大名はすべて排除され、茨木・高槻は秀吉の直領となった。高槻には羽柴秀勝（小吉）が入り、(40)茨木には安威了佐が代官として入った。(41)また同じ頃、これまで尼崎城に居た羽柴秀次を近江に移し、直轄化しているが、(42)こうした一連の事態について「四国御発向幷北国御動座記」（『天正記』の一）に「摂州下賜昵近衆」とあることをもって、摂津国が直臣団に与えられたとするような理解は誤りで、秀吉による大坂支配、あるいは高槻・茨木・尼崎などの直轄化を前提に、その周辺部分を彼ら「昵近衆」が与えられた状況を読み取るべきである。すなわち、能勢郡一式

表　天正13年9月に摂津国内で所領を得た秀吉家臣

人名	郡名			備考	出典※
	能勢郡	太田郡	豊嶋郡		
脇坂甚内（安治）	一職8500石	宿村1450石余		合1万石。目録別紙	1607号
加藤孫六（嘉明）		味舌村内2045石		江州知行替地	1602号
早崎小伝次		吉志部村内1000石			1604号
河尻与四郎（秀長）		太田郡の内3120石		江州替地。目録別紙	1603号
猪子次左衛門尉（一時）		粟生内1000石			1598号
猪子太郎八（一日）		粟生内322石			1599号
大嶋雲八（光義）		穂積村1211石	椋橋村2184石5斗 洲至到止村135石	合3535石	1600号
舟越五郎右衛門（景直）			原田村300石	加増	1605号
伊東甚太郎（長実）			止々呂美232石	江州替地	1609号
賀藤虎介（清正）			萱野村1839石	替地	1601号
水野藤十郎（勝茂）			神田728石		1606号

※出典は、名古屋市博物館編『豊臣秀吉文書集』二（天正12年～13年）。

八千五百石を与えられた脇坂安治のほかは、彼らの多くは中川秀政から引き継ぐ形[43]で太田・豊島両郡内で小規模な所領を与えられたに過ぎなかった（**表**）。

［山城］

清須会議直後からの秀吉領国である。これまで瀬田城主兼槇島城将であった一柳直末は、十三年九月に美濃大垣城に転出している[44]。その後の槇島城の管理者は明らかでなく、この時に廃城となった可能性も考えられる[45]。とすれば、翌年二月に着工する聚楽第を以てその後継と目した可能性も考えるべきであろう。

［河内］

天正十一年五月以降、全面的に秀吉の領国となった。十二年十一月段階では秀吉蔵入地と小規模な給人所領とからなっている様子が看取される[46]。

※

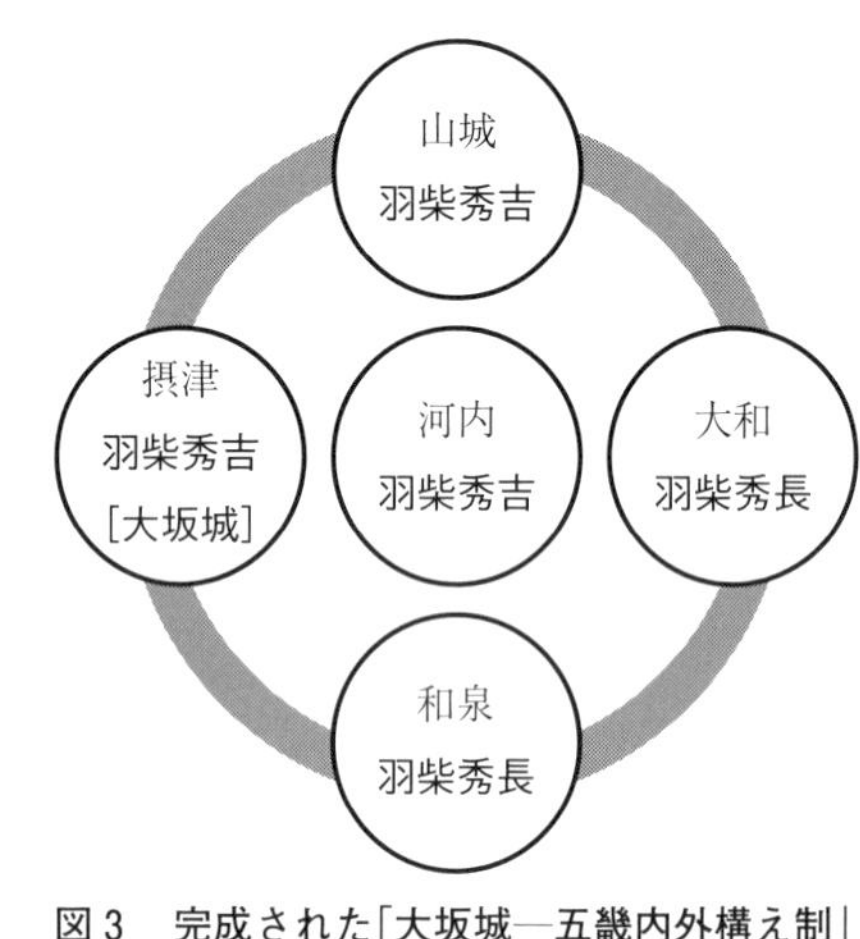

図3　完成された「大坂城―五畿内外構え制」（著者作成）

以上の移封の結果、畿内五ヶ国はことごとく秀吉・秀長兄弟の領国となった状況が読み取れるのであって、ここに、秀吉の五畿内支配構想は完成したといえるだろう。天正十一年十一月に表明した大坂城―五畿内外構え構想の最終目的は実にここにあったのである。この状況を図示すれば**図3**のようになる。

ところでこの時、さらに畿内に隣接する諸国において次のような大規模な移封があったことにも注意しておきたい。

［近江］

閏八月二十二日、羽柴秀次に「江州一ヶ国」四十三万石を与え、新たに近江八幡城主とした。この破格の扱いはおそらく、この時点で実子のいなかった秀吉が、いわば羽柴本宗家の後継者として取り立てたものであったと考えられる。ただし、次掲【史料13】により本人分は二十万石で、宿老分が二十三万石あったことが分かる。(47)

【史料13】（天正十三年）閏八月二十二日付羽柴秀次宛羽柴秀吉書状

於江州所々、自分弐拾万石、幷其方相付候宿老共当知行、弐拾参万石相加、目録別紙在之、都合四拾三万石宛行畢、相守此旨、国々政道以下堅可申付者也、

（天正十三年）
閏八月廿二日　（秀吉花押）

羽柴孫七郎殿

（『豊臣秀吉文書集』二、1582号文書）

これに伴って、佐和山城主であった堀秀政は越前北ノ庄へ移された（【史料11】）が、これも大和・摂津の場合と

同じ側面を持つものとすべきであろう。
なお、同年九月四日、近江瀬田城主の一柳直末を美濃大垣城に移し、後には甥の羽柴秀勝（小吉）を入れている[48]。

［丹波］

清須会議の結果、秀吉の養子羽柴秀勝（於次）が亀山城主として入部。天正十三年十二月、秀勝が病死すると、ただちに甥の秀勝（小吉）を亀山城主とした。

［播磨］

天正八年二月に信長から与えられて以来の秀吉領国である[49]。清須会議によって近江北郡を手離した秀吉にとっては天正十一年六月頃までその本国であったが、兄の後を継いで姫路城主となった秀長が十三年五月、和泉・紀伊二国の国主となるに及んで、姫路には北政所の兄木下家定が入った。この時、南北朝期以来播磨の名族であった赤松氏が播磨から阿波や但馬に移されている[50]。

以上、天正十三年に行なわれた畿内・近国の転封状況を見てきた。この配置転換はいささか複雑な様相を呈しているが、この措置によってそれまで畿内に城郭を構えていた諸将はすべて畿外に出され、畿内五ヶ国の悉くが基本的に秀吉・秀長兄弟の領する国々となったことは明らかであろう。すなわち、天正十三年閏八月に行なわれた畿内と近国における大規模な所領替えの意図は、第一義的には関白政権樹立を契機とする秀吉・秀長兄弟による五畿内掌握にあったとみなすことができると思われる。

※

ここで筆者は、これまでの検討を踏まえ、この大坂を中心にする五畿内支配の構想・体制を「柴田退治記」の記述をもとに、改めて「大坂城―五畿内外構え制」と呼ぶこととしたい。秀吉は、自らの本城たる大坂城を中心にそれを警固する体制として、河内国を中心とする同心円状に諸将を配置する体制を目指していた。これは、上述のように極めて理念的な構想ではあったが、それだけに明確な指向性を持っていたといえる。そしてこれまでの分析によればそれには次の二段階があった。

・第一次「大坂城―五畿内外構え制」＝天正十一年五月に設定されたもの。
・第二次「大坂城―五畿内外構え制」＝天正十三年五〜閏八月に設定されたもの。

ここでいう第一次段階では、摂河泉の大半を手に入れたとはいえ、実際には在来の大名をそのまま安堵せざるを得ない側面も濃厚に残されていたのであったが、第二次段階では関白任官を背景として秀吉兄弟によって五畿内の領国支配権を独占すると言う専制性をはっきり打ち出し得たというべきであろう。さらにこの第二次段階の顕著な傾向として、畿内に接する近江・紀伊・丹波・播磨も豊臣一門を中心に据えた支配体制が敷かれるようになったことを指摘したい。というのも、このことから秀吉の構想が大坂城を中心とする重層的な同心円的構造を指向していたこととなるからである。すなわち、この段階になると、内圏ともいうべき秀吉・秀長兄弟の領国五畿内、そしてそれを取り巻く外圏に羽柴一門衆を中心に配した近江以下の諸国といった二重構造を取っている様子が明瞭に窺われるのである。そしてこれを第一次段階における大名配置と比較すれば、これが、秀吉がなかば露骨に進めてきた大坂城を中心とし畿内四ヶ国の城主をもってその外構えとなす畿内・近国支配体制の完成形態であったとの評価を下しうるものと考える。そのことは何よりもこの後、秀吉が基本的にこの体制を維持したまま、天正十八年の小田原攻め・奥州平定を果たして全国制覇を完成させることとなることにも端的に表われていよう[51]。

なお、このことについて藤田達生は近年、天正十三年春の紀州攻めについて考察するなかで同年閏八月に行なわれた知行改めについて論じ、この「国替の結果、摂津に直臣団を配し、河内は直轄領とし、播磨の過半は近習に、和泉・紀伊・大和には弟秀長、近江に養子の秀次、丹波に養子の秀勝という一門大名を配置した。これを中核として、周辺に直臣大名、外縁部に服属大名という見事な同心円編成となっている」とした[52]。

この見解は一見、本稿での結論と同じようだが、秀吉の明確な指向としての「大坂城—五畿内外構え制」という観点を欠落している点が異なっている。つまり、「摂津に直臣団を配し」と述べただけでは、秀吉本拠地としての大坂の存在意義が不明であるし、「見事な同心円編成」といっても、そこに秀吉・秀長兄弟による五畿内支配と豊臣一門を中心とした隣接諸国支配にという二重の同心円構造が存在したことを認識しなければ、この時の秀吉の知行改めの歴史的意義を正しく把握したことにはならないと思う。

おわりに

これまで、豊臣政権が全国支配を進めるうえで東国や西国の諸国に対して如何なる構想をもって臨もうとしたのかという課題は、いわゆる「惣無事令」論を中心に論じられてきたが、それに対して、この政権の政治的・軍事的基盤である摂津大坂を中心とした五畿内について、秀吉が如何なる支配構想をもって臨もうとしていたのかという側面からの研究はほとんど無かったといってよい。

そうしたなか、本章では、秀吉側近の手になる「柴田退治記」の検討を軸に、五畿内とその周辺諸国における領主層の変遷を逐一たどってきた。その結果、秀吉は賤ヶ岳合戦直後の天正十一年五月頃には、近くその居城として修築する予定の大坂城を中心とした五畿内支配構想とでも称しうる構想（第一次「大坂城—五畿内外構え制」）を抱いて、自己の軍事的政治的基礎を固めようとしていたことが分かってきた。ただ、それはこの時点における秀吉の立場上の限界性からくるあくまで暫定的・将来構想的なものであって、天正十二年秋に小牧長久手合戦の講和を勝ち取った秀吉が、十三年の関白任官前後からその再編成に着手し、同年閏八月の大規模な諸大名の転封することによって、秀吉・秀長兄弟による畿内掌握を完成させえたことでようやく実現するにいたった（第二次「大坂城—五畿内外構え制」）ことも明らかとなった。またこの時秀吉はさらに、弟秀長と分有する五畿内諸国を内圏、その周辺諸国を主として血族・姻族の羽柴一門が支配する外圏とでも称すべき、いわば二重の同心円的支配を構想していたことも分かってきた。そして秀吉は、この大坂城を核とした同心円的支配体制を基本的に保持したまま、天正十五年の島津攻め、十八年の小田原攻めを敢行して全国制覇を成し遂げたのである。

このように、秀吉は天正十一年五月時点から、一貫してその本城たる大坂城を取巻く五畿内と近国諸国の「羽柴／豊臣一門化」を進めるべく目論んできたのであったが、その発想の基盤を占めるのが『天正記』の一つ「柴田退治記」に表出された「大坂城―五畿内外構え」構想とでもいうべき発想にあったのである。秀吉は、この構想をいわば政権のバックボーンとしながら東国・北国・西国など各方面の征圧事業に奔走したのであるから、そうした意味でこの「大坂城―五畿内外構え制」こそは、秀吉が天下統一事業を推し進めるうえでのもっとも中核とも言うべき政権構想であったと結論付けられるであろう。

そして、秀吉が天下統一を成し遂げたその翌年（天正十九）一月に弟の豊臣秀長が病没したことによって、「大坂城―五畿内外構え制」の一角が崩れていかざるを得なかったこと[53]、さらに同年末に自らが関白に据えた秀次との確執がその後深刻化していったこと等を踏まえるならば、文禄三年二月、大坂や伏見など個別の城郭・都市で完結する「惣構」の構築に着手した[54]ということは、当初の大坂を核として畿内諸国をその「外構え＝惣構」とする壮大な構想が、もはや現実的では無いと判断した秀吉がたどり着いた新たな構想であったといえよう。

注

（1）　藤木久志「「関東・奥両国惣無事」令について」（杉山博先生還暦記念会編『戦国の兵士と農民』角川書店、一九七八年）。

（2）同著『豊臣平和令と戦国社会』東京大学出版会、一九八五年。
（3）藤井譲治「「物無事」はあれど「物無事令」はなし」（史学研究会『史林』93巻3号、二〇一〇年）。
（4）矢野健太郎「東国「惣無事」政策の展開と家康・景勝―「私戦」の禁止と「公戦」の遂行―」（『日本史研究』509号、二〇〇五年）。
（5）竹井英文「織豊政権の東国統一過程―「惣無事令」論を越えて―」（『日本史研究』585号、二〇一一年）。同著『織豊政権と東国社会』吉川弘文館、二〇一二年。
（6）尾下成敏「天正十年代初頭の羽柴秀吉の東国政策をめぐって―秀吉・家康の『惣無事』を中心に―」（『史林』92―5、二〇〇九年）。
（7）藤田達生「豊臣期国分に関する一考察―四国国分を中心に―」（『日本史研究』342号、一九九一年）、「豊臣政権と国分」（『歴史学研究』648号、一九九三年）、「豊臣政権と天皇制―九州国分から聚楽行幸へ―」（『歴史学研究』667号、一九九五年）（いずれも同著『日本近世国家成立史の研究』（校倉書房、二〇〇一年）に「豊臣国分論（一）・（二）・（三）」として収録）。
（8）尾下成敏「九州停戦命令をめぐる政治過程―豊臣「惣無事令」の再検討―」（『史林』93―1、二〇一〇年）。
（9）林屋辰三郎著『日本の歴史12　天下一統』中央公論社、一九六六年。
（10）『貝塚御座所日記』天正十三年九月（三日頃）条（本章150頁【史料12】）による。
（11）山城を京都奉行の前田玄以に与えた、あるいは小牧長久手合戦後に丹波を於次秀勝に与えたとすること。
（12）天正年間の豊臣秀吉は、自己の戦勝や家族の慶事について、それが成就した直後に御伽衆で漢学者の大村由己に命じてその記録を作らせている。これまで播磨別所記、明智退治記、柴田退治記、紀州御発向記、四国御発向并北国御動座記、関白任官記、聚楽行幸記、小田原御陣、西国御征伐記（散逸）、大政所平癒記（散逸）、金賦之記（散逸）、若君御誕生記（散逸）の十二編の存在が知られ、八編の本文が残されているが、そのうち「小田原御陣」を除く七編は『群書類従』・『続群書類従』、あるいは『史籍集覧』に収録されており、近年、残る「小田原御陣」も含めた現存八編すべてが桑田忠親による読み下し文として刊行された（桑田忠親校注『太閤史料集』人物往来社、一九六五年）。

なお、これら記録の総称としての『天正記』の名は『言経卿記』天正十四年九月十九日条に初出する（従って、この時点での『天正記』を構成していたのは、播磨別所、明智退治、柴田退治、紀州発向、四国発向并北国動座、関白任官の六本であったこととなる）。

ところで慶長・元和年間になると、これらを漢字仮名交じり文に読み下した刊本『天正記』が現われるが、こちらの概要については、後掲注(22)を参照されたい。

いずれにしろ、これらは編纂物とはいえその成立がそれぞれの事件直後と考えられるところから、一定の信憑性が与えられている史料である。

(13) 岡本良一著『大坂城』岩波書店、一九七〇年。

(14) 藤田注(7)前掲論文「豊臣政権と国分」（『歴史学研究』648号、一九九三年）。なお、藤田は二〇一三年にさらにこの議論を進めているが、それについては後述する。

(15) 著者編著『よみがえる茨木城』（清文堂、二〇〇七年）に収録。なお、これは二〇〇五年十一月に茨木市・茨木市教育委員会主催で行なわれたシンポジウム『よみがえれ幻の茨木城』で行なった基調講演を元にまとめたものである。

(16) 本書は、田中吉政の家臣川角三郎右衛門の著作で、元和七年（一六二一）～同九年の成立で、実録体を取り、小瀬甫庵の『太閤記』より信憑性は高いとされる。

(17) 名古屋市博物館編『豊臣秀吉文書集』一、吉川弘文館、二〇一五年。

(18) なお、次掲の【史料4】「柴田退治記」を読むと、『信長公記』巻十三（天正八年条）に出てくる「抑も大坂は日本一の境地なり」で始まる大坂称揚の一文もが想起されるのではないだろうか。これも信長の側近であった太田牛一によって草されたもので、いわば信長の大坂観を代弁している文章であるが、これによって長期間にわたる合戦によってでも本願寺から大坂をとりあげようとした理由、すなわち大坂の持つ地政学上・あるいは貿易上の利点に信長が着目していたことを知ることができる。さすがに慧眼というべきであるが、とすれば、【史料2】で秀吉が大坂を指して「上様の御跡御次可被成天下人」に渡すべきと述べているのも、こうした信長の抱いていた大坂に対する価値意識を秀吉が継承していたからであると見るべきかもしれない。

(19) 後掲史料との比較の便のため、桑田忠親が『続群書類従』所収本を読み下した「柴田退治記」（注(12)前掲桑田校注本）を掲げる。

(20) 藤田恒春著『豊臣秀次』吉川弘文館、二〇一五年。

(21) 本書は外題『豊臣記』の脇に「由己日記」とあるように、大村由己『天正記』の写本で、「播州御征伐之事」・「惟任退治記」・「柴田退治記」・「紀州御発向之事」・「四国御発向并北国御動座事」・「任官之事」の六本を収める。ただし、「柴田退治記」には表題が付されていないため便宜、続群書類従本により仮称した。

(22) 本書は、『天正記』のうち「明智退治記」・「柴田退治記」・「紀州御発向記」・「四国御発向并北国御動座記」・「関白任官記」（表題は「御官慶」）・「聚楽第行幸記」の六編に太田牛一著『たいかうさまくんきのうち』の抄録したもの等を加えて（第七・八・九）、九巻三冊とした刊本『天正記』のうちの一書で、その第二に相当する。最古の刊本『天正記』は、川瀬一馬によって慶長元和古活字版（第一種）とされるもので、次いで元和古活字版（第二種）、元和寛永古活字版（第三種）などがあり、その後さらに整版の『天正記』として承応三年（一六五四）・寛文二年（一六六二）版などが刊行され続けた（川瀬一馬著『増補　古活字版の研究』上・中・下、ＡＢＡＪ（日本古書籍商協会）、一九六七年）。したがって、由己執筆にかかる原本が知られていない現在、成立年代がもっとも早いと認めるべき「柴田退治記」は、慶長元和年間の成立とされるこの第一種古活字版ということになる。第一種『天正記』は国立公文書館内閣文庫に所蔵されるほか、栗田元次氏旧蔵本がある由（『国書総目録』）である。

(23) 「天正記を読む会」による翻刻「〈史料紹介〉国立公文書館所蔵　古活字版『天正記』第二」（龍谷大学国史学研究会編『国史学研究』30号、二〇〇九年所収）による。

(24) 高木昭作監修・谷口克広著『織田信長家臣人名辞典』吉川弘文館、一九九六年。

(25) ただし、四月中はあり得ない。秀吉が北陸から長浜に凱旋したのが五月五日、坂本で戦後処理を始めるのは十一日のことである。

(26) 福山昭「豊臣秀吉と岸和田地方」（『岸和田市史』第3巻、岸和田市、二〇〇〇年）。なお、本書第八章注(26)も参照されたい。

(27) 谷口注(24)前掲書。

(28) 三好孫七郎の生年については異説もあるが、ここでは高柳光壽・松平年一著『増訂　戦国人名辞典』(吉川弘文館、一九七三年)によった。

(29) 竹田市教育委員会編『中川氏御年譜』竹田市、二〇〇七年。

(30) 『尼崎市史』は、天正十一年五月の池田恒興父子の美濃移封に伴って、「婿の盟約」を結んでいた信吉が尼崎を領したと記す(『尼崎市史』第二巻、尼崎市役所、一九六八年)。

(31) なお、この問題についての詳しい検討は、本書補論1「天正十〜十三年における三好信吉(豊臣秀次)の動向について」で行なっている。

(32) ここで、高山領・中川領を除く摂津の大部分が信吉の領するところとなったというのは、秀吉の元でという意味である。おそらく、代官的な立場だったと思われる。なお、大坂城が所在する欠郡(東生・西成・住吉の三郡)は秀吉の直轄するところであった。

(33) 松田毅一・川崎桃太訳『フロイス　日本史』5、五十八章(中央公論社、一九七八年)。

(34) 岩沢愿彦「山城・近江における豊臣氏の蔵入地について」(『歴史学研究』288号、一九六四年。のち『論集日本歴史6　織豊政権』有精堂、一九七四年に収録)。

(35) 天正十一年八月朔日付一柳直末宛羽柴秀吉知行宛行状写(小野市立好古館編『播州小野藩一柳家史料　由緒書』小野市、一九九九年)。

(36) 一五八四年一月二十日(天正十一年十二月十八日)付フロイスよりインド地方長ヴァリニャーノ宛書簡(『十六・七世紀イエズス会日本報告集』第Ⅲ期第6巻(同朋社出版、一九九一年))には次のようにある。

河内国は信長によって二分され、国の半分は山城笑巌殿に与えられ、さらに半分は若江の三人の武将に与えられていた。羽柴は笑巌に美濃国に赴いて、信長の義兄弟の許にいることを命じ、やがて時が来れば召還する旨を伝えさせた。このようにして河内国をそっくり我が物とし、(以下略)

ここで、山城笑巌は三好康長のこと、信長の義兄弟とは池田恒興のことである。
(37) 注(28)前掲書による。
(38) 本状には、日付が一切ないのであるが、記事の内容から見て賤ヶ岳合戦後の十一年五月十一日から晦日まで坂本に居た秀吉が認めた書状であることは間違いないと思われる。
(39) 大宇陀町教育委員会編『宇陀松山城（秋山城）跡（遺構編）』（『大宇陀町文化財調査報告書』第5集、大宇陀町教育委員会、二〇〇二年）。
(40) 高槻市史編さん委員会編『高槻市史』第一巻本編1（高槻市役所、一九七七年）。
(41) 茨木市史編纂委員会『茨木市史』（茨木市、一九七八年）。
(42) 『建部家系図』「高光　与八郎秀栄号寿徳」に「信長死去ノ後秀吉ニ仕へ若狭一国ノ郡代職ヲ蒙リ小浜ノ城ニ居住仕候、其後摂津尼ケ崎近辺ニテ三万石余ノ代官被申付、尼ケ崎城ニ移住仕候、天正十四年十二月秀吉三十余国ノ兵二十余万ヲ招キ集メラレ候節、小西隆佐ト粮米・馬蒭ノ事ヲ被申付候」（『尼崎市史』第五巻、一九七四年）とあり、秀次の近江転封後、建部高光が代官として尼崎に入部したと思われる。
(43) 秀吉はこの時、中川秀政に対して豊島・太田両郡の新たな給人に渡すべき在所付の帳面を政権側へ引き渡すように求めている。

　　尚以帳面ハ此方へ上帳候間、郡々在所案内者可相越候、以上、
態申遣候、豊島・太田両郡ニ給人付候間、然者郡々在所付引可渡候之条、両郡之案内者早々可相越候、無由断継夜日可差越候也、
（天正十二年）
　九月二日　（朱印）
　　中川藤兵衛とのへ
（『豊臣秀吉文書集』二、1611号文書）
(44) 『豊臣秀吉文書集』二に収める（天正十三年）九月四日付一柳直末宛秀吉朱印状（1615号文書）には次のようにある。
態申遣候、大柿之城其方へ申付候間、早々大柿へ相越、城可請取申候、（中略）然者勢田之城小吉ニ遣候間、可相渡候、（中略）

（天正十二年）
九月四日　（朱印）
一柳市介殿

(45) 豊臣期槙島城の様相については、城郭研究書、自治体史などもほとんど語るところがない。『日本城郭大系』第十一巻（新人物往来社、一九八〇年）には天正十一年に秀吉が一柳直末を封じて守らせたと記すのみであるが、『宇治市史』2（宇治市、一九七四年）ではそもそも豊臣期の槙島城については一切言及がない。

(46) 朝尾直弘「天正十二年の羽柴秀吉検地」（北西弘教授還暦記念論文集『中世社会と一向一揆』吉川弘文館、一九八五年。後、朝尾著『将軍権力の創出』岩波書店、一九九四年に収録）。

(47) 秀次に付けられた宿老は、田中吉政・中村一氏・堀尾吉晴・山内一豊・一柳直末の五名であった。とすれば、中村がこの年五月に岸和田から水口に移されたのもあらかじめ秀次の宿老とする前提であったことになろう。

(48) ただし、同年末まで羽柴秀勝（小吉）が高槻代官であったことを示す史料がある（『高槻市史』第一巻）ので、兼任したと思われる。また、後述のように同年末には丹波亀山城主となっているが、その後も高槻代官を続けたのかどうかは不明である。

(49) 谷口注(24)前掲書。

(50) 第一章第一節「2秀吉の姫路城」（姫路市史編集専門委員会編『姫路市史』第十四巻別編姫路城、姫路市、一九八八年）。

(51) この間、五畿内とその近国における顕著な城主の移動は認められない。

(52) 藤田達生「太田城水攻めと豊臣国分」（『ヒストリア』240号、二〇一三年）。なお藤田は、二〇一七年の論考「天下統一論―停戦令・国分・仕置の視点から―」（織豊期研究会編『織豊期研究の現在〈いま〉』岩田書院、二〇一七年）においても、天正十三年閏八月の国替えについての表（表5）のなかで、大和・和泉は羽柴秀長領、河内は秀吉直轄領とする一方で、摂津は「昵近衆」に与えられたとし、「脇坂安治・加藤嘉明・大島光義・加藤清正・水野勝茂・猪子一時などの旗本衆への所領宛行・替地あり」と記すだけである。そこには摂津の枢要地（大坂・高槻・茨木・尼崎など）が秀吉直轄地であった、もしくは新たにそうなったことへの評価が見られない。

(53) 秀長没後、大和はその養子となっていた姉ともの三男秀保（秀長の甥）に与えられるが、和泉についてはいったん政権によって収公され、文禄四年にそれまで岸和田城代であった小出秀政が城主となった可能性がある（福山注(26)前掲論文および本書第八章注(26)）。
(54) この問題については、本書第五章を参照されたい。

補論1　天正十〜十三年における三好信吉（豊臣秀次）の動向について

はじめに

豊臣秀次は、叔父秀吉の政権構想のなかに重要な位置を占める存在として、天正十九年（一五九一）十二月には関白に任ぜられて政権の後継者となったかに見えながら、最終的にはそれに翻弄される形で生涯を閉じることとなるという、まさに栄光と挫折の両面を生きた武将である。したがって、秀次の生涯を丹念に探ることは、秀吉による政権構想の一端を探るうえで大変重要な仕事であることは衆目の一致するところであろう。

近年、藤田恒春が著わした『豊臣秀次の研究』(1)は、そうした意味で豊臣時代史研究のなかで大変大きな意味を持つ業績だと評価できる。ただ藤田は、自らも述べているように、天正十三年閏八月に近江の八幡山城主に封じられて以降の秀次の動向に焦点を充てて検討を加えており、それ以前の動向については意識的に触れていないのも事実である。これは、天正十三年以前の秀次の動向を知るうえでの良質な史料に恵まれないことに起因している面があるのは当然であろう。

とはいうものの、本能寺の変から秀吉の関白任官に至る数年間は、秀吉の天下統一過程のなかでもとりわけ流動的な一時期であり、そのなかで秀次の果たした役割を糾明することは当該期の政権の在り方を解明するうえで大きな意味を持つものというべきであろう。

こうした、いわば豊臣政権初期の秀次の動向に焦点を充てた仕事として、まず挙げるべきは諏訪勝則の論考である[2]。諏訪は天正三年以降、信長に重用された三好康長の動向に絡めて、信長の三男信孝と秀吉の甥秀次の養子入りをめぐって詳細に検討している。今、本稿とのかかわりからその要点を述べるならば、天正十年六月二日の本能寺の変直前に康長の養子となって四国渡海を目指していた信孝は、変勃発によって中断を余儀なくされ、同月二十七日の清須会議で美濃一国を得るも、やがて秀吉と対立するに至る。その秀吉はといえば、変後間もない頃、諏訪によれば「本能寺の変後、同年十月二十二日までの間」に甥の秀次を康長の養子とすることによって、康長を自己の陣営に引き寄せ、瀬戸内から四国をおさえ、長宗我部の行動を阻止しようとした。そして、こうした養子関係は、天正十二年三・四月〜六月二十二日の間に「三好」から「羽柴」に改姓していることから、六月頃までに解消されたとし、その理由としては畿内の状況が安定し、秀次がもはや三好家にいる必要性が無くなったためとしている。

こうした諏訪の仕事を念頭におきながら、秀次の生涯を通覧するなかで、秀次が康長の養子になるのは天正九年秋から冬頃としたのが小和田哲男である。その理由として小和田は、天正八年から九年にかけて信長の対四国戦略に変更があり、この時秀吉は、秀次を康長の養子とすることで、康長との連携、元親攻め、さらには明智光秀の追い落としを図ったと見る。一方康長からの自立については、四国渡海中止後、康長の消息は消えてしまうとし、諏訪に同意する形で天正十二年六月以前に三好家を去ったと見ているようである[3]。

さらに、藤田恒春も前著を踏まえ二〇一五年、人物叢書の一冊として『豊臣秀次』を著わした[4]。そこでは、秀次の三好への養子入りを小和田説によって天正九年とする一方、十二年六月の三好から羽柴への改姓が「三好康長のもとを去ったことを意味」するとしている。

豊臣政権の天下統一過程、特にその間の政権構想について考えたいという筆者の問題意識のなかでは、この数年間の秀次の動向如何というのが大きな関心事の一つである。そういう観点から先行研究のなかで注目すべきものを簡単に紹介してきたが、ここで少なからず気になったのは、いずれの論考も信長や秀吉の動向の解明が中心であって、秀次自身の動向がほとんど明らかにされていないことであった。

本論では、管見に触れた諸史料を再検討するなかで、この時期の秀次（当時の実名に従い、以下主に信吉とする）の動向を具体的に探っていきたいと思う。

第一節　三好信吉宛秀吉書状の検討

二〇一五年に刊行された『豊臣秀吉文書集』一[5]によると、秀吉から三好信吉に宛てた書状の初見は、賤ヶ岳の決戦を間近に控えた天正十一年（一五八三）四月二日付の次のものである。

【史料1】（天正十一年）卯月二日付三好信吉宛羽柴秀吉書状

態令申候、我ら山崎へ打入候と心得、敵最前将監・毛介陣取候山へ相上由候、幸儀候間、よき所へ引出、不逃様ニ仕可討果候、此方ゟ一左右可申候間、得其意可被相待候、恐々謹言

（天正十一年）卯月二日　　筑前守
　　　　　　　　　　　　秀吉（花押）

三好孫七郎殿
　　御宿所

（『豊臣秀吉文書集』一、628号）

ここで秀吉は、江北での戦況を簡単に報じた後、信吉に対して参陣を促している。ただし、こちらから連絡をするので、それまで待つようにと言っているから、信吉はこの日時点ではどこかその陣所において秀吉からの指示を

待っていたとひとまずは考えられる。

ところで、この時期における信吉の江北在陣については、「柴田退治記」(6)に次のような記事がある。

【史料2】「柴田退治記」の読み下し(7)（傍線引用者）

秀吉は柴田修理亮江州表に取り出すの由、これを聞きて安土に陣を改め、敵の備へを見る。然る処、翌日早旦に天神山城に懸け寄せ、近辺の村落悉く放火し、又柳瀬に引き退く。秀吉これを聞きて早速江北に馳せ向かひ、先手の備へ段々に定む。（中略）六番三好孫七郎・中村孫平次、七番羽柴美濃守、八番筒井順慶・伊藤掃部助（以下略）

（金沢市立玉川図書館蔵『豊臣記』）

これによって、滝川一益と対峙して北伊勢にいた秀吉が柴田勝家の近江出陣の情報を得て近江の安土に座を移し、さらに江北に向かって軍勢を配置した様子が分かるが(8)、同年三月十七日付須田相模守（満親）宛秀吉書状には「段々ニ人数差遣」（『豊臣秀吉文書集』一、612号）とあって、この時に段備えを行なったことが確認できるから、そのなかに信吉が居たことも確かである。信吉は二月の北伊勢合戦にも参加しているので、この間ずっと秀吉の旗下にあって(9)、この時点ではその六番隊に編成されていたのであろう。

一方、やはりここに八番隊として名の見える筒井順慶であるが、上引個所の少し後に「然らば、敵の模様を見究むべくの間、此表別に所用無きの条、筒井順慶其外諸士少々帰国せしむ」とあって、順慶はその後、「其外諸士」とともにいったん本国の大和に引き上げたと思われる。筒井が三月晦日にはまだ江北にいたことは確か（『豊臣秀吉文書集』一、620号）だから、帰還時期はその直後であろう。実際、『多聞院日記』天正十一年四月三日条には「筒井今日帰陣了、先以珍重〻〻」とあって、江北を立ったのが四月早々であったことを窺わせる。

そうだとすると、【史料1】の記事に、羽柴方のこうした動きを見て秀吉自身も山崎へ引き上げたと思いこんだ柴田方が攻勢に出た、とある事情もよく分かるのである。

さて、この時帰国したのは、四月三日付羽柴美濃守宛秀吉書状（『豊臣秀吉文書集』一、630号）に「其注進次第ニ、五畿内へ返候衆へ令陣触、諸勢相揃」とあって、秀吉は弟秀長の注進次第に、いったん帰国させた五畿内の諸将を改めて江北に出陣させるつもりであることを表明しているから、筒井だけではなく、五畿内に所領を持つ面々であったことが分かる。

こうした事情のもと、いったん江北から帰国した筒井が、秀吉からの要請を受けて再び大和を出発したのは四月九日のことであった。

【史料3】『多聞院日記』天正十一年四月九日条

筒井順慶法印内〻可有出仕之通之処、越前ヨリ柴田修理亮四万騎計ニテ江州へ打出トテ、羽柴ヨリ切〻ニ申間、今朝ヨリ当国打フルイテ出陣了、

このような、筒井に代表される畿内に所領を持つ羽柴方諸将の動きを見れば、本稿の主役である信吉についても、もしその居城が畿内にあったのならば、【史料1】が出された四月二日までにいったんその領国に引き上げていた可能性が考えられる。その場合、この時の信吉は江北の陣所にいたのではなく、その領国に帰っていたという状況が想定できよう。

そこで、その可能性を探るために、別の史料によってこの時期の信吉の居所について検討していきたい。

後掲【史料4】の三好孫七郎（信吉）宛秀吉書状は、従来「（天正十一年）五月二十五日付」とされてきた史料である。この書状を紹介した福尾猛市郎は、この書状の年次を天正十一年としたうえで、五月二十五日がまさに池田恒興が大坂を秀吉に明け渡して美濃へ下った日であるから、信吉はこの日、秀吉の命によって兵庫・三田の両城を受け取ったとし、さらに、天正十年冬に山崎片家が秀吉から三田城主に任じられ、その後、関ヶ原合戦時まで山崎氏が三田城主であったとする『寛永諸家系図伝』の記事があるので、十一年五月の信吉による三田城請取は、結果

的には撤回された、とした。そして、池田恒興を摂津から追い出した秀吉の当初の意図は、三田城も含めて信吉領とし直轄に準じる意味をもって大坂城の守りとするつもりだったが、これを変更して三田をはずした、と結論付けたのである。[10]

ところで、福尾は書状の発給月を五月としているが、この点については既に藤田達生がこれを十一月としたうえで天正七年十一月の書状と考え、これが秀吉の対荒木攻略戦の最中に出されたものとしている。[11]

筆者もこれを十一月とすることには賛成であるが、藤田がこの書状の発給年次を天正七年にしたことについては、この時期に兵庫城が存在したことの証拠として掲げた（天正六年）十一月二十八日付吉川元春書状に見える「兵庫津城」[12]が、実は花熊城を指すのだとの指摘があり[13]、また天正九年正月に池田恒興が花熊城を破却して新たに兵庫城を築いたとの『花熊落城記』[14]の記事、またそれが三月頃までには完成していることを窺わせる『信長公記』巻十三の記事もあって、評価が揺らいでいるのが現状であろう。

そこで、改めてその発給年月日について考えて見ると、今仮に『花熊落城記』の記事から兵庫城が天正九年正月に築かれたとすれば、十二年六月頃までに信吉は三好から羽柴に改姓しているので、発給年次は九、十、十一年のいずれかということとなる。そのうち、天正九年十一月段階の秀吉は、前月二十五日に鳥取城攻めを終えてこの月十七日に池田元助らと淡路へ入り、二十一日に姫路に帰城しているし（『信長公記』巻十四）、十一年十一月段階では、五月に池田恒興から摂津を取り上げ、九月に開始した大坂築城が継続している（「柴田退治記」他）。このようにいずれも、十一月二十五日時点で秀吉が信吉に対して兵庫・三田両城の接収を命じる状況には無いように思われる。一方、天正十年については、同年冬に山崎片家が秀吉から三田城主に任じられたとする『寛永諸家系図伝』の記事によって本文書との関係性が想定されるので、上記三年のなかではこの年の可能性が最も高い。そこで、ひとまず天正十年発給と想定したうえで本文書の内容を検討し、その後で他史料との整合性があるかどうかを見ていきたいと思う。

【史料4】（天正十年カ）十一月二十五日付三好信吉宛羽柴秀吉書状[15]

尚以其方事、兵庫ニ残候て、政道已下堅可申付候、三田へハ人を可遣候、

兵庫城・三田城両城可請取之由、得其意候、塩儀遣候て早々可請取候、猶追而可申越候、恐々謹言

筑前守

十一月廿五日　　秀吉（花押）

三好孫七郎殿

（『豊臣秀吉文書集』一、1824号文書）

本状の大意は、信吉から秀吉に兵庫城・三田城を（某から）請け取るつもりだとの報告があったのに対して秀吉は、「塩」[16]なる人物を遣わして早く請け取るように、そして信吉は兵庫城に残って政務を執り、三田城へは秀吉から別人を遣わして支配させるつもりだ、というものである。

さて、天正十年の秋から冬にかけての秀吉は、播磨の姫路城を本城としながら、山城・摂津国境に山崎城を築いて畿内方面の支配の拠点とするとともに、敵対勢力であった岐阜の織田信孝や越前の柴田勝家・伊勢の滝川一益らとどのように対処するかに腐心していた。九月以来、洛中の諸所において惟住長秀ら与同する面々と度々談合を繰り返していたことがそれを雄弁に物語っている（**表**）。

そうしたなかの十月二十八日、秀吉・惟住長秀に池田恒興を加えた三名―これは取りも直さず清須会議において柴田を加えて四宿老とされた面々である―が行なった談合において、次のように「天下可被相静旨」を決定していることが注目される。

表　天正十年九～十二月における秀吉の相談・談合・対談一覧

回	月日	場所	内容	顔触れ	出典
1	九月十八日	吉田社	相談	秀吉・長谷川秀一・堀秀政・惟住長秀	兼見卿記
2	十月二十八日	本国寺	談合	秀吉・惟住・池田恒興	蓮生院記録
3	十一月十日	吉田社	対談	秀吉・惟住	兼見卿記
4	十二月四日	三条伊藤邸	対談	秀吉・惟住	兼見卿記
5	十二月五日	徳雲軒（施薬院全宗邸）	相談	秀吉・惟住	兼見卿記

【史料5】「蓮成院記録」天正十年十月晦日条（傍線引用者）

一晦日、京都慶円注進云々、廿八日六条之寺ニテ、羽芝（柴）筑前守、刃場（丹羽）五郎左衛門、池田紀伊守
　両三人被相談、天下可被相静旨決定之由申来間、珍重旨返条了、

（『多聞院日記』五付録）

直接この談合の具体的中身を知ることはできないが、「天下可被相静旨決定之由」の文言からしても、その後の秀吉らの行動を見ても、羽柴方の方針の大枠を決定するような重要な会議であったことは間違いないだろう。だとすれば、ここに池田恒興が加わっていたことが注目される。

池田恒興は、もともと「少身」（『信長公記』巻十三）であったが、天正八年に荒木村重方の花熊城攻略を成し遂げて織田家中でのランクを上げたらしく、翌年八月の中国出陣に際しては「摂津国にて池田勝三郎大将として、高山右近・中川瀬兵衛・安部二右衛門[17]・塩河吉大夫[18]などへ先仰出だされ」（『信長公記』巻十四）とあるように、摂津衆を率いる立場となっていた。そして、清須会議では織田家の家督三法師を補佐する四人の宿老の一人となって、『太閤記』によれば、この時新たに大坂・尼崎・兵庫で十二万石を得たという。

こうして、池田は高槻城主の高山長房領（芥川郡、能勢郡の内）、茨木城主の中川秀政領（太田郡・豊島郡）を除く摂津の大部分を得たと思われる。

こうした情勢下で【史料4】の秀吉書状が発せられたとするならば、この談合において当時池田が領有していた、いずれも摂津の兵庫城（八部郡）・三田城（有馬郡）の二城を秀吉に割譲するという事が決められた可能性があるのではないだろうか。

おそらく秀吉としては、これから本格的に対柴田・織田・滝川への軍事的行動を起こすにあたって、本拠地である播州との連絡通路を安全に確保しておく必要があると考えており、そういう意味で、三田城は三木方面から姫路への、また兵庫城は明石方面から姫路へのいずれも重要な節所であり、万が一池田に叛かれでもしたら、深刻な事態を招く恐れがあるとの懸念を抱いた可能性がある。

こうした懸念は、何も筆者の勝手な思い込みではなく、既にルイス・フロイスが述べていることであった。すなわちフロイスは、一五八四年一月二十日（天正十一年十二月十八日）付でアレッサンドロ・ヴァリニャーノに宛てた書簡のなかで、次のように書いている。

【史料6】ヴァリニャーノ宛フロイス書簡（括弧内注記は訳者、傍線は引用者）

彼（羽柴）には依然として結託すれば謀反を起こしかねない有力な大身が三名あり、これに危惧を抱いていた。（その内）第一の人は信長の義兄弟の池田紀伊守（信輝（ママ））殿で、津の国のほぼ全土を領有し、かつて荒木（村重）のものであった城に住み、大坂の城をも己の勢力下に置いていたが、（以下略）

（『十六・七世紀イエズス会日本報告集』第Ⅲ期第6巻）[19]

傍線部に明らかなように、秀吉は三名の大身（ここでは池田のほか、惟住長秀と滝川一益）が協力して叛くような事態を恐れていたのである。[20]なかでも、摂津の大半を領していた池田恒興（右記引用文では信輝としている）に対しては、上述したような理由で深刻だったであろう。そうしたことから筆者は、秀吉がこの時、池田恒興にこの二城の割譲を迫った可能性があると考えたいのである。

もしこの考えが認められるならばその翌月、秀吉の命によって信吉が池田恒興から両城を受け取ったうえで、兵庫城には信吉自身が入って政務をとり（「政道已下堅可申付」）、三田城には秀吉が遣わした別人が入った（「三田へハ人を可遣」）ということとなるのであるが、そう考えると山崎片家に関する『寛永諸家系図伝』の記事もその背景が明らかになることとなる。

なお、池田の諸城を受け取る役に信吉が選ばれた理由については、後世の記録ではあるが『大日本野史』に、秀吉が山崎合戦の直前、池田恒興を味方とするにあたって、その娘を秀次の妻とする約束をしたとあり(21)、当時、信吉は恒興の女婿という立場にあったということが考えられる。これは可能性の高い記事であって、それにあたる女性は、『大かうさまくんきのうち』に「くはんばくひてつきけうのわかまんところ殿」（関白秀次卿の若政所殿）と見え、秀次失脚事件に際しては一命を助けられ、兄弟にあたる池田輝政の居城三河吉田に送られた人物が想定できる。

さて、以上の推論をもとにこの時期の池田父子の居城の変遷を推定してみると、清須会議によって摂津国の大半を領することとなった恒興は、当初伊丹城に入り、長男元助を三田城に、二男照政（後の輝政）を兵庫城に配したのであるが、十一月に三田・兵庫の二城を秀吉に譲ることとなったため、それに伴って伊丹にいた恒興が大坂城にはいり、元助が伊丹城、照政は尼崎城に移ったと考えられる。

これはあくまで筆者の推定ではあるが、こう見なすことによって、恒興が伊丹城に居て大坂城をも押さえていたとするフロイスの記録（【史料６】）と、十一年五月の所領替えによって長男元助が伊丹城から岐阜城に移り、次男輝政が尼崎城から池尻城に入ったとする『池田氏家譜集成』の記事（『大日本史料』十一編之一）とが整合的に解釈できるのではないだろうか。

以上から、【史料4】については天正十年十一月二十五日発給の書状とし、この時秀吉は、甥の三好信吉に命じて摂津の兵庫・三田両城を池田兄弟から接収させ、その後三田城には山崎片家を入れ、兵庫城にはそのまま信吉を残して政務を執らせたとするのが、最も妥当な見解だと考える。

第二節　兵庫城から尼崎城へ

では、信吉はいつまで、どのような状況下で兵庫城にいたのであろうか。続いてこの点について見ていこう。

このことについてまず参考としたいのは、少し時代の下る編纂物ではあるが、寛文五年（一六六五）に成立した大原武清著『新撰豊臣実録』（以下、実録とする）である。同書には、大坂城が武田信玄の観国楼や織田信長の安土城をしのぐ古今無双の城郭であるとし、その大坂城の周囲の「五畿を諸将に頒与し、以て外郭に擬す」とでてくる。そして、その五畿の諸将の一人として、三好孫七郎秀次の名を挙げているのであるが、その割註に「今按、今兹始被封于河内国、然尚居摂州尼崎城云々」とあるのに注目したい。今回初めて河内国に封じられたが、信吉はなお摂津の尼崎城に居るというのであるが、これはどのような事態を反映する言葉なのであろうか。

ここで確認しておきたいのは、実録に五畿内の諸将として名の挙がるのは、三好のほか、筒井順慶、中村孫平次一氏、中川藤兵衛秀政、一柳市介直末の四名であるが、このことも含め、この個所は全体として次の「柴田退治記」に基づいた記述であることである。

【史料7】「柴田退治記」の読み下し（［　］は引用者）

秀吉は、河内国大坂において城郭を定む。彼の地は五畿内の中央にして東は大和、西は接津［摂津］、南は和泉、北は山城、四方広大にして中に巍然たる山岳なり。（中略）五畿内をもって外構へとなす。彼の地の城主をもって警固とするものなり。ゆえに大和には筒井順慶、和泉には中村孫平次、接［摂］州には三好孫七郎、茨木中川藤兵衛尉、山城の槇島には一柳市介、洛中洛外成敗する所の者は、半夢斎玄以なり。

（金沢市立玉川図書館蔵『豊臣記』）

「柴田退治記」のこの個所は、中村一氏の岸和田城着任時期、中川秀政の襲封時期など[22]から賤ヶ岳合戦後間もない天正十一年五、六月頃の大名配置を表わしていると考えられるから、実録の「今按」に始まる想定もこの時期の状況を表わしていることになる。

さて、ここには大坂城の「外構へ」、すなわちまさに大坂城の藩屏とすべき五畿内の城主の名が挙げてあるが、そのなかに「摂州には三好孫七郎」との記事がある。実録がこれに依ったのは明らかであるが、そこに居城名が見えないことに鑑み、著者は何らかの根拠を元に「今按」として上記のような見解を述べたものであろう[23]。

その説に従えば、前年十一月に兵庫城に入った信吉が僅か半年後の十一年五月頃に尼崎城に移ったこととなるが、それには前節で述べたような事情、すなわち同年五月に父池田恒興の美濃移封に伴って次男輝政も尼崎城から美濃の池尻城に移ったという前提があったのである。

以上によって信吉は、天正十年十一月から翌十一年五月まで兵庫城にあって政務を執っていたと考えられるに至ったが、とすれば、十一年三月時点で信吉の居所が畿内にあり、四月二日までに秀吉の指示によっていったん江北からその領国に引き上げていたとする、筆者が前節で示した可能性が認められることとなるのである。

ところで、そうだとするならば、ここで【史料1】が発給された二日後の四月四日付で出されている宛名欠の次のような秀吉書状にも注目したい。

【史料8】（天正十一年）卯月四日付某宛羽柴秀吉書状

態申入候、敵我等のき候と存、人数有のまゝ打出候、然者不退様ニ可仕と存、先勢遣候、其方ハ長浜城留守可

申付候之間、人数召連、早々可被相越候、於槇島廿日分兵粮□□可被請取候、恐々謹言

（天正十一年）
卯月四日　　　筑前守
　　　　　　　秀吉（花押）
（宛所欠）

（『豊臣秀吉文書集』一、632号）

ここで秀吉は、やはり簡単に江北での戦況を報告した後、某に対してお前には長浜城の留守を申し付けるので、急いで軍勢を引き連れて長浜まで来るようにと命じている。そしてその際、宇治の槇島城で二十日分の兵粮米を受け取ってくるようにとも言っている。

先の前提のもとで、この前後二通の秀吉書状を比較すると、その内容や書式などから見て一連のものである可能性が強く疑われる。すなわち、四月二日に信吉に指示を待てといった秀吉が、その二日後に、お前には長浜城の留守を申し付けるから居城を発って急いでやって来いと言ったのだと読むことが可能である。その際、宇治の槇島城で兵粮を請け取ってくるようにと命じているのも、信吉の居たのが兵庫城であったならば頷ける指示である。

もちろん、摂河泉内のいずれかに所領を持ち、三月に江北に出陣しながらいったん帰国し、再度の出陣を命ぜられた部将は他にもいるであろうから、このことはあくまで可能性に留めておきたいと思うが、長浜城留守居という役目がこの年二月に初陣を果たしたばかりの信吉に対する処遇として相応しいようにも感じられる[24]。実際、この後の秀吉による美濃出張（四月十六日、対織田信孝）や賤ヶ岳合戦（二十、二十一日）に信吉が参加したという形跡は見られない[25]。

第三節　養父三好康長と信吉の立場

ところで、この前年、すなわち天正十年十月廿二日付下間頼廉宛書状（『豊臣秀吉文書集』一、524号、これは今のところ、信吉の初出史料である）のなかで、秀吉は近く根来に遣わす先勢として中村一氏・伊藤掃部・筒井順慶・浅野長吉・若江三人衆とともに「三好孫七郎・同山城守」の名を挙げている(26)。この段階での信吉は三好山城守、すなわち三好康長の養子であったが、当時の康長は河内国の南部を支配していたので(27)、信吉も康長と一緒に南河内に居たのであろう(28)。とすれば、信吉は翌月、秀吉から兵庫・三田両城を接収したうえで兵庫城で政務を取るよう命じられ、摂津に赴いたこととなる。こうしてこの後、康長は河内の居城に、信吉は摂津兵庫城に在城という状況にあった。

ところが康長は翌年五月、美濃に移された池田恒興の元に追放されるに至る。

【史料9】一五八四年一月二十日ヴァリニャーノ宛フロイス書簡（【史料6】と同一書簡。［　］内、傍線は引用者）

河内国は信長によって二分され、国の半分は（三好）山城（守）笑巌殿［三好康長］に与えられ、さらに半分は若江の三人の武将に与えられていた。羽柴は（三好）笑巌に美濃国に赴いて信長の義兄弟［池田恒興］の許にいることを命じ、やがて時が来れば召還する旨を伝えさせた。このようにして河内国をそっくり我が物とし、同様のことを津の国にも行なったが、生え抜き（の領主たち）の内、従来通りの俸禄をもって（所領に）留まったのは（中川）瀬兵衛の一子と高槻のジュスト（右近）のみであった。（以下略）

（『十六・七世紀イエズス会日本報告集』第Ⅲ期第6巻）

これに伴い、信吉は三好家を継ぎ、康長所領たる河内国南部を支配する立場となったと考えられる。しかし、にもかかわらず信吉は河内国には赴かず、上述のとおり兵庫城から尼崎城に居を移したのである(29)。

その理由については、その後の河内国が秀吉の直轄領と小規模な給人領とからなることからすれば、この時秀吉は康長や若江三将（三人衆）から取り上げた河内国を基本的には直轄地とすることとし、そのため信吉は河内南部を領する立場となりながら入国が叶わず、摂津尼崎に留まったままという、いささか中途半端な立場に置かれてしまったのではないかと疑われる。こうした信吉の不可解な立場が、「柴田退治記」のなかで大坂城の「外構へ」たる部将の一人として名が見えながら「摂州には三好孫七郎、茨木中川藤兵衛尉」と中川秀政の居城名は明記するのに、信吉の居城名を書かなかった理由であり、実録の「今按」に始まるこれもいささか不可解な記述の原因ではなかったかと推察される。

こうして、信吉は天正十一年五月以降、康長追放後の三好家当主として尼崎城において政務を執ることとなったのである。(30)

ところで、賤ヶ岳合戦の頃までは、反織田信孝という立場から秀吉と行動を共にしてきた織田信雄であったが、信孝の滅亡後間もなく両者の間に懸隔が生じるようになった。

そうしたなかの天正十一年十二月、安国寺恵瓊らは次のように、秀吉が十二年二月を期して四国・雑賀攻めを計画しているという情報を国元に伝えている（次掲【史料10】傍線部）。

【史料10】（天正十一年）十二月十五日付安国寺恵瓊・林就長連署状

（上略）年改候者、御公事新罷成、上辺之弓矢も、二月ハ四国・雑賀両口へ可被仕懸と相聞え候、（下略）

（『毛利家文書』三）

とすれば、この段階で秀吉が三好家当主としての信吉を前面に立てて、四国攻めを実施しようと考えていた可能性も充分考えられるところであろう。しかし、十二年三月六日に信雄が秀吉への内応を疑って三家老を誅殺したのをきっかけとして小牧長久手合戦が勃発、秀吉は紀州（雑賀）攻めも四国攻めも後回しにして尾張へ出陣し、信吉も大将として参陣することとなったのである。

そして、その最中の同年六月頃、信吉は姓を「三好」から「羽柴」と改め、さらに同年十月までに名を「秀次」

と改めることによって、三好家からの離脱を図ることとなる。四国攻めが当面無くなった今、もはや三好家にいることの意義も消滅したのであろう。[31]

こうして、翌十三年七月の秀吉関白就任とともに、羽柴秀次も破格の待遇を与えられることとなり、閏八月には尼崎城を出て近江の八幡山城主となっていくのである。

なお、その後の尼崎はといえば、次の史料によって秀吉の直轄地として建部高光が代官を勤めることとなったことが分かる。

【史料11】『建部家系図』「高光　与八郎秀栄号寿徳」（傍線引用者）

信長死去ノ後秀吉ニ仕へ若狭一国ノ郡代職ヲ蒙リ小浜ノ城ニ居住仕候、其後摂津尼ケ崎近辺ニテ三万石余ノ代官被申付、尼ケ崎城ニ移住仕候、天正十四年十二月秀吉三十余国ノ兵二十余万ヲ招キ集メラレ候節、小西隆佐ト粮米・馬蒭ノ事ヲ被申付候、

（『尼崎市史』第五巻）

おわりに

以上、天正十〜十三年の三好信吉の動向を、主として同時代史料の再検討を軸に見てきたが、ここで改めて、時系列に沿ってこの間の動向の大要を整理しておきたい。

信吉は、天正十年十月二十二日、三好康長の養子として史上に名を表わしてくる[32]（下間頼廉宛秀吉書状、『豊臣秀吉文書集』一、524号）が、ここで秀吉が信吉を康長の養子とした意味は、本能寺の変以降、信長の後継者をめぐって柴田勝家・織田信孝らとの確執が露わになってくる中で、秀吉が清須会議で新しく手に入れた河内国の南部を依然として支配していた康長の元に甥を送り込むことによって懐柔しようとしたことが想定できよう。[33]その理由は、

この後間もなく開始されることとなる柴田らとの戦い[34]に際して後顧の憂いを除くためであったと考えられるが、そのことは、賤ヶ岳直後の領知替えにおいて、いち早く康長が南河内から追放されること（【史料9】）からも窺われる。

それはともかく、こうして信吉は遅くとも天正十年十月の段階で三好康長の養子となって居たが、翌十一月下旬になると、秀吉の命によって摂津の三田城・兵庫城を義父の池田恒興から接収し、自身は兵庫城において政務を取ることとなった。秀吉は翌月七日から年末にかけて近江・美濃に出陣し、長浜城・岐阜城を攻めることとなるが、信吉は受け取ったばかりの兵庫に在城して政務を執っていたと考えられる。

翌十一年になると信吉は、秀吉に従って二月の北伊勢合戦に従軍した後、三月に入って柴田勝家との合戦が迫ってくると江北に出陣するが、秀吉の指示によりいったん摂津に引き上げた。その上で改めて四月四日、今度は秀吉から長浜城の留守居を命ぜられ、再び江北に赴いた可能性が高い。

そして、賤ヶ岳合戦後に行なわれた領知替えにおいて、池田恒興父子が摂津から美濃に移されたのに伴って養父の康長も美濃へ移されると、立場上からいえば信吉は康長の所領であった河内南部を継ぐ阿波三好家の当主となる筈であった。しかし、秀吉の思惑によって、河内に赴くことなくそのまま摂津に留め置かれ、兵庫城から尼崎城に移ったまま、西摂の支配を任され、天正十三年閏八月の近江移封までここに留まったのである[35]。

以上、本章では、数少ない史料を使ってではあるものの、できるだけ信吉自身の動向如何に焦点をあててその活動実態について叙述してきた。その結果、誠に大雑把ではあるが、天正十年後半期から十二年頃までの信吉自身の動きが幾分かでも明らかになってきたと思う。もちろん、ずいぶん危うい議論になってしまったことは承知しているが、これまで拠るべき史料に恵まれないとして天正十三年閏八月以前の秀次の動向に関説した専論が存在しないという状況を考えれば、こうした作業無しには、信吉の叔父秀吉にとってその命運を左右する重要な時期であった賤ヶ岳合戦前後の時期における豊臣政権の動向を充分には解明できないことも確かではないだろうか。今後は、さらなる関係史料の検討を通じて信吉の政権内での位置付けを一層明らかにしていくこととしたい。

注

（1）藤田恒春著『豊臣秀次の研究』文献出版、二〇〇三年。その「まえがき」において、「天正十三年以降、文禄四年までを（検討の）対象とする」と述べている。

（2）諏訪勝則「織豊政権と三好康長―信孝・秀次の養子入りをめぐって―」（『米原正義先生古希記念論集　戦国織豊期の政治と文化』続群書類従完成会、一九九三年）。

（3）小和田哲男著『豊臣秀次―「殺生関白」の悲劇』ＰＨＰ新書、二〇〇二年。

（4）藤田恒春著『豊臣秀次』吉川弘文館、二〇一五年。

（5）名古屋市博物館編『豊臣秀吉文書集』一、吉川弘文館、二〇一五年。

（6）「柴田退治記」は『天正記』のうちの一書で、奥付によって天正十一年十一月の成立と知られる。『天正記』は編纂史料であるものの、その成立がそれぞれの事件直後と考えられるところから、一定の信憑性が与えられている史料である。

（7）ここでは、奥書によって貞享二年（一六八五）の成立と知られる金沢市立玉川図書館本『豊臣記』（『天正記』の別名）によった。原文は漢文体であるため、引用者が読み下した文を掲げる（以下も同じ）。

（8）三月十日付書状写によると、秀吉は九日に安土に入り（『豊臣秀吉文書集』一、605号）、その後長浜城に向かっている（「秀吉北郡長浜城迄令出馬候（中略）今日十七日しつか嶽と申山を取押寄候」『豊臣秀吉文書集』一、612号）。

（9）高柳光壽著『戦国戦記　賤ヶ岳之戦』春秋社、一九五八年。

（10）福尾猛市郎「羽柴秀吉と兵庫・三田両城」（『兵庫県の歴史』10号、一九七三年）。後に『福尾猛市郎　日本史選集』（福尾猛市郎先生古希記念会、一九七九年）に再録された。

（11）藤田達生「織田信長の東瀬戸内支配」（小山靖憲編『戦国期畿内の政治社会構造』和泉書院、二〇〇六年）。

(12) 藤田達生「織田政権と謀反」(『ヒストリア』206号、二〇〇七年)。
(13) 天野忠幸「中世・近世の兵庫―港と城の歴史―」(『ヒストリア』240号、二〇一三年)。
(14) 本書は享保十七年(一七三二)の成立で、天野注(13)前掲論文によれば、「天正八年七月二日夜亥刻に落城す、明る九年の正月より池田勝入此城を割給ふ、兵庫に屋鋪を被成、此大石を此所へ引給ふ、勝入殿兵庫に二年ほど御座候而」とある由である。
(15) 本文書は『豊臣秀吉文書集』二、1824号文書(十一月二十五日付)として「年未詳天正十三年七月まで」に収録されている。
(16) 「塩」なる人物については、福尾が注(10)前掲書に再録された論文の「追記」において、「旧三好の家臣で秀次に仕えた塩川喜左衛門」であろうとしている。
(17) 谷口克広著『織田信長家臣人名辞典』(吉川弘文館、一九九五年)に立項。摂津大輪田城主であったが荒木村重に従わず、天正六年信長に閲し、その時、離反に反対した父・叔父を捕えた功により、摂津河辺郡の一職進退を命じられた。十年九月の津田宗及の茶会に名が出ているが、それ以降は不明。
(18) 谷口注(17)前掲書に塩河橘大夫として立項。「摂津多田の人」で塩河長満の一族とする。本能寺の変後の消息不明。
(19) 松田毅一監訳・東光博英訳『十六・七世紀イエズス会日本報告集』第Ⅲ期第6巻、同朋社出版、一九九一年。
(20) そもそも、池田恒興も味方したとはいえ、秀吉に全幅の信頼を置いたというわけではなかった。そのことは、池田が翌年五月の美濃移封を本意に思っていなかったことに加え、摂津から美濃に移るに際して、その頃坂本にいた秀吉からの何らかの謀略を恐れて人質を要求するなど三ヶ条の条件を出したというフロイスの書簡(「一五八四年の日本年報附録」)にあらわれている。これらの事実は、秀吉と池田との微妙な関係を窺わせている。
(21) 飯田忠彦著『大日本野史』(小和田注(3)前掲書)。
(22) 中村一氏の岸和田着任は天正十一年五月(谷口注(17)前掲書)、中川秀政の襲封も六月一日頃(竹田市教育委員会『中川氏御年譜』)と考えられる。
(23) 年未詳十一月二十一日付増田長盛宛秀吉書状(『豊臣秀吉文書集』二、1823号、年未詳文書)に、「尼崎普請令出来由

得心候、（中略）将又用所候之間」の文言があり、秀吉が尼崎城の普請を命じていたことが分かる。その発給年次についてであるが、十一年五月までの尼崎城は池田輝政の居城であり、十年十一月以前に秀吉がその普請を命ずることができたと思えないから、本状はそれ以降のものである。その一方、本状の「筑前守秀吉」という名乗りは、秀吉が天正十二年十月二日に従五位下左近衛権少将に任官する（『貝塚御座所日記』同日条）ことで終了する（最終文書は、九月二十四日付藤懸三蔵宛書状『豊臣秀吉文書集』二、1216号文書）から、結局本状は天正十一年十一月のものと確定できることとなる。とすれば、五月に信吉が尼崎に入った直後に、その地が要所たるに鑑み、秀吉が改めて普請を命じ、それがこの時完成したとの推測も可能であるように思われる。

(24) 天正十一年二月に始まる北伊勢合戦での出陣である。「柴田退治記」によれば、この合戦に際して、秀吉の安楽越え本隊、羽柴秀長の土岐多羅越え部隊と並んで、信吉の名が近江の大君ヶ畑口から伊勢に侵攻する部隊長として出てくるが、これには高柳光壽の疑問（高柳注(9)前掲書）もあって部隊長であったことについては不審がある。なお、天正十年十月廿二日付下間頼廉宛羽柴秀吉書状（『豊臣秀吉文書集』一、524号）のなかで、近く根来に遣わす軍勢の大将の一人として信吉の名を挙げているが、この派兵は実現しなかった（拙稿「本願寺の貝塚・天満移転をめぐる諸問題」『ヒストリア』260号、二〇一五年）。

(25) 高柳注(9)前掲書、『長浜市史』2（長浜市役所、一九九八年）など。

(26) ただし、この書状で述べられた出陣の予定は本願寺の顕如に対する牽制であった可能性が高い。本書第二章第一節を参照されたい。

(27) 『信長公記』巻八には天正三年のこととして、「高屋に楯籠る三好笑岩、友閑を以て御詫言、御赦免候なり」とあり、それまで高屋城に拠って戦っていた康長は信長に赦された。その後の康長は、信長に重用されて引き続き河内南部を支配していたと考えられる（【史料9】）。

(28) 渡邊世祐は、信吉がこの頃「河内北山二万石を領した」と記す（同著『豊太閤の私的生活』創元社、一九三九年）が、北山は河内国北部の交野郡に属する地域（『日本歴史地名大系28　大阪府の地名Ⅱ』平凡社、一九八六年）によれば、現在の大阪府枚方市内招提・長尾・津田など）であるから当たらないと思う。

(29) 朝尾直弘「天正十二年の羽柴秀吉検地」(同著『将軍権力の創出』岩波書店、一九九四年)。本書は、二〇〇四年に『朝尾直弘著作集』第三巻(岩波書店)として再刊された。

(30) ただし、兵庫在城時代も含め、この間の信吉が城主であったのか、秀吉領の代官的立場であったのかは確定し難い。

(31) 藤田恒春注(4)前掲書。

(32) 諏訪注(2)前掲論文では、天正十年六月二十四日の「夢想百韻連歌」に信吉が脇句を付けているとするが、藤田恒春は別人と考えるべきとしており(藤田注(4)前掲書)、従いたい。

なお、信吉の生年については諸説あるが、『大かうさまくんきのうち』に「廿六の御とし、てんかよたつなされ、くはんばくの御くらゐを、すゝめられ」とあるのを取れば、永禄九年(一五六六)生まれとなり、天正十年には十七歳であった。

(33) 清須会議で秀吉が得たのは、「山城一円・丹波一円コレハチクセンカ弟ノ小七郎ヘ、・西ノ岡勝龍寺以下河内ニテ東ノ山ノねき」(『多聞院日記』天正十年七月七日条)であった。秀吉が河内で獲得したのは東の山のねき(山麓の意)であって、河内全域ではない(おそらく生駒山地西麓だと思われる)ことに注意したい。

(34) 秀吉の近江侵入は天正十年十二月七日に始まる(『兼見卿記』同日条)。

(35) 桑田忠親は、信吉が天正十二年四月の小牧長久手合戦当時、河内北山二万石の領主であったと記す(同著『太閤書信』地人書館、一九四三年)が、そのことは確認できなかった。なお、注(28)を参照されたい。

補論2　大坂築城工事開始頃の秀吉縁者の居所と行動

――『大日本史料』十一編之四所収、二通の羽柴秀吉書状の検討を通じて――

はじめに

本論は、天正十一年（一五八三）八月に羽柴秀吉が行なった有馬湯治に関わって、『大日本史料』十一編之四に「（八月）十七日、丙寅、羽柴秀吉、摂津有馬ニ浴ス、杉原家次ニ書ヲ与ヘテ、坂本城ノ留守ヲ厳ニセシメ、大坂ニ来ラシム」（括弧は引用者）という綱文のもとに収められている二通の羽柴秀吉書状の検討を行ない、その頃の秀吉縁者の居所や行動を明らかにしようとする試みである。

一通目は自筆書状で、日付と宛名を欠くもの(1)、二通目は八月十七日付の杉原家次宛書状であるが、いずれもこれまでその内容について詳細な検討が加えられたことは無かった。しかし、筆者の見るところその内容は大変豊かであり、特にこれまでまったく不明であった当該期の秀吉縁者の居所や行動を知るうえで貴重な史料であると思われた。そこで、その宛先や発給年月日を確定するとともに、内容を詳しく検討することによって、これら二点の書状の歴史的位置付けを確かなものにしてみたいと思う。

最初に、天正元年から同十一年八月にいたる秀吉をめぐる政治状況について概観しておく(2)。

妹聟として織田信長の信頼厚かった近江小谷城主浅井長政が、越前の朝倉義景と手を結んで信長に反旗を翻した元亀元年（一五七〇）以来、両者は敵対し時に干戈をも交えてきたのであるが、ついに天正元年（一五七三）八月、織田軍の攻勢によって小谷は落城、九月一日には長政も敗死して浅井氏は滅亡した。この間の浅井攻略に功績のあった秀吉は、信長から新たに江北の浅井跡職を譲られ、小谷城主となった。ただ、この地が琵琶湖から遠く離れ湖上交通不便の地であることから、翌天正二年に湖畔の今浜に築城の工を開始し、三年には長浜と改名して新たな居城とした。以来、長浜城がその室や母も住む秀吉の本城となったのである。

同五年、信長から毛利氏攻略を命ぜられた秀吉は、播磨に出張し、小寺氏の家老黒田孝高の居城姫路城に入り、ここを拠点に中国地方制圧に乗り出した。同年のうちにいったん播磨・但馬を制圧するが、翌六年二月に三木城主の別所長治が反旗を翻すに及んで、秀吉はこの方面の手宛てに奔走することを余儀なくされた。

同八年正月、ようやく別所を降して再び播磨を統一した秀吉は、同年二月頃信長から播磨・但馬二国を拝領し、四月には姫路城の修築を行なってここを新たな拠点として因幡、伯耆、淡路、備中方面の征圧に着手した。翌九年因幡・伯耆半国・淡路を征した秀吉は、十年四月には毛利氏が後援する備中高松城を取り巻き、清水宗治と対陣するに至った。

こうした状況下で、同年六月四日頃に本能寺の変報を得た秀吉は、急遽毛利氏と和睦して畿内に引き上げ、十三日の山崎合戦で明智光秀を討つと、二十七日には織田家宿老の一人として尾張清須城での会議に臨み、柴田勝家・惟住長秀・池田恒興らとの間で三法師の家督と織田諸将の領知配分を行なった。この会議で秀吉は、江北長浜領を柴田に引き渡す一方で、山城・河内の一部（『多聞院日記』天正十年七月七日条）と丹波を得、さっそく七月早々から京都の西南郊の山崎の地に築城を開始した。

翌十一年四月に賤ヶ岳合戦で柴田勝家を破った秀吉は、近江の坂本城で戦後処理を行なうが、その最中に、当時大坂を含む摂津の大半を掌握していた池田恒興を美濃に移し、その後に自らが大坂城に入る意向を明らかにした。

六月一日に上洛して大徳寺で信長の一周忌法要を営んだ秀吉は、その後間もなく大坂城に入るが、いったん十日頃には姫路へ下向、ここで播磨を弟の羽柴秀長に与え、姫路を居城とさせることとした（このこと、後述）うえで、二十日頃改めて大坂に入り、新たな大坂築城の工事に着手することになる。(3)

こうして八月に入ると一日、杉原家次を坂本城主に抜擢するとともに、(4)近江の蔵入地代官として石積み技術者集団「穴太」の居所（「穴太共ひかへ」）をも管理・支配させた。(5)五日には近江の諸職人に宛てた諸役免除が、(6)七日にはそれが大坂築城工事への動員によるものである旨が達せられ、(7)いよいよ普請開始が目前に迫っていることが感じられる。

ところが秀吉は、八月中旬になると突如、有馬温泉への湯治を計画し実施することとなる。以下、節を改めて、この秀吉の有馬湯治について検討していくこととする。

第一節　秀吉の有馬湯治にかかわる史料

この時の秀吉の有馬行きについては、吉田兼和（後に兼見。以下、兼見とする）の『兼見卿記』と宇野主水の『貝塚御座所日記』に関連記事がある。

【史料1】『兼見卿記』天正十一年八月十九日条（傍線引用者、以下同じ）

十九日、戊辰、（中略）筑州湯治之間、予下向延引、差下使者喜介、（以下略）

（史料纂集『兼見卿記』第二）

【史料2】『貝塚御座所日記』天正十一年八月条

一、八月十九、筑州有馬湯治。為音信道服二、大樽五。御使円匠。石田佐吉へ綿五把。増田仁右衛門綿五把。円匠廿二発足。廿七日帰寺。筑州廿七御あがりト云々。

（『真宗史料集成』第三巻）

【史料1】は、ちょうどこの頃、所領安堵の御礼に秀吉の居る大坂へ向かおうとしていた京都吉田神社の宮司吉田兼見が、その直前に秀吉湯治の情報を得て下坂を延期したという事情を記したものである。【史料2】は、この秀吉の有馬入湯に際して本願寺の宗主顕如が音物を遣わしたとの記事であるが、ここには使者円山内匠の帰寺と関連して「筑州廿七御あがりト云々」の文言があって、秀吉が八月二十七日に有馬湯治を終えたことが分かる。

さて、この有馬湯治にかかわるとされるのが、本論の検討対象である日付欠秀吉自筆書状と杉原家次宛秀吉書状である。(8)ただし、前者については日付を欠いているから、これが本当に天正十一年八月の有馬湯治にかかわるものであるかどうかについて別途検討が必要ということになる。そこで、まず最初に後者を検討し、その結果を踏まえてさらに前者を検討していくということにしたいと思う。

【史料3】（天正十一年）八月十七日付杉原家次宛羽柴秀吉書状（傍注省略）

①今日、我ら令湯治、②其許留守以下事能々申付、来廿八九日比皆々召連候て、至大坂可相越候、③将亦姫路よりも女房共湯に入候、④然者きりもゆに入度候由申候つるまゝ、馬にのせ、下女一人そへ、これも馬にのせ候て、其許ゟ直に相越候様ニ可申付候、なかい留守にもよく〱申付候へと可申聞候、⑤尚以其元儀留守以下かたく申付候て、廿八九日比可相越候、尚重而可申越候、恐々謹言、

（天正十一年）八月十七日　筑前守

秀吉（花押）

□原□　□殿

（『豊臣秀吉文書集』一、803号文書）

【史料3】の内容は、【史料1・2】と符合するので、天正十一年のものと考えて間違いのないものである。以下、筆者の理解にもとづき、適宜言葉を補ってその大意を箇条書きにして示すこととする。

①今日（八月十七日）、湯治に出発します。

②（家次に対して）「其許」の留守をよく命じたうえで、皆々を引き連れて、（八月）二十八、九日頃大坂にやってくるようにしなさい。
③（有馬行きには）姫路からも女房衆がやってきて温泉に入る予定です。
④（その女房の縁者であるとおぼしい）「きり」[9]も湯に入りたいと言っているので、下女一人と共に馬に乗せて、「其許」から直接有馬へ遣わすように。そして長い留守になるのでよく後事を申付けるよう（きりに）申聞かせなさい。
⑤（この個所は、いわば念押しで）「其元」の留守をよく申付けて、二十八、九日頃には（間違いなく大坂へ）やってくるように。

杉原家次は秀吉室（ねね。後の北政所）の縁者[10]で、上述のようにこの八月一日に近江の坂本城主に据えられたばかりであった。よって、③④⑤でいう「其許（元）」が坂本であることが分かる。また、出発は十七日であったことも分かるので、【史料2】の「廿七御あがり」と考え合わせて、この有馬行きが結果的には十一日間であったことも判明する。

※

さて、以上のような内容を持つ【史料3】や【史料1・2】を踏まえて日付欠秀吉自筆書状を検討していく。

【史料4】日付欠羽柴秀吉自筆書状（傍注省略）

(i)ゆへハお丶く候て、二七日、我らハ一七日ほといり候へく候、(ii)ふしんを申つけ候ハんま丶、(iii)いそかわしく候へとも、それさまをゆへいり候ハんためにとて、ふしん又ハさいかのちんものへ申候、ちくせんはちあたり申候ハん、よく〳〵ちくせんきにあい候ように、なかにつけてき(衍カ)にあい候ように可然候、以上、①又申候、るすの物一日のことくによく候へく候、②又大たにの五もしへおきやしないをよくおき、ふへ二なき

ようにめされ候へく候、又は、にて候物ハ、いまたたちまにい申候や、かしく、③

（墨引）

「　　　　　　　　　　　　　　　　より

又［　　　］　　　　　　　　　　　　ちくせん

（『豊臣秀吉文書集』一、817号文書[11]）

まず本状は、本文がいきなり「又申候」から始まっているので、本状全体が少し前に出された未見の書状の追伸的な性格のものであろうと考えられる。日付や宛名が省略されているのもそれが理由ではないだろうか。

さて本文の内容は前後三項に分かれる。そこで以下、やはり筆者の理解にもとづき、適宜言葉を補ってその大意を箇条書きにして示すこととする。

① （宛名人物の）留守を預かる者には一日（だけ）のように（気を抜かず）よく守るように（申付けてください）。

② 「大たにの五もし」（女性の尊称、このこと後述）の世話をする者をおいて、彼女に不便の無いようにしてください。

③ （私の）母は、いまだ但馬にいるのですか[12]。

猶書も三項に分かれる。

（ｉ）この湯治は、長くて「二七日」すなわち十四日ほどで、私は「一七日」すなわち七日ほど入湯するつもりです。

（ⅱ）今は普請を命じて忙しい時なのですが、あなたさま（「それさま」）を湯にお入れするためなので、普請も雑賀攻め（「さいかのちん」）も延期いたします。

（ⅲ）私筑前が罰当たり（なこと）を申しますが、（今後は）よくよく私の気に合うように。何事についても気の合うようにしてくださるのがよろしい（このこと後述）。

※

まず、この入湯が長くて十四日ほどだと宣言していることに注目したい。【史料２・３】からはこの有馬行きが十一日間であったことが判明するが、それとほぼ符合する。また、本状を認めたころ、秀吉は何らかの普請の計画を持っており、それを実施する直前であったことが分かるが、その状況は「はじめに」で述べた天正十一年八月の大坂築城準備の記事と符合する。またこの頃やはり、紀州（雑賀）攻めを計画していたことについても、その可能性は充分ある。[13]

こうした点から見て【史料４】は、『大日本史料』十一編之四の位置付けどおり、天正十一年八月十七日の有馬湯治出発直前（おそらく十五ないし十六日頃）に発給されたものと見て間違いないものと認められる。また、全文ほぼ仮名書きであることや、相手に対する表現や内容などから見て、本状がごく親しい間柄の成人女性に宛てたものであることも充分窺いうるところである。よって以下、とりあえずこの女性を「某女」としておく。

以上の考察を踏まえて、【史料４】の某女（「それさま」）を【史料３】の女房（「姫路よりも女房共湯に入候」）と考え合わせた時、某女こそこの女房に他ならず、この時点で某女は姫路に居り、そこから秀吉に合流すべく有馬へ向かったのだろうとの推測が可能となる。

そのうえで興味深いのは、まず某女が秀吉から敬称をもって遇される存在であること、そして彼女を湯に入れるために大坂普請も雑賀攻めも延期すると言っていることである。ここからは、秀吉と某女とのただならぬ関係が窺われるとしなければならないのであるが、さらに秀吉が、自らの母がまだ但馬にいるのかどうか、と某女に問いかけていることにも注意したい。すなわち、某女は秀吉の母とも大変親しい関係にあり、しかも、その居住地をよく知る立場にあるということ、さらに言えば、某女に対する秀吉の、母はいまだ但馬にいるのかという問い懸けの仕方からは、某女と秀吉母がそれまで但馬の某所で一緒におり、何らかの事情によって某女のみ一足先に姫路に赴いたことをも窺わせるのである。

第二節　本能寺の変後における秀吉室と母の居所と行動

ところで、天正八年に信長から新たに播磨と但馬を与えられ、姫路に築城した結果、長浜城と姫路城が秀吉の居城となったことによって、それまで長浜にいた秀吉の母や室はどうなったのだろうか。

このうち秀吉室の動向について藤田恒春は、「天正八年四月、秀吉は播磨姫路へ移ることから、おねも同行したと考えるほうが自然」(14)としているが、秀吉は姫路築城後も長浜城を保持していたのであるから、長浜に居た可能性も充分残されている。むしろ室や母らが姫路に移ったことを示す史料はないのに対して、本能寺の変当時、彼女らが長浜にいたことを示す次のような史料がある。

【史料5】『豊鑑』(15)（『群書類従』二十）

北の方もいまだ播磨にうつらで爰（長浜をさす―引用者）になん住給へり。（中略、以下本能寺の変後のこと）唯身を隠すにはしかしとて、伊吹の麓広瀬と云山の奥に逃け迷ふ様思ひやるへし、

右は、秀吉の室が播磨拝領後も長浜に居て、本能寺の変直後には伊吹山麓に難を避けたことを物語る記事である。

【史料6】『讃岐丸亀京極家譜』天正十年六月五日条（『大日本史料』十一編之一）

攻囲秀吉公母堂所籠給之江州長浜城、（中略）秀吉公母堂出城而逃去云々

右は、秀吉の母も本能寺後、明智軍の来襲を避けて長浜城を逃れ出たとの記事である。

これらはいずれも後世の編纂物であるが、このことにかかわる同時代史料としては次のものがある。

【史料7】（天正十年）七月朔日付称名寺宛卜真斎信貞書状（称名寺文書）

今度筑前足弱衆之儀、御馳走ニ付而、御帰住之事、可為如前々旨折紙被進候、（以下略）

（『本願寺教団史料　京都・滋賀編』113号文書）

これは、本能寺の変に際して、江北の称名寺が秀吉の妻や母らの「足弱衆」を保護した功績によって、それまで信長から勘気を蒙っていた称名寺の帰住がかなったことを述べたものである。(16)

以上から、天正八年以降も秀吉の室や母などは依然として長浜城に居たもので、彼女らが近江を離れるのは天正十年六月の清須会議の合意にもとづき、その後間もない頃であったと考えられる。

では、近江を去った彼女らは、秀吉とともにすぐにその居城のある播磨に向かったのだろうか。この時秀吉は、暫く畿内に留まって三法師とともに入洛を果たし（七月八日頃（『多聞院日記』同日条））、山崎築城に着手（『兼見卿記』（天正十年七月十七日条））しており、秀吉自身が姫路に入るのは八月三日のこと（『豊臣秀吉文書集』一、471号文書）であった。とすれば、秀吉の室と母はこの時、秀吉と共に姫路に入ったとするのが最も考えやすいということとなるが、実は彼女らはその後も長らく京都に留まっていたらしいのである。

天正十年十月二十日付「京届米覚」（『豊臣秀吉文書集』一、522号文書）には、京へ届けるべき米（「きやうへと、け可申こめの事」）のうち、「き八郎」なる人物に託された三百石が「は、にて候物のかたへ」宛てられているが、これは秀吉母の在京料米であろう。また、翌年（三月）三十日付「某宛秀吉判物」（『豊臣秀吉文書集』一、621号文書、これは秀吉室の侍女宛かと思われる(17)）のなかで安土にいる秀吉が「やかて〳〵又のほり候ハんま、、そのおりふし申候へく候」と、上洛したらお話したいと言っていることから、やはり秀吉室の在京が推測しうる。こうした事例から、おそらく彼女らは少なくとも天正十一年三月までは在京であった可能性が高い。そして【史料4】の「は、にて候物ハ、いまたたちまにい申候や」の文言から同年八月頃には秀吉母が但馬に居たことが想定できるから、その間のある時期に母と妻らは京都から但馬に居所を移したということとなる。おそらく、五月末に賤ヶ岳合戦の戦後処理を近江坂本で終え、秀吉をとりまく政局が著しく改善された六月以降のある時期に(18)、彼女らは但馬に向かったのではないだろうか。この後、八月を期して大規模な知行替えを行なうとともに大坂城の修築開始を予定していた秀吉にとって、そうした繁忙が一段落するまでは、弟の羽柴秀長（秀吉母の次男）のいる但馬に彼女らを置くのが得策と考えたと思われる。

それはさて、秀吉は六月十日に姫路へ下る（『貝塚御座所日記』同日条）のであるが、その目的は長秀に播磨を譲ることにあった。それを証するのが次の史料である。

【史料8】『浅野考譜』

一（天正）十一年癸未年、秀吉姫路に帰城有て、播州を八舎弟羽柴美濃守秀長に譲しかハ、則秀長の城代木下右衛門佐勝利と、長吉入替て後、秀吉、長吉ともに上洛す、

（『大日本史料』十一編之四）

これは後年の編纂史料ではあるが、『柴田退治記』（天正十一年十一月成立）にも賤ヶ岳合戦後の処置として「はりま・たじまハ羽柴美濃守、ひめじい城（居城―引用者）なり」[19]とあるから間違いないところである。ただし、秀吉は八月一日、一斉に大規模な諸将の配置換えを行なっているから[20]、長秀の播磨拝領・姫路入城もこの日とするのが妥当であろう。

第三節　天正十一年八月頃における秀吉室と母の居所と行動

以上のような分析を前提にした、秀吉室と母、そして秀吉や長秀の居所と行動との関連を元に、【史料3・4】にいう姫路から秀吉の有馬湯治に合流した女性（＝某女）の正体について考えてみると、それは他ならぬ秀吉の室であった可能性が一番高いということとなろう。すなわち、前年七・八月頃、長浜から京都に入った母と室は、少なくとも翌年三月までは在京していたが、その後（おそらく六月以降）但馬に赴き、室は八月一日の長秀播磨拝領・

姫路入城にともなって姫路に座を移した。ただし、母だけは何らかの事情で依然として但馬に残っていたという状況が想定されるのである。

とすれば、秀吉夫妻は久しぶりに有馬で再会を果たし、湯治を楽しんだのであるが、室がその後もう一度、新たに秀長の居城となった姫路に戻ったとは考えにくいから、八月末に夫婦そろって大坂へ入ったものと見なすのが妥当であるように思われる。すなわち、新たに弟秀長の拠点となった姫路から室を大坂に引き取るに際して、秀吉は有馬湯治という一盛事を差し挟んだのである。

このことについて藤田恒春は、「天正十二年七月頃の秀吉消息により、おねは大坂にいることが確認され(21)」るとするから、前年八月二十八日頃、秀吉とともに大坂に入り、そのまま在城していたとしてもおかしくはない。

一方、母が当時、本当にまだ但馬に居たのかを含め、その頃の動向は明らかではないが、「いまたたちまにい申候や」【史料4】という言い方からは、秀吉が、遠からず母をも大坂に引取るつもりであることを予想させるようにも思われるが、よく分からない。なお、『兼見卿記』天正十三年十二月二十日条によって、母がこの頃までには大坂城に入り、秀吉室らと同居していたことは確かである(22)。

なお、秀吉には側室もいたと思われる（例えば天正四年の『竹生島奉加帳』（『豊臣秀吉文書集』一、133号文書）に「御内方」（秀吉室）・「大方殿」（秀吉母）らとともに名の見える「南殿」など）ので、彼女らも秀吉の母・室らとともに京都・但馬に移ったとも想定でき、それが某女であった可能性もあると一応は考えられる。しかし秀吉が、側室に母の動静を尋ね「大たにの五もし」の世話を頼むのは、おかしいとまではいえないにしても、ふさわしくないと思われるので結局、そうした条件を満たす最もふさわしい女性は、秀吉の室ということになろう。

第四節　天正十・十一年における浅井茶々の居所と行動

次に、後に淀殿として喧伝される浅井茶々の居所と行動について検討していきたい。

浅井茶々は言うまでもなく、浅井長政と市の間に生まれた長女で、後に秀吉の側室となって鶴松・秀頼を産み、豊臣家の興廃に大きな関わりを持った女性である。ただ、彼女がいつ頃どのような経緯で秀吉の元に至ったのかは必ずしも明らかではなかった[23]。しかし【史料4】は、この問題についても大きな手がかりを与えてくれそうである。

本状には、「大たにの五もしへやしないをよくおき、ふへニなきようにめされ候へく候」との一文が含まれている。ここにある「大たにの五もし」に注目したい。

秀吉書状に見える「五もし」の用例を見てみると、単に「五もし」とのみある事例ではいずれも養女の豪（前田利家四女）のことを指しているが[24]、（年月未詳）二十二日付秀吉自筆書状（大阪市立美術館蔵）に見える「にしのまる五もし」は、当時大坂城西之丸に住居を構えていた側室京極龍子のことであるから、敷衍すれば「五もし」とは高貴な女性に対する敬称ということとなろう（「五」は「御」の当て字）。

一方「大たに」の「大」は、他ならぬ秀吉自身が小田原陣中から北政所に出した自筆書状（大阪城天守閣蔵）のなかで、「小田原」を「大たわら」と書いている例もあるので[25]、「大谷の五もし」も「小谷の五もし」と読み換えることが可能である[26]。とすれば、この「小谷の五もし」の意味するところは小谷の姫君であり、いわゆる「浅井三姉妹」（茶々、初、江）の誰か一人を指していることとなる。その場合、周知のように、長女の茶々はその後数年を経ずして秀吉の側室になっているのであるから、断定することはできないまでも、茶々こそこの「小谷の五もし」が示す女性であった可能性が高いとみなすことができるように思われる[27]。

天正十一年四月、北ノ庄城陥落によって母の市（「柴田退治記」では「小谷の方」）が夫柴田勝家に殉じた際、北ノ庄を立ち退いた三姉妹は、いったん一乗谷に逃げるが、それを知った秀吉に捕えられて安土城に入ったとされる[28]。しかしながらこれまで、その後の茶々の確かな居所・行動は、『言経卿記』天正十四年十月一日条の「茶々御方」が大坂城の大政所を訪ねる記事まで明らかではなかった[29]。

そうしたなか、以上の検討によって「大谷の五もし」が茶々を指すとしてよければ、彼女はこの時点で姫路にいたこととなる。その場合、北ノ庄落城後間もなく、秀吉に捕えられて安土城に入った三姉妹のなかで、特に茶々だけは秀吉室・母らの居る長浜に移り、その後秀吉室らとともに近江を離れ、京都を経て但馬へ赴き、さらに秀吉室とともに姫路に移ったという想定が一番考えやすいこととなろう。

第五節　天正十一年八月における杉原家次の行動

【史料３】のなかで、家次は、「来廿八九日」頃に「皆々召連候て」大坂に来るよう、強く命ぜられている。これは何のための来坂なのか。そして「皆々」とはいかなる連中のことを指すのであろうか。

このことを考えるうえで大きなヒントとなるのは、まさにその八月二十八、九日付で、秀吉が近隣の大名や地下宛てに「普請石持付而掟」と「定」、すなわち大坂城への石運びの掟書・定書を複数発給している事実である。二十八日付は現存で五通（『豊臣秀吉文書集』一、809・810・811・812・813号）、二十九日付は二通（同、814・815号）が知られている（**別表**）。これらによって、八月二十八・二十九日に大坂築城用の石集めにかかる条規が定められ発令されたことが分かるのである。

とすれば、「はじめに」で述べたように、杉原は近江における「穴太」の居住地を秀吉蔵入地代官としてその管

別表　「普請石持付而掟」・「定」発給一覧（いずれも天正十一年）

	日付	発給者	宛先	居城		所蔵者・出典
①	八月二十八日	羽柴秀吉	赤松弥三郎〔広秀〕	播州揖東郡内	普請石持付而掟	萩原秀政氏所蔵文書『豊臣秀吉文書集』一―809号文書
②	〃	〃	黒田官兵衛尉〔孝高〕	播州国府山城	普請石持付而掟	兵庫県：光源寺文書『豊臣秀吉文書集』一―810号文書
③	〃	〃	前野将右衛門尉〔長康〕	播州三木城	普請石持付而掟	大阪城天守閣『豊臣秀吉文書集』一―811号文書
④	〃	〃	欠	―	普請石持付而掟写	奈良県：初瀬廓坊大典文書『豊臣秀吉文書集』一―812号文書
⑤	〃	〃	欠	―	定	北風文書『豊臣秀吉文書集』一―813号文書
⑥	八月二十九日	〃	一柳市介〔直末〕	城州槇島城	普請石持付而掟写	小野市立好古館所蔵文書『豊臣秀吉文書集』一―814号文書
⑦	〃	〃	摂州　本庄・蘆屋郷・山路庄	―	定	吉井良尚氏所蔵文書『豊臣秀吉文書集』一―815号文書

理下に置いていた（杉原家次宛台所入目録。注（5））のであるから、ここで召し連れた「皆々」とは他ならぬ「穴太」のことで、秀吉はこの頃、杉原が彼ら「穴太」を引き連れて来坂し、近く始まる大坂城の石垣構築に携わることを要請したのだと理解するのがもっとも自然であろう。文中、わざわざ秀吉が念押しまでしている理由も、秀吉が「廿七御あがり」（【史料2】）だったのも、こう考えるとその理由がはっきりする。秀吉は二十八、九日頃、大坂城で家次と会い、石垣普請について打ち合わせするつもりだったのであり、ここにいったん延期された大坂普請は再開されることとなったのである。(30)

かつて筆者は、「杉原家次宛台所入目録」の検討から、「穴太」がこの年九月に始まる大坂城石垣普請に参加した可能性について指摘したことがあるが、(31)【史料4】によって、よりその蓋然性が高まったと言えるだろう。

おわりに

以上、【史料3・4】の検討を通じて、大坂築城工事開始直前の秀吉の縁者の動向を探ってきた。最後に、【史料4】の発給事情についての所見を述べて本章を閉じたい。

本状において秀吉は、この有馬行きが目前に迫っていた大坂普請や紀州攻めを延期してまで「それさま」を湯治させるためのものだと言っている。このことから、これが大坂築城などを急ぐ秀吉にすればいささか予期せぬ事件であったことを推測しうる。だとすれば、姫路が長秀の居城となったことによって、室を姫路から大坂へ迎えるにあたり、間近に迫ったその普請を延期してまで有馬温泉に入湯させるという一盛事を挿入したことは、室からの強い要請に答える形でのものであったとは考えられないであろうか。

秀吉にすれば、天正五年の播磨進出以来、ほとんど室や母のいる長浜に戻ることもなく中国地方を奔走し、とりわけ同十年の主君信長の横死後は、畿内を本拠として東海・北陸地方を転々とし、翌十一年の北伊勢合戦・賤ヶ岳合戦を勝ち抜いてその後継者の地位を手に入れ、姫路を弟に与えて畿内の大坂に拠点を移す準備ができたことによって、ようやく室を自分の元に引き取る状況が整ったという思いであっただろう。しかしながら、それを室側から見れば、およそ五、六年間もの長期にわたってほとんど一緒にいることが無かったという意味で不満が溜まっていたと言えないこともなかろう。とすれば、こうした突然の予定変更と有馬湯治については秀吉室からの、ある種の抗議とそれにもとづく要請のようなものがあったと考えれば、理解しやすいように思われる。

こう考えてみると、猶書の、いささか意味の取りにくい個所もはっきりとして来る。すなわちそこで秀吉は、(ii)今は普請を命じて忙しい時なのだが、あなたさまを湯に入れるために普請も雑賀攻めも延期するつもりですと言い、それに続いて、(iii)(私秀吉があなたに対して)罰当たりなことを申しますが、(今後は一緒にいることになるのですから)何事も私の気に合うようにしてくださるように、と頼んでいるのである。こうした秀吉の、妻に対する非常に丁重な物言い、そしていささか言い訳めいた口調に秀吉の心情がよく吐露されていると感じ取るのは筆者だけではないだろう。かくて本史料は、秀吉夫婦の心の機微をも窺わせるものであるように思われる。

それはともかくも、本章で検討した二つの史料からは、大坂築城前夜における秀吉の室をはじめ、その母や浅井茶々の居所と行動、さらには大坂築城に関与する坂本城主杉原家次の行動までもが明らかになるのであり、本状は当該期の秀吉政権の一断面を鮮明に切り取る、誠に豊かな内容を持った史料であるといえよう。とりわけ、この段階で妻を有馬湯治という歓待を伴ったうえで大坂に迎えようとしていることは、これまでの大きな難局を乗り越え、中央政権への確かな歩みを踏み出そうとしていることへの秀吉の自信ないし余裕のあらわれとみることもできるのかも知れない。

注

（1）本状は、東京帝国大学史料編纂所編『豊大閤真蹟集』上（東京帝国大学、一九三八年）に「七　某宛消息」として影印が収録されている。その宛名の個所は「又」以下が読めないが、後述するように本状全体が前便の追伸であると考えられるところからすれば、「又申給へ」のような文言であることが想像される。

（2）高木昭作監修・谷口克広著『織田信長家臣人名辞典』吉川弘文館、一九九五年。長浜市史編纂委員会編『長浜市史』第三巻、長浜市、一九九八年。拙著『天下統一の城　大坂城』新泉社、二〇〇八年。藤井譲治「豊臣秀吉の居所と行動」（同編『織豊期主要人物居所集成』思文閣出版、二〇一一年）などを参照した。

（3）名古屋市博物館編『豊臣秀吉文書集』一（吉川弘文館、二〇一五年）、866号文書（前田利家三女摩阿宛）、『多聞院日記』天正十一年五月二十五日条、『貝塚御座所日記』天正十一年六月二十日頃条など。

（4）『豊臣秀吉文書集』一、771号文書。

（5）天正十一年八月朔日付杉原家次宛台所入目録（『豊臣秀吉文書集』一、770号文書）によるとこの日、志賀郡上坂本村内にある「穴太」たちの居所（目録には「穴太共ひかへ」とある）を蔵入地としている。なお、このことの詳細については拙稿「「穴太」論考」（『日本歴史』694号、二〇〇六年）を参照されたい。

（6）『豊臣秀吉文書集』一、797号文書。

（7）八月七日付近江諸職人中宛浅野長吉書状には、次のようにある（傍線引用者）。

諸職人之事、御免除以御目録被仰出候、於大坂御普請御用可被仰付候條、可其心得候、
向後別之役儀不可在候、恐々謹言、

浅野弥兵衛尉
長吉在判

（天正十一年）八月七日
近江国
諸職人中

なお、本状は前掲注（6）羽柴秀吉書状の添状である。

（8）これらはいずれも『豊臣秀吉文書集』一に天正十一年八月のものとして収録されている（同書817・803号文書）ので、その翻刻をもととした。
（9）「きり」は女性の名であろうが、不詳である。坂本に居たことから杉原家次の娘だとすれば、秀吉室から見て従姉妹ということになるが、よく分からない。
（10）家次は杉原家利の長男で、妹に杉原定利の妻となる朝日局がおり、その次女が秀吉室である。すなわち、家次は秀吉室から見れば伯父にあたる（渡邊世祐著『豊太閤の私的生活』創元社、一九三九年）。
（11）『豊臣秀吉文書集』一、817号の本文で「大たにの五もしへおきやしないをよくおき、」となっているところ、「おきやしない」の「おき」は、衍字と判断した。この語を省くと意味が通るようになる。なお、「おきやしない」（置養）には「おきみやげ」の意味がある（『日本国語大辞典』）が、採らない。
（12）この「はゝにて候物」については、本文でも言及するようにまったく同じ表現で前年の天正十年十月二十日付「京届米覚」（『豊臣秀吉文書集』一、522号文書）にも三百石という大量の米を支給する対象者として見えている。したがって、ここでの「はゝにて候物」が秀吉の母を指すことはまず間違いないものと思われる。
（13）拙稿「本願寺の貝塚・天満移座と羽柴秀吉の紀州攻めについて」（『ヒストリア』250号、二〇一五年。本書第二章に収録）。
（14）藤田恒春「北政所（高台院）の居所と行動」（藤井注（2）前掲編著）。なお、ここで「おね」とは秀吉室の愛称である。
（15）本書は竹中重門の著作で、寛永八年（一六三一）の成立。
（16）称名寺（長浜市尊勝寺町）は浄土真宗の古刹で、石山合戦期には「湖北十カ寺衆」のひとつとして活躍した。浅井氏滅亡後に一時退転したが、天正十年七月朔日の羽柴秀吉・同秀勝連署状（本願寺史料研究所編『本願寺教団史料京都・滋賀編』112号文書、同朋舎、二〇一〇年）によって尊勝寺郷（現長浜市）への帰還が許されている（平凡社編『寺院神社大事典　近江・若狭・越前』平凡社、一九九七年）。本状はその添状で、赦免の理由・内容を取次役の卜真斎が記したもの。
（17）これに先立つ（天正十一年三月）十一日付「しん他宛秀吉書状」（『豊臣秀吉文書集』一、606号文書）では、やはり安土にいた秀吉が室の侍女しん・こほに宛てて戦況を報告している。621号文書は、その続報であろう。

(18) 秀吉は、天正十一年六月一日におよそ四ヶ月ぶりの上洛を果たしている(『兼見卿記』同日条)ので、このとき、室や母と久しぶりで再会したのではないだろうか。

(19) 「天正記を読む会」による翻刻「〈史料紹介〉国立公文書館所蔵　古活字版『天正記』第二」(龍谷大学国史学研究会編『国史学研究』第33号、二〇一〇年所収)による。

(20) 『大日本史料』十一編之四、天正十一年八月一日条に収録される諸将宛の知行宛行状や知行目録など。

(21) 藤田注(14)前掲論文。

(22) 藤田「大政所の居所と行動」(藤井注(2)前掲編著)。

(23) 福田千鶴は、小和田哲男の先行研究(小和田著『戦国三姉妹物語』角川書店、一九九七年)をまとめるかたちで、「北ノ庄が落城したのちに三姉妹は秀吉の庇護をうけたというが、どこでどのように過ごしたのかはよくわかっていない。叔父の織田有楽に預けられたとする説、秀吉の寵を得ていた京極龍子に預けられたとする説があり、居留先も京都とする説と龍子がいた安土城とする説がある。決め手となる史料はないが、小和田哲男氏は血縁関係や当時の情勢から、龍子に預けられて安土城にいたとするのがもっとも妥当だとしている」(福田著『淀殿—われ太閤の妻となりて—』ミネルヴァ書房、二〇〇七年)と記すが、根拠に欠くようである。

(24) 桑田忠親著『太閤書信』(地人書館、一九四三年)の36号・48号・51号・54号・60号文書など。

(25) 大阪城天守閣編『華—大阪城天守閣名品集—』社団法人大阪観光協会、一九九〇年。

(26) なお、奥野高広・岩沢愿彦校注『信長公記』(角川書店、一九六九年)にも小谷城の「小谷」を「大谷」と書く事例が頻出する(巻三、四、五など)。

(27) なお、秀吉縁者で「大たにの五もし」の文字どおり、大谷の姫君を窺わせるような女性は見当たらない。

(28) 斎木一馬・岩沢愿彦校訂『徳川諸家系譜　第一』(続群書類従完成会、一九七〇年)所収の「柳営婦女伝系」巻之七「崇源院殿之伝系」には、北ノ庄落城の下りを述べた後、勝家側近の中村文可斎が「彼ノ三人の息女を逃去せしめ、一乗の谷へ遣置く、秀吉是を聞、急に安土へ送入る、」とある。

(29) 福田千鶴「浅井茶々の居所と行動」(藤井注(2)前掲編著)。
(30) 吉田兼見が大坂城内の普請現場で秀吉と面会を果たすのは八月三十日のことである(『兼見卿記』同日条)。
(31) 注(5)前掲拙稿。そこでは、【史料3】が視野に入っておらず、その可能性を示唆するに留まっていた。

第二部　大坂城の構築と秀吉の政権構想をめぐって

第五章　大坂城本丸普請をめぐる諸問題

――石垣用材の搬入・積み上げと普請の実態をめぐって――

はじめに

大坂城は、天正十一年（一五八三）四月の賤ヶ岳合戦の勝利を踏まえ、六月に織田信長の後継者としての大坂入城を果たした羽柴秀吉が、天下統一の拠点とするべく改めて造営事業を起こして完成させた、その居城である。築城工事は、同年九月の本丸築造から、同十四年に始まった二之丸普請によって本丸・二之丸からなる城域が整った後も、文禄三年に行なわれた城下町を囲う惣構堀普請、秀吉最晩年の慶長三年に始まった虎口強化・大名屋敷地造成工事など、断続的にではあるが四期十七年にも及ぶものであった(1)。

こうした大坂築城の経過のなかで、特に天正十一年九月から始まる第一期の本丸普請については関連史料が豊富に残されていることもあって、これまでそうした諸史料を駆使した研究が精力的に続けられてきたところである(2)。その結果、本丸普請の経過や本丸の構造について明らかになってきたところも少なからずあるのではあるが、とはいえ、個別的に見ていけばまだまだ未解明な点が存在していると言わざるを得ない状況にあることも確かであろう。

そこで本章では、大坂城本丸普請にかかわる当該期史料のなかで、石垣用石材の採取実態を窺わせる史料の検討を行なうとともに、それを受けて行なわれた築造工事の実態と構造的特徴とを具体的に明らかにしてみたいと思う。

こうした作業によって、織豊期城郭のこの時点での到達形態としての豊臣期大坂城の歴史的位置付けをより一層確かなものとする一助としたい。

第一節　石材搬入路・採石地と石垣積みの期間

本節では、本丸築造の経過を、開始までの経過、石運びの様相、石積みの経過について見ていく。

1　普請開始にいたるまでの経過

賤ヶ岳合戦で柴田勝家・織田信孝らを破った秀吉が、五月十一日には坂本城に入って戦後処理をした、その最中、前田利家の息女摩阿にあてた自筆書状に「こゝもとひまをあけ候ハ、　大さか（大坂）をうけとり候て、人数いれおき、くに〳〵のしろわり候て、これいこむほう（無法）なきやうニいたし申候て、五十ねんもくに〳〵しつまり候ようニ申つけ候」（括弧内は引用者。名古屋市博物館編『豊臣秀吉文書集』一（吉川弘文館、二〇一五年）、866号文書）とあるのが、信長後継者の地位を確立した秀吉の大坂獲得宣言として注目される。その頃、大坂を含む摂津国の大半を領していたのは池田恒興父子であったが、秀吉は近江での戦後処理が済めば大坂城を受け取って居城とし、全国の城割を行なってこののち四、五十年の間も国々が静謐になるようにするつもりだとの構想を表明しているからである。

これは大坂城を整備してその軍事的拠点とし、天下統一の事業を進めていくとの宣言に他ならないが、これは単なるスローガンではなく、実際に同月二十五日には池田父子が摂津から美濃に移らされている（「一五八四年の年報附録」『耶蘇会の日本年報』第一輯）から、賤ヶ岳合戦に勝利した秀吉には、既にそれだけの実力があったとみるべきであろう。

そうして、六月に入ると秀吉は、二日に大徳寺で亡君信長の一周忌法要を営んだ後、いったん山崎城に戻った後（『兼見卿記』天正十一年六月三日条）、六月十日頃には姫路に下ってそれまでの領国播磨を弟の長秀（後に秀長と改める。以下秀長とする）に譲ったうえで、[3]改めて同月下旬に姫路から大坂に入った（『貝塚御座所日記』天正十一年七月四日条）のである。

さて、大坂築城にかかわる記事が現われるのは七月からで、『多聞院日記』天正十年七月十日条には南山城の海住山寺の坊舎を秀吉の給人らが解体して大坂に移した、との記事が見え、『大日本史料』の編者はこれを大坂築城にかかわるものとしている。[4]ただし、これには他に裏付ける史料が見当たらないので、この記事が本当に大坂築城にかかわるものかどうかは少し慎重であるべきかも知れない。

そういう意味で確かな大坂築城にかかわる記事は同年八月五日、秀吉が近江国の諸職人に宛てた次掲の諸役免許状（【史料1】）ということになろう。これには大坂城普請にかかわる記述は無いが、七日付浅野長吉の添状（【史料2】）からこの免許がそれへの参加要請に伴うものであったことが分かる。

【史料1】 天正十一年八月五日付近江国諸職人中宛羽柴秀吉書状

条々

一鍛冶番匠大鋸引事、

一屋葺、付畳指事、

一銀屋幷塗師事、

一桶結事、

一鍛冶炭国中諸畑より可出事、

右諸役令免除訖、然上如先々可相勤者也、
天正拾壱年八月五日　　筑前守在判
近江国諸職人中
（『豊臣秀吉文書集』一、797号文書）

【史料2】（天正十一年）八月七日付近江国諸職人中宛浅野長吉書状（傍線引用者）

諸職人之事、御免除以御目録被仰出候、於大坂御普請御用可被仰付候條、可其心得候、
向後別之役儀不可在候、恐々謹言、
（天正十一年）
八月七日　　浅野弥兵衛尉
長吉在判
近江国
諸職人中
（『大日本史料』十一編之四）

こうして八月に入ると、秀吉は近江国内の諸職人に対して大坂築城への参加を命じ、その準備を命じることとなったのである。ただ、【史料1】に見える職人は、番匠や塗師など作事（建設工事）にかかわる者ばかりであるが、それに先立つ八月一日、秀吉は杉原家次宛近江の「台所入目録」（『豊臣秀吉文書集』一、770号文書）において、近江国志賀郡の諸所を蔵入地とするなかに「一百弐拾五石七斗　穴太共ひかへ」として上坂本在住の石積み技術者集団「穴太」を掌握していること[5]、また同日に、上山城と河内国若江郡の蔵入地代官に一柳直末を据えていること[6]も大坂城への採石・運搬にかかわる措置と考えられる（このこと後述）ので、かかる管見史料に拠る限りではあるが、秀吉が八月一日を期して大坂城の普請（土木工事）への指示をも開始している可能性が高いように思う。

こうして、その後間もなく大坂築城工事が始まるかに見えたが、これは秀吉が突如有馬湯治に赴くこととしたためにいったん延期とされた。この有馬行が八月十七日出発であったことは同日付杉原家次宛書状（『豊臣秀吉文書

表1　「普請石持付而掟」・「定」発給一覧（いずれも天正十一年）

	日付	発給者	宛先	居城	史料名	所蔵者・出典
①	八月二十八日	羽柴秀吉	赤松弥三郎〔広秀〕	播州揖東郡内	普請石持付而掟	萩原秀政氏所蔵文書『豊臣秀吉文書集』一―809号文書
②	〃	〃	黒田官兵衛尉〔孝高〕	播州国府山城	普請石持付而掟	兵庫県：光源寺文書『豊臣秀吉文書集』一―810号文書
③	〃	〃	前野将右衛門尉〔長康〕	播州三木城	普請石持付而掟	大阪城天守閣蔵『豊臣秀吉文書集』一―811号文書
④	〃	〃	欠	―	普請石持付而掟写	奈良県：初瀬廓坊大典文書『豊臣秀吉文書集』一―812号文書
⑤	〃	〃	欠	―	定	北風文書『豊臣秀吉文書集』一―813号文書
⑥	八月二十九日	〃	一柳市介〔直末〕	城州槇島城	普請石持付而掟写	小野市立好古館所蔵文書『豊臣秀吉文書集』一―814号文書
⑦	〃	〃	摂州　本庄・蘆屋郷・山路庄	―	定	吉井良尚氏所蔵文書『豊臣秀吉文書集』一―815号文書

集』一、803号文書）で判明するが、そのなかで秀吉は家次に八月二十八、九日頃に「皆々召連候て」大坂に来るようにと再三要求している。その意味するところは、まさにこの両日付で後述するような石材運搬にかかわる「普請石持付而掟」五通と「定」二通（前頁表1）が集中的に出されていることから、石垣普請のために家次が近江の「穴太」を引き連れて来坂することを命じたのだという事情がもっとも考えやすいだろう。(7) 果たして八月三十日には秀吉が城内の普請現場にいたことが『兼見卿記』（同日条）の記事から確認できるから、秀吉が二十九日までには帰坂して、家次らとともに普請の陣頭指揮を執っていた様子が窺われる。ただ、『兼見卿記』九月一日条（後掲【史料6】）によってこの日の普請開始が知られるので、八月末段階ではその準備作業中であったということとなる。

2　石材搬入路の整備と採石地の様相

次に石垣普請にあたってその石垣用石材の搬入路の整備状況と採石地の様相について見ていく。関係地図（**図1**）を掲げたので適宜参照しながら読み進んでいただきたい。

［河内国千塚］

【史料3】は、八月十九日付で一柳直末・小野木重次の二名の奉行に宛てた指令書で秀吉は、千塚の石が（石垣用材に）大変よいので、そこから採石し大坂城へ運搬するにあたって、「若江之本道」まで（石運び用の）道を整備するようにと指示している。

【史料3】（天正十一年）八月十九日付小野木清次郎（重次）・一柳市介（直末）宛羽柴秀吉書状

此書状羽柴三郎兵衛かたへ市介者ニもたせ候て可遣候、

態申候、千塚之石一段能候間、可持候条、従彼地若江之本道まて道事、早々可造候、不可由断候、為其申候、

恐々謹言

筑前守
（天正十一年）八月十九日　秀吉（花押）
小野木清次殿
一柳市介殿
（『豊臣秀吉文書集』一、804号文書）

ここでいう千塚とは現在の八尾市千塚付近のことで、生駒山地の西麓斜面に位置する台地である。この地名の由来は、ここが高安千塚、平尾山千塚など後期古墳時代の横穴式石室を備えた群集墳分布地帯であったことによる。したがって、この書状にいう「千塚之石」は横穴式石室を構成する花崗岩材であろうというのが定説になっているが、確かに、この地域からは一定の大きさ以上の硬質石材が比較的手軽に、かつ多数が安定的に採取できるという意味で、理想的な石材採取地であったといえよう。

さて秀吉は、ここから新たな搬入路を若江本道まで早く造れと命じているのであるが、それはどのような道筋を想定しうるであろうか。「若江本道」という街道名は管見には触れないが、千塚から若江を経由して大坂城にいたる道であるのは確かだから、おそらく生駒西麓の大竹・楽音寺（いずれも八尾市）付近から河内平野に出て若江（東大阪市若江本町付近）を通って上町台地に至る、河内平野を東西に横断する「立田街道」（十三街道とも）を指すのだと考えられる。これには棚橋利光の詳しい解説があるので(8)、それによってこの街道の概要を窺うと、大坂玉造から東（大和方面）に向かう街道が摂河国境の深江・足代で二本に分かれるが、この分岐点から北で東に向かう道が「暗越奈良街道」であり、南で南東へ向かう道が「立田街道」である。後者の足代からの道筋は、菱江西・上小阪を経て若江南に至り、さらに福万寺から楽音寺へと出、楽音寺で東高野街道と交差して大竹・神立を経て十三越から大和の龍田に至った、とされる。そして、千塚は大竹の南僅か七百五十メートルに位置する。

以上を勘案すれば、この時秀吉から小野木・一柳両名に整備を命じた搬入路はおよそ次のように想定されるので

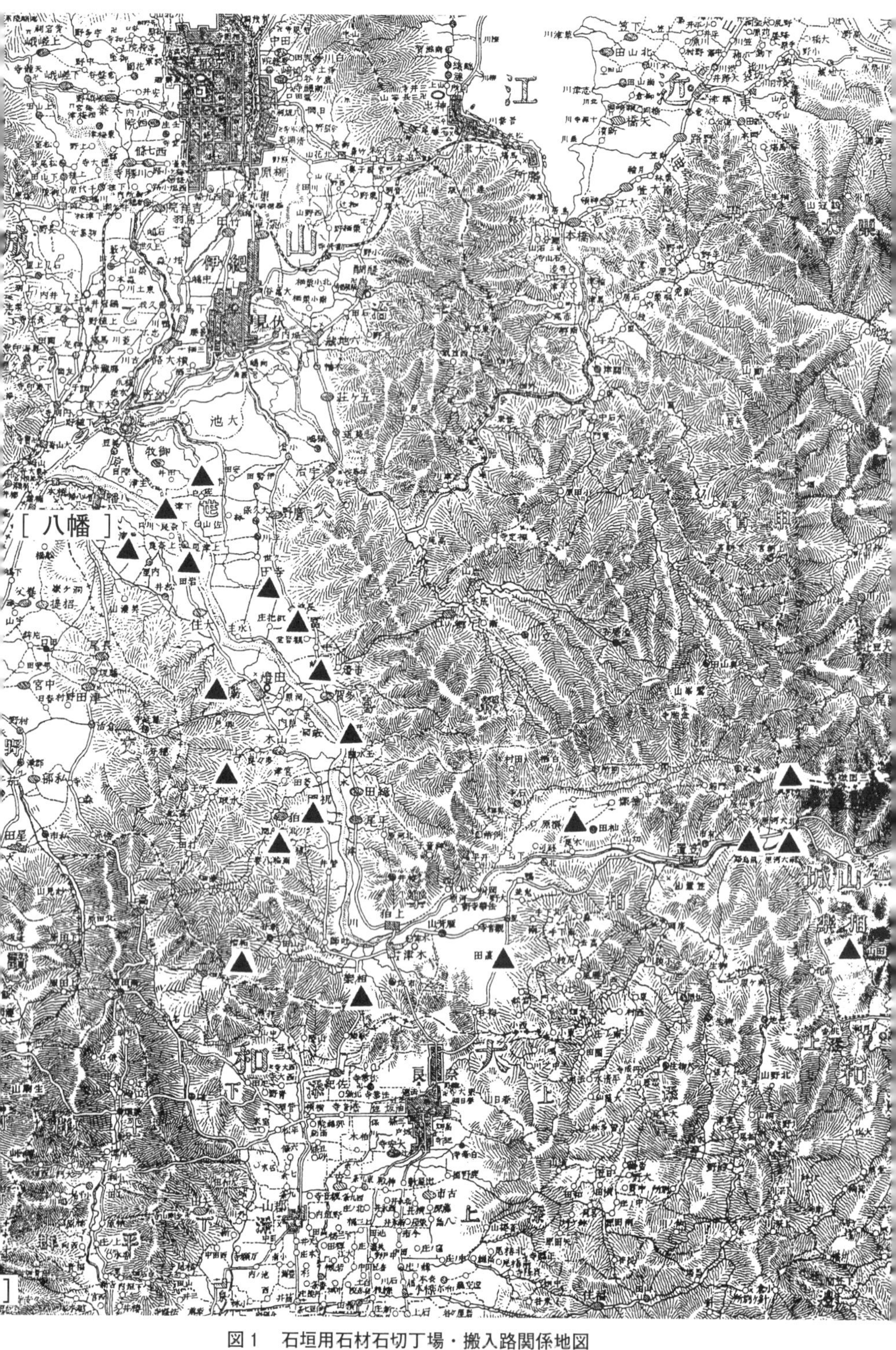

図１　石垣用石材石切丁場・搬入路関係地図
（平凡社『日本歴史地名大系28』特別付録「輯製二十万分一図復刻版 大阪府全図部分」に加筆）

［芦屋］
（大坂城）
大阪湾

はないだろうか。すなわち採石場である千塚から大竹あるいは楽音寺付近まで新たな石材搬入路を作り、そこから以下、福万寺↓若江南↓上小阪↓菱屋西↓東足代↓深江↓大今里↓玉造を経由して大坂城に向かうというルートである。

ところで、ここで搬入路整備を担当した一柳直末に注目してみると、秀吉は八月朔日付で次のように上山城と河州若江郡内所々での「台所入目録」を発給している。

【史料4】天正十一年八月一日付一柳市助（直末）宛羽柴秀吉台所入目録

上山城台所入目録

一五百石　相楽　奈良桝
一四百三拾石　当尾　奈良桝
一四百石　和束　奈良桝
一百三十拾弐石　戸津
（中略）
一弐百石　寺田郷
一百石　岩田
一百三拾石　富野
一二百六拾壱石七斗　南稲八妻
一百拾石　下津屋
（中略）
一五百三拾五石　霧山　田山　大河原　野殿　高尾　阿地　銭連　飛鳥路

（中略）

一八百八拾七石五斗　　いで
一百七拾石　　なしま
　合六千八百四拾五石
　　河州若江郡内所々
一参千六百弐拾石　　若江村
一七百七拾石　　かやふり村
一弐百石　　穴太村
一四百九石七斗　　大御堂村
一八拾石六斗　　稲田村
　合五千八拾石
都合壱万千九百弐拾五石
天正拾壱年八月朔日　　秀吉（花押）
　一柳市助殿

（『豊臣秀吉文書集』一、784号文書）

いま「河州若江郡内所々」に見える村々を図1の地図上に落としてみる（●印）と、いずれも千塚から大坂へ向かう中間地点に分布している。とすれば秀吉は、千塚からの採石に先立って、あらかじめその経路上や近辺にある村々の農民を千塚からの搬入路整備に動員するためそこを蔵入地とし、管理を整備担当奉行の一人である一柳に委ねたという事情が見て取れる（石材運搬に動員された者については後述）。おそらく同様の措置が小野木に対しても取られた公算が大きいが、残念ながらその史料は管見に触れない。

いずれにしろ、こうして千塚から大坂までの石材搬入路の造成が二十二日までに開始された（同日付一柳某宛て秀吉書状（後掲【史料10】））ようであるが、どうやらその後間もなくこの若江本道を通って石を運ぶ道路の一部が冠水して使えなくなったらしく、同月二十八日以前に一柳・小野木に石川光茂を加えた三名が「天王寺之古道」を修復したいと秀吉に申し出ていたことが次掲【史料5】から窺われる。

【史料5】（天正十一年）八月二十八日付石川加介（光茂）他二名宛秀吉書状

書中披見候、先度申付候道儀、水つき候付而、天王寺之古道相拵之由、得其意候、然者千塚之石可然候ハ、、それら之道をも同事ニ見計可造候、何も不可有由断、尚期後音候、恐々謹言

筑前守
秀吉（花押）

（天正十一年）八月廿八日

石川加介殿
一柳市介殿
小野木清次殿

（『豊臣秀吉文書集』一、808号文書）

実は、生駒山西麓から大坂城のある上町台地まで河内平野を東西に横断するにあたって、現在の八尾市・東大阪市・大東市などの東大阪地域は、かつての大和川が多くの支川に分流して流れていた地域であり、長らく大小さまざまな沼沢地が分布する低湿地であったが[9]、この状態は基本的に宝永元年（一七〇四）の大和川付け替え工事時まで継続する。したがって、大坂築城時には生駒西麓から河内平野を横断して上町台地へ至る道は、大量の石材を短期間に運ぶという作業にとって、決して良好な道路でなかったことも確かなのである。おそらく、八月十九日以降のある日に大雨の降ることがあって、そのため先の搬入路が冠水していた状況が想定される。

こうしたことから、この天王寺古道は、「水つき」の心配のない比較的高燥の土地を通る古くからの道というこ

とになろうが、その具体的なルートについて、これも棚橋利光の解説を参考にしての見解ではあるが、筆者は次のように想定してみた。

それは、千塚から万願寺→八尾→久宝寺→平野樋尻口／市ノ口→平野泥堂口→天王寺河堀口というルートである。この平野を通るルートは、棚橋によれば、「立石越街道」と呼ばれる道で、上町台地の南東斜面に沿ってたどる道であり、前の若江を通るルートに比べるとずっと安定的なことは確かである。しかも、天王寺河堀口から平野までの道は、平野一里山を起点として松原市域を経て高野山に向かう参詣路「中高野街道」に接続していたから、この道を「天王寺古道」と見なすことには充分な理由がある。さらに、この年七月に平野庄が蔵入地とされ、一柳直末がその代官に任じられていることも思い合わせるべきだろう。(10)

こうした道路整備を経て千塚から大坂への石取りが始まった。京都吉田社の神主吉田兼和（のちに兼見。以下、兼見とする）は、所領安堵の御礼を秀吉に言上するため二十九日に京都を出発、翌三十日には大坂城内の普請場で秀吉に拝謁し、その後見物のため堺に赴いた。その翌日、すなわち九月一日、帰洛の途に就いた兼見は、その道中で、千塚での喧騒の様を目撃した。

【史料6】『兼見卿記』天正十一年九月一日条

一日、庚申、巳刻発足和泉堺、至平野見物、当在所悉天王寺へ引寄也、竹木堀以下埋之也、自今日大坂普請之由申了、河内路罷通、里〻山〻、石ヲ取人足・奉行人等数千人不知数、今夜飯盛辺ニ一宿、不弁難儀之宿也、

（以下略）

この日の朝、堺を出発し、平野を見物した後、おそらく久宝寺を経て「河内路」（東高野街道、現在の国道一七〇号線）へ出た兼見は、おびただしい人足・奉行らによる採石の喧騒を目の当たりにするのであるが、これこそまさに千塚付近からの採石による騒動と見てよかろう。そして、これを見た兼見の感慨が「自今日大坂普請之由申了」

というものであった。

［山城国八幡］

この日、飯盛あたりで一泊した兼見は翌日巳刻山城に出て、八幡で休憩することとなるが、ここでまたもや大坂への採石作業の喧騒を見かけた。

【史料7】『兼見卿記』天正十一年九月二日条

二日、辛巳、未明発足、至八幡五里也、巳刻至八幡暫休息、此辺大坂へ之石ヲ取、騒動了、先年自信長当社造営也、今般幸之儀なり、為社参登、参神前、（以下略）

兼見が京都への帰路に通った東高野街道は、招提村（枚方市招提付近）から洞が峠を超えて八幡四郷の一つ金振郷の志水町に出る。この町は繁華なところで、男山山下の平谷町まで約一・七キロメートルにわたって家並みが続いていたという[11]。この後、兼見は石清水八幡宮に参詣しているから、その休憩地、そして石取りの騒動を見たのも概ねこのあたりとしてよいだろう。

さて、この八幡での採石を考える場合も注意すべきは、前掲一柳市助宛台所入目録（【史料4】）の前半部に見える上山城の村々である。今この村々の判明した限りを図1の地図上に落としてみる（▲印）と、伊賀国境にほど近い田山・大河原から八幡近辺の戸津・市田に至るまでの木津川両岸に広く分布していることが分かる。そしてこの地域が、徳川期の大坂城普請に際して大量の石材を提供した加茂を含む土地[12]であることを勘案すれば、兼見が目撃した八幡での石取り作業とは、これら蔵入地とされた上山城の村々の農民によって木津川を下って運ばれてきた石材をいったん志水町のすぐ東に位置する戸津（ここも八月一日に直轄地となっている[13]）あたりに集積して、改めて淀川から大坂に送るということではなかったかと思われるのである（このこと、更に後述）。

［摂津国芦屋］

ところで、採石の地元に対しても次のように秀吉からの「定」が発給されている。

【史料8】 天正十一年八月二十九日付摂州本庄他宛羽柴秀吉石持定

摂州
本庄
芦屋郷
山路庄

定

一対百姓不謂儀申懸族一銭切たるへき事、
一田畠作毛あらすへからさる事、
一石持者共不可宿借事、
右条々違背輩在之者、速可加成敗者也、仍下知如件
天正十一年八月廿九日　筑前守（花押）

（『豊臣秀吉文書集』一、815号文書）

ここでいう摂州本庄・芦屋・山路庄はいずれも兎原郡内の村で、豊臣期の正確な境域は定め難いものの、御影石という名の発祥地である御影を含む現芦屋市から神戸市東灘区に比定することができる。[14] この地域（以下、芦屋とする）は、賤ヶ岳合戦後間もない頃から秀吉の蔵入地になっていたと思われるので、[15] 本状は、蔵入地たる芦屋在の百姓に対して出された「禁制」ということになろう（**表1**の⑦）。なお、ここで想定される「石持者」は宿を取ることを禁じられているから逆に、芦屋近在の者では無いということになる。それ以上は不明とせざるを得ないが、後述するように播磨の各地から集められた人夫であった可能性が高い。[16]

※

以上、河内の千塚、山城の八幡、摂津の芦屋で行なわれた石取り作業や在所の様相を見てきたのだが、ここで千

塚・八幡・芦屋の各石取り場と大坂城までの直線距離の概数を測ってみると、千塚から大坂までは約十四キロであるから、大坂に宿を取った石取り人夫が仮に朝六時に宿を出たとして、千塚までを三時間半ほどで歩くと（四キロ／一時間と仮定）午前九時半頃には現場に着くので、それから石を採って大坂城へ運ぶというのは充分現実的であるし、時間的には二往復することも可能であろう[17]。

一方、八幡と芦屋の場合はどうかといえば、大坂から八幡までの約二十五キロ、芦屋までの約二十一キロという距離もさることながら、これらの地から大坂城までの陸路による石材運搬は前者では洞が峠越え、後者では武庫川・中津川・淀川などの渡河という難問を抱えているからどちらもあまり現実的とは考えられない。従って前者については八幡のすぐ東側を西北流している木津川から淀川を下って八軒屋あたりへ向かったとする方法、後者については大阪湾に出て淀川を遡上し、同じく八軒屋あたりに上陸する方法[18]が最も合理的であろう。

3　「普請石持付而掟」と採石地

さて、八月二十八・二十九日には知られる限り五通にのぼる石材運搬に関する掟（「普請石持付而掟」）が出されることとなった（**表1**の①〜④・⑥）。次の史料は、そのうちの一通で、当時播磨揖東郡内の領主であった赤松広秀に出されたものである。

【史料9】　天正十一年八月二十八日付赤松広秀宛羽柴秀吉石持掟

普請石持付而掟

一石もち之事、書付雖在之、とり次第たるへし、但よせ候て奉行付置候石ハ取間敷事、

一宿事、在々を取候ハ丶、石のとり場遠候条、其石場に野陣をはり候歟、又ハ大坂ニ宿在之衆ハ、面々宿より被出候共、其身覚悟次第たるへき事、

一石もち候て帰候ものハ、かたより候て可通、大石おもき石ニハ、かろき石かたよるへき事
一けんくわ口論於在之者、曲事たるへし、但一方有堪忍、筑前守於被言上者、雑言仕懸候者くせ事たるへき事、
一下々者百姓にたいし、不謂族申懸候ハヽ、其者可為曲事候条、右くせ者可有成敗処、あはれミをいたし用捨
　於在之者、科人事ハ不及申、其主人迄可為越度事、
右条々定置所如件
　天正十一年八月廿八日　　　　筑前守（花押）
　　　赤松弥三郎殿
（『豊臣秀吉文書集』一、809号文書）

これは、秀吉が赤松に対して、大坂城石取りの人夫役に駆り出す領民にその際の規約を周知させるべく布告するようにと出した掟であり、一種の労働規約であるといえよう。いずれも興味深い条文であるが、本稿との関係でいえば第二条が気になるところである。

これは石取り人夫たちの宿泊についての規定で、石取り場に野宿するか、大坂に宿を確保できる者はその宿から石取り場に向かってもよい、と言っている。このことから、この条文で想定している石取り場は彼らが大坂に宿を取っても通える距離にあったことが分かり、そのうえ第三条からは陸送を前提としていることも明らかであるから、石取り場の名こそ明記されないが、この「掟」が千塚からの石材運送に関わって出されたものであることは間違いないところであろう。とすれば、二十八日、領主赤松広秀を通じての秀吉の動員令に応じた領民は、遅くとも九月一日には千塚での石取りに従事していたということになるものと思われる。

なおその場合、八幡や芦屋からの水上輸送を前提とした「掟」も発給されたはずであるが、それはまだ管見に触れない。

ところで、この掟の宛名の分かる四名のうち三名が播磨の領主であることから、この掟で窺われる限りでは石材

運搬への課役は播磨の領民が主たる対象であったようにも思われるのだが、このことについては秀吉が石持道整備奉行のひとりである一柳直末かと思われる人物に宛てた次のような指示が注意される。

【史料10】（天正十一年）八月二十二日付一柳某（直末カ）宛羽柴秀吉書状[19]

（前略）将亦石持道事、無由断申付由尤候、随而普請者共宿事、播州衆なとも見計方切々仕候て、宿儀可相渡候、恐々謹言

（天正十一年）八月廿二日　　筑前守

　　　　　　　　　　　　　　秀吉（花押）

一柳□□殿

（『豊臣秀吉文書集』一、806号文書）

ここで秀吉が、動員した石取り人夫らの宿について、特に「播州衆」などのことをよく考えて宿を渡すようにと指示していることからは、彼らが主として播州の各地から動員された者たちであることを裏付けているように思われるのである。

※

以上から、この時の大坂城への石材搬入は主として播磨各地諸将の領民を中心に河内・摂津・山城の蔵入地百姓に命じた夫役によって行なわれたとおぼしいのであるが、その場合、後北条氏や武田氏分国での場合を参考にして、十日から三十日前後の動員をかけて集中的に石取り・運搬を行なわせたものと考えたい[20]。実際、この時以外にかかる動員令は発せられていないのである。そして、播磨が天正九年に信長から与えられた秀吉領国（ただし、この時点では弟の羽柴秀長領）、河内・山城が翌年六月の清須会議で得た領国、摂津がさらにその翌年五月頃に得た領国であることを考えあわせると、この規約が天正十一年九月段階における秀吉からの指示としても妥当なものといえるだろう[21]。

4　石垣普請に要した期間について

さて、石材を築城現場に運び込めば、いよいよ石積み工事である。1で述べたように、秀吉は八月二十八、九日を期して近江の「穴太」の大坂来着を要請して大坂城の石垣普請に備えたのであるが、九月一日には吉田兼見が千塚や八幡で大坂への石取りの喧騒を目撃しているから、この日以降間もなく「穴太」によって石垣構築が開始されたことは間違いない。ではこの普請はどれくらいの期間続けられたのかであろうか、まず三点の史料を提示する。

【史料11】（天正十一年）十一月五日付某宛羽柴秀吉書状

（前略）

一大坂事、五畿内之廉目能所ニ候之間、居城相定、念を入普請申付、悉出来候之事、

（中略）

（天正十一年）十一月五日　秀吉（花押）

（宛所欠）

（『豊臣秀吉文書集』一、835号文書）

【史料12】「柴田退治記」(22)

（前略）

只今大坂の普請を成す処のもの天守の地台、其の高さ莫大にして四方八角白壁水へいの如し、（中略）

于時天正十一年十一月吉辰　由己謹誌之

（金沢市立玉川図書館蔵『豊臣記』）

【史料13】（天正十二年）四月十六日付某宛羽柴秀吉書状(23)

（前欠）

一本丸其外門惣間普請之儀、我々出陣候て以後、如何程出来候を一々書立候て可相越事、

一竹之儀、千束小野木かたへ相渡候由、得其意候、（中略）

筑前守

（天正十二年）四月十六日　秀吉（花押）

（宛所欠）

（『豊臣秀吉文書集』二、1055号文書）

前の二つは、天正十一年十一月段階での普請の状況を記すもので、【史料11】では「悉出来」というが、【史料12】ではまず出来上がったのが「天守の地台」だったというのであるから、この頃に天守台石垣が完成したというのであろう。【史料13】は、翌年四月十六日に小牧長久手合戦で尾張在陣中の秀吉が家臣某に宛てたものであるが、秀吉が大坂を立った三月九日頃には本丸その他の門にかかわる何らかの普請が継続中であることが窺える。ここからは既に堀・石垣などの大規模普請は終了しているようにも感じられるが、いずれにしろ四月中旬には本丸普請は大詰めを迎えていた。

こうした記事から、天守台築造を含む何らかの土木工事が七、八ヶ月の間続いていたことが分かるのであるが、同年八月八日には秀吉が「大坂新造」へ移徙している（『貝塚御座所日記』同日条）から、櫓・御殿などの作事を含めた全体の工期はおよそ十一ヶ月ということになる。これは、秀吉がまったく一から本丸を取巻く堀や石垣のすべてを掘り上げ、築き上げたとするならば相当短い工事期間であったように思われるのであるが、その事情について、「一五八三年の日本年報」は次のように述べる。

【史料14】一五八四年一月二日（天正十一年十一月三十日）付フロイスよりイエズス会総長宛年報

而して最初は二、三万人を以て工事を始めたが、竣工を急ぐので遠方の諸侯に自ら来るか又己に代つて其子をして家臣を引率して建築に従事せしめることを命じた。同地（大坂のこと—引用者）より来た者の言ふ所に拠れば）今は月々工事に従事する者五万に近い。

（村上直次郎訳『耶蘇会の日本年報』第一輯）

ここで、秀吉が竣工を急ぐという理由はおそらく、当時大坂の南方、紀州鷺ノ森にいた本願寺十一世顕如をもう一度大坂に戻すべく画策していた雑賀衆やそれに与同する根来衆の襲撃を恐れていたからであったと思われるのであるが、それにしてもなお筆者には工期が短かすぎるように感じられてならない[25]。

そこで、こうした築造期間の問題も念頭に置きながら次節では、本丸の構造的特質とその築造経過について検討していきたい。

第二節　本丸の構造的特質と築造の経過

1　豊臣期大坂城本丸図の発見

一九六〇年(昭和三十五)二月、(財)日本城郭協会の櫻井成廣らは江戸時代を通じて幕府の京都大工頭を勤めた中井家に伝わる図面類を調査した際、薄い和紙に透写されたとおぼしき二枚の大坂城本丸の指図(いずれもタテ四十センチ、ヨコ三十センチほどの小図。薄い和紙に元図を透写。御殿などを色分け)を発見した(以下、「本丸図」という)。櫻井は、これを豊臣時代の大坂城本丸図であろうと考え、さっそくその翌年に考証を伴う解説を執筆して発表した[26]。これを受けて、一九六二年には、宮上茂隆によって建築史的観点からの詳細な研究が発表された[27]。宮上は、櫻井の見解を踏まえながら、一九五九年実施の「大坂城総合学術調査」で発見された本丸地下の石垣遺構をも視野に入れて検討し、本図に記入された石垣長さは実測値で、石垣線もすべて実在したもので、それを六尺五寸を五厘五毛とする縮尺であらわすものとした[28]。こうして宮上は、この指図が秀吉が天正十一年九月から築造を開始した大坂城の本丸平面図であることを確定した。さらに宮上は、元図は天正十一年末～十二年初に作成された図面で、天正十二年八月七日の本丸移徙時の状況を示すとしたのである(**図2**)[29]。

いずれにしろ、この本丸図の発見・検討によって、豊臣期本丸が鮮明にその姿を表わしてきたというのは間違い

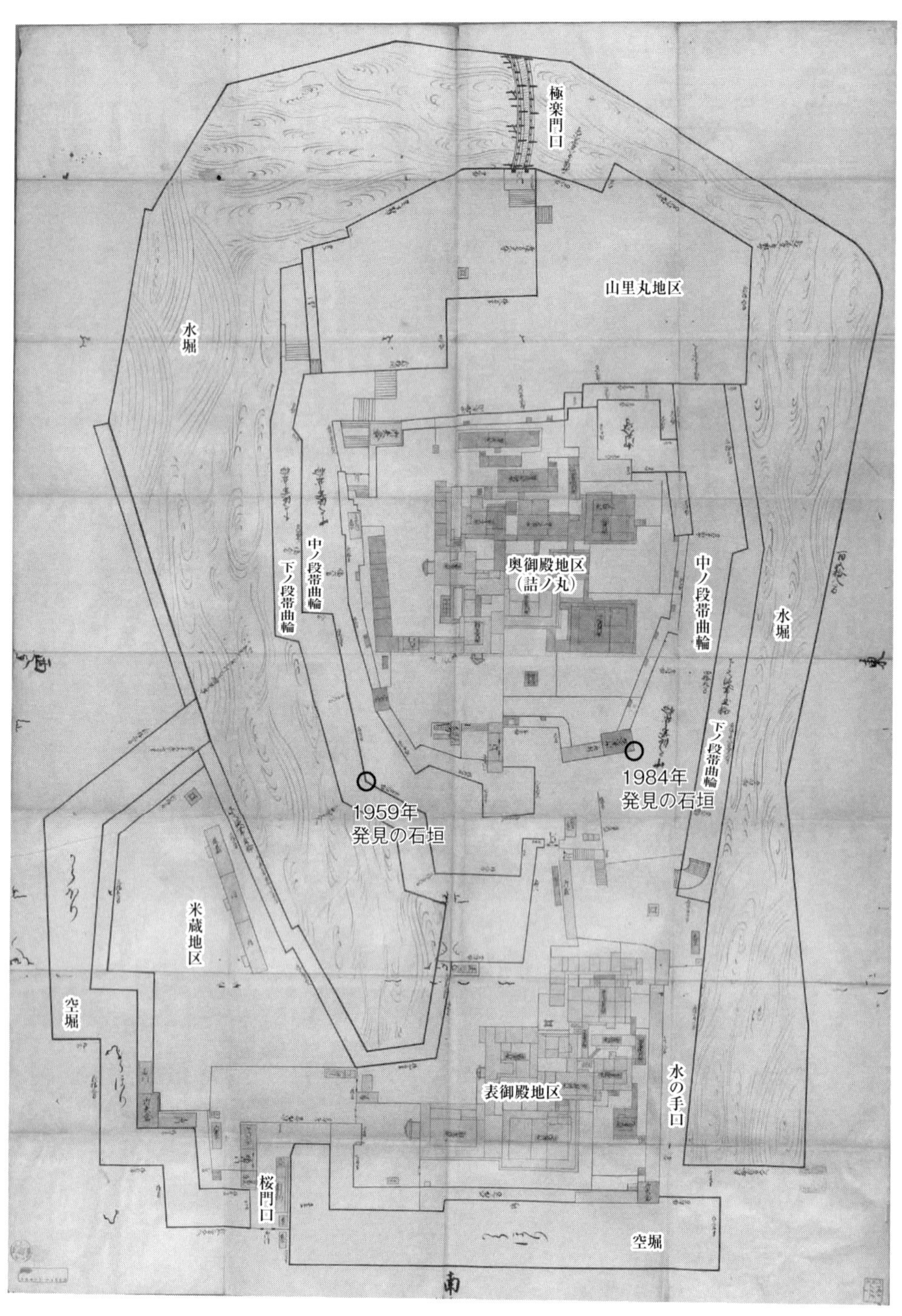

図2　豊臣時代大坂城本丸図（早稲田大学図書館蔵。図中の活字や記号等は、筆者による。）

ないのであるが、その具体的な構築経過については長らくはっきりとは明らかにされてこなかったし[30]、その石垣のすべてが天正十一年九月に始まる秀吉築造にかかるものとする見解も行なわれてきた[31]。そうしたなか、筆者は二〇〇七年刊行の拙著[32]において、石垣や櫓・門などの検討を行ない、本丸図に描かれたその石垣には秀吉以前に築かれたものが含まれているのではないかとの問題提起をしたことがある。そこで以下、その後得た見解も含め改めて本節でこの問題を取り上げることとする。

2　「本丸図」の検討

本丸図によると、大坂城の本丸は東・北・西の三方を、南に開く馬蹄形をなす水堀で囲まれている。そのうち、西の水堀だけはその南半部が大きく南東方向に食い込んでいるが、これは近年の研究によって解析谷（「本丸谷」と命名）を利用したものであることが明らかにされた[33]。一方、南部と西の南半部は空堀（「からほり」とある）である。

そして、これらの水堀・空堀に囲まれて、南部の表御殿、南西部の米倉があり、表御殿の北を進むと土橋状の隘路を隔てて大きく中央に位置する奥御殿、さらにその北で一気に低くなって二の丸北部へと通ずる山里丸という四つの地区がある。そして、本丸の出入り口としては、南西部にある正門の「桜門口」、南東隅にあって井戸曲輪に通ずる「水の手口」、また山里丸地区の北端にある木橋の「極楽門口」の三ヶ所がある。

本丸の平面構造がおよそ以上のものであったとして、次にその立面構造や主な建物配置について説明していきたい。

馬蹄形状をなしている水堀は、その周囲を石垣（下ノ段石垣）で囲われている。そして馬蹄の内部にある山里丸地区と奥御殿地区のうち、後者はさらに二段の石垣（中ノ段・詰ノ丸）によって囲われている。下ノ段石垣と中ノ段石垣に挟まれた東西の細長い平坦地を下ノ段帯曲輪と呼び、中ノ段石垣上にある東・南・西の三方向の平坦部を中ノ段帯曲輪と呼んでいる。これらの帯曲輪上に櫓などは見られない。そのさらに内側に積まれた詰ノ丸石垣によって囲まれたのが奥御殿地区である。この詰ノ丸石垣は、内外両面を持つ石塁構造になっており、石垣の上には要所に櫓を置いた長大な多門櫓が築かれている。そして、天守も詰ノ丸石垣の東北角に立つ櫓で、その東・北面の石垣は詰ノ丸石垣と一連の構造になっていることを確認しておきたい。奥御殿地区には二ヶ所の門があって、南の正門（「御門矢倉」とある）は門上に渡櫓を渡した堅固な構えとなっている。また、西北角の山里丸地区に通ずる裏門もその脇に櫓を備えて厳重な構えを採っており、総じて奥御殿地区は極めて高度な防衛設備で守られている。

一方、表御殿地区と米倉地区は、その南部と西部が幅七間～十三間半にもなる空堀によって囲まれており、その内側石垣の上にはこちらも要所に隅櫓を置いた長大な多門櫓を配している。二ヶ所ある門口のうち、南面西寄りの正門（「桜御門」とある）は渡櫓を門上に渡した厳重な構えであるが、南東隅にある水の手口は門がなく一見防御力が弱いようにも見えるが、その西側石垣上には長大な多門櫓があるので結構強いと思われる。

さてこれまで、上述のようにこれら本丸を囲む下ノ段・中ノ段・詰ノ丸の三段の石垣、および空堀石垣などの土木構造物は、すべて天正十一年九月に始まる第一期普請で構築されたとするのが主流であった。だが、果たしてそれは正しいのであろうか。そのことを考えるために、以下、これら石垣・堀と櫓・門などの上部構造物の様相について具体的に見ていきたい。

3　本丸石垣・堀の構築過程

先に、【史料12】によってまず天守台の石垣が完成したことを指摘したが、本丸図に明らかなように、天守台の東面する石垣は詰ノ丸石垣の一部を構成しているのであるから、そのすぐ下に中ノ段・下ノ段という二段の石垣が存在する。したがって、最初に天守台を完成させたのならそれら三段の石積み工事を同時進行で築いたのか、ある

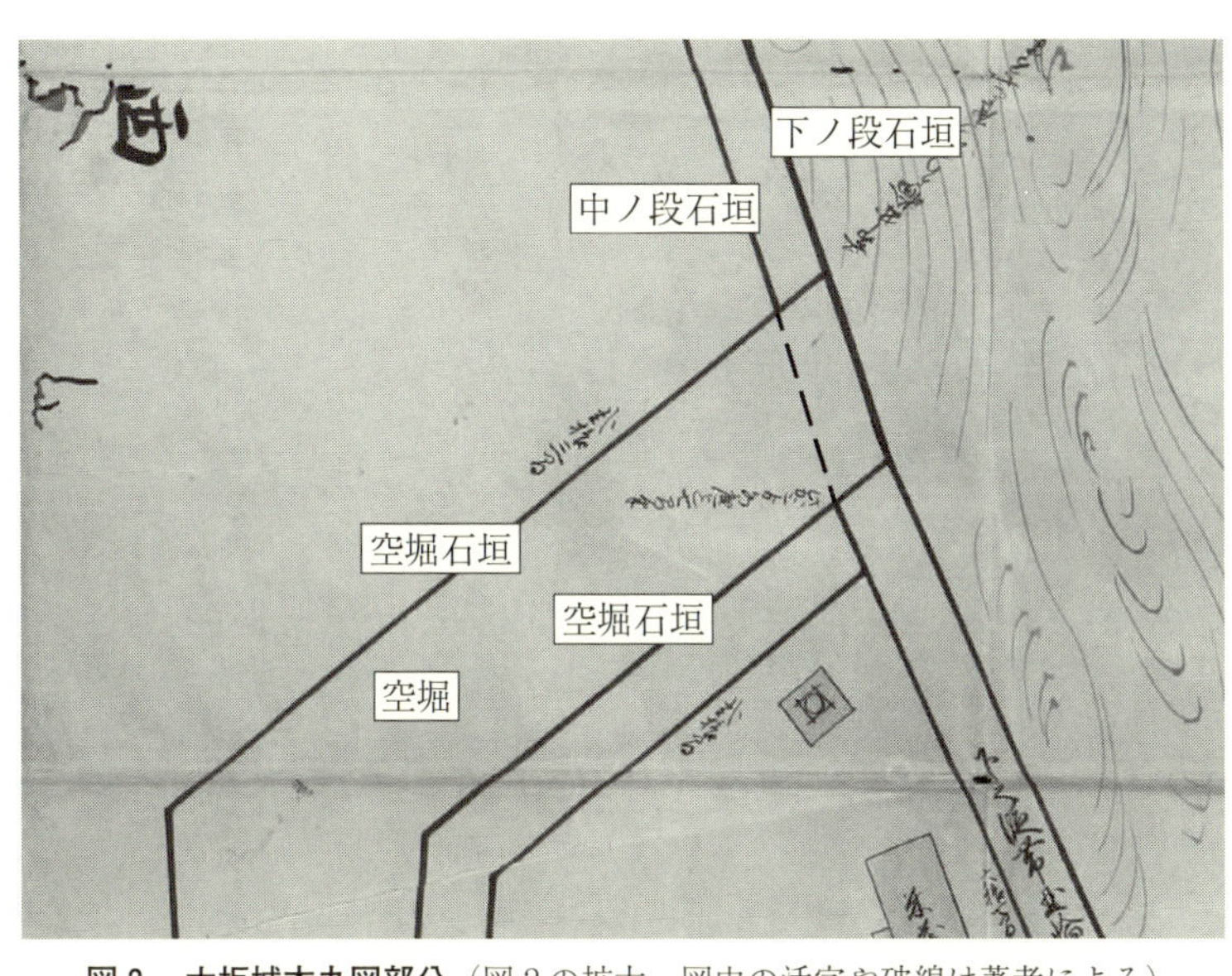

図3　大坂城本丸図部分（図2の拡大。図中の活字や破線は著者による）

いは天守台完成後に中ノ段・下ノ段石垣を築いたとせざるを得ない。

しかし、これら石垣の平面形状を仔細に眺めてみると、東西の中ノ段・下ノ段の二段は屈曲・並行する個所の多くが一致し、これら二段の石垣が一つの計画下で作られたと思われるのに対して、詰ノ丸はあたかも中ノ段構築によって形成された大きな広場の中央に石塁を築いて囲い、その内部に天守や奥御殿を配したように見える。

こうしたことから筆者は、秀吉が既に下ノ段・中ノ段の両石垣があったところに天守台を含む詰ノ丸石垣を構築したのではないかと疑うのであるが、この想定を傍証するものとして、今ひとつ西水堀と米倉北端の空堀の石垣構造を指摘しておきたい。（**図3**）に明らかなように、この個所の空堀は中ノ段石垣を途中で遮断する形で構築されている。つまり既にあった中ノ段石垣を切断する形で空堀石垣が作られたと見なしうるのである。

ここで筆者の考えを整理すると、秀吉が本丸を構築するにあたって、既に下ノ段・中ノ段の両石垣があり（当然水堀も）、秀吉は中ノ段石垣の内側に新たに石塁を廻らせて詰ノ丸として天守・奥御殿を作り、また本丸南部と南西部では新たにL字形に屈曲する長大な空堀を掘り、石垣を廻らせて囲ったうえで表御殿と米倉地区を形成したと考える。[34]こうした推定を時系列にしたがって記すと次のようになる。

下ノ段石垣・中ノ段石垣と水堀（秀吉に先行して存在）→詰ノ丸石垣と空堀（秀吉の築造）

こうした想定のもとで、これら四つの石垣とその上に築かれた櫓・門の在り方を考えてみると、興味深いことにこれらの石垣・建造物には構造上、明確に区別しうる二類のあったことが見て取れる。そこで、これを**A類**、**B類**と呼んで、具体的にその特徴を見ていきたい。

◎A類の石垣・建造物

これは本丸中央部をめぐる下ノ段石垣・中ノ段石垣とその上部構造物をいい、その特徴は次のようなものである。

①すべて切岸状の石壁である。本丸図によれば、下ノ段石垣は高さ八間四尺五寸（約十七・四メートル）、中ノ段石垣は高さ六間（約十二メートル）を計る。一九五九年の学術調査で発見された中ノ段のものと見られる石垣[35]（**図2・図4**）は、大きさ三十センチ×五十センチ程度の小ぶりの花崗岩主体の自然石・割石を横に野面積みとし、隅角部には初期的な算木積みが見られる。これを一九八四年に発見されたB系統石垣に比べると相当素朴なもので、見るものには貧弱な印象を与える石垣であると言わざるを得ない。

②石垣上に隅櫓・多門櫓などの構造物は、まったく設置されない。

③門口は、北端の「山里御門口」と南東隅の「水の手口」とからなるが、そのうち北の極楽橋から山里丸に入る「山里御門口」は、極楽橋からまっすぐ枡形に入りそのまま直進して曲輪に入るという単純な構造で、千田嘉博の分類に従えば、［城道0折れ、1空間］というタイプになる。[36]一方「水の手口」は、これも［城道1折れ、

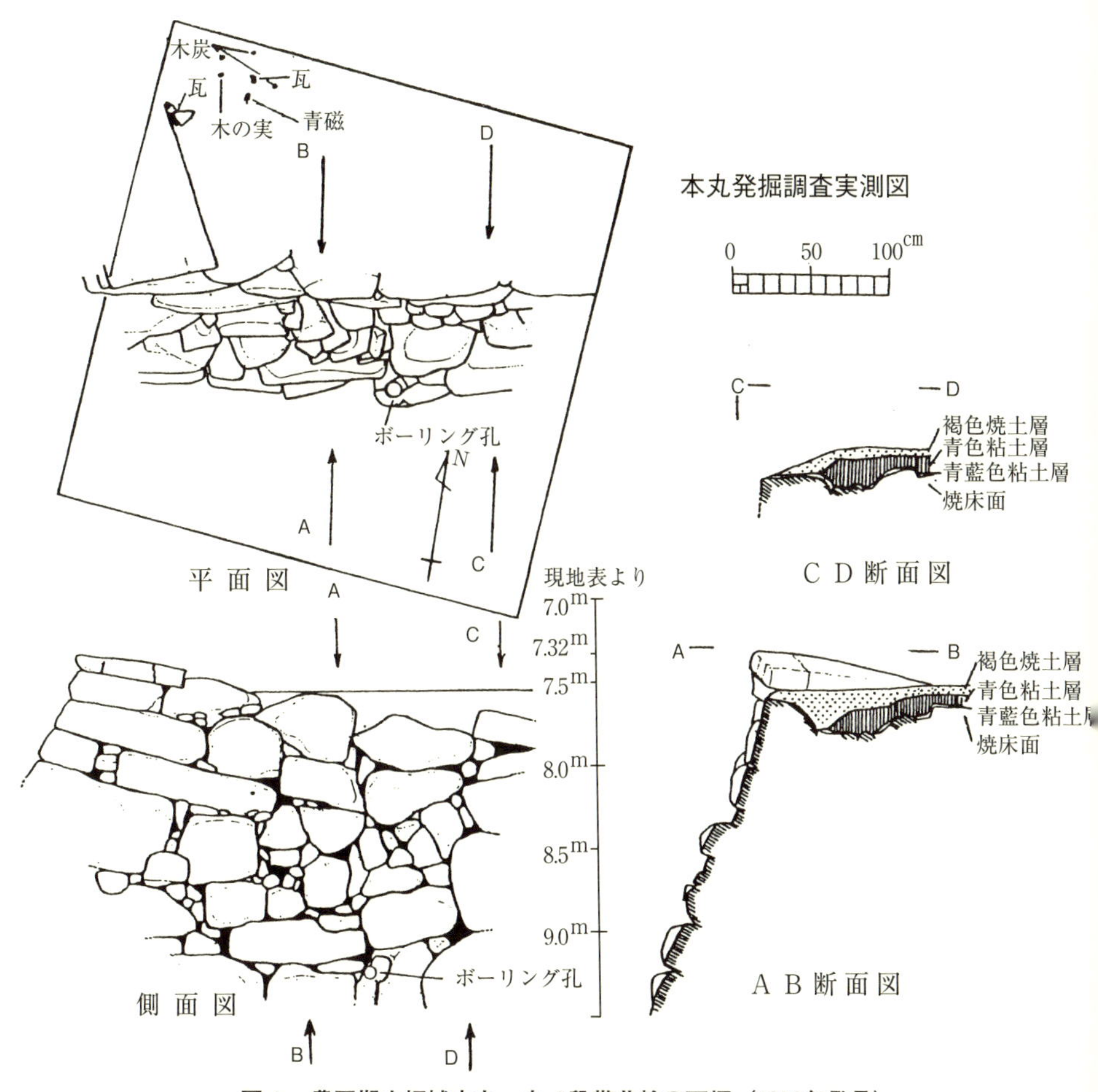

図４　豊臣期大坂城本丸、中ノ段帯曲輪の石垣（1959年発見）
（大阪城天守閣編『大阪城天守閣紀要』第12号1984年所収、村山朔郎論文付図）

0空間」とでもいう単純なタイプで門もなく、だいぶ進んだところに番所が設けられているだけであるが、こちらはその西面には長大な多門櫓があるので防御力は相当高いと思われる。よってこの「水の手口」は多門櫓構築とともに秀吉によって置かれたものと考える。[37]

◎B類の石垣・建造物

これは詰ノ丸石垣と南部・南西部の空堀石垣およびその上部構造物からなり、その特徴は次のようなものである。

①石垣は、空堀の城外側を除き、すべて両面構造の石塁となっている。その高さは中ノ段と同様六間（約十二メートル）を計る。一九八四年の調査で発見された詰ノ丸石垣[38]（図2・図5）は、花崗岩主体の自然石と粗割石を横に野面積みとするが、転用石や矢穴痕跡のある石も見つかっている。隅角部は奈良時代の礎石や石棺用材（?、竜山石）を使った算木積みで、石材は隅部で一メートルを越える大きさのものがあり、中ノ段石垣に比べると見る者に豪快さをも感じさせるものである。

②石塁上の要所には長大な多門櫓を廻らし、角には隅櫓を置いている。

③本丸虎口の正門（「桜御門」）と詰ノ丸の正門は、いずれも城内への導線は二回折れのクランク状であり、渡櫓を有する櫓門形式の大規模な枡形を形成する。千田は、この門口を「第5類型A1豊臣期大坂城タイプ」とし、「総石垣もしくは横堀による縄張りを貫徹し、それによる防御ラインを多重化した城郭に合わせて使用した、いわゆる近世城郭の完成段階である」と評価している。なお、詰ノ丸北西隅の搦め手口は導線としては単純で一回折れタイプである（千田の第2類型）が、石垣角には大きな隅櫓（「御矢倉」）を構え、その北には長大な多門櫓を配するなど敵を監視し阻むことのできる態勢を取っている。

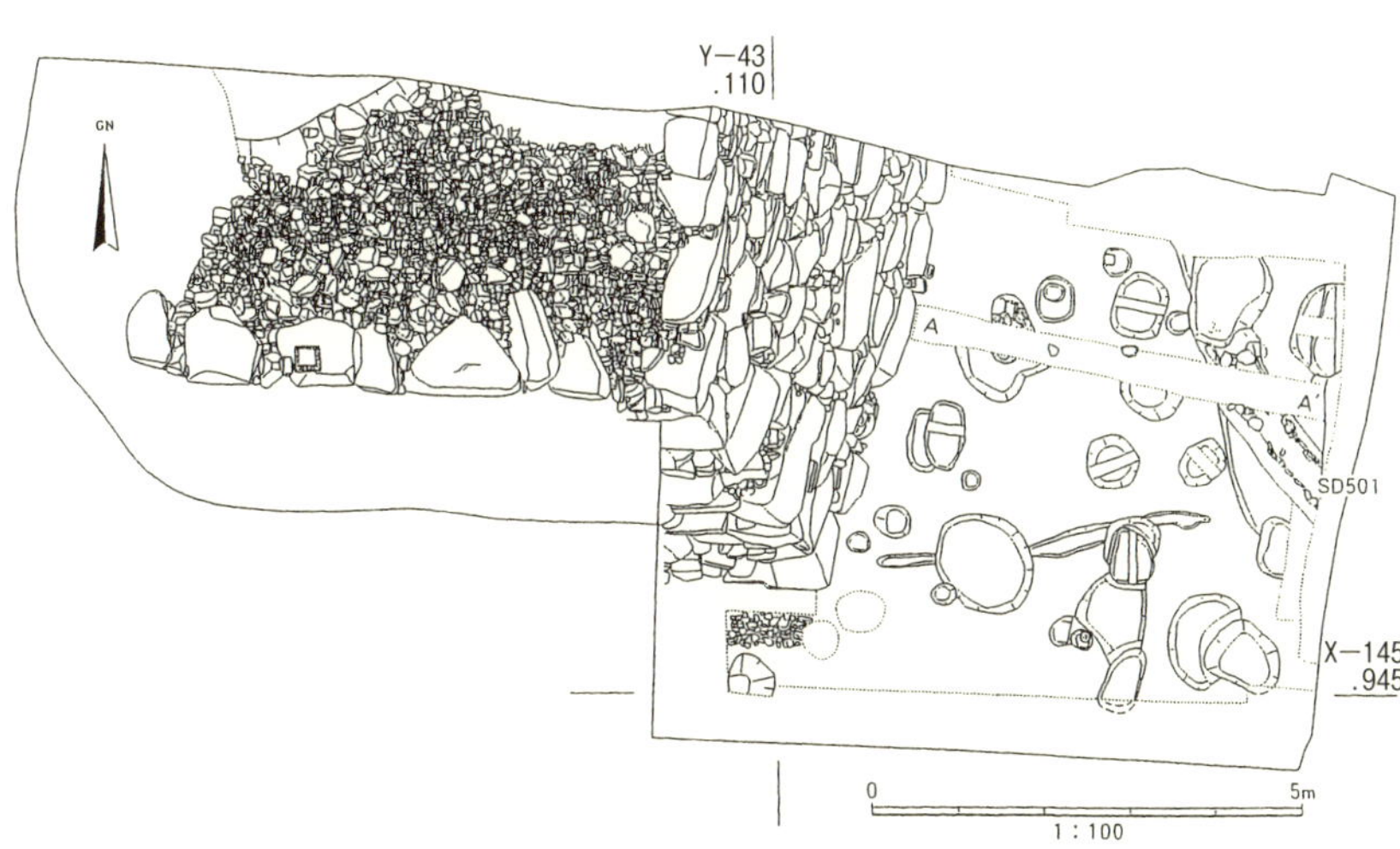

OS84―17次南区平面図

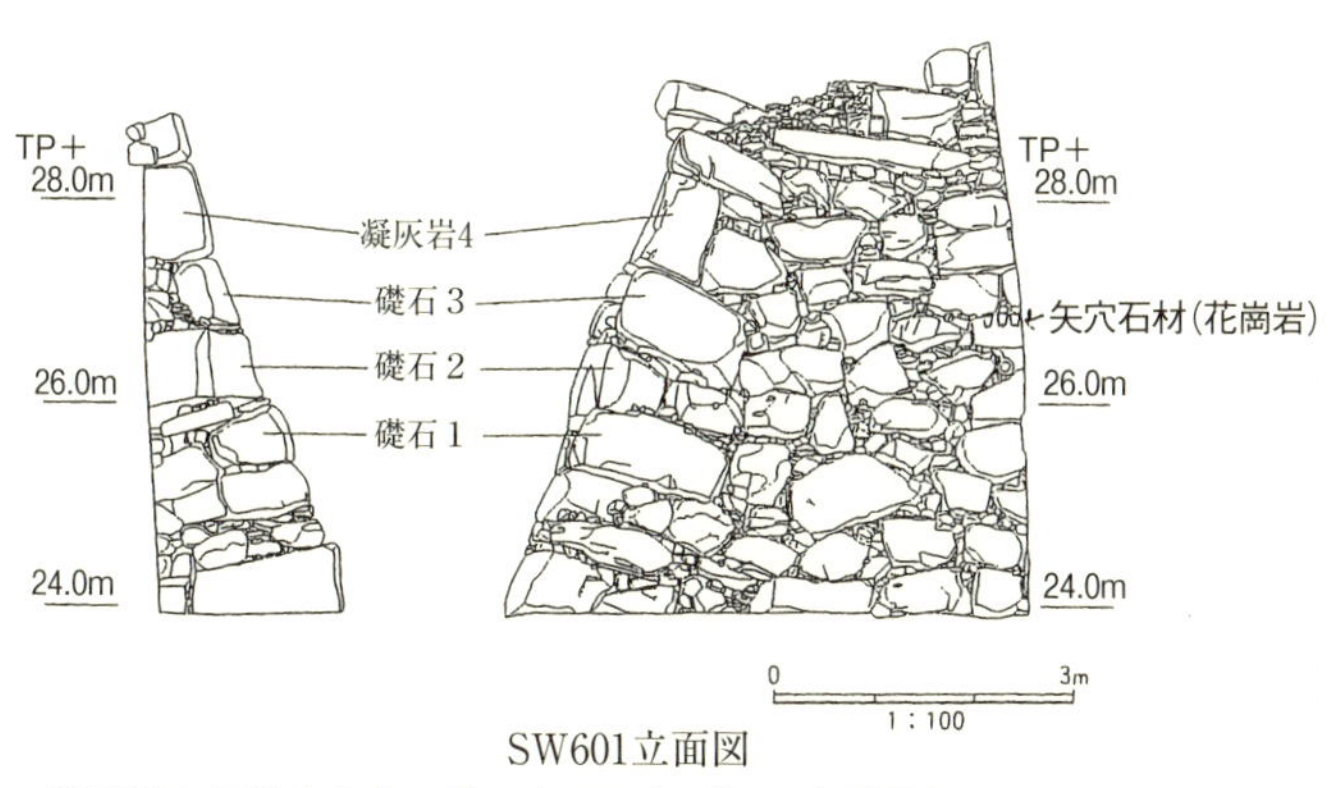

SW601立面図

図 5　豊臣期大坂城本丸内、詰ノ丸の石垣（1984年発見）

上：位置図（『特別史跡　大坂城跡』（財）大阪市文化財協会、1985年）・下：石垣実測図（『大坂城跡　VI』同協会、2002年）

第三節　本丸石垣成立の経緯をめぐって

1　十六世紀の寺院勢力による石垣積み

以上、前節ではAB両類の石垣・建造物や虎口のあり方を比較してきたが、両者の違いは明瞭で、A類に属する石垣・虎口の状況とB系統に属する石垣・櫓・虎口の在り方は見事な対比を成している。一方は高度な防衛能力を持った施設であり、もう一方はそれよりはるかに素朴で単純な施設である。筆者には本丸諸施設に認められる二様の違いを総合的に判別した時、そこに成立事情の異なった二時期の施設の併存という事実が浮かび上がってくるように思われた。そこで今、実物について検証しうる石垣の構造や石材について―筆者はそれを構築時期の相違に起因するものと考え、中ノ段の内部・南部に詰ノ丸を新たに築いて作り上げられたのが、**図2**に描かれた本丸であると推定するのであるが―、さらに考えていきたい。

B類の石垣が積まれたのは詰ノ丸・空堀であるが、これらが天正十一年の構築とすることに異論はない。問題はA類の石垣が積まれた下ノ段・中ノ段の形成時期である。従来説は、詰ノ丸と同時期の天正十一年とするのであるが、その積極的な理由は見当たらないようである。たとえば中井均は、「平地の地盤が軟弱な地での高石垣は大坂城が初めてであった。そこで高さを稼ぐために導入された工法が段築というセットバック工法であった」[39]とするが、本丸は後期更新世に隆起した台地（いわゆる上町台地）の北端部であって決して軟弱な地盤では無い[40]（段築＝段積み工法については後述）。石材の違いについても、市川創は「詰ノ丸は豊臣期大坂城の中枢部であり、とりわけ立派な石垣が組まれた可能性が高いだろう[41]」と指摘するにとどまっている。

総じてこうした従来説は、これら本丸地下の石垣が天正十一年時点で存在した豊臣期の石垣であることを論証した櫻井・宮上の説、あるいはそれを踏まえた岡本の説を、そのまま構築時期にスライドさせて論じている面が大きいように思われてならない。

ここで注意したいのは『信長公記』巻十三（天正八年条）で本願寺の威容を述べるくだりに「加賀の城作りを召し寄せ」とある個所である。これは、大坂に本願寺を建立するにあたって、もしくは建立後のある時期に、蓮如の伝道以来北陸一向宗の拠点である加賀国から城作りの専門家を召し寄せたとの記事であるが、そこに見える「城作り」というのが城郭の石積み技術者を含んでいた可能性はないのであろうか。

このことに関して、安土城石垣に先行する、主として寺院における石垣の様相について論じた中井の論考[42]によって探ってみると、近江・北陸方面では、十六世紀前半に金剛輪寺（滋賀県）に「西座」と呼ばれる「石垣打」の者たちがいて観音寺城の石垣構築（その大半は天文五年（一五三六）とする）に携わったという事例や、越前の古刹白山平泉寺（福井県勝山市）で十六世紀第３四半期以前の石垣が出土したという事例がある。一方、大坂南方では根来寺（和歌山県岩出町）で十六世紀前半～第３四半期の石垣が見つかっている。中井はこれらの石垣が「中世の巨大な寺院に多く検出されている」ことに注目し、「十六世紀中頃には、越前・近江・京都・紀州・安芸で独自の石垣構築集団が形成されつつあった」と総括した。とすれば天文二年（一五三三）以降、おそらく元亀元年（一五七〇）の「石山合戦」開始頃までに、本願寺が「加賀の城作り」を呼び寄せて石垣（Ａ類の石垣）を構築させたとする可能性もまた考えられるのではないか。これが、筆者がＡＢ両類の違いを時期差と考える理由の一つである。

そこで先の中井の指摘を踏まえ、十六世紀前半に寺院勢力によって築かれた石垣の具体例について検討し、それとの比較から大坂城Ａ類石垣の築造年代の許容範囲を推定して見たい。注目するのは石材の加工度・大きさ、石垣、特に隅角部の積み方などである。

まず天文五年頃に金剛輪寺に所属する「石垣打」によって築かれたという観音寺山城であるが、この城は近江南半守護六角氏の居城で天文五～弘治二年（一五五六）に大修築が行なわれ、その結果、総石垣・特異な縄張を持った全国的に見ても有数の大城郭となった[43]。この時期に積まれたとされる石垣（湖東流紋岩）が各曲輪や虎口など広範に残っているが、なかでも高さ四メートル以上、総延長五十メートル以上に達するⅦ地区の通称「大石垣」は圧巻で、矢穴石を含む多数の石が三十～五十センチ程度に粗割りされて、場所により一メートル四方にもなる石を交えながら横積みに積まれている。また隅角部には初期的な算木積みも認められる。

次に養老元年（七一七）、僧泰澄によって開かれ、天正二年（一五七四）一向宗徒の焼き討ちにより焼亡した越前の名刹白山平泉寺では、一九九一年に実施された坊院跡の発掘調査で斜面の土留め用、もしくは土塀の基礎としての石垣が検出された。報告書によれば、「石の積み方は、径１ｍ大の地山に含まれる山石をある程度の間隔をおいて配置し、その間に径0.3ｍ～0.5ｍ大の山石や河原石を横長に用いて垂直に積み上げ、裏込めの石は基本的に入れない等の特徴」があり、また「今回、初めて矢穴が区画Ｄ―16北側石垣から検出された[44]」とある。一方、白山神社拝殿の背後に積まれている長さ百十メートルに達する巨大な石垣は、『朝倉始末記』によれば弘治年間（一五五五～五八）、有力な坊院である飛鳥井宝光院と波多野玉泉坊が競って築いたものとされ[45]、目測では平均一メートル四方、なかには幅五メートル高さ二・五メートルを越える石をも使った豪壮な石垣である。

以上の事例から窺われる近江や越前における十六世紀前～中期の大寺院が有した石積み技術が、既に相当高度なものであったことは明らかである。こうした石垣事例と比較して大坂城Ａ類石垣が加工技術・積み上げ技術から見てそれらより格段に進歩しているとの判断は到底できない。よって大坂城Ａ類石垣を天文二年の大坂移座以降、恒常的に畿内外の諸勢力と軍事的に伍していかざるを得なかった本願寺の築造にかかるものとみなしても技術的には何ら問題ないものと考える。

なお、下ノ段・中ノ段の段積み工法ということについても一言しておくと、天正十四年に築かれた二之丸石垣は、フロイス「一五八六年の報告書」（『耶蘇会の日本年報』第二輯）によれば、堀の「深さ十七畳」、すなわち、石垣高さ三十メートルもあったが、名古屋市蓬左文庫所蔵の徳川期大坂城普請丁場割図に「是ヨリ南古石垣」と注記する南外堀（豊臣期の二之丸南面堀）の石垣線の描き様を見る限り段積みとはなっていないから[46]、少なくとも天正後半期には三十メートルを一気に積み上げることは技術的に可能になっており、むしろ段積み工法であるのはそれ以前の本願寺段階での技術的限界を示すものだと見ることができる。

2　「これらはすべて昔の城の城壁と濠の内側に」の意味

以上の結果から見て、秀吉の普請着手時に既に本願寺期に築かれた石垣（下ノ段石垣・中ノ段石垣）が存在し、そうしたところに、秀吉はさらに一段石塁を積ませて詰ノ丸としたと考えうる余地は充分あるように思われる。これは今のところあくまで可能性に留まるが、こうした観点に立ってみるとはじめて、次のよく知られたフロイスの記録もよりよく理解できるのではないだろうか（傍線は引用者）。

【史料15】 一五八五年十月一日（天正十三年閏八月八日）付フロイスよりイエズス会総長宛の追信（傍線は引用者）。

最初に筑前殿は、中央に非常に高い塔があり、濠や城壁・堡塁が付いた大きく広々とした城を作った。堡塁は、それぞれが塔のように、正面と裏口に門があり、大小の扉は鉄で掩われている。（中略）これらはすべて昔の城の城壁と濠の内側に建てられたが、元の部分はすべて作り直されて、堡塁と塔が付けられた。塔は、その壮大な新しさと美しさで、新しい建造物に釣り合っている。特に中心となる塔は、意図的に金色と青色で、遠くから見えるように装飾されており、壮大さと誇らしさを示している。

（松田毅一監訳・有水博翻訳『十六・七世紀イエズス会日本報告集』第Ⅲ期第7巻）

ここで傍線を付した個所は、秀吉が大坂城を築くに先立って存在した昔の城の城壁や堀が残されており、彼はそれを利用してそこに櫓や天守を付したのであることを物語っている。ここでいう昔の城とは、天正八年八月に十一世宗主顕如の長男である教如が退城した直後に火事となり、諸伽藍が悉く焼亡した（『多聞院日記』天正八年八月条）大坂本願寺のことと見なすのが妥当であるが、筆者のような考えに立つことによってはじめて、傍線部の持つ意味をより鮮明に理解することが可能になると思う。

ともあれ、こうして大坂城本丸は出来上がったのであるが、その北方が急崖になっているのに対して南方は上町台地の高所に陸続きとなっているのであるから、城主たる秀吉の最終的な拠り所である詰ノ丸を守るためにはその南面・南西面に最大幅十三間半（約二十七メートル）もの空堀を廻らし、堅固な門と櫓を築く必要があったのだという事情はよく分かる。

おわりに

本章では、秀吉が天正十一年秋に始めた大坂城の本丸普請にかかわる諸問題のうち、その石材採取の体制や工程、それを踏まえた普請（土木工事）の内容を文献史料・絵図史料の検討をとおして考えてきた。その概要は、次のとおりである。

この普請は、八月初旬からその準備を始め、九月一日を期して開始されたものであるが、秀吉は、本丸の石垣を築くにあたってその石材採取や道路作りを隣国播磨の諸将、あるいは自らが獲得した山城・河内・摂津諸国の蔵入地代官を介して、それぞれの地の領民に命じる夫役に拠ったのであった。すなわち、彼らを使役して河内千塚、山城八幡、摂津芦屋方面などの花崗岩産出地帯から採石させたのであるが、その場合、千塚からは陸路で、八幡・芦屋からは海路を利用して運び込んだと見なすのがもっとも合理的であると考えた。

そしてこのことから、「普請石持付而掟」と題する五通の石取りに関する規定が千塚からの搬入に関わるものであることをも明らかにした。こうして、いわば近隣地から短期間のうちに大坂城に石材が搬入され、空堀の掘削や詰ノ丸石塁の構築などの普請はおよそ七、八ヶ月のうちに完成したものと思われる。

次に、上記の結果を踏まえ、本丸普請の実態について江戸幕府の京都大工頭を勤めた中井家に伝わる大坂城の「本丸図」を検討した。その結果本丸は、A類とB類とでも二分できる著しい構造上の差異を持った石垣や施設（櫓や門）の組み合わせからなることを見出した。B類の石垣・施設は、織豊期の城郭にふさわしい構造を持っているが、A類の石垣・施設ははるかに単純・素朴な印象を与えるものである。この両類に見られる差異について、筆者は築造年代の差であり技術段階の差異であろうと考えた。そのうち、現在も目にすることのできる石垣についてはB類石垣が天正十一年に積まれたことは明らかであるから、A類石垣はそれに先立つ本願寺時代に築かれたものとした。すなわち、天文二年の大坂本願寺建立にあたって「加賀の城作り」を召し寄せ、構築させたのがA類石垣であり、秀吉はその時に築かれた水堀と下ノ段・中ノ段石垣の内側にB類の詰ノ丸石垣を廻らせ、さらにその南部・南西部に空堀を廻らせたのであると考えたのである。虎口についても、初期的なタイプと高度に発達したタイプという異なる空間構造の門が併存していることは、まさに大坂城の歴史的変遷を物語るもので、こうした城門タイプの混在がその同時代性のなかに解消されているという状況こそ秀吉築造の本丸の特徴といってもよかろう。

以上のように筆者は、秀吉が天正十一年に開始した大坂城普請とは本願寺の堀や石垣を、基本的には引き続いて使用し、その中央と南部に新たな石垣や施設を構築するという、いわば修築と称するに相応しいものであったと推定するものであり、秀吉が一から造り上げたという意味での新築では無かったと考える。このように考えることによって初めて、僅か一年足らず後の翌十二年八月八日に秀吉が新造成った大坂城（本丸）に移徙することができた理由も初めて納得できるのではないだろうか。

注

（1）拙稿「慶長三～五年の大坂城普請について」（『ヒストリア』198号、二〇一六年。本書第七章に再録）。

（2）戦後に限っても、櫻井成廣「大坂城」（日本城郭協会編『日本城郭全集』第六巻近畿編、一九六〇年）、宮上茂隆「豊臣秀吉築造大坂城の復原的研究」（建築史学会編『建築史研究』37号、一九六七年）、岡本良一著『大坂城』（岩波書店、一九七〇年）、櫻井成廣著『豊臣秀吉の居城　大阪城編』（日本城郭資料出版会、一九七〇年）、渡辺武著『図説　再見大阪城』（大阪都市協会、一九九〇年）、一九六四年以来続けられてきた大阪城天守閣による本丸内ボーリング調査（その総括が「豊臣時代大坂城遺構確認調査の成果と課題」大阪城天守閣編『大阪城天守閣紀要』12号―大阪城学術調査特集号―、一九八四年に収められている）、拙著『天下統一の城　大坂城』（新泉社、二〇〇七年）、大阪歴史博物館・大阪文化財研究所編『大坂　豊臣と徳川の時代』（高志書院、二〇一五年）や大阪市立大学豊臣期大坂研究会編『秀吉と大坂　城と城下町』（和泉書院、二〇一五年）所収論文などがある。

（3）『浅野考譜』（『大日本史料』十一編之四）に「（天正）十一年癸未年、秀吉姫路に帰城有て、播州をハ舎弟羽柴美濃守秀長に譲しかハ」とある。天正十一年に秀吉が姫路に赴いたのは、管見による限りこの六月だけである。

（4）この記事は、「羽柴秀吉、大ニ摂津大坂ニ城ク、是日、前野長泰ニ石材ノ採取運搬ニ関スル条規ヲ付ス」との綱文の項に収められている。

（5）拙稿「「穴太」論考」（『日本歴史』694号、吉川弘文館、二〇〇六年）。

（6）上山城という地域名称は、上三郡とも呼ばれ、相楽郡・綴喜郡・久世郡をいうが、ここでは相楽・綴喜二郡内の村々を指すものと思われる。

（7）本書補論2第五節を参照されたい。

（8）棚橋利光「河内中北部の街道（東西道）」（大阪府教育委員会編『近畿地方の歴史の道2　大阪2』二〇〇五年）。

（9）梶山彦太郎・市原実著『続　大阪平野発達史』古文物研究会、一九八五年。

（10）「東末吉家文書」（『日本歴史地名大系28　大阪府の地名』Ⅰ「平野郷町」平凡社、一九八六年）。

（11）『日本歴史地名大系26　京都府の地名』「金振郷」（平凡社、一九八一年）。

(12)　藤堂高虎による木津川畔からの採石が知られる（朝尾直弘「「元和六年案紙」について」（『京都大学文学部研究紀要』16号、一九七六年。後に『朝尾直弘著作集』第四巻、岩波書店、二〇〇四年に収録）。芝野康之「加茂・笠置の石切丁場」（大阪歴史学会編刊『大坂城再築と東六甲の石切丁場』二〇〇九年）など。

(13)　一柳市助宛羽柴秀吉台所入目録（前掲【史料4】）。

(14)　『角川日本地名大辞典』28、兵庫県（角川書店、一九八八年）。江戸期には芦屋村・三条村・打出村・津知村など（芦屋市）、石屋村・御影村・郡家村・深江村・岡本村・魚崎村など（東灘区）が該当する。

(15)　「芦屋」（注(14)前掲書）。

(16)　なお、宛先不明ながら、まったく同文の「定」が前日の八月二十八日付で出されている（『豊臣秀吉文書集』一、813号文書、**表1**の⑤）。

(17)　これは直線距離による概数であるから実際にはもう少しかかったとみるべきであるが、宿泊の有り様は変わらないものと思う。

(18)　天正十四年の大坂城二之丸普請に際して、明石の船上城主であった高山長房（右近）が大阪湾から淀川をさかのぼり八軒屋もしくは京橋あたりに石材を搬入する記事が、『フロイス　日本史』1（松田毅一・川崎桃太訳、中央公論社、一九七七年）に見える。

(19)　本状の宛先「一柳某」については、一柳市介（直末）を宛名とする804号文書・808号文書の存在を前提にすれば、一柳直末とみなして大過ないのではないだろうか。

(20)　西ヶ谷恭弘「戦国期の築城と夫役―普請工事における人夫徴発について―」（日本城郭史学会編『城郭史研究』35号、二〇一五年）。

(21)　なお、大坂城への採石作業の目撃情報かと思われる記事が今ひとつ『多聞院日記』天正十一年九月四日条にある（「大坂普請ニ諸国ヨリ人夫来テ石ヲ曳、事丶敷造作也」）。ただ、この記事が奈良付近における採石を示すものかどうかは今のところ他に裏付けるものが無いので躊躇される。これまで述べてきた河内や山城での大騒動の様子を伝聞した記事と読むことができるようにも思われる。

(22)「柴田退治記」は秀吉の側近で天満宮の社僧であった大村由己の手になる記録で、その奥書（「天正十一年十一月吉日」）によって天正十一年十一月中に成立したことが分かる。ここでは、貞享二年（一六八五）成立の『豊臣記』（『天正記』の別称）を引用するが、これは漢文体であるため、引用者が読み下した文を掲げる。

(23) この時本丸普請を行なっていたのは大坂城だけであるし、小野木重次も普請奉行の一員であったからこれは大坂城にかかわる文書であるとみて大過あるまい。

(24) 拙稿「本願寺の貝塚・天満移座と羽柴秀吉の紀州攻めについて」（『ヒストリア』250号、二〇一五年。本書第二章に再録）。

(25) これは単なる筆者の主観的な印象のように受け取られるかも知れないが、必ずしもそうではない。ここで大林組プロジェクトチームによる検討事例を紹介しておきたい。これは大坂城本丸の構築（土木工事と建築工事）を現代工法で行なった場合の検討報告で、そこでは土木工事（土工と石積）を「詰の丸及び本丸南部」と「堀部」とに分け、前者を七ヶ月、後者を六十ヶ月と算出している。つまり、本丸の堀と石垣すべての構築では六十＋七ヶ月、すなわち五年半ほどかかる計算になる（大林組広報部企画発行『季刊大林十六号　城』一九八三年）。これはもちろん参考データにとどまるが、天正十一・十二年に本丸の土木工事すべてが行なわれたとすることの不合理性を考えさせるには充分なデータではないだろうか。

(26) 櫻井注(2)前掲論文。

(27) 宮上注(2)前掲論文。

(28) この学術調査は、京都大学名誉教授の村田治郎氏を団長に、科学班と歴史班に分かれて実施されたもので、いずれも大きな成果を挙げたが、特に前者では本丸中央で行なわれたボーリング調査で未知の地下石垣を掘り当てるという大発見があった。残念ながら、学術調査全体の報告書は刊行されなかったが、ボーリング調査と石垣発見の経緯については、担当者の村山朔郎（当時、京都大学教授）によって「大坂城の地盤調査と地下石垣の発見」（大阪城天守閣編注(2)前掲紀要所収）が執筆されている。

(29) 本図は、中井家「本丸図」の元となった原図から書写された、中井家図とは別系統の絵図である。石垣や建物の輪郭に定規をあてたり、水堀に波模様を書き入れるなど、中井家図より書写年代が下がることを窺わせる。

(30)　岡本注(2)前掲書。

(31)　宮上注(2)前掲論文、市川創「豊臣大坂城の構造と見つかった石垣」（大阪歴史博物館・大阪文化財研究所編『大坂　豊臣と徳川の時代』）、中井均「大坂城の縄張り」・市川創「豊臣期大坂城本丸の石垣と縄張り」・松尾信裕「秀吉の石垣」（いずれも大阪市立大学豊臣期大坂研究会編注(2)前掲書）など。

(32)　注(2)前掲拙著。

(33)　趙哲済・市川創・高橋工・小倉徹也・平田洋司・松田順一郎・辻本裕也「上町台地とその周辺低地における地形と古地理変遷の概要」（杉本厚典編『大坂上町台地の総合的研究―東アジアにおける都市の誕生・成長・再生の一類型―』（公財）大阪市博物館協会・大阪文化財研究所、二〇一四年）。

(34)　実は本丸南部を囲う空堀が石垣造りであったかどうかの確証はない。素掘りの堀であったかも知れないのであるがそれもまた可能性にとどまる。よって、以下では宮上が発表した復元図（「豊臣大坂城本丸縄張復元図」（『歴史群像名城シリーズ①　大坂城　天下人二人の武略燦然』学習研究社、一九九四年、56・57頁など）を参考に石垣造りであったことを前提として議論を進めていく。

(35)　村山注(28)前掲論文。

(36)　千田嘉博著『織豊系城郭の形成』東京大学出版会、二〇〇〇年。

(37)　「水の手口」を北に進むと井戸曲輪に出る。ここは中央に井戸を置く本丸最低地であった。この低地も近年の研究によって解析谷を利用したものとされ、「井戸曲輪谷」と命名されている（注(33)前掲論文）。従って秀吉は、元々井戸曲輪あたりまでしかなかった東の水堀を南へ拡張して「水の手口」を作らせたのだと考えたい。

(38)　『特別史跡　大坂城跡』（財）大阪市文化財協会、一九八五年。『大坂城跡』Ⅵ、同協会、二〇〇二年。

(39)　中井注(31)前掲論文。

(40)　趙他注(33)前掲論文。

(41)　市川注(31)前掲論文。

(42) 中井均「安土築城前夜—主として寺院からみた石垣の系譜—」(『織豊城郭』3号、一九九六年)。
(43) 村田修三「第6章　観音寺城と中世城郭史」(『五個荘町史』第一巻、一九九二年)。
(44) 宝珍伸一郎著『白山平泉寺　南谷坊院跡発掘調査概報』Ⅲ、勝山市教育委員会、一九九三年。
(45) 宝珍伸一郎「特集1　中世平泉寺の景観」(勝山市編刊『勝山市史』第二巻、二〇〇六年)。
(46) 注(2)前掲拙著の図20。

第六章　豊臣期大坂の「惣構」をめぐる諸問題

はじめに

羽柴秀吉が、天正十一年（一五八三）九月から築造を開始した大坂城の城地には、もともと五十年近くにわたって、浄土真宗の本山・大坂本願寺があった。秀吉はその遺構を大幅に修築して本拠地としたうえで、全国統一事業に邁進することとなるのだが、その一方で秀吉は、引き続き大坂城と城下町の整備・拡大に努め、その死後には遺児秀頼を大坂城へ移し、諸大名妻子も大坂へ移住するよう指示する（慶長三年）八月五日付豊臣秀吉遺言覚書案）[1]など、まさに羽柴／豊臣家の本拠城として揺るぎない地位を与え続けてきた。

このように、秀吉が長年にわたって整備・拡大を重ねてきた豊臣期大坂城や城下町の構造について、私たちは明治時代以来の長い研究史を持っているのだが、二〇〇三年に大坂城大手前で行なわれた大阪府警本部建替工事に伴う発掘調査[2]をきっかけに、大坂城の「惣構」と「三之丸」の位置や構造が研究者のあいだで改めて一つの論点として浮上してきた[3]。そして現在、それによって、秀吉・秀頼治下の大坂城の有り様はもとより、その城下町を含めた都市としての大坂をどのようなものとして理解するのかという、いわば近世都市大坂成立の根幹にかかわる重要な論点の再検討が不可避となってきたように思われる[4]。

ところが、そうしたなかにおいても、大坂城の外郭としての「惣構」の範囲についてはこれまで、南と北は空堀と大川（旧淀川本流）、東と西は大和川と横堀（後の東横堀川）によって囲まれる、およそ二・二キロ四方（四・八平方キロ）の範囲だという一九一三年刊行の『大阪市史』第一に代表される説（後掲【史料1】参照）が一貫して揺るいでこなかった[5]。

本章では、こうした「惣構」理解について疑義を呈したうえで、その再検討を通じて新たな「惣構」像を提示し、そのうえで城と城下町を含む都市大坂の成り立ちや構造的変遷の実像に迫りたいと思う。

最初に、大坂城の「三之丸」・「惣構」をめぐる研究史を概観しておきたい。

天正十一年九月一日に本丸普請をもって開始された大坂築城工事（『兼見卿記』同日条）は、同十四年から始まる二之丸普請が天正十六年年三月晦日までに竣工し、「ヤウヤウ周備」（『多聞院日記』同日条）したとされる。ところが、さらに六年を経た文禄三年（一五九四）、秀吉は伏見城の諸普請と並行する形で惣構堀の普請を命じた。戦前の諸研究ではこれを大坂城最外郭の曲輪である三之丸の構築（惣構堀は三之丸を囲む堀）だと理解し[6]、これによって周囲およそ二キロ四方に及ぶ堀や河川によって囲まれた大坂城が完成したとしたのである（図1）。

このことについて、一九一三年に上梓された『大阪市史』第一は次のように述べている。

【史料1】『大阪市史』第一にみる豊臣期大坂城の平面構造（傍線引用者、以下同じ）

（前略）大坂城は本丸・二ノ丸・三ノ丸の三に分る。（中略）本丸を繞りて二ノ丸あり。二ノ丸の西部にある一郭を西丸といふ。（中略）三ノ丸は二ノ丸を囲繞し、東は大和川、北は大川（旧淀川本流のこと—引用者）を境とし、西は東横堀川、南は空堀を以て限れり。本丸・二ノ丸・三ノ丸の周囲合計三里八町といふ。大坂城の総構堀は文禄三年正月、伏見城三ノ丸の石垣并に総構堀の工事と同時に命ぜられたるものにして、（下略）

（大阪市参事会編『大阪市史』第一）

図1　「三重構造説」による大坂城地と近傍（参謀本部編『日本戦史　大阪役』一八九七年。同復刻版、村田書店、一九七七年、附図より）

こうして大坂城は、文禄三年に本丸・二之丸・三之丸の三つの曲輪からなる城郭として完成したと主張されたのである。ただしここで注意しておきたいのは、史料上の「三之丸」呼称は今日に至るまで慶長十六年を遡る使用例は見られず、それ以前の史料では「惣構堀」・「惣構」とのみ現われていることである（252〜254頁**表1・2**）。(7) したがって、これらの見解は惣構堀によって囲まれた領域としての「惣構」を「三之丸」と同義と解釈して読み替えていたこととなる。

さて戦後になると、秀吉はその没年（慶長三年＝一五九八）に更なる大坂築城工事を命じていたことが明らかにされ、それを二之丸と「惣構」（従前の「三之丸」）の中間に造られた新たな曲輪としての「三之丸」の普請とする研究が現われた。(8) すなわち、「三之丸」と「惣構」は別の曲輪であり、惣構堀は「惣構」という曲輪を囲む堀と理解されたのであ

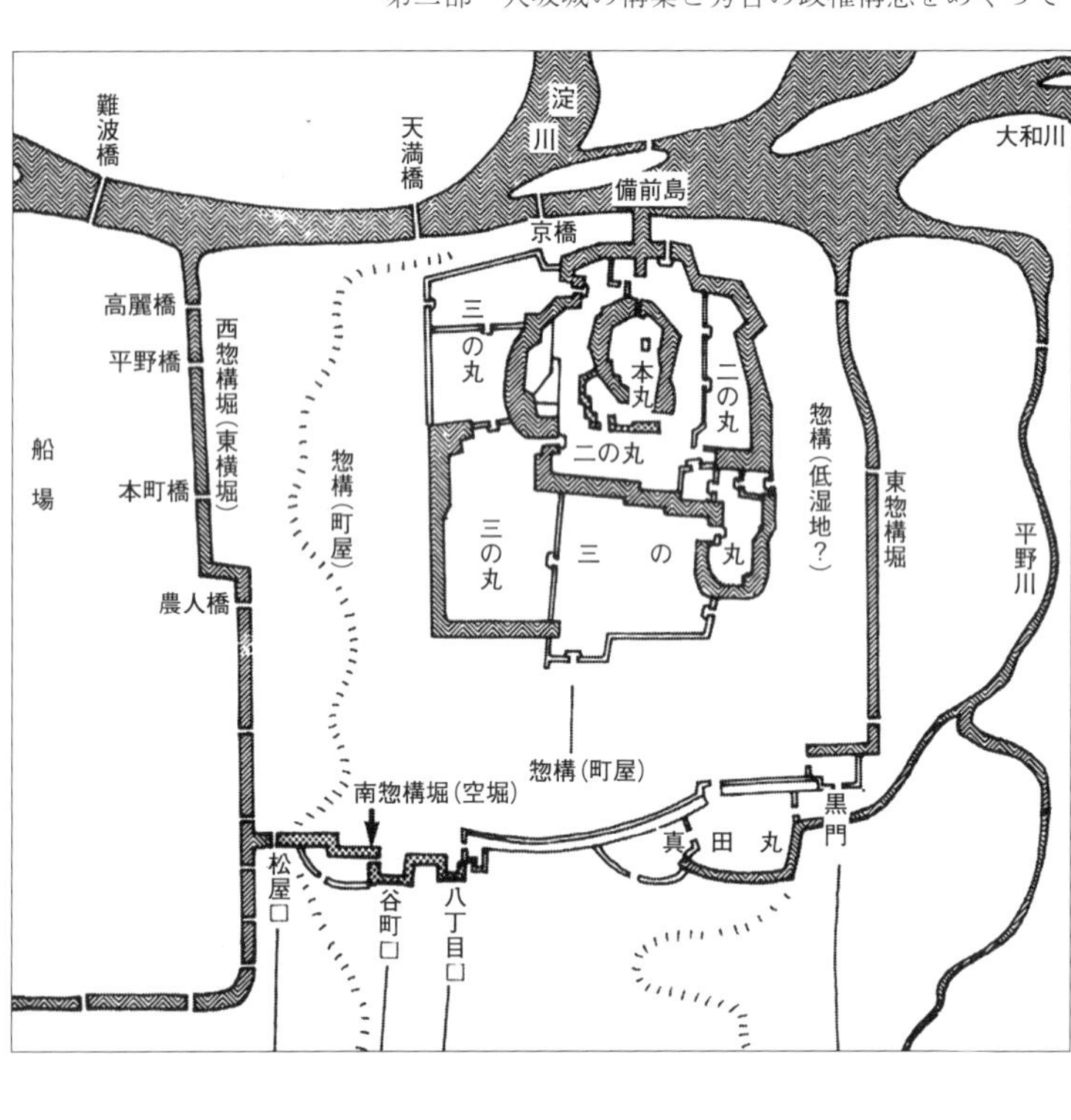

図2　「四重構造説」による大坂城地と近傍（渡辺武『図説 再見大阪城』社団法人大阪都市協会、一九八三年より）

る。こうして、大坂城の平面構造は本丸・二之丸・三之丸・惣構の四つの曲輪からなるものと理解され、その後相次いでこの大坂城平面四重構造説が出されてきた(9)（図2）。

　こうした状況下で二〇〇二年、大坂城大手前で発掘調査が行なわれたのであるが、筆者はその後、それまでの見解を踏まえ、慶長三・四年に行なわれた普請は三之丸普請ではなく、大手・玉造・京橋の三口を囲う形で計画された馬出し曲輪の造営や堀普請であるとし、大坂城の基本的構造はやはり戦前までの主張どおり本丸・二之丸・三之丸（＝惣構）の三重構造であろうとの考えを発表した(10)。

　こうして現在、大坂城の平面構造についてはそれを本丸・二之丸・三之丸の三重構造と理解する考えと、本丸・二之丸・三之丸・惣構の四重構造とする考えが並立して語られている状況にある(11)。

　以上のように「三之丸」の持つ意味につい

ては見解が分かれるが、惣構堀普請によって形成されたのが大坂城最外郭の曲輪としての「惣構」であるとする見解が、戦前・戦後を通じて今日に至るまでほとんど見解の差異はないまま推移してきたと言ってよい。つまり、文禄三年の惣構普請によっておよそ二・二キロ四方（四・八平方キロ）に及ぶ大坂城の「惣構」が完成したとされてきたのである。

なお、これらの見解はいずれも、「惣構」が領域を示す概念であるとの認識に立っているが、近年大澤研一は、文禄三年に行なわれた普請によって防衛線としての「総構」が作られたとし、その内部に領域としての「三ノ丸」があるとの見解を表明した。[12]これは、惣構＝三之丸とする見解を一歩進めたものと言えるかも知れないが、**表2**に明らかなように「三之丸」呼称は慶長後半期まで現われず（このことの意義については後述）、また「惣構」を明らかに領域とみなす事例（**表1**の22）もあるので成立しないと思われる。ただ、「惣構」という語は、その性格上、防衛線とその内部領域の両義を含むこともあるとの指摘もあるように、[13]大坂の「惣構」も、内外を区別する堀・塀などの遮断施設を伴うことで外部からの侵入を防ぎ内部からの逃亡を防ぐといった防衛線としての側面と、中心となる施設（大坂城の本丸・二之丸）を囲む外郭としての側面とを有していたと考えられる。つまり、「惣構」という語を、防衛線か最外郭領域かという二者択一で捉えるのではなく、その両義性を念頭において理解していく必要があろうことを指摘しておきたい。ここでは、主として「惣構」の持つ領域性に焦点を当てることとなるが、それとともに防衛線としての側面にも留意しながら叙述していくつもりである。

ところで、最近になって筆者は、文禄三年の惣構堀普請によっておよそ二・二キロ四方に及ぶ大坂城が完成したとする理解は、江戸時代になって多く流布した大坂冬の陣配陣図など慶長末年段階の大坂城図に影響された可能性があるのではないかと疑うようになった。たとえば『浅野文庫蔵諸国古城之図』に「摂津 大坂惣構」と題して収録される大坂城図[14]を見てみると、そこには真田丸が描きこまれており、その原図が大坂冬の陣図であろうとの推測

表1　文献史料にみえる惣構

1	「於大坂惣構堀普請、従来月十日被仰付之条、」	（文禄3）1・19	豊臣秀吉朱印状写（宮部文書）
2	「於大坂惣構堀普請、被仰付候」	（文禄3）1・19	豊臣秀吉朱印状写（生駒文書）
3	「大坂御普請割之様子、伏見之丸之石垣、同惣構堀、大坂惣構堀三ヶ所江三ニ分而被仰付由」	文禄3・1・19	駒井日記
4	「大坂惣構口々番手」	慶長5・7・15	当代記
5	「将又大坂のやうすいよ〳〵惣まわりのかわはたへい仕、てんのうじくちニもほりをほり、せいらうなとも仕」	（慶長19）10・11	中井信濃守利次書状（中井家文書）
6	「新堀を御越候而あんとう嶋と申町迄御破入候」	（慶長19）12・8	御手許文書（山内家史料）
7	「高名仕候ところは惣かまへ一丁はかりこなた」	（慶長20）5・8	越前松平家首取状21
8	「壱ツハ惣構之さくの外ニて」	（慶長20）5・8	越前松平家首取状22
9	「さうがまへより五六町ほとこなたニて馬上の者一人つきおとし」	慶長20・5・9	元和大坂役将士自筆軍功文書127—17
10	「さうがまへより四五町こなたニて馬上ノ者一人つきおとし申候」	（慶長20）5・9	元和大坂役将士自筆軍功文書123—13
11	「去年さなた居申候丸之通惣がわのゆき当の屋敷ニてくびをとり申候」	（慶長20）5・9	元和大坂役将士自筆軍功文書129—10
22	「惣がまへ、西ハ高麗橋筋横掘の内、南は八町目黒門の内、町ヤハ壱間もこぼち不申候」		大坂御陣山口休庵咄
23	「惣構堀は石垣なし、たゝきといニて、堀の向ニさくを一重、堀の中ニさく一重、へいぎはニさく一重、以上三重ぬり申候、何も栗丸太ニて御座候、三の丸にハさくは附不申候」		大坂御陣山口休庵咄

表1・2とも大澤研一「文献史料からみた豊臣大坂城の空間構造」より引用

表2　文献史料にみえる三之丸

1	「三丸ニ宿坊」	慶長16・9・15	義演准后日記
2	「大坂火事出来、三之丸長屋米石多以失火（中略）自余之丸へ不移」	慶長18・2・2	当代記
3	「片桐市正同主膳此間大坂三の丸居、今日執人質茨木江退」	慶長19・10・1	当代記
4	「惣町焼ハらひ三之丸へ引入候間、被押詰三之丸限ニ被取巻由候」	（慶長19）12・15	薩藩旧記雑録後編（市史史料編）
5	「三ノ丸ニ而てきしろゑつるヲさし居申候」	慶長20・5・9	元和大坂役将士自筆軍功文書120―11
6	「八町めのまちより壱町にしかたのさぶらいまちおすくにのりこみ申」 「三ノ丸せんてうしきにひかゝり申候ゆへほん丸のうちゑはのり不申」	慶長20・5・9	元和大坂役将士自筆軍功文書127―17
7	「三の丸の下町々ぎわにてくび壱つとり申候」	（慶長20）5・9	元和大坂役将士自筆軍功文書121―9
8	「あおや口三之丸へいきわにててきと出合申候」	（慶長20）5・9	元和大坂役将士自筆軍功文書119―19
9	「三ノ丸南条中書門之前にてくび一ツ取申候」	（慶長20）5・9	元和大坂役将士自筆軍功文書121―22
10	「昨日七日ニ三ノ丸南之方堀をうめ申候、といのきわまて瀧右衛門（中略）なと一所ニ参候処」	（慶長20）5・9	元和大坂役将士自筆軍功文書121―25
11	「玉つくり口二ノ丸・三ノ丸之間へい下へつき申候」	（慶長20）5・9	元和大坂役将士自筆軍功文書122―11
12	「三丸ノ堀うめ申あとニてとり申候」	（慶長20）5・9	元和大坂役将士自筆軍功文書122―36
13	「八町めより東ノかたのさふらい町お七八町ほとしろの方へ参」 「三ノ丸千条敷ニ火かゝり申候故、丸ノ内へハのり不申」	（慶長20）5・9	元和大坂役将士自筆軍功文書123―13

14	「七日之日私はたらきハ、三ノ丸ととろ町の間ニてやりを三度まてあわせ候」	（慶長20）5・9	元和大坂役将士自筆軍功文書128―18
15	「三ノ丸算用場之通侍町」	（慶長20）5・9	元和大坂役将士自筆軍功文書128―34
20	「惣構堀は石垣なし、たゝきといニて、堀の向ニさくを一重、堀の中ニさく一重、へいぎはニさく一重、以上三重ぬり申候、何も栗丸太ニて御座候、三の丸にハさくは附不申候」		大坂御陣山口休庵咄
21	「大将の首は三方ニのせ、本多出雲守と書附いたし、三ノ丸西の大手ニ首をもならべ被置候を見物いたし候」		大坂御陣山口休庵咄

出典：表1・表2いずれも「元和大坂役将士自筆軍功文書」は『新修大阪市史』第五巻（番号とも）、「越前松平家首取状」は渡辺武「「大坂夏の陣越前兵首取状」について」（『大阪城天守閣紀要』1号、一九六五年）（番号とも）

が可能である。とすれば、文禄三年構築当初の「惣構」が二十年後の慶長十九年年末の破却時までそのまま同じような形態・構造であり続けたのか、ということは少なくとも一考を要する問題であろうと思われる。

そこで以下、「惣構」の形成過程や構造および「三之丸」と「惣構」の関係性を史料の再吟味によって確認し、大坂城と城下町の成立経過を見通すこととしたいが、その前に「惣構」の構築とその破却の年次について簡単に見ておこう。

「惣構」の構築が文禄三年であったことは次の史料によって裏付けられる。

【史料2】『駒井日記』文禄三年正月条[15]

一民法ゟ十九日之書中

一大坂御普請割之様子、伏見之丸之石垣・同惣構堀、大坂惣構堀三ヶ所江三ニ分而被仰付由、（以下略）

またそれを踏まえ、次の史料によって普請発令日・開始日も知ることができる。

【史料3】（文禄三年）正月十九日付宮部長熙宛豊臣秀吉朱印状写[16]

於大坂惣構堀普請、従来月十日被仰付之条、令用意、人数千人可召上候、不可有油断候也、

（文禄三年）正月十九日　秀吉判

宮部兵部少輔との

一方、「惣構」の破却時期についてもはっきりとしている。慶長十九年（一六一四）十一月に開戦された大坂冬の陣が一ヶ月を過ぎる頃、双方に和平への機運が起こり、ついに十二月二十二日に両者の間で和睦が成立した。二十一日付の細川忠興宛金地院崇伝書状案に「惣構之堀。二之丸之堀。何もうめ候而。本丸計ニ而。其上如何様共。大御所様上意次第との通ニ相済申候」[17]とあるように、この時惣構堀・二之丸堀が埋められることとなった。そして、惣構堀の埋め立て作業は徳川方の手によって直ちに着手され、間もなく埋められてしまったのである。

ただし、『本多忠敬氏回答書』[18]には「まず南側今度掘りたてたる新堀を早く埋め立て候てしかるへし」とあり、その結果「翌二十五日巳の刻までに南表大概に平均」したのであるから、この時埋められたのは南惣構堀すなわち空堀であったことに注意しておきたい。

それはともかく、こうして惣構堀普請によって構築された「惣構」は、文禄三年二月から慶長十九年十二月の破却にいたる、二十一年近くの命脈を保ったこととなる。

なお、翌年三月五日、所司代板倉勝重が両御所に出した書状には「大坂表惣構塀柵を付申事、埋候堀の土をあけ、浅所ハ腰長、深所ハ肩を超申候よし」とあって、大坂方はこの頃までに惣構堀を再び掘り返して塀や柵を付けており、「惣構」は大坂夏の陣に際して再び、曲がりなりにもその機能を果たしていたことを付記しておきたい。

以上、「惣構」の研究史と構築・破却の時期について見てきた。これを踏まえて第一節では「惣構」の構造、第二節では「惣構」の変遷について検討していく。

第一節　「惣構」の構造に対する検討

ここでは明治期以来の理解によって示された「惣構」の四至は慶長末年の姿である可能性もあるので、「惣構堀」開削以降の「惣構」の構造の変遷について検討する。

1　文禄三年に行なわれた惣構堀普請の検討

文禄三年に行なわれた大坂の「惣構堀普請」について、管見の限り同時代史料で具体的な普請内容を明示するものは見当たらない。しかし、前掲の【史料2・3】ともに「堀普請」としていることに留意すれば、現在の地名にも残る城南の「空堀」と城西の「横堀（後の東横堀川）」の開削であった可能性が高いのではないだろうか。

その傍証として、『大坂陣山口休庵咄』[19]に次のようにあるのに注意したい。

【史料4】『大坂陣山口休庵咄』

一惣がまへ、西ハ高麗橋筋横堀の内、南ハ八丁目黒門の内、町ヤハ壱間もこぼち不申候、諸職人諸商人ニて其儘居り申候、細工諸商売仕候、（『続々群書類従』第四）

ここで休庵がことさら「惣がまへ」は高麗橋筋の横堀の内、南は八丁目黒門の内だとしているのは、文禄三年に構築された惣構堀がこの城西・城南の二方面であったという認識が記憶されていたからではないかと思われる。[20]一方、城北・城東方面には、堀普請を含む何らかの普請が行なわれたという史料上の形跡はまったく無い。

以上から筆者は、上町城下町が大坂城の西・南方面に広く展開していることに鑑み、その二方面に惣構堀を普請して城下町の範囲を確定しようとしたものだと考えたい。[21]

2　慶長四年に行なわれた堀普請の検討

秀吉最晩年に始まる大坂築城工事としては、慶長三～五年にかけて行なわれた「大坂普請」・「大坂御普請」が知られているが、[22] その一環として西惣構堀（横堀）を大川の北に延伸する形での「堀普請」が計画され、開削されたのが天満堀川であることは周知に属する。ただし、この開削は従来、慶長三年に実施されたとするのが定説であるが、筆者は次の二点の史料により翌四年のものと考える。

【史料5】（慶長三年）九月二日付町野繁仍・岡重政宛蒲生郷成書状

（前略）

一大坂御普請の様子被仰下候、当年ハ南東出来候ハ先可被置候、其分にて能御座あるへく候、至来春又北之方をも可被仰付候、

（中略）

（慶長三年）九月二日　　郷成（花押）

町左近様

岡半兵様　人々御中

（松岡久人編『広島大学所蔵猪熊文書』上）

本状は、（慶長三年）八月二十日付で郷成にもたらされた蒲生秀行側近衆（在大坂と思われる）からの書状に対する返書である。ここでは、今年の「大坂御普請」は南・東が出来したので終了してよろしい、又来年春には「北之方」の普請を命ぜられるであろう、との豊臣氏奉行衆からと思われる指示のあったことを伝えている。すなわち、ここでは慶長四年に行なわれるであろう大坂城北方での普請が予告されているのである。

【史料6】（慶長四年）二月二十日付溝江長氏宛長束正家書状

尚以、大仏御普請衆者はや相究申候間、不及是非、以上

如仰、大坂御普請来朔日より有之事候、其方御手前之儀最前中納言様北庄ニ御座候へハ、各も当年者御普請御用捨之事候間、雖然御国替にて筑前へ御座候間、越前にて被仰付御与力衆者御普請被仰付候、就其御手前御本役三百人此内六十人二ツ引、残而弐百四十人此半分百廿人当役ニて御座候、則大坂堀普請にて候間、可有御用意候、御煩御同篇之由無心元候、御養生専一候、切々御尋不申、非本意候、恐々謹言

（慶長四年）二月廿日　　正家（花押）

長大

〆溝大炊御報　　家

（『大阪城天守閣紀要』5）

この史料は慶長四年、このころ大坂三奉行のひとりであった長束正家から、当時越前金津城主の溝江長氏に出した「大坂御普請」への参加指令書であるが、ここで正家はその内容が同年三月一日から始まる「大坂堀普請」であることを告げている。

以上の二史料を併せ考えれば、慶長四年に大坂城北方で何らかの堀普請の行なわれた可能性が高く、しかもこの時期に行なわれた「大坂堀普請」が天満堀川開削以外には知られていないことからすれば、これがその開削であった可能性は充分あるものと考える。以下、これを踏まえて、翌年の関ヶ原合戦時における「惣構」の様相について見ていきたい。

3　慶長五年に行なわれた「惣構口々番手事」の検討

前項では慶長四年に「大坂御普請」の一環として天満堀川の開削が行なわれたことを論じた。ここではそれを踏まえて、『当代記』巻三所収の慶長五年七月十五日付前田玄以ら豊臣氏三奉行連署状（【史料10】）を検討する。

本状は、東西両軍の緊張が高まる中で、大坂の奉行衆が在坂の諸将―特に東軍―の妻子が逃亡しないように「大坂惣構」の諸口を固めることとし、そのため、「惣構」の各門口の手前（城内側）に番所を設け、その守備担当部将名を列記したものである。

こうした指示のあったことは、次に掲げる七月二十九日付豊臣氏三奉行連署状【史料7】や八月二十二日付佐々正孝書状【史料8】等に見られるほか、『綿考輯録』【史料9】にも関連記事があり、この時期に大坂の奉行衆が「惣構」の口々に番所を構えさせたことはまず間違いないものと考える。

【史料7】（慶長五年）七月二十九日付真田昌幸宛豊臣氏三奉行連署状

（前略）
大坂之事西の丸へ輝元被移、長大・徳善・増右丸〻へ移り、何も日本国之諸侍妻子番等堅申付、其上ニ人質を取置候、（中略）

（慶長五年）
七月廿九日

長大
正家（花押）
増右
長盛（花押）
徳善
玄以（花押）

真田安房守殿
御宿所

（『真田家文書』上巻、四八号文書）

【史料8】（慶長五年）八月二十二日付秋田実季宛佐々正孝書状

（前略）
一大坂本丸右衛門尉、西丸輝本（元）居申之由候、其外口々番勢之事てるもと被申付之由候事
（中略）
（慶長五年）八月廿二日　　正敞（花押）
秋藤太様
御報
（『愛知県史』資料編13、970号文書）

【史料7】からは大名の妻子が逃亡しないように番を付けることを命じていることが分かるだけだが、【史料8】からは一層はっきりと、「惣構」の口々に番所を設け、出入りの女性を検分する武士を置くことを命じているのだということが分かる。

【史料9】『綿考輯録』第十三[23]

慶長五年六月、会津江御出陣の跡大坂の御屋敷には上様方被成御座候ニ付、（中略）扨諸大名の証人大坂の城下に在之を若盗取事もやと口々に番所を建昼夜守之、中にも関東出陣諸将の人質を本丸に取入るへきとの評定有之よし相聞へ候、

ここで、「上様方」とは諸大名内室のことであるが、ここからは、この時大坂方が大名妻子を番所を建てて囲い込むとともに、東軍諸将の妻子については人質として城内に拘引するという二段階の方策を考えていた様子が窺われる。

こうした状況下で発給された本状は、「大坂惣構」の実態を知る上で大変興味深い史料である。しかしながら、これまで渡辺武による図化[24]を除き、本格的に検討されたことはほとんどなかったので、以下に詳しく見ていくこととしたい。

これには『当代記』では「去七月上方衆内府公江謀反時大坂惣構口々番手事」の表題が掲げられているが、七月十五日時点で彼ら自身が「上方衆内府公江謀反時」というのはおかしいから、この連署状はおそらく次のような形に復元できるのであろう。

【史料10】 慶長五年七月十五日付豊臣氏三奉行連署状

大坂惣構口々番手事

一浜の橋　毛利民部大輔
一平野町橋　宮木※丹波守
一備後橋　生駒修理・同主膳
一久太郎町橋　蜂須賀阿波守
一※あんとうし町橋　服部土佐守
一天王寺口　横浜民部
一南方ほりつめの口　奥山雅楽助
一京口ノ小橋　谷出羽守
一福島口　山崎右京進
一天王寺より平野口　赤松上総介
一大和口　川尻肥前守
一高麗橋　高田河内守・藤懸三河守
一淡路町橋　早川主馬
一本町筋※橋　蒔田権助
一久宝寺町橋　竹中伊豆守
一うなき谷町橋横橋共に　小野木縫殿助
一※高津口　上田主水
一平野口新堀※　小出大和守
一中の渡　山崎左馬助
一天王寺より南の口　石川備後守
一天王寺小坂水所　木下左京
一福島川口の番　脇坂中務・菅三郎兵衛・同右衛門八

右手前々々に番所を被立、番衆慥に在之而、妻子なと出る事をは堅可被停止候、往還は無滞可被通候、以上

慶長五年（庚子）七月十五日　長束大蔵

増田右衛門尉
徳善院

（史料纂集『当代記』巻三掲載文を一部改変した（※の個所））

さて本状に示された各持ち口を見ていくと概ね西→南→北→東の順に書き上げていることが分かる。そこで以下、記載の順序に従って方面ごとに分け、「大坂冬の陣大坂方配陣図」[25]（以下、配陣図という）を参考にしながら橋名・口名について検討していきたい。

※

①西の惣構（上記「横堀」）に架かる十一の橋名が北から順番に掲げられる。

浜の橋、高麗橋、平野町橋、淡路町橋、備後橋、本町筋橋、久太郎町橋、久宝寺町橋、安堂寺町橋、鰻谷町橋、横橋。

これを現在知られる橋名に当てはめてみると、おおよそ以下のように比定できる。

浜の橋は今橋。高麗橋は高麗橋。平野町橋は平野橋。淡路町橋は「配陣図」に思案橋とある橋。備後橋は不詳。本町筋橋は本町橋。久太郎町橋は久太郎橋（「配陣図」では農人橋）。久宝寺町橋は久宝寺橋。安堂寺町橋は安堂寺橋。うなき谷町橋は「配陣図」の鰻谷橋で、今の末吉橋にあたるか。横橋は九の助橋にあたるかもしれないが不詳。

②南の惣構（上記「空堀」）に架かる諸口の名が四つ挙げられる。

天王寺口、高津口、南方ほりつめの口、平野口新堀。

「配陣図」では、南惣構堀にかかる口と街道は西から東へ「松屋町・天神ハシスジ」、「谷町口・谷町筋」、「八丁目口・八丁目筋」、「平野口・平野街道」の名を挙げている。本状の「南方ほりつめの口」が南惣構の堀端を意味することから松屋町筋に想定でき、「高津口」を谷町筋、「天王寺口」を八丁目筋、「平野口新堀」を平野口に比定できよう。

なお、八丁目口とは、大坂城下から天王寺に通ずる道（現在の上町筋に相当）の城下南端にあった口で、そのため「天王寺口」とも呼ばれた。

③北の惣構の諸口の名が三口挙げられる。

京口ノ小橋、中の渡、福島口。（図3）

「京口の小橋」は京橋口にあった京橋のことであろう。小橋とするのはおそらく天満橋などに比べて長さが短かったことによると思われる。ここを扼することによって「京街道」の通行者を監視することができた。

次の「中の渡」は、現在の源八橋の辺りにあった「源八渡」の別称で、渡しの大川左岸（東岸）にある中野村（現都島区）にちなむ名前である。[26] ここを扼することによって「中の渡」を渡って守口方面へ通行する者、また北摂方面へ通ずる「鳥居嶺道」[27]の通行者を監視することができた。

「福島口」は具体的な場所は不明だが、天満の西方に位置する福島・野田方面に設けられた口と考えられるので、前年に開削された天満堀川に架けられていた橋（ここでは仮に「堀川橋」の位置としておく）の東詰に設けられた番所と考えたい。

④南惣構堀のさらに南方の口が三ヶ所挙げられる。

天王寺より南の口、天王寺より平野口、天王寺小坂水所。

大坂城南方の備えは②に挙げられた南惣構堀の諸口で行なうつもりであったが、南方はもっとも守りにくい方面なのでさらにその南方に三ヶ所の口を設けたようだ。その場所を特定するのは難しく、今は渡辺の推定に従っておきたい。いずれにしろ、これらの口は大坂城下町を囲む口ではなかろう。

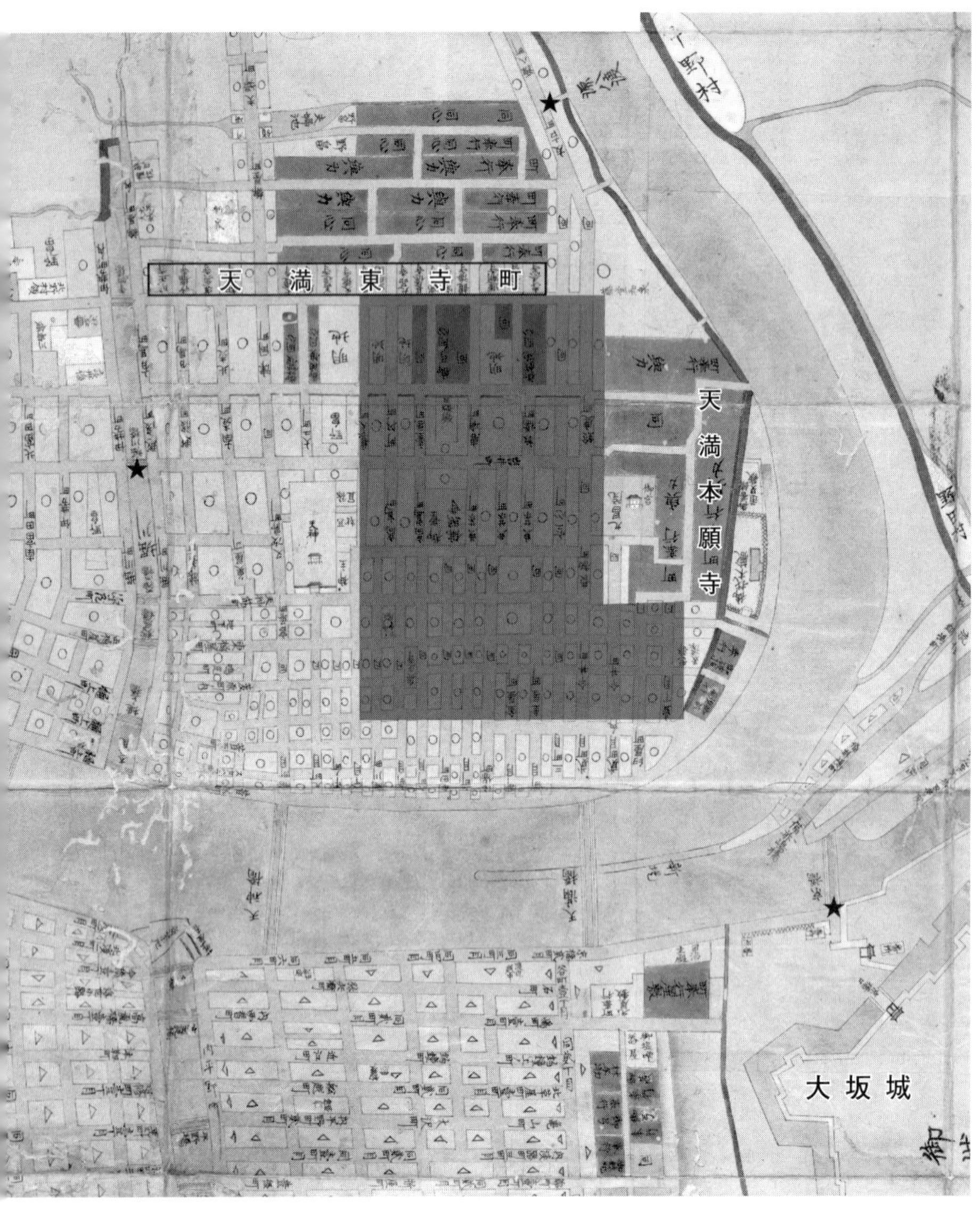

図3　「天満城下町概念図」（網掛けは推定天満寺内。★は惣構の口番所推定地）（慶應義塾図書館蔵「北組惣会所旧蔵　大坂町絵図」。図中の網掛けや活字・記号等は著者による。）

⑤東の惣構（猫間川）にかかる口の名がひとつ挙げられる。

大和口。

大坂城下から大和方面に向かう出入り口に設けられた口番所。『配陣図』には東惣構に三口描かれるが、その一つに「大和橋」がある。「大和口」は大坂市中から大今里・若江などを経て大和へと続く大和街道に面する口である。

⑥惣構西方の河口に設けられた番所の名が挙げられる。

福島川口の番。

これは脇坂安治（淡路洲本城主）と菅三郎兵衛・同右衛門八（淡路岩屋城主菅達長の一族）が守る口で、後掲の**【史料11】**によれば、「福嶋の下伝法河・木津河両方へ流る、岐」にあった。これは彼らのいずれもが水軍を率いる武将であることからも首肯される配置である。大川を船で下って中国・西国方面への脱出を図る者への対策であろう。

※

以上、本状に掲出された「惣構」の諸口を検討してきたが、ここで③北の惣構の諸口について確認しておきたい。「**はじめに**」で述べたように、従来説では北の惣構ラインは大川南岸に沿って京橋辺から西の天満橋を経て高麗橋あたりまでに設定されてきた。これはすなわち、「惣構」は天満を含まないという理解である。ところが、③によると天満の北東方面の「中の渡」や西方の「福島口」に番所が設けられていたこととなり、京橋、中の渡、福島口の各口に番所を置くことによって、天満の北辺を限る東寺町の寺院群の存在とも相まって天満地区は完全に囲われることになる（**図3**）。すなわち、これによって前年に完成した天満を含む囲郭が、この状況下で「惣構」として実際に機能したと考えられるのである。

このことに関連して『黒田家譜』[28]巻之九には、黒田家重臣の母里太兵衛（友信）らが天満にあった黒田屋敷から孝高室・長政室を大坂から脱出させようとして、本状にも名の見える菅右衛門八の守る番所に至ったとする次のような記事がある。

【史料11】『黒田家譜』巻之九

慶長五年　孝高五十五歳　長政三十三歳

（上略）
長政大坂天満の宅にて、かねて家臣母里太兵衛、栗山四郎右衛門、宮崎助大夫を近づけてのたまひけるハ、内府公関東へ御下向の跡、もし騒動の事あらば、内府公御身方の大名の屋敷に、定て番をつけ妻子を人質として城中へ取入へし。いかにもして、我が母上と妻とを、ひそかに恙なく本国へ下すべし。（中略）大坂の城より往来の人を察せんため、福嶋の下伝法河・木津河両方へ流るゝ岐に、早船を浮べ兵具を立並へ、百人余取乗て、小舟をも一艘うかべ置、非常をとゞめ女を通さざりければ、両人の内室を下すべきやうなし。かゝる所に、家康公へ同意の諸大名の内室を、大坂の本丸に人質にとり入んとて、七月十七日先細川越中守忠興の屋敷、城辺近き所なればとて、大勢を遣し、人質にとらんとす。（中略）此戦の時鉄砲の音夥しく聞え、城近く火事出来たるを、彼番船の者共見て、いそき小舟に乗て馳行けれは、番所にハ人ずくなに見えけるか、（中略）太兵衛よき透間なりと悦て、いそき二人の内室に、只今船にのせ申さん由を申ける。かねて用意したる大なる箱に、二人の内室をいれ、小左衛門うらの川より小舟にのせ申、太兵衛是を守護し川口へ下る。（中略）既に番所に着けれは、太兵衛船より飛下り、番所の頭に菅右衛門八といふ者、元来知人なりしが、彼に打向ひて、在所へ用事有て罷下り候。船の中心元なく候ハゞ、御改候へとて、彼大身の鎗を自身持て立たりける。（中略）船中を改め申に及はず。いそき御通り候へと申けれは、両人の内室ハ虎口の難をのかれ、事故なく通

りたまひける。（以下略）

（『黒田家譜』第一巻、割註は省略）

右史料の内容を省略部分も含めて解説すれば、家康に従って東下する黒田長政から、当時天満にいた孝高・長政の正室を密かに豊前に下すようにとの厳命を帯びていた母里太兵衛ら在坂の重臣は、彼女らの大坂城内への拉致が遠からず実施されることを予想して、いったん天満の町人納屋小左衛門邸に匿い脱出の機会を窺っていた。そうした時に玉造の細川邸での内室拉致事件が起きたことを好機と見て、彼女らを脱出させようとするが、既に天満の各口が封鎖されていたため、彼らは「小左衛門うらの川」から彼女らを箱に入れて船に乗せて大川を下り、【史料10】にも「福島川口の番」として名の見える菅右衛門八が守る番所に赴き、そこを通過して無事帰国させることができた、という状況を読み取ることができる。

すなわちこの記事は、このころ、大坂方による天満を含む「惣構」の囲い込みが実施されていたことを証する貴重な事例だといえよう。

第二節　大坂城下町と「惣構」の変遷

ここでは、これまで述べてきた論点を踏まえて、大坂城下町と「惣構」の変遷をそれぞれ四段階・三期に分けて概述する（図4）。

1　城下町の第1段階（【図4―1】）

天正十一年九月、大坂築城を開始した秀吉は、それと同時に城西・城南方面で城下町の建設をも始めた。これには、上町台地上に展開する「上町城下町」[29]と城南の上本町八丁目の札の辻から南方の天王寺にまで続く「平野町城

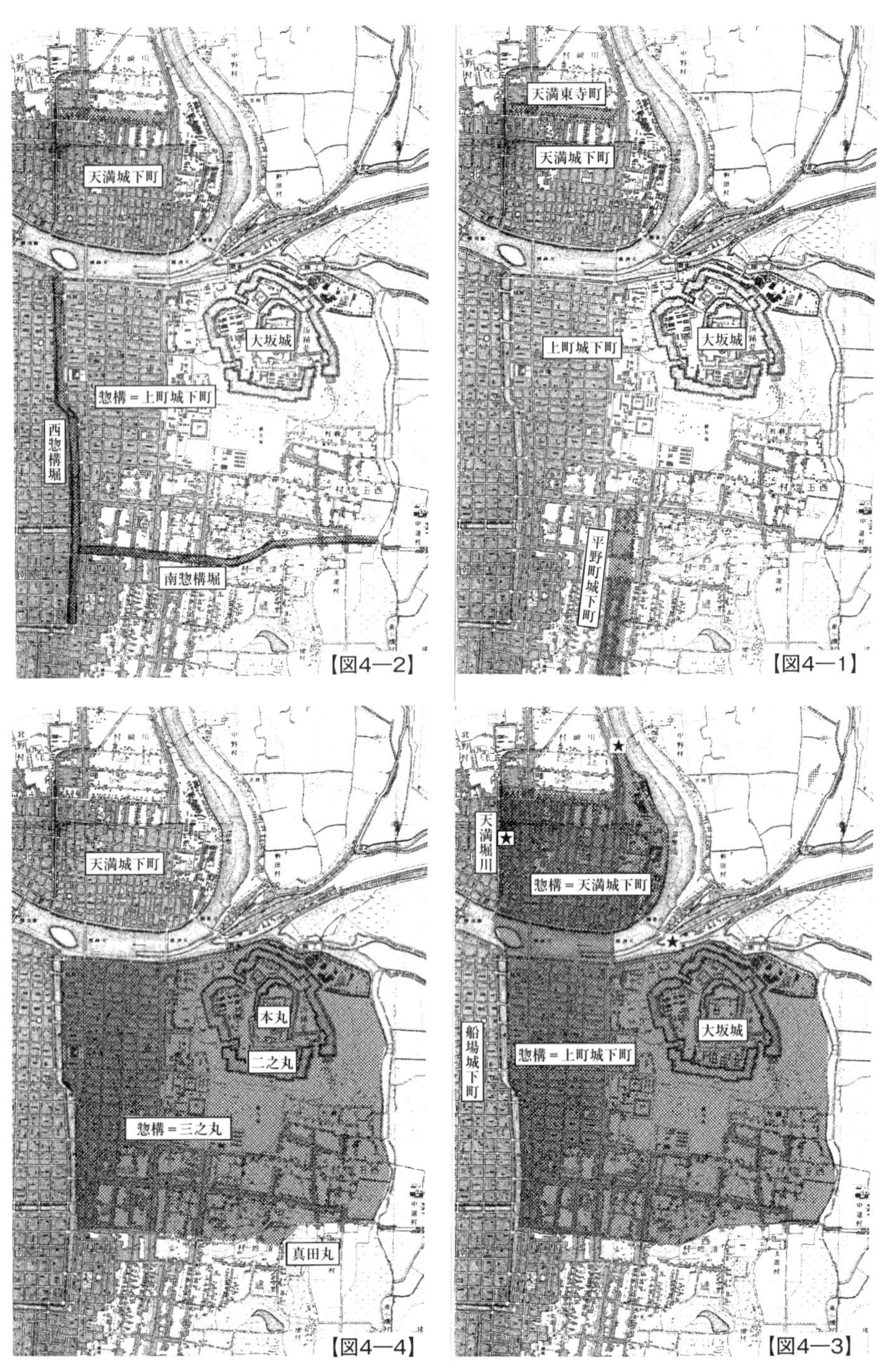

図4　大坂城下町と「惣構」の変遷・概念図（平凡社『日本歴史地名大系28』特別付録「二万分一仮製地形図復刻版 大阪市街図部分」に加筆）

下町」がある。前者が前代以来の町場の継承を指向していたと思われるのに対し、後者は天王寺を介して最終的には大坂から堺までを町続きにしようとする方策であったとされる[30]。

一方秀吉は、城の西北の低地（天満砂堆上）に位置する天満中島の地にもいち早く造成の工を起こして、当時貝塚にあった本願寺の誘致を核とした「天満城下町」の形成に取り掛かった[31]。秀吉はこの時、天満の北端に多くの寺院を東西方向に配置して寺町（天満東寺町）を形成しようともしており、とりわけこの年に天満東寺町の両端に位置する専念寺と九品寺が創建されていることから、既に天正十一年にその構想の一部が実現したとされてきた[32]。ただ、本稿の問題関心からいえば、その形成過程については今少し細かく見ておく必要があるように思われるので、それについては次項で詳しく述べることとしたい。

ともかく、こうした状況下で、秀吉は大坂城の本丸・二之丸を完成させていくとともに、城下町形成については、城西方面に展開する上町を中心に、城南方面では天王寺方面までの延伸を目論む一方、城北方面では天満の北端に寺町を形成することによって城下北郊の村（東成郡川崎村）との遮断という方策を採ったのである。

2　城下町第2段階・惣構1期（【図4―2】）

文禄三年、秀吉は町の南と西を限る遮断施設の無かった「上町城下町」の防衛力強化の目的で、城南の八丁目にあった黒門外側の東西方向に上町台地を横切る形で長大な空堀を設置させ、また城西にあたる上町台地西辺の低地にも新たに横堀を設けた。

この惣構堀普請の結果、「平野町城下町」は城下の外へやられ、新たな領域としての「惣構＝上町城下町」が誕生した。この普請は、伏見城の諸普請に加え、淀城の廃城や文禄堤の設営などと並行して行なわれたものであることから、直接的には前年（文禄二年）の御拾い誕生に端を発する大坂―伏見間の連携強化策であるとともに聚楽第の孤立化を図ったと評価されるものである。[33]

さて、この時設置された上町の「惣構」について、戦前段階では「三之丸」の設営と読み替えられ、この時点で本丸・二之丸・三之丸からなる大坂城が完成したとされた。一方、戦後になって、「惣構」の構築後、慶長三年にその内部に「三之丸」が構築されたとの見解も述べられてきたところであるが、いずれの場合においても文禄三年におよそ二・二キロ四方からなる大城郭が完成したという理解は変わらず、その考えはこれまで一貫してきたと見なしてよいだろう。しかし今、「三之丸」呼称が慶長後半期段階にならないと現われず、文禄・慶長前半期段階ではあくまで「惣構」呼称に終始していること、そして「惣構」が「三之丸」とは違って、必ずしも城郭の曲輪を表わす用語であるとの理解に立つ必要がないことに留意すれば、[34]この時物構堀で囲われて新たに成立したのは、三ないし四つの曲輪に囲われた一大城郭としての大坂城であったと考える必要もなくなるのではないだろうか。

そこで筆者は、この時、天正十六年三月に周備した本丸・二之丸からなる大坂城[35]とその周囲に展開する上町城下町全体を囲い込む、新たな様相を持つ都市としての「大坂」が出現しつつあるのだとの考えを提起したい。[36]

ところで、天正十一年から形成されはじめたとされる天満東寺町のその後の状況はどうだったのか、続いて前項を踏まえながら見ていきたい。

表3は、元禄九年（一六九六）に摂津の浄土宗寺院がその由緒・開山などを書き上げて江戸増上寺に書き送った「蓮門精舎旧詞」[37]の記事と一九二二年に著わされた井上正雄著『大阪府全志』巻二の記事とを元に作成したものである。これによれば、天満城下町の北辺に位置する天満東寺町所在の十八ヶ寺のうち、大坂築城以前からあった寺が二ヶ寺、天正十一・十二年の建立が四ヶ寺、天正十八年が一ヶ寺、文禄元〜五年（＝慶長元年）が五ヶ寺、慶長九・十年が三ヶ寺、元和以降が三ヶ寺となる。すなわち、秀吉在世中における寺院開基の数は、大坂築城時もさることながら、文禄元年から同五年に至る五年間に一つの集中期のあったことが見て取れる。これが意味することは、

表3　天満東寺町の寺院（配列は東→西）とその開基年

寺院名	宗派	開基年（その典拠）	備考（その典拠）
専念寺	浄土宗	天正十一年（a）	天正十一年三月大坂松江町にて開創、元和二年当所に移転（b）。
大信寺	浄土宗	慶長十年（a）	慶長十年備前島にて開創、元和五年当所に移転（b）。
運潮寺	浄土宗	文禄四年（a）	文禄四年五月天満川崎にて創建、元和三年当所に移転（b）。
龍海寺	曹洞宗	天正十二年（b）	「豊臣秀吉の創立なり」（b）。
宝縁寺	浄土宗	慶長元年（a）	
瑞光寺	臨済宗	寛永三年（b）	
長徳寺	浄土宗	元和二年（a）	元和二年天満橋北詰より当所に移転（b）。
九品寺	浄土宗	天正十一年（a）	行基の開創。天正十一年禅宗から浄土宗に改宗（b）。天正十八年二月六日に大鏡寺の位置から当地に移る（c）。
宝珠院	真言宗	弘仁年中（b）	空海の開基（b）。
栗東寺	曹洞宗	天正十八年（b）	
天徳寺	曹洞宗	天正元年（b）	
善導寺	浄土宗	文禄元年（a・b）	
超泉寺	浄土宗	文禄三年（a・b）	
大鏡寺	浄土宗	文禄二年（a・b）	ここには天正十八年二月まで九品寺があった（c）。
（天神橋筋）			
智源寺	浄土宗	慶長九年（a・b）	
蓮興寺	法華宗	天正十二年（b）	その後「剰え豊臣内府の顧命を蒙り、法威先代に卓越」す（b）。
妙福寺	法華宗	元和二年（b）	
成正寺	法華宗	慶長九年（b）	
（天満堀川）			

（a）＝「蓮門精舎旧詞」、（b）＝『大阪府全志』、（c）＝『言経卿記』天正十八年二月十七日条・内田九州男「城下町大坂」（『日本名城集成　大坂城』小学館、一九八五年）

おそらく、その前年の天正十九年正月に天満本願寺の京都移転を命じた秀吉（『言経卿記』同年一月二十日条）が、本願寺移転後の城下町天満の再編を図るべく、東寺町における寺院誘致を本格化させたことに求められるのではないかと思われる。

そもそも天正十三年の本願寺天満移座には、根来・雑賀らによる顕如推戴を恐れた秀吉が寺内町を中心とする天満繁栄策をも担わせる目的があったが、同時にその膝下に入ることで権門を維持しようとした本願寺側の思惑とも一致することで実現したものであった。(38) しかし秀吉は、政権が安定してくるに従って専制的になり、同十七年二月に起きた聚楽第落首事件を好機と捉え、本願寺─一家衆・侍─町人から起請文を取り、寺内掟を定め、さらに検地を行なうなど（いずれも三月）、一気にその自主権を奪うに至った。(39) そして天正十九年、新たな洛中の再編成を目論むにあたって、同年正月に本願寺を京都六条堀川に移すこととしたのである。(40) その一方、本願寺が去った後の天満については、天神宮門前町を含みこんだ、より広域の城下町としての発展を促す施策を取ろうとしたのであったと思われる。その意味でも文禄五年までに十八ヶ寺中十二ヶ寺が天満東寺町に寺基を定めるに至ったことは、その方向性を窺う上で特筆すべきことであろう。(41)

3　城下町第3段階・惣構2期（【図4―3】）

慶長四年三月、それまで城下外との区画装置の無かった天満の西域を限るため、天満堀川の開削が行なわれた。天満堀川の開削は秀吉の死の翌年であるが、その計画は遅くとも三年九月に遡る（【史料5】）から、これも秀吉の意向であったと考えてよいだろう。

その一義的な目的は、天満堀川がその開削後長らく北東の樋ノ口町方面へは掘り抜かれていないことからみても天満内外の遮断であったと思われるのであるが、それとともに、元和二年（一六一六）に道頓堀川が開削されるまでは行き止まりとなっていた横堀が西の「惣構堀」と呼ばれたのと同じ意義を有するという意味で、横堀の大川を隔てた北方への延長工事、すなわち惣構堀普請の一環であったとも見ることができよう。

ところで前項では、天満東寺町の全容が文禄五年（慶長元）までに整ってきたことを述べた[42]が、慶長三年五月のものと思われる近衛信尹書状によってこの年、「天満寺屋敷替」の行なわれたことが分かるから、秀吉は最晩年に至るまでその改造に関心を持っていたのであろう。

そもそも、慶長三年から始まる一連の大坂城普請は、秀吉が構想した大坂・伏見両城の連携策の一環として行なった大坂城強化策として始められたものであろうことは間違いない[43]が、この間の天満東寺町の充実状況を踏まえれば、天満堀川の開削は天満の惣構化とともに早くから秀吉の脳裏にあったもので、本願寺移転後の天満の活性化を図るとともに、大坂城下町全体の西を限る装置を完成させるための普請であったとも考えられるところである[44]。とするならば、文禄三年の横堀開削に加え、このたびの天満堀川開削によって大坂城下町の「惣構」化が最終的に完成したとの評価もできるように思われる。

こうしてこの時、上町・天満城下町の囲郭化＝「惣構」化が完成したのであるが、翌五年六月十六日に徳川家康が上杉景勝征討のために大坂城を立ち去る（『言経卿記』同日条）と、これを好機と見た豊臣奉行衆は、人質としての大名妻子の逃亡を防ぐ目的で、「惣構」の門口に番手を置いて守らせることとしたのである。

ところでその後、関ヶ原合戦以降大坂冬の陣の開始直前の慶長十九年までの十四年間もの間、「惣構」の名はまったく見られなくなる（**表1**）。その理由は何だろうか。私見では、それはこの語の持っている時事的・軍事的側面に起因するもので、関ヶ原合戦以降、大坂においてはそれまでのような緊迫した事態がいったん無くなるのであるから、都市囲郭としての「惣構」は存在していてもことさらそれを「惣構」だと呼称する必要が無くなったからではないだろうか。であるからこそ、大坂冬の陣が間近に迫る慶長十九年十月に大坂方が「惣構」を整備し要塞化することとなるに及んで、再び「惣構」の名が現われる（表1の5、【史料12】）ようになるのであろう。

4　城下町第4段階・惣構3期（【図4―4】）

慶長十九年十月、大坂冬の陣が不可避であるとの情勢判断にもとづいて豊臣方は、大川によって上町と分断されるという弱点のある天満を「惣構」から分断・放棄した。これが、大坂籠城という選択をした彼らが徳川軍による大坂城の攻囲を前提とした防衛上の観点からの措置であることは言うまでもないであろう。この時、次掲史料によって「惣構」の川端に塀が付けられたことが分かる。

【史料12】（慶長十九年）十月十一日付中井正清宛中井利次書状（傍線引用者）

将又大坂のやうすいよ〳〵惣まわりのかわはたへい仕、てんわうじくちニもほりをほりせいらうなとも仕、事のほかやういつかまつり候ていノよし候、（中略）

中信濃
利次（花押）

（慶長十九年）
十月十一日

中井大和守様
人々御中

（『大工頭中井家文書』9号文書）

こうして、この時期の「惣構」は大坂城の曲輪と呼ばれるに相応しい防御施設を備えるにいたったわけで、筆者はそれに伴ってこの段階の「惣構」を城の曲輪と云う観点から見て新たに「三之丸」とも称するようになったのではないかと考える。すなわち、この時に本丸・二之丸の外に位置する第三の曲輪としての大坂城「惣構＝三之丸」の認識が生まれたのであると考えたいのである。(45)とすれば、およそ周囲二・二キロ四方に及ぶ大城郭としての大坂城はこの時、すなわち慶長十九年十月頃中旬に初めてその姿を現わし、そして、早くも十二月末にはその姿を消してしまうこととなると考えられる。

おわりに

以上、これまで文禄三年に東は大和川(猫間川)、西は東横堀川、南は空堀、北は大川を外郭線とする「惣構」ができあがり、それによっておよそ二・二キロ四方の大城郭としての大坂城が完成したとする明治期以来の見解を吟味してきた。

その結果、「惣構」は文禄三年の構築以降慶長十九年の廃絶に至るまで一貫して同一形態・同一構造であったのではなく、時々の情勢の変化、政権の思惑によって変貌を遂げてきたものであり、とりわけ慶長四年に行なわれた天満堀川の開削によって、上町城下町のみならず天満城下町をも囲い込む形での「惣構」が完成したことを明らかにした。

次に、歴史用語としての「惣構」と「三之丸」との意味上の違いとその初出時期のズレをも勘案した上で、文禄三年に始まり、慶長四年に完成したのは「三之丸」を最外郭とする巨大な大坂城ではなく、天正十六年に完成した本丸・二之丸から成る大坂城を核とし、上町・天満の城下町を「惣構」として囲い込む都市大坂であった[46]とした。そしてそれが、大坂冬の陣を間近に控えた慶長十九年十月、大坂方によって、天満を放棄した上町城下町のみを囲む新たな曲輪としての「三之丸」を最外郭とする大城郭に改変されたのだとした。すなわち、豊臣時代のほとんどの期間において、大坂城は本丸・二之丸からなる二重構造であったと考える(大坂城二重構造説という)のである[47]。

こうした筆者の理解は、いずれもこれまでまったく想定されてこなかったものであろうが、そこには大坂城平面構造についての明治以来の通説的理解の存在が関係しているように思われる。すなわち、その出発点に参謀本部による『日本戦史』編纂事業の一環としての「大阪役」研究（一八九七年）があって、そこでは附図「慶長元和間大阪図」や「冬役両軍配備図」（図1）に描かれた冬の陣当時の本丸・二之丸・三之丸から成る広大な大坂城域を秀吉築城時以来の大坂城の平面構造であるとしており、それを受けた『大阪市史』第一（一九一三年）でも文禄三年に行なわれた惣構堀普請によって大川を北の総構堀とする三重構造（本丸・二之丸・三之丸）の大城郭が完成したとしている。すなわち、こうした、秀吉在世時に本丸・二之丸・三之丸からなる巨大な大坂城が出現したとする長年の通説的理解が今日まで疑われることなく受け継がれてきたという事情があるように思われてならないのである。

従って筆者としては今後、このような明治大正期に確立された豊臣期大坂城域の成立と構造に対するパラダイムをいったん相対化したうえで、新たな大坂城・城下町像を再構築する必要があるのではないかとも思うところであるが、当面は本稿において示した結果を踏まえ、戦国期以来の「惣構」形成史のなかで大坂の「惣構」に如何なる歴史的位置を与えうるのかをさらに考えていきたいと思う（なお、補注を参照されたい）。

注

（1）早稲田大学図書館編『早稲田大学所蔵荻野研究室収集古文書』下（吉川弘文館、一九八〇年）所収文書。

（2）その成果は、（財）大阪府文化財センター編『大坂城址』Ⅲとして二〇〇六年にまとめられている。

（3）拙稿「豊臣期大坂城の構造について」（（財）大阪府文化財センター『シンポジウム「大坂城」―秀吉の大坂城縄張りをさぐる―発表要旨』二〇〇四年）。江浦洋「堀83をめぐる諸問題」（（財）大阪府文化財センター注（2）前掲書所収、二〇〇六年）など。

（4）大阪市立大学豊臣期大坂研究会編『秀吉と大坂　城と城下町』和泉書院、二〇一五年所収諸論文。

（5）ただし、一九八七年刊行の『日本戦史　大阪役』附図（本章図1）には大坂城東辺は猫間川とあり、その後の矢内昭の研究（矢内昭「惣構堀の築造と内町の完成」『新修　大阪市史』三、大阪市、一九八九年）もあって、大坂城の東の最外郭を限るのは大和川ではなく、本願寺時代から大坂城域の東辺を流れていた猫間川であることが確定された。

（6）参謀本部編『日本戦史　大阪役』一八九七年（同復刻版、村田書店、一九七七年）、大阪市参事会編『大阪市史』第一（大阪市参事会、一九一三年）など。なお、一八九九年に上梓された小野清著『大坂城誌』の所説については（補注）を参照されたい。

（7）**表1・2**は、いずれも大澤研一「文献史料からみた豊臣大坂城の空間構造」（注（4）前掲書所収）に付された表の一部（いずれも慶長二十年五月九日以前（と『山口休庵咄』）のみとし、以降は省略）を一部訂正のうえで引用させていただいた。それは、この表が現在望みうるもっとも良質で網羅的なものとの認識からである。

（8）櫻井成廣著『豊臣秀吉の居城　大阪城編』日本城郭資料館出版会、一九七〇年。岡本良一著『大坂城』岩波書店、一九七〇年。ただし、前者は三之丸を城の虎口を囲む馬出曲輪であるとし、後者は二之丸の西・南を囲む曲輪とする違いがあるが、ここでは区別しない。

（9）内田九州男「秀吉晩年の大坂城大工事について―慶長の三の丸工事と町中屋敷替―」（『大阪城天守閣紀要』5、一九七七年）。渡辺武「豊臣時代大坂城の三の丸と惣構について―『僊台武鑑』所収「大坂冬の陣図」を中心に―」（財団法人大阪市文化財協会『難波宮址の研究』7論考編、一九八一年）。松尾信裕「豊臣期大坂城の規模と構造―発掘調査から推定される豊臣期大坂城三ノ丸の範囲―」（財団法人大阪市文化財協会編『大阪市文化財論集』一九九四年）、同「大坂城下町」（仁木宏・松尾信裕編『信長の城下町』高志書院、二〇〇八年）。

（10）拙稿「慶長三～五年の大坂城普請について」（『ヒストリア』198号、二〇〇六年。本書第七章に再録）。拙著『天下統一の城　大坂城』新泉社、二〇〇八年。

（11）なお、跡部信は近年、徳川期大坂城の本丸に受け継がれる豊臣期の領域を本丸・二之丸と見なしうる史料があることを踏まえ、これまで二之丸とされてきた領域を三之丸と理解することもできるとした。その一方で、従来のような本丸・二之丸という理解もされるようになった結果、「大坂城は本丸を中心とした三重構造とも四重構造ともいえる」とする見解（同著『豊臣秀吉と大坂城』吉川弘文館、二〇一四年）を述べた。ただ、この説でも三之丸とされる領域（従来の二之丸にあたる）は、天正十六年三月までに完成している（『多聞院日記』ほか）筈だから、それ以降慶長十六年まで二十年以上にわたって「三之丸」の名が一度も史料に現われない（**表2**）のは不審と言わざるを得ない。なお、跡部説でも最外郭は「惣構え」となる。

(12) 大澤注(7)前掲論文。

(13) 福島克彦「戦国織豊期における「惣構」の展開と倭城」（黒田慶一編『韓国の倭城と壬申倭乱』岩田書店、二〇〇四年）。

(14) 矢守一彦編『浅野文庫蔵諸国古城之図』新人物往来社、一九八一年。本図は、広島藩主浅野家旧蔵、広島市立中央図書館現蔵である。

(15) 藤田恒春校訂『増補　駒井日記』文献出版、一九九二年。

(16)「参考諸家系図　六十八　多賀氏」（青森県史編さん委員会編『青森県史　資料編』近世1所収、青森県、二〇〇一年）。

(17)『新訂　本光国師日記』第三、続群書類従完成会、一九七八年。

(18) 岡本良一著『大坂冬の陣夏の陣』（創元社、一九七二年）に引用されている。

(19)『続々群書類従』第四所収。大坂の陣で大坂城に籠城した山口休庵の説話を後に編纂した書。

(20)「八丁目黒門」とは上本町八丁目にあった城下の南端を限る門で、ここはその前面（南側）に構築された空堀を隔てて天王寺へと通ずる「天王寺口」であった。

(21) 横堀の開削については文禄三年ではなく、天正十三年だとする説も根強くある。しかし、『時慶記』慶長五年三月二十四日条によると、この日時慶らは鳥羽から船で大坂に至り、「大坂新堀今ヅメ（今橋付近か—引用者）」で上陸した後、陸路を取って天王寺へ向かっているから、この「大坂新堀」が横堀を意味することは間違いない。よって、横堀の開削は天正十三年よりも文禄三年とする方が妥当と思われる。

(22) 注(10)前掲拙稿。

(23) 本書は天明二年（一七八二）成立。『出水叢書』第二巻として汲古書院から刊行された。

(24) 渡辺武「関ヶ原の役大坂城防衛線推定図」（同著『図説　再見大阪城』大阪都市協会、一九八三年）。

(25)「大坂冬の陣大坂方配陣図」は国立国会図書館所蔵『大坂五戦之図』六枚のうちの一枚。岡本良一編『日本名城集成　大坂城』（小学館、一九八五年）に写真（11～16）が掲載されており、ここでは11を参照した。この図は疑問点も多い（大澤研一「補論　豊臣期大坂城下町図」注(4)前掲書所収）が、本報告では橋や口の一々の比定が目的ではないので参考資料として用いた。

(26)『大阪府全志』巻二の北区中野町の項に「淀川は西辺を通じ、対岸へは淀川橋を以て新川崎橋に通じ、源八渡を以て樋之口下之町に達す。橋は先年の創設に係り、渡は中野渡にして一に源八渡ともいふ。天満の旧源八町に通ずるを以て此の名あり」とある。

(27)「鳥居嶺道」は、天満東寺町の東端専念寺と大川の間を天満橋から源八町を抜けて長柄渡し方面へと赴く街道である。これは長柄渡しから吹田・茨木を経て、最終的には丹波亀山（現亀岡市）に至る古道であるが、また長柄渡しからは豊中を経て西国街道へと向かう「吉野嶺道」が分岐しており、総じてこの街道は大坂から北摂方面へ向かう上での重要路であった（服部英雄・磯村幸男編『近畿地方の歴史の道2　大阪2』海路書院、二〇〇五年）。

(28)川添昭二・福岡古文書を読む会校訂『黒田家譜』第一巻、文献出版、一九八三年。

(29)天正十三年九月から天満寺内に逼塞していた山科言経の日記（『言経卿記』）によると、「大坂町ゝ見物ニ四条・阿茶丸等同道徘徊了」（天正十四年正月十二日条）、「大坂町へ北向被行了」（同年二月一日条）、「四条・阿茶丸・予同道、町ゝ再三見物了」（同年四月七日条）などとあって、たびたび「大坂町ゝ」の見物に赴いている。ここでいう「大坂町」こそ「上町城下町」のことで、既に町は繁華の様相を見せている。

(30)内田九州男「城下町大坂」（岡本注(25)前掲編書所収論文）。

(31)伊藤毅「天満寺内町の位置、規模、街区構成」（同著『近世大坂成立史論』生活史研究所、一九八七年）。また拙稿「本願寺の貝塚・天満移座と羽柴秀吉の紀州攻めについて」（『ヒストリア』250号、二〇一五年、本書第二章に再録）。

(32)内田注(30)前掲論文。

(33)拙稿「秀吉の大坂城拡張工事―文禄三年の惣構普請をめぐって―」（渡辺武館長退職記念論集刊行会編『大坂城と城下町』思文閣出版、二〇〇〇年。本書第八章に一部改訂のうえ再録）。

(34) 例えば、太田牛一著『大かうさまくんきのうち』によると、慶長三年三月に秀吉が催した醍醐の花見に際して、伏見から下醍醐までの間に近在村々から現地を隔離するための柵を設けているが、それを「惣かまへ」と呼んでいる。また、『日葡辞書』にも「市街地や村落などの周囲をすっかり取り囲んでいる柵、または防壁」とあって、「惣構」が必ずしも城郭と不可分なものとしては理解されてはいない。

(35) ただし、江戸時代の大坂城には、城の北東方で外堀と猫間川・大和川に挟まれる地域に仕切曲輪と蔵曲輪があった(『大坂城誌』中)。これらは、まとめて「北外曲輪」(松岡利郎著『大坂城の歴史と構造』名著出版、一九八八年)とも呼ばれており、ここは城内の一画を占めていた。特に蔵曲輪には、米蔵・薪蔵・石火矢蔵など多数の倉庫があったから、水運によって運ばれてきたさまざまな物資の保管のための曲輪であったことが分かるが、おそらく、豊臣期にもここには同様の曲輪のあった可能性は高いであろう。

(36) その傍証として、醍醐寺三宝院々主義演の認識を見ておく。義演は、豊臣家の依頼により慶長四年十一月から十九年九月にいたるまで、ほぼ年三回のペースで大坂城において大般若経の転読を行なっている(以下、引用は『義演准后日記』)。その場合、義演は原則として転読の前日に大坂の「宿坊」(当初は「法案寺」、その後「京橋ノ町屋」に替わり、慶長十六年九月からは「三丸」に新造された宿坊)に入り、翌日、転読道場である本丸千畳敷御殿に赴いている。同日記によると義演はこの行動を一貫して「御城」へ向かうと表現しており(五年二月十六日条の「宿坊ヨリ御城へ早参」、十八年一月十六日条の「著装束、御城へ参」など)、宿坊のあった城下町と大坂城を明瞭に区別している。

(37) 「蓮門精舎旧詞」乾・坤(浄土宗開宗八百年記念慶讃準備局編『浄土宗全書』続十八・続十九、一九六九年)。

(38) 注(31)前掲拙稿。

(39) この事件の経過・意義については、伊藤毅「豊臣秀吉による寺内町支配とその意味」(注(31)前掲著書所収)に詳しい。そこで、伊藤は「ここにおいて本願寺寺内は秀吉によって完全に掌握されたのであり、本願寺のもつ中世的残滓は一掃されたということができよう」との見解を示している。

(40) この時の「京中屋敷かへ」・「土居堀」普請を含む京都改造事業については、京都市編『京都の歴史4　桃山の開花』(學藝書林、一九六七年)や日本史研究会編『豊臣秀吉と京都』(文理閣、二〇〇一年)に詳しい考察がある。

(41)　ここで一つ押さえておきたいことがある。それは、**表3**備考に明らかなように、井上正雄著『大阪府全志』によれば、天満東寺町の東端を占める専念寺・大信寺・運潮寺の三ヶ寺は創建こそ豊臣期であるが、当地にはいずれも元和二年以降に移転してきたという由緒がある。とすれば、豊臣期における東寺町の東端寺院は、内田のいう専念寺ではなく天正十二年に秀吉によって開かれた龍海寺ということとなる。さらにその西端寺院についても、大鏡寺（当初は九品寺が存在）ではなく、さらに天神橋筋を超えた西方にある蓮興寺（龍海寺と同じ天正十二年開創）とすべきであろうと思われる。詳細は別稿に譲らざるをえないが、いずれも秀吉との強い関係が窺われる寺院であることに注意したい。

(42)　五月二日付片桐且元宛近衛信尹自筆書状（大阪城天守閣所蔵）。本状は、慶長三年五月十七日に発令された「大坂御普請」に関連して、おそらく四月末頃までに立ち退き「用捨」を言い渡された天満東寺町の栗東寺が信尹に使僧を以て礼を言い、それを受けて五月二日、さらに信尹が片桐且元に認めた礼状である。

(43)　注(10)前掲拙稿論文。なお、この時行なわれた町中屋敷替えによって、新たに船場城下町が形成された（内田注(30)前掲論文、伊藤注(31)前掲書など）。

(44)　天満堀川によって確定された天満の領域は、天満寺内と天神宮門前町から成るが、この両者はともに中世から都市的発達を遂げていた可能性が高く（豆谷浩之・南秀雄「豊臣時代の大坂城下町」（注(4)前掲書））、政権はそれをまとめて「惣構」内に囲い込もうとしたのであろう。

(45)　「三之丸」という曲輪呼称については、**表2**の1「三丸ニ宿坊」を除けば、2・3は二之丸を指す（大澤注(7)前掲論文）と思われるから、残りは慶長十九年十二月以降の事例ばかりということとなる。そこで**表2**の1の事例が問題となるが、これは慶長十六年九月に大坂城中で三宝院義演が大般若経の転読を行なった際の日録（『義演准后日記』、以下それからの引用）の記事で、字句の全体は「雖三丸ニ宿坊新造被仰付、拂除等不出来、仍元ノ宿へ著了」というものである。ここで、「元ノ宿」とは慶長六年五月十五日条に「今度ハ宿坊法案寺ヲ替テ、京橋ノ町屋ニ宿ヲ取、御城へ近所ノ故也」とある宿であるから、同十七年一月十五日条に「浜マテ片桐主膳正為迎来、新造ノ宿坊へ著」とあることと相まって、新造の宿坊も京橋付近の浜辺にあったと思われる。

さて、注(36)で指摘したように、義演は本丸・二之丸からなる大坂城と城下町とを明瞭に区別していた。そして上述したようにこの頃、「惣構」という語が使われなくなっていたとすれば、この新たな宿坊の所在地を表現する場合、「二之丸」より外という意味で「三丸」と言わざるを得なかったのではないだろうか。二之丸の周囲に三之丸・惣構があったとする四重構造説が成立しない（本書補論3を参照されたい）以上、慶長十六年頃を期して惣構を三之丸化（城内化）したということにもなるが、その必然性は存在しない。すなわち、この時期、義演がことさら大坂城内の「三之丸」という意味で使ったとは思えないのである。

(46) こうした理解の方が、同時期の京都の様相（本丸・南二之丸等からなる聚楽第と都市囲壁としての「土居堀」に囲繞された城下町）を視野に入れた場合（百瀬正恒「聚楽第の築城と都市の発展」（日本史研究会注(40)前掲編書所収）、余りに巨大な大坂城を想定するより整合性があるように思われる

(47) ただし、大和川や大川を通じて城内に運び込まれる物資の保管場所として二之丸北東外の川縁に何らかの施設があったものと考える。なお注(35)を参照されたい。

（補注） そうしたなか、旧仙台藩士の小野清が一八九九年（明治三十二）に著わした『大坂城誌』は独特の説を展開している。小野は、その上巻の第四巻「第九章　惣構」のなかに「惣構ト二三之丸トノ別」という項を設けて（236頁）、「惣構ハ新設ノ者（籠城ノ時ニ当リテ秀頼ノ設ケタル者）ナリ、二三之丸ハ固有ノ者（大坂城築造ノ時秀吉ノ設ケタル者）ナリト」（適宜読点を補った。以下同じ）の所見を述べる。すなわち、豊臣期大坂城を四重構造と捉えて、本丸・二之丸・三之丸を秀吉築造にかかるものとする一方、「惣構」については、慶長十九年冬の陣の籠城に際して、新たに構築されたとの理解を示すのである。

そして、「惣構」の四囲については「北ハ天満中島、西ハ船場、南ハ木津今宮天王寺マテ、河堀等ノ険要ノ処ニ臨ミテ、延袤凡ソ三里余ニ亙リ」とあって、北部は天満地区を含み、南は木津・今宮・天王寺あたりまでとする広大なものを想定していた。

一方、三之丸については、「余往歳大坂ニ在リテ此三之丸ノ体制ヲ探討シ、屢大坂城外ヲ徘徊シタレドモ、其遺址終ニ分明ナラス」としたうえで「但タ、此三之丸トイフハ大概、東面ハ今ノ蔵曲輪以南猫間川通リヲ伏見坂町ノ

辺ニ達シ、南面ハ稲荷町ノ辺ヨリ西ニ折レテ宰相山真田山等ノ北通リ、乃チ今ノ桃谷通リヲ東横堀ノ辺ニ至リ、西面ハ東横堀ノ辺ヲ北ノ方淀川ニ及ホシ、北面ハ東横堀ノ辺以東淀川南岸通リヲ京橋ニ至リ今ノ仕切曲輪ニ合シタルモノナルコトニ至リテハ、疑フ可カラサルニ似タリ」と想定している。これは概ね、現在の通説で「惣構」の四至と理解されている範囲で、別の個所でも「三之丸ハ、二之丸ヲ囲繞シテ十三口アリ、東ヲ鴫野、玉造、南ヲ天王寺、生玉、星谷、西ヲ安堂寺、農人、本町、平野、高麗ノ諸街、北ヲ天満、京橋トス（中略）南東ノ堀外ニ偃月状ノ一曲輪アリ、是レヲ真田ノ出丸ト称ス、慶長ノ冬役ニ当リ真田左衛門佐幸村ノ増築セシ者ト云フ」と述べてそれを傍証している。つまり、小野の四重構造説における「三之丸」理解は通説の「惣構」となるのである。

以上のような、小野の大坂城構造の理解における根拠については、時代の制約を受けてあまり判然としない面もあるが、本章との関連でいえば「惣構」に北方の天満や南方の今宮・天王寺辺を含めている点において注目すべき見解であり、本章の【史料10】を参着していた可能性もあるところであるが、引用書目には含まれていないようである。

いずれにしろ、大坂城の曲輪の有り様を秀吉在世期・秀頼期の大部分（本丸・二之丸・三之丸）と秀頼最末期の慶長十九年段階（本丸・二之丸・三之丸・総構）とに分けて論ずるという点においては、実に先駆的な見解であることは間違いない。

第七章　慶長三～五年の大坂城普請について

――「三之丸築造」をめぐる諸問題――

はじめに

天正十一年（一五八三）九月、羽柴秀吉が天下統一の拠点とすべく建設を開始した大坂城は、文禄三年の惣構堀普請によって、東西・南北およそ二・二キロ四方、総面積四・八平方キロにも達する巨大な城郭として完成したとされる。その平面構造について、戦前までの諸研究は本丸・二之丸・三之丸の輪郭式三重構造とする説が主流であったが[1]、戦後になると一九六〇年に櫻井成廣が本丸・二之丸・三之丸・惣構の四曲輪とすることを主張したのを皮切りに四重構造説が広く展開された。論点は三之丸と惣構にあり、櫻井の主張は従来の三之丸を惣構とし、大手・玉造・京橋の各虎口を防衛する馬出曲輪を三之丸とするものであった[2]。これに対して一九七〇年、岡本良一は四重構造とすることは認めるものの、三之丸を馬出曲輪とすることには反対して独自の三之丸復元案を提示した[3]。

ところで、宣教師フランシスコ・パシオの執筆にかかる『一五九八年度イエズス会日本年報』[4]によれば、慶長三年（一五九八）、死の床にいた秀吉は次のような命令を発したという。

【史料1】 パシオよりイエズス会総長宛日本年報（一五九八年十月三日（慶長三年九月三日）付、長崎より発信。a、bの段落分けは引用者による）

a国の統治者が亡くなると戦乱が勃発するのが常であったから、これを未然に防止しようとして、太閤様は（日本中で）もっとも堅固な大坂城に新たな城壁をめぐらして難攻不落のものとし、城内には主要な大名たちが妻子とともに住めるように屋敷を造営させた。太閤様は、諸大名をこうしてまるで檻に閉じこめたように自領の外に置いておくならば、彼らは容易に謀反を起し得まいと考えたのであった。

b（大坂城に新しく）めぐらされた城壁の長さは三里にも及んだ。その労力に対して支払われた賃金は数千金にも達したが、太閤様はこれについてすこしも支払うことはなかった。その区域内には（それまでに）商人や工人の家屋［七万軒以上］があったが、すべて木造だったので、住民自らの手ですべて二、三日中に取り壊されてしまった。

すなわち、この工事には、

i．新たに城壁をめぐらして大坂城を強化すること。

ii．城内に主な大名が妻子と共に住む屋敷を造営させること。

という二つの側面があったというのである。iの城壁は長さ三里におよぶ長大なもので、その区域内にあった七万軒もの町家を強制的に立ち退かせて更地となし、そこにiiの大名たちの住むべき屋敷を造営するといったものであった。

さて岡本は、この慶長三年に行なわれた大工事を当初三之丸の補強工事としたのであるが、のちに三之丸の構築そのものと理解した(5)。

内田九州男は、岡本の提言を受けて三之丸関連文献史料の紹介に努め、この工事が慶長三〜四年にわたる大規模なものであることを論証した(6)。さらに渡辺武も、仙台市の旧家に残る『僊台武鑑』という軍記に着目し、同書に収められた大坂冬の陣配陣図（**図1**、以下「僊台武鑑図」）に描かれる大坂城二之丸西面・南面を鍵の手に囲む広大な

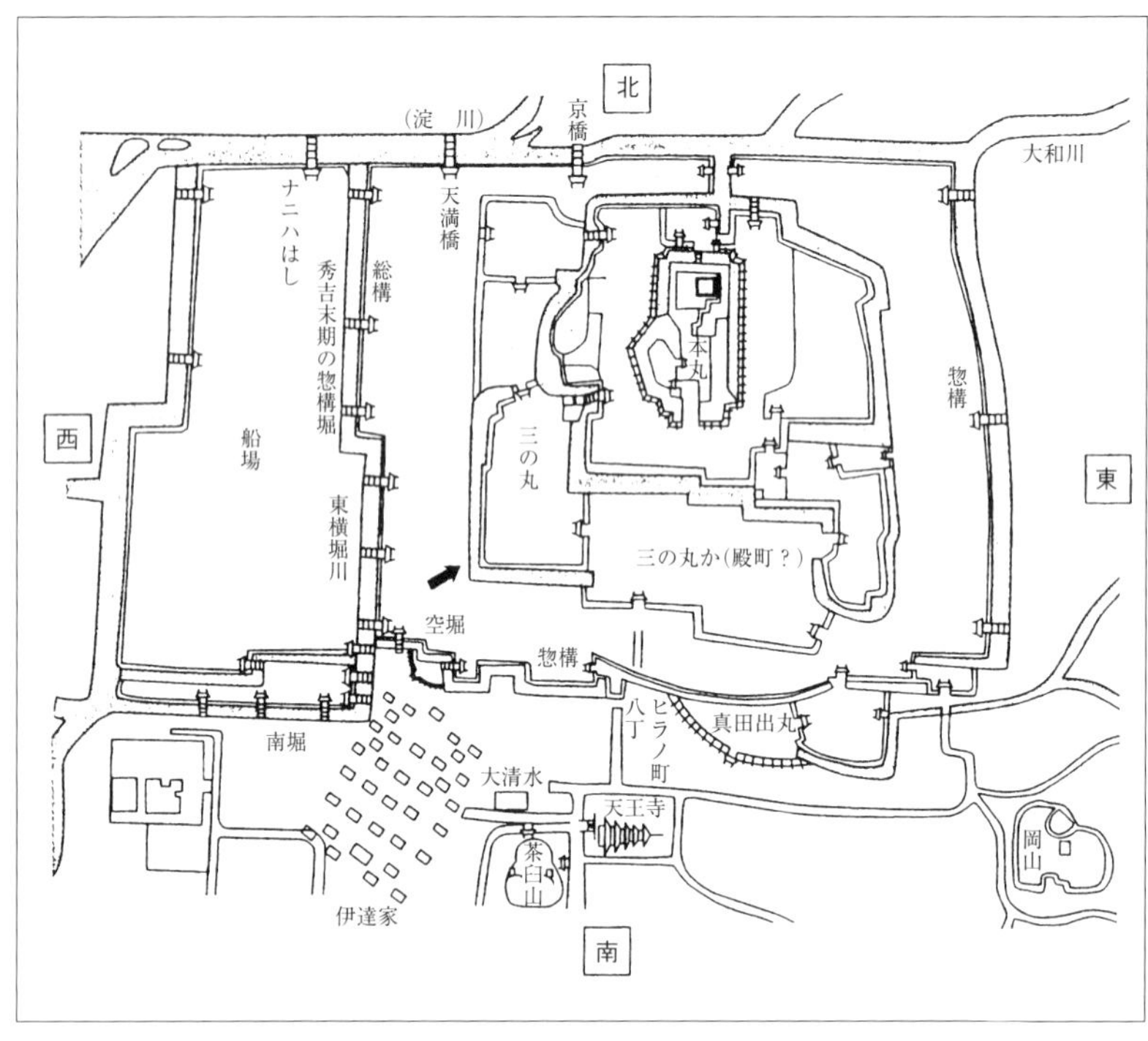

図1　大坂冬の陣配陣図（『僊台武鑑』、江浦洋「豊臣期大坂城と大坂冬の陣」（大阪市史編纂所編『大阪の歴史』65号、2005年）による）

曲輪こそ岡本のいう三之丸であるとの認識(7)を示した。

こうして、秀吉最晩年の大坂城普請とは、慶長三年春に発病し死期の近いことを悟った豊臣秀吉が、自らの死後愛息秀頼を城主として大坂城に移す計画のもと、その政権の維持を確実なものとするために、伏見から諸大名を移して妻子とともに住まわせる屋敷を建設するための新たな曲輪三之丸を造営したものであり、その実態は、僊台武鑑図に描かれる二之丸の西面と南面を囲む広大なものであるという見解が出され、有力な仮説と認められるに至っている。そして、僊台武鑑図の評価の上に立って発掘調査の成果を加味した地図上での三之丸復元作業を行なってきた松尾信裕によれば(8)、その面積はおよそ百二十七万平方メートルに及ぶ。なお、松尾はその後、僊台武鑑図によらない独自の三之丸案を提示している(9)。

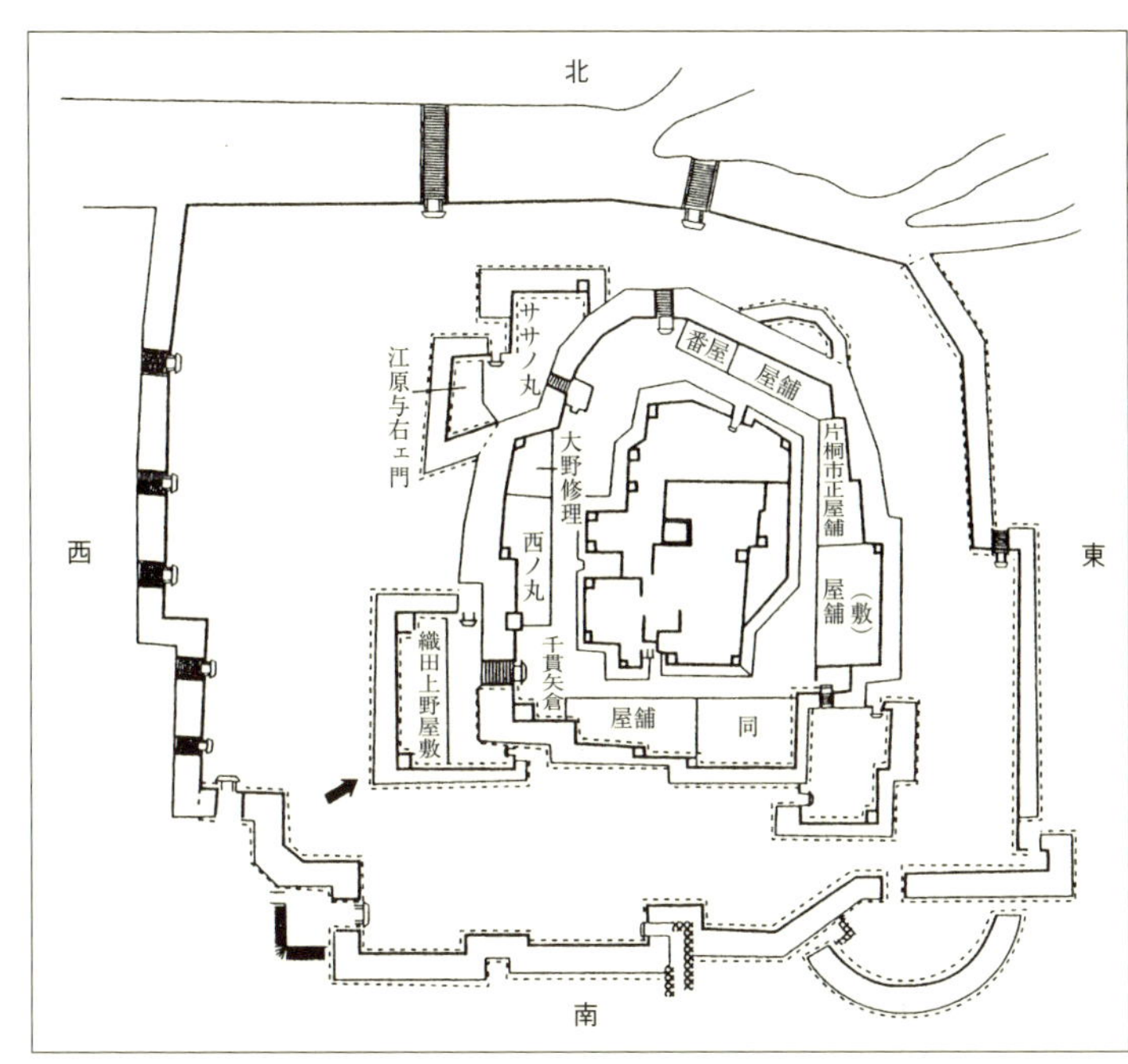

図2　大坂城慶長年間之図（『金城聞見録』、江浦洋「豊臣期大坂城と大坂冬の陣」（大阪市史編纂所編『大阪の歴史』65号、2005年）による）

こうした状況のなか、二〇〇二年秋に大坂城大手前で行なわれた発掘調査において豊臣時代の堀が発見された。この堀の存続時期・性格についての調査担当者の見解は、次のとおりである(10)。

ⅰ．現時点では、堀の掘削は慶長三年（一五九八）である可能性が高い。

ⅱ．埋没は慶長十九年（一六一四）の大坂冬の陣講和直後であった。

ⅲ．この堀は『金城聞見録』所収「大坂城慶長年間之図」（**図2**、以下「慶長年間図」）にある二之丸大手口の郭であると考えてよい。倭台武鑑図よりも慶長年間図の方が堀の実態に近い。そして、この堀が慶長三年に掘削されたものであるとすると、それは位置的に見て倭台武鑑図に描かれた「三之丸」南西部を画する堀に相当するものとなるが、(11)そんなに巨大なものではなく、慶長年間図に描かれる二之丸大手を守る曲輪（織田上野屋敷とある）の堀とすべきであるとした（**図1**と**図2**の矢印を参照）。

この見解に従えば、慶長年間図に描かれる玉造口や京橋口にも同様の馬出曲輪が存在した可能性も高いと見るべき[12]で、これまで僊台武鑑図によって考えられてきた巨大な三之丸像を再検討する必要に迫られている[13]。

本章では、こうした認識を元にこれまで三之丸普請にかかわるとされてきた関係史料、次に伏見から大坂へ屋敷を移した大名の諸問題を再検討して、秀吉晩年の大坂城整備構想の実像を明らかにしたい。

第一節　「大坂普請」史料の集成と検討

かつて内田九州男によって集成・紹介された慶長三〜四年の大坂城普請史料[14]を補訂し、今日までに抽出できた十三点の史料について年次別に検討する。

1　慶長三年の普請

【史料2】＝①（これは普請史料の通し番号、以下同じ）豊臣秀吉朱印状［（慶長三年）五月十七日付、宮部長熙宛］

大坂普請之事
一千人　宮部兵部少輔とのへ（宮部長熙）
一四百五十人　木下備中守とのへ（荒木重堅）
磯部
一弐百七十五人　亀井武蔵守とのへ（亀井茲矩）
一弐百人　垣屋常陸介とのへ（垣屋恒総）
合千九百廿五人

右人数召寄自六月十日普請可申付候也
（慶長二年）五月十七日（秀吉朱印）
宮部兵部少輔とのへ
（『大阪城天守閣紀要』5）

※＝「大坂普請」と表記。宮部長熈宛だが、因幡国内の四大名に対する動員令である。本状の日付から見てこの発令がもっとも早い時期のものであろう。

【史料3】＝②　豊臣秀吉朱印状写［（慶長二年カ）七月四日付、宮部長熈宛］

炎天之時分普請辛労候、朝晩ニ精入日中ニ一時宛下々可相休候、霍乱不仕様ニ可申付候、自身之儀猶以始終不相詰、折々凌暑気養生肝要候、不被成御気遣様ニ可仕候、猶大屋弥八郎・大嶋藤兵衛可申候也、
（慶長二年カ）七月四日　秀吉判
宮部兵部少輔との
（『青森県史』資料編近世一）

※＝年次・普請場は推定だが、継潤から長熈への継嗣時期（慶長元年十二月）を勘案して慶長の大坂普請関係史料とした。

【史料4】＝③　豊臣秀吉朱印状［慶長二年八月二十八日付、福島正則宛］

八木四百四拾六石八斗五舛・大豆四拾九石六斗五舛合四百九拾六石五斗、其方大坂ふしんの人数参千三百拾人、七月朔日より同晦日まて卅日分、御ふちかたとして被下候間、てまへ御代官所御蔵米之内を以引取、御さん用に可立候也
慶長二年八月廿八日（朱印）
はしはさへもん大夫
（『大阪城天守閣紀要』31）

※＝「大坂ふしん」と表記。福島正則の普請人数千三百十人の七月一日から三十日まで一ヶ月分の扶持方給与に関

する秀吉朱印状。ただし、これは秀吉の死後に発給されたもの。

【史料5】＝④　蒲生郷成書状［（慶長三年）九月二日付、町野繁仍・岡重政宛］

八月廿日之貴札昨日朔日飛脚下着拝見仕候、其方様子条々被仰下候、何も得其意祝着仕候、（中略）

一大坂御普請の様子被仰下候、当年ハ南東出来候ハ先可被置候、其分にて能御座あるへく候、至来春又北之方をも可被仰付候、我等家をも磯新五郎右ニ申登立度と申候へとも、迚当年ハ御越候間敷候間不入事と存候間、我等家をも立候事無用由御とめ候て可被下候、

（中略）

（慶長三年）九月二日　郷成（花押）

町左近様

岡半兵様　人々御中

（『広島大学所蔵猪熊文書』上）

※＝「大坂御普請」と表記。八月二十日付で郷成にもたらされた蒲生秀行側近衆（在大坂と思われる）からの書状に対する返書。書状は、今年は南・東が出来したので普請は終了してよろしい、又来年は北之方の普請を命ぜられるであろう、との豊臣氏奉行衆からと思われる指示を伝えている。蒲生秀行は、この年一月から下野宇都宮城主。

［慶長三年普請の検討］

・普請は六月十日から始まり（①）、八月二十日直前に終了したようである（④）から、全体工期はおよそ二ヶ月弱ということになる。なお、秀吉の死に伴い、これ以降豊臣政権中枢の懸案は、朝鮮在陣の軍勢を如何に安全かつ迅速に帰国させることとなった。(15)

・この普請は、今年は南・東で、来春には北之方とある（④）から、三ヶ所に分けて実行される性格のもので、

三年にはその内の二ヶ所の普請が行なわれたこととなるが、今年は南と東が完成したのでひとまずこれでよろしいと言っている。当初の予定は完了したともとれるが、終了時期から見ると、秀吉の死去に伴い、打ち切られたともとれる表現である。

・以上を二〇〇三年の発掘調査の成果（新発見の堀）や慶長年間図と考え合わせると、南とは大手口、東とは玉造口の馬出曲輪の造営を意味し、北之方とは京橋口馬出曲輪造営を含む大坂城北方の普請を意味するのではないかと考えられる。

2　慶長四年の普請

【史料6】＝⑤　豊臣氏四奉行連署状写〔（慶長三年カ）十二月二十三日付、宮部長熙宛〕

一、其方之儀伏見ニ妻子被置候て、大坂御番御普請、其外御用之境節可有参上候、右之通太閤様御置目候間、
其段不可有相違之旨候、恐々謹言

長大
（慶長三年カ）極月廿三日　正家（花押）
増右　長盛（花押）
浅弾　長政（花押）
徳善　玄以（花押）

宮部兵部少輔殿
御宿所

（『新修　大阪市史』史料編第5）

※＝本史料の文言は、⑧・⑨のものと酷似しており、一連のものと思われる。よって、本状は、慶長三年十二月に出された翌四年の大坂普請にかかるものと判断した。

【史料7】＝⑥　長束正家書状［（慶長四年）二月二十日付、溝江長氏宛］

尚以、大坂御普請衆者はや相究申候間、不及是非、以上

如仰、大坂御普請来朔日より在之事候、其方御手前之儀最前中納言様北庄ニ御座候へハ、各も当年者御普請御用捨之事候間、雖然御国替にて筑前へ御座候間、越前にて被仰付御与力衆者御普請被仰付候、就其御手前御本役三百人此内六十人ニッ引、残而弐百四十人此半分百廿人当役ニて御座候、則大坂堀普請にて候間、可有其御用意候（以下略）

（慶長四年）二月廿日　正家（花押）

長大
家

〆　溝大炊御報

（『大阪城天守閣紀要』5）

※＝「大坂御普請」・「大坂堀普請」と表記。慶長四年の普請は三月一日から開始されることが分かる。溝江氏の担当は堀普請である。半役百二十人の参加を要請。中納言様（小早川秀秋）が越前在国中なので当年（慶長四年）は越前国中の侍の普請参加を免除するつもりであったが、国替えにより秀秋が筑前国主に復帰したので越前での与力である長氏には普請を申し付ける、というものである。

【史料8】＝⑦　毛利輝元黒印状写［慶長四年二月十一日付、椙杜元縁・天野元信宛］

大坂御普請衆

一弐千百廿三人　　元次組共ニ

此外百廿人之次手落伏見為番衆除之

（中略）

一千三百九拾三人　　安国寺組

（中略）

一弐千八百人　　広家

都合

壱万千七百七拾七人

（中略）

慶長四　　輝元様

三月十一日　　御黒印

椙杜下野守殿

天野五郎右衛門殿

（『萩藩閥閲録』第一－巻三〇（椙杜伊織）一六）

※＝「大坂御普請」と表記。輝元、大坂普請に家中の八組計一万千七百七十七人の大動員を指示する。安国寺恵瓊・吉川広家の組も含まれる。

【史料9】＝⑧　豊臣氏四奉行連署状写［（慶長四年）閏三月二十三日付、筑紫茂成（広門嫡子）宛］

其方之儀、伏見ニ妻子被置候て、大坂御番御普請其外御用之折節可有参上候、右之通太閤様御置目ニ候間、其段不可有相違之旨候、恐々謹言

（慶長四年）
後三月廿三日　　　長大
　　　　　　　　　正家（花押）
　　　　　　　　　増右
　　　　　　　　　長盛（花押）
　　　　　　　　　浅弾
　　　　　　　　　長政（花押）
　　　　　　　　　徳善
　　　　　　　　　玄以（花押）
筑紫主水介殿
　　御宿所
（国立公文書館蔵「筑紫古文書」）

※＝「大坂御普請」と表記。実際に参加したかは不明だが、豊臣氏奉行衆からの事実上の動員令である。本状のほか、同様のものが竹中隆重⑨・宮部長熙に出されている（『史料綜覧』）。

【史料10】＝⑨　豊臣氏四奉行連署状〔（慶長四年）閏三月二十三日付、竹中隆重（豊後高田城主）宛〕(16)

其方之儀伏見に妻子取置候て、大坂御番御普請、其外御用候□□可有参上候。右之通、太閤様御置目候間、其段不可有相違之旨候、恐々謹言
（慶長四年）
後三月廿三日　長大　正家花押
　　　　　　　増右　長盛花押
　　　　　　　浅弾　長政花押
　　　　　　　徳善　玄以花押

竹中源介殿御宿所

※＝「大坂御普請」と表記。⑧と同内容のもの。これらによって、この年の普請に九州大名の動員が図られたことがわかる。

【史料11】＝⑩　豊臣氏四奉行連署状写［慶長四年五月十一日付、小堀正次宛］

御扶持方之事

一五百五拾人　七拾四石弐斗五升　米　那須衆

八石二斗五升　成田左衛門尉（成田長忠）

一千百人　（略）　伊奈侍従（京極高知）

一三百人　（略）　佐野修理大夫（佐野信吉）

人数合千九百五拾人

（中略）

右御普請人数五月四日より六月四日まで三十日分御扶持方として被遣候間、大坂二丸御蔵詰米之内を慥被斗渡、重而可被立御算用候、以上

慶長四年

五月十一日　長束大蔵　書判

増田右衛門尉　書判

浅野弾正　書判

徳善院　書判

小堀新介殿

（『大阪城天守閣紀要』17）

※＝那須衆らの五月四日〜六月四日まで普請三十日分の扶持の払出しについて指示。「御普請」とのみあるが、時期から見て大坂城普請であることは間違いない。

［慶長四年普請の検討］

・この年の普請は三月一日から始められた。溝江氏は堀普請を担当した（⑥）。
・この年には毛利氏も一万一千七百七十七人もの人数を動員している（⑦）。
・実際に参加したかは不明だが、九州大名の公役参加も図られている（⑧・⑨）。
・こうしたことから見れば、この年の普請を京橋口の馬出曲輪造営だけとするには大規模に過ぎるので、「堀普請」（⑥）・「北之方」（④）とあることも勘案して、大坂城北方にあたる天満での堀開削、すなわち天満堀川の開削も行なわれたと考えたい（**図3**）。従来、天満堀川の開削は慶長三年とされてきたが、開削年次を裏付ける同時代史料は知られていない[17]。

3　慶長五年の普請

【史料12】＝⑪　豊臣氏三奉行連書状写［慶長五年七月十日付、溝江長晴宛[18]］

八木弐拾四石三升、大豆弐石六斗七升、合弐拾六石七斗、其方御普請人六拾人、五月朔日より七月晦日迄、日数八十九日分、御扶持方として被遣候間、手前御蔵米之内を以被引取、重而可被相立御算用候、以上

慶長五年
　七月十日　　長大（花押）
　　　　　　増右（花押）
　　　　　　徳善（花押）

溝江彦三郎殿

※＝普請人数六十人分、五月一日〜七月三十日まで三ヶ月間の扶持方として米・大豆を遣わす。これも時期から見て大坂城普請であると見て間違いない。

【史料13】＝⑫　毛利輝元書状［（慶長五年カ）七月二十三日付、桂元方宛］

其元之事佐石相談、万事不可有由断事肝心迄候、此表之儀諸人質等取堅、其外城之普請等無緩候、於趣者佐世所江申聞候間可申候、かしく

（慶長五年カ）
七月廿三日　　輝元公
　　　　　　　御判
桂五郎左

（『萩藩閥閲録』第三－122（桂五郎左衛門）16）

※＝「城之普請」と表記。輝元は慶長五年七月十六日に上坂。間もなく西之丸に入り、大坂方の指揮を執った。大坂では人質を確保し、城の普請も緩みなく行なわれている旨を報じている。佐石とは、当時広島城留守居であった佐世石見守元嘉のこと。

【史料14】＝⑬　毛利輝元定書［（慶長五年カ）七月二十三日付］

桂五郎左衛門尉組

一九千七百拾壱石

一人数百九十四人　但百石ニ弐人充

一石舟三艘五十石舟　但三千石ニ壱艘充

一人数着到来月十五日を限候事

一舟上候儀者来月晦日を限候事

以上

（慶長五年カ）
七月廿三日　　御印形
輝元公

（『萩藩閥閲録』第三-122（桂五郎左衛門））

※＝⑫と同日付か。とすれば、ここでは、桂元方に大坂普請への大量の人員と石船の調達を命じ、そのうえで、人員は八月十五日まで、石船は八月晦日までの到着を命じていることとなる。本状と⑫は、閥閲録の編者によって「慶長五年カ」とされているもので、傍証史料が無い限り確定はむずかしいのであるが、便宜、ここに掲げておく。

［慶長五年普請の検討］

・溝江氏担当普請は、慶長五年になっても行なわれ、少なくとも五月一日から七月三十日までの三ヶ月間以上行なわれている（⑪）。前年の溝江氏担当普請が天満堀開削とするなら、工事規模から考えてその継続かと思われる。

・慶長五年六月、徳川家康が大坂を去った後、七月十六日には大坂方の大将格として毛利輝元が上坂し、間もなく大坂城西の丸に入った。史料⑫・⑬はこの時期の大坂城普請記事と思われるが、内容はよく分からない。ただ、⑬に石船のことが出てくるので、石垣普請が含まれていたとも考えられよう。

4　小結

以上、慶長三年から五年にいたる大坂城普請関係の文献史料十三点を提示・検討した。これを見ても明らかなように、掲出した史料のなかに「三之丸普請」という表現は見当たらず、すべて「大坂普請」ないし「大坂御普請」である。（**表1**）は、この普請関係史料を時系列に沿って一覧としたものであるが、これまで慶長三年に始まった

表1　慶長3年～5年の「大坂普請」経過

年	慶長3年(1598)												慶長4年(1599)													慶長5年(1600)											
月	1	2	3	4	5	6	7	8	9	10	11	12	1	2	3	③	4	5	6	7	8	9	10	11	12	1	2	3	4	5	6	7	8	9	10	11	12
①豊臣秀吉→宮部長熙					★																																
②豊臣秀吉→宮部長熙							★																														
③豊臣秀吉→福島正則								★																													
④蒲生郷成→町野・岡									★																												
⑤豊臣4奉行→宮部長熙												★																									
⑥長束正家→溝江長氏														★																							
⑦毛利輝元→毛利家重臣															★																						
⑧豊臣4奉行→筑紫茂成																★																					
⑨豊臣4奉行→竹中隆重																★																					
⑩豊臣4奉行→小堀正次																		★																			
⑪豊臣3奉行→溝江長晴																															★						
⑫毛利輝元→桂元方																																★					
⑬毛利輝元定書																																★					
工事期間																																					

★は書状等の発給月、棒線および破線は工期を示す。

三之丸工事が大規模なものであったために翌四年にまで及んだとされてきた普請であるが、実はそうではなく、三年の工事はおそらく秀吉の死によって中断され（八月二十日直前）、四年から五年にかけての工事が主力であったことが判明した。

その内容を検討結果によって摘記すれば、大手口・玉造口・京橋口を守る郭として「馬出曲輪」を配置する工事、および天満堀川の開削などが想定され、慶長三年には大手口・玉造口の二ヶ所の馬出、慶長四年には京橋口馬出・天満堀川の開削（後者は慶長五年まで継続）が行なわれたものである。

第二節　諸大名の大坂移住をめぐって

「三之丸」を必要とした伏見からの移住大名がいったいどれくらい居たのか。これまで、こうした検討がないままに百二十七万平方メートルにも及ぶ大名移住地が想定されてきた。ここでは、具体的に移住大名の数を検討し、そのうち新たに大坂に屋敷を構える必要のあった大名の数とその用地について考える。

1　移住対象大名と大坂屋敷新造大名

次掲の伊達政宗書状によれば、同年六月二十八日、秀吉より引越料の朱印状を賜って伏見から大坂へ移住を命ぜられた大名は、「北国・東国之諸大名」であった。

【史料15】 伊達政宗書状写［（慶長三年）七月朔日付、石田三成宛］

（前略）

一大坂へ　秀頼様被成御移徙候て、北国・東国之諸大名、悉可罷越之旨候、依之家共の引領とて、銀子・御俵粮、各ニ被下候、一昨日廿八日、江戸内府へ各被召集、米・銀之御朱印拝領、

（中略）

（慶長三年）七月朔日　政宗（花押影）

石治少様

人々御中

（『仙台市史』資料編十一）

そこで、白峰旬が校訂した「慶長三年大名帳」[19]をもとに、「豊臣時代大名表」（『角川日本史辞典』）の成果をも加味して慶長三年六月末時点での北陸・関東・東北大名の配置を示したのが**表2**である。これによれば、北陸は堀秀治以下の十三氏、関東は佐竹義宣以下の八氏、東北は津軽信枚以下の八氏であり、とりあえずはこの二十九氏が移住の対象大名ということになろう。では彼らのすべてが伏見から大坂へと屋敷を移し、新たに土地を賜って大坂屋敷を新造したのであろうか。以下、そうした点を考慮して大坂屋敷を新造した大名の内実を検討する。

まず北国大名であるが、慶長三年六月末段階では、北陸地方は小早川・木下・青木、前田・堀・丹羽など、秀吉一族あるいは政権初期以来秀吉を支えた有力大名の所領となっており、彼らはすでに大坂に屋敷を持っていた可能性が高い。一方、東国大名については（ここでは広く関東・東北の大名を指す）、まず関東六ヶ国を領していた徳川

表2　慶長三年六月二十八日時点での北陸・関東・東北の大名配置（「慶長三年大名帳」（『続群書類従』二十五輯上所載、白峰旬校訂）による）

地域	大名配置
北陸	越後（堀）、越中（前田利長）、能登（前田利家・土方）、加賀（前田利家・丹羽・山口）、越前（小早川、青木・織田・大谷・奥山）、若狭（木下勝俊・木下利房）
関東	常陸（佐竹）、下野（那須七党・蒲生・佐野）、安房（里見）、武蔵・伊豆・相模・下総・上総・上野（以上六ヶ国徳川）、下総の内（結城）、上野の内（真田）
東北	陸奥（津軽・南部・伊達・上杉）、出羽（秋田・最上・戸沢・小野寺）

・小早川秀秋は慶長三年六月二十二日に筑前名島城から越前北庄城に移っている（『戦国人名辞典』）ので北国大名に含めた。

家康が秀吉から伏見城の留守居と位置づけられており、移住対象から除かれていたことに注意したい。

【史料16】　豊臣秀吉遺言覚書案［（慶長三年）八月五日付］

（前略）

一奉行共五人之内徳善院・長束大両人ハ一番ニして、残三人之内壱人宛伏見城留守居候事、内府惣様御留守居候事、

一秀頼様大坂被成御入城候てより、諸侍妻子大坂へ可相越事、

以上

（慶長三年）八月五日

（『早稲田大学所蔵荻野研究室収集古文書』下）

また、上杉景勝もこの年三月以来下国中であり、秀吉死去の報に接して十月伏見に着くが、その後翌年に下国するまでに大坂に屋敷を持った形跡はない[20]。

以上により、この時点で大坂屋敷を新造する必要のあった「北国・東国之諸大名」とは、徳川家康とその付属大

名を除く関東の大名（＝佐竹・里見・真田信之）、上杉景勝を除く東北の大名（＝津軽・南部・伊達・上杉・秋田・最上ほか）など、せいぜい十～十五氏程度に限られていた可能性が高い。

なお、ここで家康の付属大名（関東六ヶ国で三十七名程度＝『角川日本史辞典』豊臣時代大名表）を除いたのは、彼らが秀吉には陪臣であり、「慶長三年大名帳」にもその名が見えないことによるが、実際彼らが大坂に屋敷を構えるきっかけは慶長四年九月におこなわれた家康の大坂下向に伴うものと考えられる(21)。

2　大坂屋敷新造大名の用地

ここでは、これまで僊台武鑑図によって想定されてきた「三之丸」を二ヶ所に分けて検討する。

①谷町筋～西外堀地区【A地区とする＝図3の網掛け部】。

大坂城大手前西側一帯を占める地域で、本丸通り以北大川南岸崖上以南のおよそ十九万平方メートルである。

【事例1】大手通付近を谷町筋に沿って南北に伸びる塀・柵・溝［**図3**-(A)］。

※調査者は、これらの遺構は「一五九八年の三ノ丸造成に係わる可能性がきわめて高」く、「今回検出した塀や柵および溝状の落込みを合せると南北二百メートル以上にわたって東西を画する施設が存在していたことにな」り、「今回の調査地では東側が塀の内側、西側が外部であると推定できたことから、これらの施設は東側の屋敷地群を囲うためのものと考えられる」とする(22)。すなわち、これらの遮蔽施設は、A地区を囲うためのものであった。なお、塀SA三〇一（**図4**）は、内部が空洞となる袋土塀で、幅一・六メートル、高さ三メートル以上、屋根は板葺で、屋根幅は三・五メートルという大規模なもので、長さは七十メートル以上になるとされる。

この他、A地区で行なわれた大規模調査として、大手前女子学園［**図3**-(B)］・府立大手前高校［**図3**-(C)］・大阪

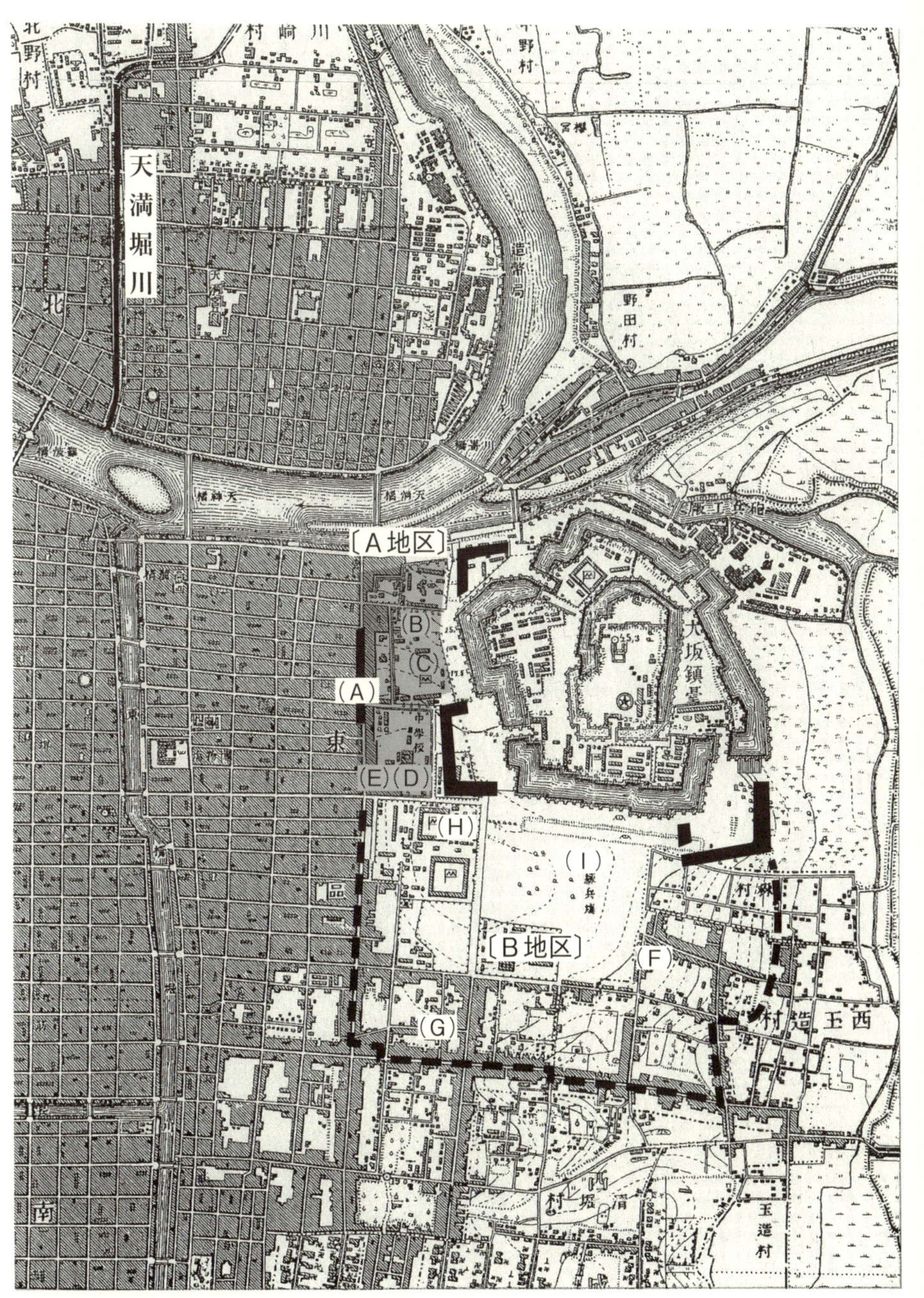

図3　関連遺跡の遺構の所在地（拙稿「慶長三～五年の大坂城普請について」（『ヒストリア』198号、大阪歴史学会、2006年。『日本歴史地名大系28』特別付録「二万分一仮製地形図復刻版 大阪市街図」に加筆）

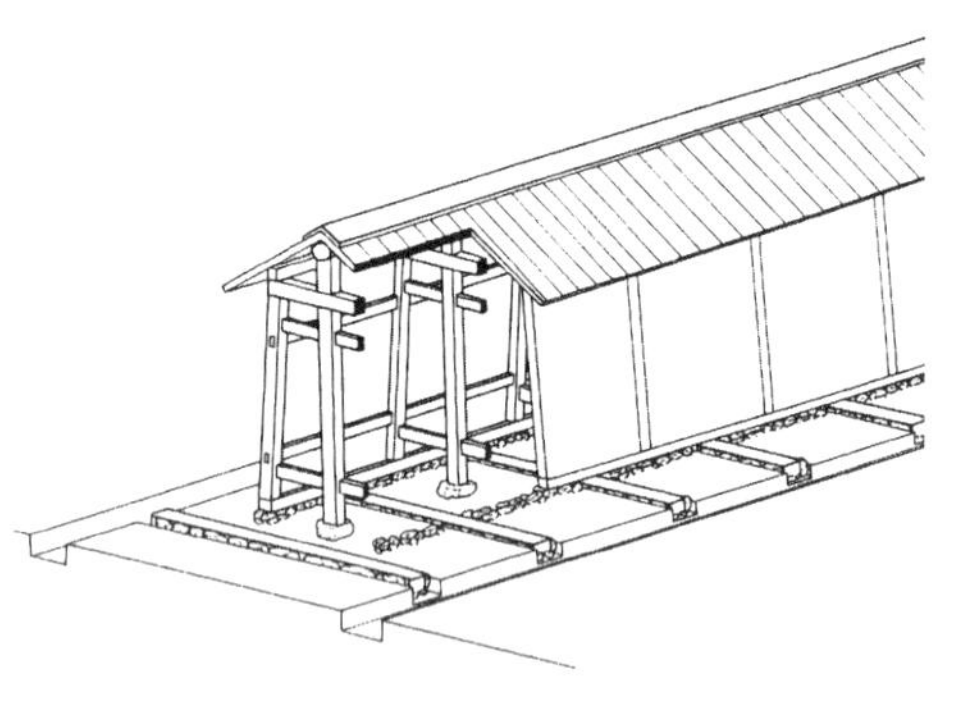

図4　谷町筋で検出された袋土塀（SA301）の復元図（（財）大阪市文化財協会編『大坂城跡　Ⅳ―谷町筋地下駐車場の建設に伴う大坂城跡発掘調査報告書―』1999年による）

図5　「生玉観音院」云々墨書木製品（写真提供：公益財団法人大阪府文化財センター）

府庁舎の立替工事等に伴う調査があり、いずれからも豊臣前期（天正十一年～慶長三年）の屋敷地が発見されている。佐久間貴士は、両者が近接しているにもかかわらず道路の方位が合わないこと（統一した地割がなされていない）、発見された建物が軒を接するように密に建てられ、屋敷地を隔てる道路側溝もないとして、大坂築城に従事した労働者の住居域であった可能性を示唆している[23]。また、鋤柄俊夫も、府庁舎立替工事に伴う調査の［図3-(D)］地点について、豊臣前期古段階は鋳造遺構や小型の鍛冶工房や小規模家屋、またノミ・キリ・未使用の釘などが見つかっているところから、「町づくりに必要な職人・工人などが住んでいた」地域であったが、前期新段階では町屋と小規模な武家屋敷となり、後期（慶長三年以降）になって大規模な武家屋敷＝佐竹氏の大坂屋敷になると見なしている[24]。

【事例2】「生玉観音院」銘墨書木製品（**図5**）。

※谷町筋東側・本町通北の［**図3**-(E)］地点から「生玉観音院　進上　白砂糖」の墨書のある木製品が発見されている。この木製品は、池1の中から発見されたものだが、「池1は豊臣時代後期の早い段階には埋没してその機能を失っていた」［大阪文化財センター一九九三］とされており、この木製品が豊臣時代後期の早い段階、すなわち慶長三年頃までに廃棄されたものとみなすことが

できる。

これは生玉観音院に進上された白砂糖が入った曲物の蓋である。生玉観音院は、生国魂神社の神宮寺法安寺の子院である生玉十坊のひとつであるが、これによって慶長初年まではこの辺りに存在したことが分かる。このことから、慶長三年の屋敷替[25]によって遷地を余儀なくされた生国魂神社と法安寺もそれまではこの付近、おそらくは大手口あたりに存在した可能性が高い。

※

以上、総体的にみれば、A地区は谷町筋以西の内町地区と異なって豊臣期前期前半段階では大坂築城工事に伴う職人・人夫たちの作業場であり住居地域であった可能性が高いと評価できる。そしておそらく、天正十六年の二之丸の完成以降には町屋と武家地に変貌すると考えるが、いずれにしろ零細な屋敷地であり、整備が遅れている地区であった。それが慶長三年、新たな大名屋敷地とすることを口実に政権側から排除されたのである。ただ、その南端付近には生国魂神社と法安寺が存在したと考えられるが、これらも同時に郭外に移された。

②玉造〜二之丸南部地区【B地区と仮称＝図3の破線で囲われた個所】。

谷町筋以東、安堂寺町通以北、玉造稲荷神社境内以西、本町通り以南の約百四万平方メートルを占める地域である。従来説によれば、ここにも豊臣前期には多くの町家があって慶長三年に立ち退かされたということとなるが、その範囲内には既に豊臣前期以来多くの大名屋敷が存在した。

玉造地区には、細川忠興の屋敷［**図3**-(F)］が天正十一年以来、慶長二十年の夏の陣時に至るまで一貫してあったほか、前田邸、鍋島邸、小出邸、蜂須賀邸、浅野邸、宇喜多邸などもあった[26]。また、二之丸南部地区には、竜造寺邸［**図3**-(G)］があったとされる[27]が、ここでそれ以外の大名屋敷について検討する。

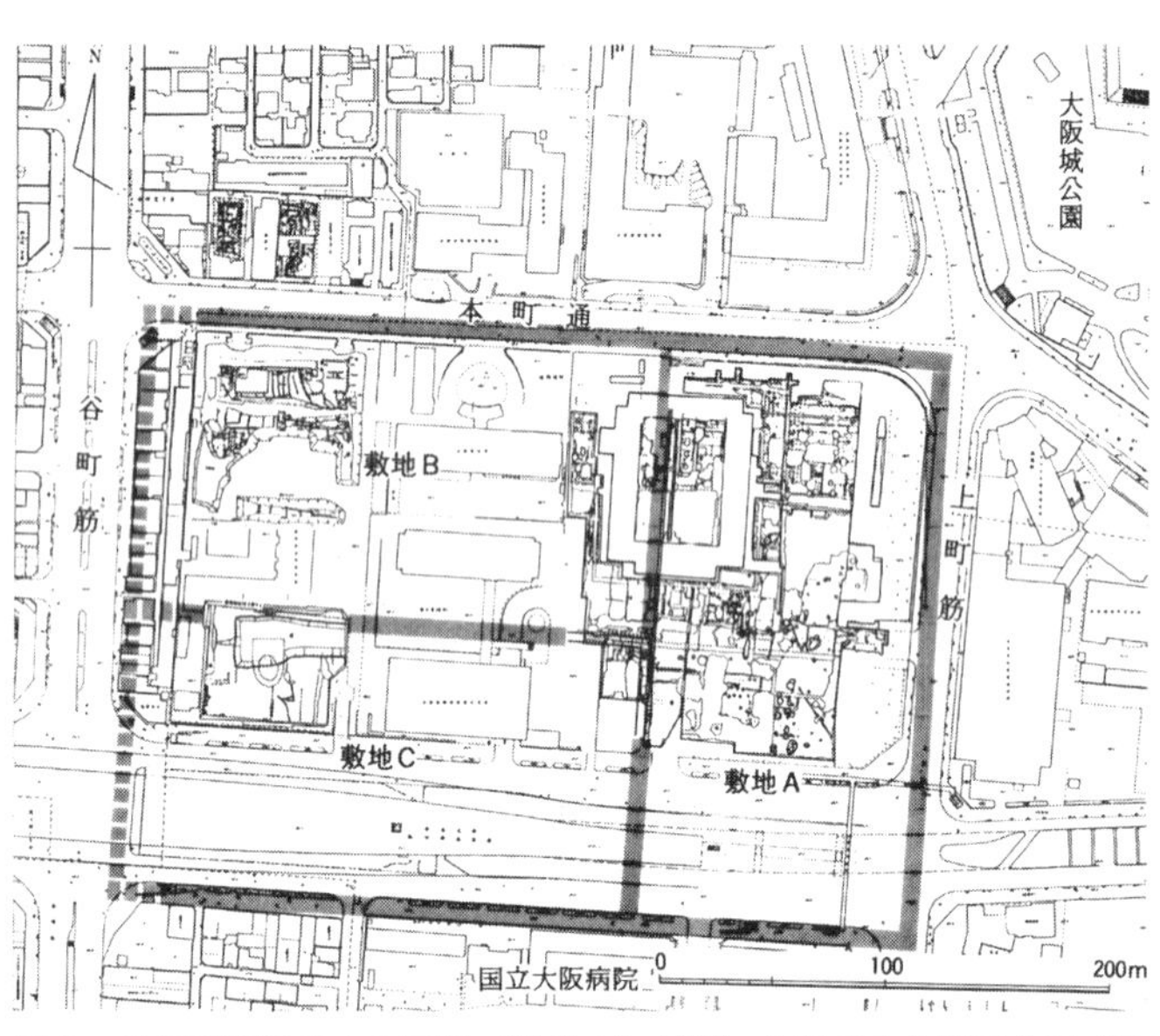

図6　推定豊臣秀次大坂屋敷（敷地A）（（財）大阪市文化財協会編『難波宮址の研究』第九、1992年による）

【事例3】 推定豊臣秀次邸［**図3**-(H)］

※**図6**の敷地Aの屋敷は、北を本町通、東を上町筋に接する要衝の地にあり、敷地約二万八千八百平方メートル（南北二百四十メートル×東西百二十メートル＝八千七百坪）に達する大名屋敷である。屋根には菊・桐紋のほか、沢瀉紋の金箔瓦を多用し、また周囲を塀や堀で画している。この堀の存続期間や文禄三年銘墨書の木札が出土した井戸の存在から、豊臣前期（天正十一～慶長三）のものと考えられている。(28)

秀吉の甥である豊臣秀次は、天正十三年に近江八幡山城主、十九年に関白となるが、文禄四年七月謀反の疑いによって自死した。彼が、遅くとも天正十四年中に大坂屋敷を設けていることは『言経卿記』（天正十四年十二月二十九日条）から判明する。敷地Aから多量に沢瀉紋の金箔瓦が出土したことを受けて、筆者は八幡山城の山麓居館跡からも巨大な沢瀉紋金箔瓦が出土していること、秀次の馬印が沢瀉紋であること、それに屋敷の立地やその廃絶時期等も勘案してこの敷地Aを秀次の大坂屋敷地と推定した。(29)

【事例4】 推定山崎片家・家盛邸［**図3**-(I)］。

※難波宮三十七次調査（大極殿地域）で、報告書未載資料ではあるが近世に属する「山の字紋」の瓦二点（鬼瓦・鳥衾）が出土している（**図7右**）。報告書（『難波宮址の研究』第一〇、一九九二年）では、「中世・近世の柱穴や溝、瓦溜などが多数検出されており、瓦溜からは桐文・巴文金箔押瓦が多く出土している」としてここが豊臣時代には大名屋敷地であった可能性を示唆する。しかし、その確認はしておらず、これらの瓦もまた上記遺構に伴うものかどうかは不明であるが、南葵文庫旧蔵『諸将旌旗図』（**図7左**、大阪城天守閣蔵）を参考にすればその使用者は三田城主山崎氏であった可能性が高い。

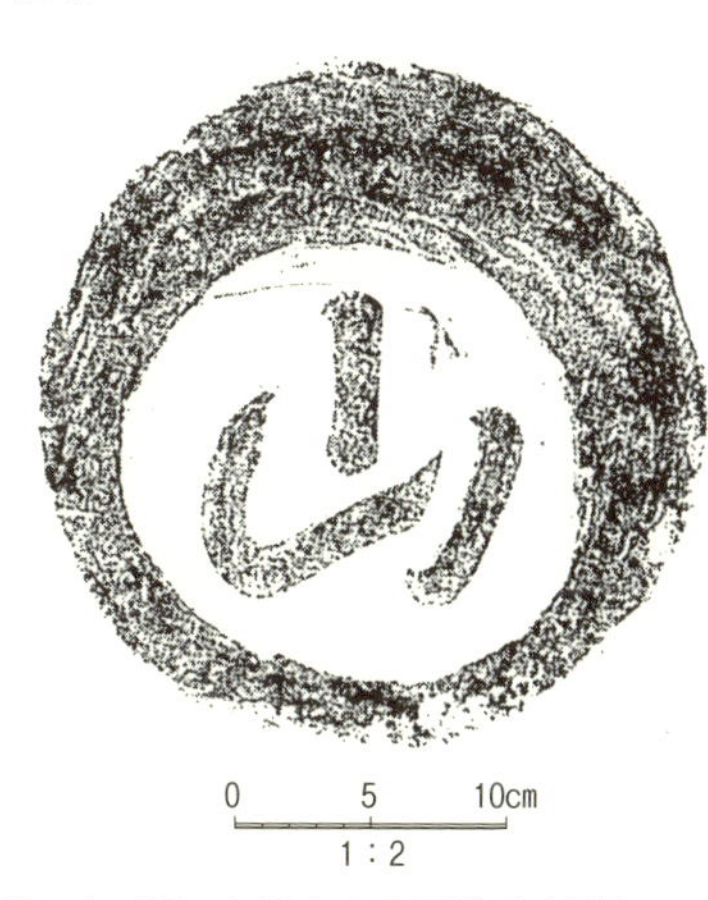

図7　右：「山の紋」字鳥衾瓦（写真提供：（一財）大阪市文化財協会保管）
左：『諸将旌旗図』（大阪城天守閣蔵）**のうち、山崎甲斐守（家治）の旗**

山崎氏は、片家（一五四七～九一）が天正十年本能寺の変後、豊臣秀吉に属し、同年中に摂津三田城主に抜擢されており（『寛政諸家譜』）、早くからの豊臣大名であった。天正十九年、片家の死後その遺領二万三千石を継いだ家盛は、慶長五年の関ヶ原合戦では西軍に属して大坂城を防衛するが、戦後、池田輝政の尽力により加増されて因幡若桜城主（三万石）となる。これは実は、関ヶ原合戦時に、池田輝政室であった徳川家康次女督姫とその子供たちを自分の大坂屋敷から領地の三田へ脱出させた功績によるものであった[30]。すなわち、山崎氏は遅くとも慶長五年までに大坂屋敷を持っており、それが天正十年頃からのもので、現大極殿付近にあったとしても何ら問題はない[31]。

※

以上、B地区には天正十一年の大坂築城開始と同時、あるいはあまり時を移さずに設置された大名屋敷がいくつかあったことを論じてきた。秀吉がいち早くここに大名屋敷を誘致した理由は、ここが城地に匹敵する高燥の地であるとともに、後年南の惣構堀（空堀）を掘削せしめたように大坂城にとって防御上の弱点たる二之丸南方に位置したからではないだろうか。秀吉は、ここに大名屋敷を配することによってその弱点を克服しようとしたのである。したがって、こうした面から言っても慶長三年までここに零細な町家が櫛比していた状況は見出し難いと言わなければならない[32]。

3　小結

以上の検討から、慶長三年には馬出曲輪造営の他に、伏見からの移住大名の屋敷地造成も行なわれたが、大名屋敷地の範囲は従来想定されていたような大規模なものではなく、およそ十九万平方メートル、すなわち図3の網掛部（A地区）に相当すると考える。今仮に大名数を十三とした場合、一屋敷あたり一万四千六百平方メートルとなり、推定秀次屋敷の約五割の広さとなる。雑駁な数字ではあるが、この想定がそんなに荒唐無稽なものでない傍証にはなろう。

第三節　二段階あった慶長三年発令の「大坂普請」

以上、秀吉晩年の大坂城構想を明らかにするために、（1）「大坂普請」の実態、（2）伏見から引越しを余儀なくされた大名に与えられた大坂屋敷地をめぐる問題の二点について、文献・遺構・遺物に即して検討してきた。その結果、「大坂普請」には、大きく①馬出曲輪造成・天満の堀普請、②大名用地造成の二種の普請のあったことが明らかになってきたが、ここでこれらを踏まえ、秀吉晩年の大坂城普請について、彼の病勢との関係を加味してもう少し厳密に考えてみたい。

さてこれまで、慶長三年に起工された秀吉最晩年の大坂城普請については、パシオの書簡（【史料1】）からも窺われるように、死期を悟った秀吉が後嗣たる秀頼のために営んだものとされてきた。それは大枠から見れば確かにそうなのだが、詳しく経過を見てみると、そこには二つの異なる段階のあったことがわかるのである。

秀吉は、慶長三年四月に発病するが[33]、その後少し病状は持ち直したらしく[34]、そうした状況下で五月十七日に「大坂普請」を発令している（【史料2】＝①）。ここで注意すべきは、大坂城普請と同時に伏見城普請・大和多聞城普請の発令がなされていることである（後述）。こうして六月十日から始まった普請を第一段階の普請とする。

ところが、六月に入って秀吉の病状が改まり一段と悪化するようになると[35]、秀吉は本当に自らの死が遠くないことを悟ったのであろう。そのため秀吉は、急遽次のように大坂城の新たな普請を命じ、二人の奉行を大坂に派遣して町家の接収、屋敷地を囲い込む囲壁の構築、移住大名への費用負担を命ずることとなる。

【史料17】パシオよりイエズス会総長宛日本年報[36]（一五九八年十月三日付、長崎より発信）

こうした風聞（秀吉が亡くなったという噂―引用者）が八日ないし十日間続いた後、国王（太閤様）はいくぶん病状を回復し、二人の奉行を召して次のように命じた。「両人は大坂に赴き、大普請を完成するよう全力を尽せ。また、伏見から大坂へ屋敷を移さねばならなくなった諸侯には、金、銀、米をもって出費を補ってやれ、と。」

この移住にかかる資金のことを記したのが、先に紹介した（慶長三年）七月朔日付の伊達政宗書状【史料15】に他ならない。こうした経過を経て、この大名屋敷地造成工事は七月に入ると開始されたようであるが[37]、これを第二段階の普請とする。

このように、慶長三年豊臣秀吉によって発せられた「大坂普請」は、第一段階の普請と第二段階の普請とではまったく性格の異なるものであった。以下、これらを整理して秀吉晩年の大坂城整備工事の様相について述べる。

1　第一段階の普請＝慶長三年五月発令六月開始

これは、城郭・堀の修築工事で、慶長三年秀吉によって発令された城郭普請の一覧である**表3**によると、伏見城普請では関東衆・近国衆、それにおそらく北国衆が含まれていた。とくに北国衆による伏見城普請・多聞城普請は、発令日と普請開始日が大坂城普請と同じである。すなわち、慶長三年五月に発令された大坂普請は、伏見普請・多

表3　慶長三年に豊臣秀吉によって発令・実施された城郭普請

伏見城	「伏見御普請」	二月朔日～：近国衆	普請開始日	『当代記』。著者不祥だが松平忠明との説もある。
		三月旦～：関東衆	普請開始日	『当代記』
	「伏見石垣普請」	五月十七日：前田利家宛カ	発令日	『古蹟文徴』八所収
多聞城	「和州多門普請」	五月十七日：前田利家宛カ	発令日	和州多門は大和国多聞城（奈良市）をいう。『古蹟文徴』八所収
	「多門普請」	五月十七日：溝口秀勝宛	発令日。普請は六月十日開始	溝口秀勝は、当時堀秀治の与力大名として越後新発田城主。
大坂城	「大坂普請」	五月十七日：宮部長熈宛	発令日。普請は六月十日開始	鳥取城主宮部長熈宛、因幡衆への動員指令書

【出典】伏見城関係＝『当代記』（続群書類従完成会）、「古蹟文徴」（『豊臣秀吉文書目録』）。多聞城関係＝溝口文書・「古蹟文徴」（いずれも『豊臣秀吉文書目録』）。大坂城関係＝大阪城天守閣所蔵文書。

聞普請と並行して計画・実施された普請であった。このことは、五月の発令段階ではいまだ、将来的には大坂城主に嗣子秀頼を据え、秀吉が伏見城において後見するというような、自身がなお当分の間健在であることを前提とした政権構想があって[38]、この段階での普請はあくまでそうした構想にもとづくものであったことを意味する。

では、秀吉はこの段階でどのような大坂城整備を頭に描いていたのであろうか。それは、まず城の強化策として馬出曲輪設置による各虎口の整備が急がれたのであったが、同時に秀吉は、城の西北低地に位置する天満を秀頼に相応しい城下町として整備するために「天満寺屋敷替」を断行し[39]、翌年には天満の西を限る堀川（天満堀川）の開削を行なわせている（【史料7】＝⑥）。

秀吉は、天正十一年の大坂築城開始と並行する形で天満の普請を始め、その完成後には本願寺を誘致する構想を持っていたことからも、早くからその城下町化に関心を寄せていたのであるが、十九年正月、本願寺を京都へ移した翌年から北辺の天満東寺町の完成に向けて動き出した。元々天満の地は南と東は大川であるから、北辺が天満東寺町の寺院群で限られるとすれば、西だけが防衛上の弱点ということになる。従って、この堀川の普請によって文禄三年に開かれた惣構堀の西のライン（東横堀）が大川を越えて北へ延長されることとなった（**図3**）が、これは外郭防衛線の延長・強化であるとともに秀吉の構想する大坂城下町の総仕上げ的な性格を持つものであったのであろう。ここで、冒頭【史料1】bに見える三里（約十二キロ）にも及ぶ城壁のことを思い浮かべると、実数はともかく、この天満地区をも含めた城下町惣構構想が反映している可能性もあるものと考えられる[40]。ただし、堀普請そのものは、上記のように秀吉死後の翌四年三月から開始された。

2　第二段階の普請＝慶長三年六月発令七月開始

これは、六月以来、病状の進んだ秀吉が、二人の奉行を大坂に派遣して急がせた大名屋敷用地の造成工事で、おそらく【史料1】の年報に見える工事（ⅰとⅱ）は、これに関するものであった。パシオはこの年報を慶長三年九月三日に長崎から発信しているが、その中で八月十八日の秀吉の死去に言及しているから、彼は秀吉の臨終までJ・ロドリゲスらとともに城内におり、その後間もなく伏見を立ち、大坂を経て長崎にいたったものと推察される。したがって、年報の記述にもとづけばパシオが大坂を去る八月下旬までに町家の立ち退きは完了し、城壁も完成していたこととなるが、それは第二節2の①で述べた大手前周辺の十九万平方メートル（図3の網掛部）であり、囲壁とは図4で示した「遮蔽施設」であったろう。そこで発見された塀は高さ三メートルにも及ぶものだが、構造は極めて簡便な袋土塀で急造施設というにふさわしい。

この普請は、その性格上完成が急がれたものであったことは間違いなく、秀吉の死後も続けられ、おそらくパシオが大坂を離れて間もなく完成したものと思われる。

なお、この普請も当然公役で行なわれたと思われるのであるが、とすれば実は第一節で紹介した普請史料のなかにこの普請にかかわる指示が含まれている可能性がある。それは、慶長三年七月一日～三十日の「大坂ふしん」を伝える【史料4】＝③の福島正則宛朱印状であるが、内容が不明なのでここでは指摘するにとどめたい。

それはともかく、この段階の普請は、死期の遠くないことを悟った秀吉が、近い将来、秀頼を大坂城に移すことを前提に、あらかじめ東国の諸大名を大坂城下に集めようとしたものである。

では、この諸大名の大坂移住は迅速に行なわれたのであろうか。秀吉の意向では、秀頼の大坂入城後、すみやかに諸大名の大坂移住がなされる予定であったようだが、徳川家康は秀頼が大坂城に入った慶長四年一月十日からわずか十一日目の慶長四年一月二十一日、伏見から大坂への大名屋敷替を不承知だとして糾弾する次のような書状を大老・奉行たちに出している。

【史料18】 徳川家康書状［慶長四年正月二十一日付、宿老衆・奉行面々宛］

（前略）
一今度大名屋敷替之事太閤之御遺言不承亦天下之大小事家康承之成敗可仕之旨御遺言之処一言無其届屋敷替之事誰人之御指図候哉自由之働秀頼卿致蔑如之罪科不軽候其張本人可承事
慶長四年正月廿一日　　家康
宿老衆
奉行面々
（『覚上公御書集』下）

さらに家康を牽制する立場にあった前田利家が同年閏三月に亡くなってしまい、その後はいわゆる豊臣七将による石田三成襲撃事件などがあって、筆者はこの時点での移住はほとんど実施されなかったのではないかと考えている。横田冬彦が指摘するように、東国大名は大坂に詰め、西国の大名は伏見へ詰めるというのが秀吉の遺言であったという史料（『慶長年中卜斎記』）の存在が、伏見城の家康と大坂城の利家とのバランスを取ることを示すものとすればなおさらである。(41)

むしろ、これも横田が指摘していることだが、慶長五年三月十三日付真田昌幸書状(42)にあるように家康の大坂城西の丸占拠（慶長四年九月二十七日）が諸大名の大坂移住の大きな画期になったと考える。

こうして、翌年六月十六日に家康が会津征討のため大坂を立ち去るまでのおよそ九ヶ月半、大坂では豊臣・徳川両者のあいだに極めて緊張した状況が続いたのであった。(43)

おわりに――「三之丸」の造営は行なわれたのか――

慶長三～五年に行なわれた大坂城普請の内実は以上のようなものであったとして、では果たしてこの普請のなかに「三之丸」の造営として行なわれた工事はあったのであろうか。第一節で検討した大坂城普請関係史料には、まったく「三之丸」文言はなかったし、馬出曲輪を三之丸と見なす櫻井成廣の見解はすでに岡本良一によって否定されている。また、**第二節2**の①で検討した伏見からの移住大名の屋敷地（**図3**のA地区）造成工事こそ、これまで「三之丸普請」とされてきたものであるが、これについても、それが「三之丸」の普請であったことを裏付ける史料はまったく存在しなかった。

結局、現時点ではこの期間に行なわれた諸工事を「三之丸普請」であると見做しうる根拠はまったく無いと言わざるをえないのである。さらに、近年の大澤研一の「惣構」・「三之丸」呼称文献の集成によれば[44]、「三之丸」という呼称は慶長十六年まで出てこないことにも注意すべきであろう。以上により、慶長三年の諸普請によって大坂城内に新たな「三之丸」が構築されたという見解は誤りであると結論づけざるを得ない。

そのうえで、移住大名の屋敷地（**図3**のA地区）については、この地域から近年、関東大名および徳川重臣の家紋瓦の発見が相次いでいることに注意したい。先の佐竹氏の「扇に月丸紋」瓦のほか、井伊氏の「井桁」・「橘紋」家紋金箔瓦や榊原氏の源氏車紋瓦（これら両名は慶長四年、家康に供奉して下坂した大名であることに注意。前掲注(21)参照）が見つかっている[45]。

この地域は、当初築城工事に伴う職人の居住地区であったが、天正十六年三月末までに二之丸までが完成すると、次第に町屋と小規模な武家屋敷となった。すなわち、大坂城に近接する地区としては、最も整備の遅れた地区であったが、そういう場所であればこそ、伏見から大名屋敷を移すにあたってその候補地とされたものであろう。従って、慶長四年の家康下坂に伴い、この地区には相次いで関東大名の屋敷群が建設されたと思われるのである。かくてこの地域は、私見によれば、家康屋敷のある大坂城西之丸に外接する徳川方拠点のような様相を呈していた可能性があるように思われる。

注

（1）たとえば、『大阪市史』第一（大阪市参事会、一九一三年）は、本丸・二之丸はほぼ今の本丸・二之丸に匹敵し、それを囲んで「東は大和川、北は大川を境とし、西は東横堀川、南は空堀を以て限れり」の範囲で三之丸があるとし、この三之丸を囲む堀を惣構の堀としている。これは、『日本戦史　大阪役』（一八九七年）も同様である（渡辺武「大阪城史叙述のうつりかわりについて」大阪市史編纂所『大阪の歴史』59、二〇〇二年）。なお、小野清著『大坂城誌』（一八九九年）は独特の四重構造説を採っているが、引き継がれなかった。これについては、第六章末尾の（補注）を参照されたい。

（2）櫻井成廣「大阪城」（『日本城郭全集』第六巻近畿編、日本城郭協会、一九六〇年）。

（3）岡本良一著『大坂城』岩波書店、一九七〇年。

（4）家入敏光訳『一五九八年度日本年報』（松田毅一監訳『十六・十七世紀イエズス会日本報告集』第I期第3巻、同朋社出版、一九八八年）。

（5）岡本良一著『岩波グラフィクス18　大阪城』岩波書店、一九八三年。「豊臣時代の大坂城」（『角川日本地名大辞典二七大阪府』角川書店、一九八三年）。

（6）内田九州男「秀吉晩年の大坂城大工事について―慶長の三の丸工事と町中屋敷替―」（『大阪城天守閣紀要』5、一九七七年）。「豊臣時代大坂城三の丸工事の史料について」（『大阪城天守閣紀要』17、一九八九年）。

（7）渡辺武「豊臣時代大坂城の三の丸と惣構について―『僊台武鑑』所収「大坂冬の陣図」を中心に―」（『難波宮址の研究』7論考編、（財）大阪市文化財協会、一九八一年）。

（8）松尾信裕「豊臣期大坂城の規模と構造―発掘調査から推定される豊臣期大坂城三ノ丸の範囲―」（大阪市文化財協会編『大阪市文化財論集』一九九四年）。

（9）松尾信裕「豊臣期大坂城下町の成立と展開」（『ヒストリア』193号、二〇〇五年）、「大坂城下町」（仁木宏・松尾信裕編『信長の城下町』高志書院、二〇〇八年）など。ここでは、やはり慶長三年造成の三之丸を城南の法円坂一帯に広がる方画地割地区（南北七百五十メートル×東西八百五十メートル以上）としている。このことについては、注

(32)参照のこと。

(10) 島内洋二「秀吉の大坂城─知られざる堀と防御施設─」(『「大坂城」─秀吉の大坂城縄張りをさぐる─』シンポジウム要旨、二〇〇四年)。江浦洋「豊臣期大坂城と大坂冬の陣」(大阪市史編纂所『大阪の歴史』65号、二〇〇五年)。

(11) 筆者も、大坂夏の陣における前田利常隊の動向を分析して、発見された堀が慶長年間図に「織田上野(上野介＝織田信包)屋敷」とある曲輪のものと認めてもよい、との見解を発表したことがある(拙稿「豊臣期大坂城の構造について」『「大坂城」─秀吉の大坂城縄張りをさぐる─』注(10)前掲書)。

(12) 黒田慶一「豊臣氏大坂城の算用曲輪批判─内田九州男・松尾信裕氏説に対する疑問─」(中世城郭研究会『中世城郭研究』10、一九九六年)。同「豊臣氏大坂城三の丸再考─玉造口馬出曲輪(算用曲輪)を中心として─」(織豊期城郭研究会『織豊城郭』7、二〇〇〇年)。

(13) ただし、三之丸を馬出曲輪とみなす櫻井の説は、既に岡本良一が指摘しているように、もはや成立する余地はない(岡本注(3)前掲書)。

(14) 内田注(6)前掲の二論文。

(15) 家康ら四大老は、早くも(慶長三年)八月二十八日付で黒田長政・立花宗茂に宛てて朝鮮からの撤退を命じ、そのための船舶を急ぎ渡航させるという旨の連署状を出している(中村孝也著『新訂徳川家康文書の研究』中巻、日本学術振興会、一九八〇年)。

(16) 藤井治左衛門編『関ヶ原合戦史料集』新人物往来社、一九七九年。

(17) 管見の限り、天満堀川慶長三年開削説の初出は、享保十九年(一七三四)編纂『日本輿地通志　畿内部　摂津之四』所収記事(「堀奴渠在天満町引大河慶長三年開鑿」)である(蘆田伊人編校訂『大日本地誌大系三四　五畿内志・泉州志』第一巻、雄山閣、一九八四年)。なお、この史料は、前大阪市史編纂所々長堀田暁生氏の教示による。

(18) 土屋久雄・溝江伸康編『越前金津城主溝江家─溝江文書の解説と資料─』全国溝江氏々族会、二〇〇〇年。

(19) 白峰旬「文禄三年の伏見城普請」(同著『日本近世城郭史の研究』校倉書房、一九九八年)。

(20) 上杉景勝は、慶長三年一月、蒲生秀行の宇都宮転封に伴って会津若松へ移され、三月六日下国。秀吉死去の報に接し、十月二日伏見屋敷に帰着するが、翌四年八月の帰国まで基本的に伏見に在住している（『上越市史』別編2、上越市、二〇〇四年）。

(21)『古事談』（慶長四年）九月七日条に「御船ニ召テ大坂へ御下向有リ井伊兵部少輔（直政―引用者、以下同じ）榊原式部大輔（康政）本多中務大輔本多佐渡守（忠勝）其外数十輩御供ニ参ル」（内閣文庫所蔵史籍叢刊特刊第一『朝野旧聞裒藁』九、汲古書院、一九八三年）とある。なお、このことはさらに後述する。

(22)（財）大阪市文化財協会編『大坂城跡　Ⅳ―谷町筋地下駐車場の建設に伴う大坂城跡発掘調査報告書―』一九九九年。

(23) 佐久間貴士「天下一の城下町」（同編『よみがえる中世』二、平凡社、一九八九年）。

(24) 鋤柄俊夫「大坂城下町にみる都市の中心と周縁」（中世都市研究会編『中世都市研究1　都市空間』新人物往来社、一九九四年）。

(25)『義演准后日記』慶長四年十一月十四日条に「寅剋大坂法案寺着了、聖徳太子御建立寺云々、但去年新地相渡引渡云々」（『史籍纂集』）とあって慶長三年に移転したことが知られる。また、延宝三年（一六七五）成立の『蘆分船』「生玉」の項には「慶長年中。豊臣秀吉公城槨をつき給ふ折から。今の神地に。うつし給ふ。時の奉行は。片桐市正且元と。申伝へり」とあって、慶長三年の生国魂神社移転の奉行が且元であったことを伝えている（船越政一郎編校『蘆分船』『浪速叢書』第十二、浪速叢書刊行会、一九二七年）。且元は、慶長三・四年における寺社移転（屋敷替）を押し進めた豊臣氏の奉行であった。

(26) 秀吉は文禄三年九月に前田利家の玉造邸に御成した（「文禄三年前田邸御成記」）。慶長二年五月には秀吉が玉造の鍋島邸を訪れている（「鍋島直茂譜考補」）。蜂須賀正勝は天正十四年五月、玉造近郊の楼ノ岸の居邸で没している（渡邊世祐、一九二九年）。宇喜多秀家邸は細川邸の隣にあった（『武徳編年集成』）し、小出秀政邸も玉造にあったことが「細川忠興軍記」に見えている。浅野長政の息子紀伊守幸長邸にちなむかといわれる紀伊国町も玉造にある。宮本雅明はこれらの屋敷がいずれも慶長三年に設けられたとする（「大坂城下町の形成」『図集　日本都市史』東京大学出版会、一九九三年）が、彼らはいずれも秀吉の一族あるいは初期豊臣政権を支えた部将たちであって、その屋敷が慶長年中以前に成立していなかったとすれば、その理由を見出すほうが難しい。

(27)　大阪市参事会注(1)前掲書。

(28)　(財)大阪市文化財協会編『難波宮址の研究』第九、一九九二年。

(29)　拙稿「大坂城と城下町の終焉」(佐久間貴士編『よみがえる中世』2、平凡社、一九八九年)。

(30)　この間の事情は、『関ヶ原軍記大成』に詳しい。

(31)　一九九五年、京都市上京区の中立小学校敷地から「山の字紋」金箔押し軒丸瓦が出土しており(京都市埋蔵文化財研究所)、山崎氏が秀吉から聚楽第周辺に屋敷を賜っていたことが分かる。なお、豆谷浩之はこの瓦と同紋の瓦が最上義光の山形城で出土していることを報じている(「大坂にいた大名と発掘された武家屋敷」(大阪歴史博物館・大坂文化財研究所編『大坂　豊臣と徳川の時代』高志書院、二〇一五年))。ただ、最上氏の秀吉への臣従時期(天正十八年六月)を考えると、少し好所に過ぎるように思われるので、私としてはやはり山崎氏と考えておきたい。

(32)　なお松尾信裕は、B地区について、三之丸普請により形成された伏見城下の倍の区画である一辺二百五十メートルの方形区画の存在を指摘し、伏見城下の区画を大坂城下に移したと主張する(松尾注(9)前掲論文)。しかし、区画の一部を占める推定豊臣秀次屋敷は遅くとも天正十四年には存在するのであるから伏見から大坂ではなく、大坂城下の区画が伏見に取り入れられたとすべきである。

(33)　(慶長三年)四月二十九日付細野入道宛徳川家康書状には、「大閤様御不例付有馬湯治相延候由、早ミ被申越」(『朝野旧聞裒藁』第八巻、汲古書院、一九八三年)との記事がある。

(34)　(慶長三年五月)十四日付、中納言(秀頼)宛秀吉自筆書状には「(秀頼の機嫌を損ねた侍女を)我等参候て、ことごとくたゝきころし可申候」(大阪城天守閣所蔵文書)とある。空元気かも知れないが、まだこんな手紙を認める気持ちは残っていたのである。

(35)　(慶長三年)六月十七日付秀吉自筆書状には「わつらい心もとなく候まゝ、一ふて申まいらせ候、われわれ十五日の間めしをくい申さず候て、めいわくいたし候、昨日きなくさミに、ふしんはへ出候てから、なをなをやまいおもり候て、いよいよしたいニよわり候(以下略)」(『豊太閤真蹟集』)とあって、少なくとも六月二日頃から、秀吉の食が進まなくなっている様子が窺われる。
(36) 家入注(4)前掲訳書。
(37)『一五九八年度日本年報』には、「民衆は、諸侯や人夫たちが喧騒のうちにこのような大普請を開始したのを見ると、奉行たちが言うように、太閤様はまだ存命だとすっかり信用しはじめた」とある。
(38) 拙稿「秀吉の大坂城拡張工事―文禄三年の惣構普請をめぐって―」(渡辺武館長退職記念論集刊行会編『大坂城と城下町』思文閣出版、二〇〇〇年)。なお、これは本書第八章として一部改変のうえ収録した。
(39)(慶長三年)五月二日付片桐且元宛近衛信尹自筆書状(大阪城天守閣所蔵)によれば、この頃「天満寺屋敷替」に伴って移転を余儀なくされていた栗東寺が用捨されたという。
(40) 城壁の長さが三里(約十二キロ)というのは、上町城下町を囲む惣構の全長八・八キロを大きく凌ぎ、数値的には天満を含めた城下町域(二・二キロ×三・二キロ四方。全長約十一キロ)に近くなる。
(41) 横田冬彦「豊臣政権と首都」(日本史研究会編『豊臣秀吉と京都』文理閣、二〇〇一年)。
(42)「内府様大坂ニ御座被成候ニ付而、悉伏見大名小名之衆大坂へ被引移候、我等も近日可相移令支度候」とある(米山一政編『真田家文書』上四三号文書、長野市、一九八一年)。なお注(21)『古事談』も参照のこと。
(43) その象徴的な事件が、慶長四年十月浮田左京亮(坂崎直盛)ら宇喜多家の四重臣が高麗橋東北の隅にあった浮田左京屋敷に立て籠った事件である(『慶長年中卜斎記』)。
(44) 大澤研一「文献史料からみた豊臣大坂城の空間構造」(大阪市立大学豊臣期大坂研究会編『秀吉と大坂　城と城下町』和泉書院、二〇一五年)。なお、本書第六章表1・2にその一部を引用している。
(45) 豆谷前掲注(31)論文。

第八章　豊臣秀吉による京・大坂の居城構築とその政権構想
――大坂城と妙顕寺城・聚楽第・伏見城の造営をめぐって――

はじめに

羽柴秀吉が天正十一年（一五八三）から築造工事を始めた大坂城は、羽柴／豊臣氏の居城として、秀吉が自らの没年すなわち慶長三年（一五九八）にいたっても、なお新たな造営工事を命じたほどに、改造に改造を重ねて作り上げられた堅城であった。

その一方で秀吉は、京都においても朝廷との関係を司り、公権力をふるう拠点としての何らかの施設を必要としていた。そのため、秀吉は大坂築城と並行する形で京都に聚楽第や伏見城に代表される城郭の構築を行なっている。この大坂と京都における城郭普請のいずれもが、関白や太閤として天下に君臨した秀吉の権力の上に立って行なわれたものであり、そのゆえにそれらが秀吉の権勢の大きさをほうふつとさせる巨大かつ豪壮華麗な城郭であったことは周知のことに属するであろう。

ところで、これら京都と大坂（以下、京坂という）における秀吉の城郭建設をめぐっては、個々にその築城の経過や意義が語られることはあっても、それらの構築過程を比較検討することによって、その政権が全体として如何なる指向性を持っていたのか、言い換えれば京坂における居城建設から見た秀吉の政権構想如何という視点は、これまでほとんど議論されてきたことがないように思う[1]。しかし筆者には、こうした視点こそ、個々の城郭の分析だけでは見出し得ない問題、すなわち上述したような、豊臣政権が如何なる支配の構想を指向し、実現させていったのかという問題の解明に資するところがあるのではないかとも思われるのである。

そこで本章では、これまでの各章における論述を踏まえ[2]、京坂における秀吉居城の築城経過を比較しながら辿ることによって、両者の間にどのような相関性があり、またそのことから全体として秀吉の居城構築がどのような構想のもとに行なわれていたのかという問題を検討することとしたい。

第一節　大坂城と妙顕寺城の造営

天正十年六月の清須会議において山城国を得た秀吉は、早速翌七月から摂津との国境近くの天王山山頂に山崎城の築造工事を起こした。以後秀吉は、ここを拠点に畿内・近国の制覇を推し進めるが、翌年五月に近江坂本で賤ヶ岳合戦の戦後処理を終えた秀吉は、六月三日山崎城に入った（『兼見卿記』同日条）のを最後にこの城を放棄[3]、同月十日頃姫路に下る（『貝塚御座所日記』同日頃条）と、ここをも弟の羽柴秀長に与えることとした後[4]、改めて摂津大坂に入り、ここを政権の新たな拠点とすべく築城の準備に着手する[5]。

1　大坂城（本丸）の造営

天正十一年八月二十九日、所領安堵の御礼に大坂へ向かった吉田兼和（後の兼見）は、翌九月一日京都への帰路に就く途中、生駒山西麓の河内路（現在の東高野街道）を通るなかで大坂城石垣石材の切出し現場の賑やかな様子を目撃し、「今日より大坂普請の由申了」（『兼見卿記』同日条）と書き残した。これによって、この日が大坂築城の着工日であったことが知られる。

こうして開始された大坂築城は、天守櫓を載せる石垣が早くも同年十一月中に完成した（「柴田退治記」）ようであり、このことから、秀吉が天守を含む本丸の構築を急がせたことが分かるのであるが、秀吉は翌十二年八月八日に移徙している（『貝塚御座所日記』同日条）ので、本丸を囲む堀・石垣をはじめ主要な殿舎群もこの時までに成っていたのであろう。

ところで、秀吉は十三年二月を期して、更なる大坂城普請を計画していたようで、同年正月二十三日付一柳直末宛の秀吉朱印状には次のようにある。

【史料1】（天正十三年）正月二十三日付一柳直末宛羽柴秀吉朱印状写

自来月十五日於大坂普請可申付候之状、鍬鋤持籠用意候而、無由断其以前可有参着候、謹言、

（天正十三年）
正月廿三日　　　　秀吉

一柳市介殿

（『豊臣秀吉文書集』二、1322号文書）

ここで秀吉は、天正十三年二月十五日からの大坂城普請への参加を命じているのだが、前年八月に本丸が完成して移徙しているのであるから、これは二之丸普請と考えられる。この時点で、大坂城には本丸とそれを囲む一重の堀しか無かったのであるから、その防御性は低かったと見なさざるを得ず、二之丸普請が急がれたのは当然であるが、二月十三日付一柳直末宛書状（『豊臣秀吉文書集』二、1334号文書）からは、紀州表に出馬することとなり、大名の負担が続くのは大儀だとして普請は延期されたことが分かる。この頃の秀吉にとっては、同書状にもあるように紀州の根来・雑賀攻めが焦眉の問題であったが[6]、それを四月に平定した後も、四国の長宗我部元親攻め（六月）、越中の佐々成政・飛騨の姉小路頼綱攻め（八月）などに奔走し、さらに彼らを倒した後は、徳川家康討伐をも計画していたようであるから後回しにならざるを得なかったのであろう[7]。

2　妙顕寺城の造営

ところで、九月一日をもって大坂築城を開始した秀吉は、ほぼ同時期に洛中においても、天正三年十月以来「二条以南、三条坊門以北、油小路与西洞院間東西一町南北二町」（『妙顕寺文書』）の南北二町・東西一町の敷地を有する大寺院となっていた日蓮宗の妙顕寺に立ち退きを命じて、新たな屋敷の構築を開始した。[8]

妙顕寺に対して秀吉側から屋敷に取り立てる旨申し出のあったのは、天正十一年年九月五日のことであったらしいが、数日の内には公家の間にもこのうわさが広まっていたようで、吉田兼和は九月十一日の日記に次のように記している。[9]

【史料2】『兼見卿記』天正十一年九月十一日条

妙見寺筑州屋敷ニ成、寺中悉壊取云々、近日普請在之云々（史料纂集『兼見卿記』二）

この記事から、秀吉が妙顕寺をその屋敷とすることにしたため寺内の建物をことごとく壊し取ったうえで近々新たな普請が始まる、という事情が分かる。そして妙顕寺は、秀吉から新しい寺地をもらって移転していくこととなるのである。「寺中悉壊取」というのであるから、寺の建物は一旦解体した上で再建したものかも知れないが、こののち兼和が妙顕寺城に入った秀吉に御礼に向かった際には「本堂」でしばらく待たされている（後掲【史料3】）から、妙顕寺の本堂はそのまま武家御殿における「遠侍＝玄関」のような役目を果たしていたのかも知れない。

それはともかく、進捗状況を見ていくと、工事は九月二十三日以前には始められていた可能性もあるが、十月になると吉田兼和や山科言経が普請現場にいる京都奉行前田玄以の元に出向いたりしているからこのころ工事はたけなわであった。そして十一月に入ると、九日に妙顕寺城に向かった兼和は早くも「城中」において秀吉と対面している。[10]

【史料3】『兼見卿記』天正十一年十一月九日条

羽筑州へ為礼罷出、今度玄以致普請妙見寺宿所云々、直罷向、本堂ニテ相待、城中へ各罷向、次第筑州対面、

（史料纂集『兼見卿記』二）

　これは秀吉の妙顕寺城滞在の初見記事である。この時点で早や相応の建物が整っていたとも考えられるが、一旦「寺中悉壊取」った上で普請に取り掛かったとしたら少し建物の完成するのが早すぎるようであるから、上述したように妙顕寺の「本堂」など主要な殿舎はそのまま再利用したのかもしれない。ともかくここで、本堂で暫く待った後に城中に向かったという表現があるのは、この時点で妙顕寺の敷地内に塀などで区画される複数の曲輪的施設が整っていたからであろうか。そのあたりの状況がいまひとつ分からないが、それはともかく、そもそも妙顕寺が秀吉によって城郭として取り立てられた理由としては次のような事情が考えられる。

　京都は四神相応の地とはいえ、平坦な盆地で天険の要害という土地では無かった。そうした状況のなかで日蓮宗が洛中に寺院を構える場合、常に南都北嶺の衆徒、特に北嶺・延暦寺の僧兵による武力攻撃の脅威にさらされていた[11]。そのため、法華寺院では早くから寺の周囲に堀を掘って自らの手で要害化の工夫をしていた。近年発掘調査が進む六条本国寺跡からは十六世紀前半に埋められた幅六メートル、深さ二メートルの堀が発見されている[12]が、当然妙顕寺の周囲にもこれに類した堀が廻らされ、要害となっていたことは間違いあるまい。

　秀吉は、このように既に要害となっていた妙顕寺を修築して居城に取り立てたのであるが、翌年になると、その周囲に堀を廻らして強化することを命じたようである。『兼見卿記』天正十二年四月十四日条には、「京筑州妙見寺大普請、外城之堀下京衆堀（掘）之」とあるが、ここで外城の堀は下京衆が掘るというのであるから、この城がそれぞれを堀で囲われた内城と外城の二重構造（本丸と二之丸と考えてよい）になっていたことが分かる。

　以上のように、この普請によって妙顕寺城は二重の堀を廻らした相当の城郭となった様子が見て取れるが、さらにこの屋敷が天守をも構えていたことに注目したい[13]。

妙顕寺築城工事がいつごろ最終的な完成を迎えたものかはよく分からないが、四月に着手した「外城之堀」がその二、三ヶ月後に出来上がったとすれば、秀吉の大坂城移徙と相前後して完成したものと考えてよいのかも知れない。遅くとも、十二年八月には、大坂・京都の両新城は出来上がっていたのであろう。

なお、この城は山科言経によって「二条城」（『言経卿記』天正十二年十月二日条、同十三年二月二十八日条）、吉田兼和によって「二条之屋敷」（『兼見卿記』天正十三年三月十日）とも呼ばれるようになっていたことが分かる。事例が少ないので確定は難しいが、築城当初は「妙顕寺（筑州）屋敷」の名で呼ばれていたものが、叙位・任官などの儀式が行なわれる公的な場となっていったことを受けて次第に寺名ではなくかつて信長が将軍足利義昭のために作った二条の城にちなむ名で呼ばれるようになっていったのかも知れない。[14]

3　大坂城と妙顕寺城の構想時期

ところで、大坂築城の意向は、既に同年五月の近江坂本在城時に表明しているが、[15]妙顕寺城については同年九月五日のこととする妙顕寺文書の記事が知られるばかりである。では、妙顕寺築城の意向はこの頃になって俄に秀吉の脳裏に浮かんだものかといえば、そうではなく、秀吉は既に前年七月に洛中での築城に意欲を見せていた。それを示すのが、『多聞院日記』天正十年七月七日条に見える「（前略）大旨ハシハカマ、ノ様也、則下京六条ヲ城ニ拵云々」という記事である。

これは、清須会議の結果がほぼ秀吉の思い通りに終わったことを述べ、そこで秀吉が「下京六条」すなわち、当時六条堀川にあった本国寺（日蓮宗）を洛中での居城にする、との記事である。しかし、この後このことに関する記事は見られないので、清須会議を有利に乗り切ったとはいえ、当時の秀吉にはまだ洛中に居城を経営できるほどの実力がなく、断念せざるを得なかったのだと思われる。

こう考えてくると、秀吉の妙顕寺築城構想は、前年の本国寺築城構想を発展的に引き継いだもので[16]、大坂築城構想と同じ頃に計画されていたのだと考えても差し支えないように思われる。すなわち、この時点での秀吉には既に京坂それぞれでの居城経営の方針があったということとなる。

そして、この後大坂では一貫して大坂城の整備が図られることから、大坂城が豊臣氏の本城的性格を帯びた城と位置付けられるのに対して、妙顕寺城は秀吉在京時の宿所であるとともに、当時の秀吉政権と朝廷と間の窓口的役割をも果たしていたもののようであるが、この城は秀吉が京都不在の時は京都奉行である前田玄以の宿所兼奉行所となっていた[17]、という点で依然として大きな限界を抱えていた。

この限界は、天正十三年七月関白宣下を受けることによって解消の方向へと歩み始めることとなった。すなわち、翌十四年から始まる関白公邸としての聚楽第の造営である。

第二節　大坂城と聚楽第の造営

1　大坂城（二之丸）の造営

大坂城では、天正十三年に計画されながら実施に至らなかった二之丸普請が、家康との合戦が回避されたことにより、翌十四年二月二十三日から行なわれることとなった。それについて、一柳直末宛秀吉書状には次のようにある。

【史料4】（天正十四年）二月十七日付一柳直末宛羽柴秀吉書状

当月従廿三日、大坂普請申付候間、無由断莩可相越候、

以上

先度申付候苧事、拾駄中五駄分京都へ可相越候、残五駄ハ至于大坂早々可相越候也、
（天正十四年）二月十七日　（朱印）
一柳伊豆守とのへ
（『豊臣秀吉文書集』三、1854号文書）

二十三日には、加藤嘉明・蜂須賀家政に宛てた石垣用材の採集を命じる「定」が出されている（羽柴秀吉書状『豊臣秀吉文書集』三、1855・1856号文書）から、この日は普請開始とともに石集めも発令された日ということとなる。

同年三月十六日にイエズス会のガスパル・コエリョ一行が大坂城を訪れた時には、すでに広大な堀の工事が進行中であったが、この一行のなかにあって天守の最上階からこの工事を眺めたルイス・フロイスは、この工事に絶えず六万人が従事しており、構築中の堀の幅が畳四十枚分、すなわち約七十数メートル、深さは十七畳すなわち三十メートルほどもあったと伝えている[18]が、その堀幅はまさに現在の二之丸のそれに匹敵する広大なものであった。しかもフロイスは、この堀が「基礎より悉く石で築いてある」とも述べている。

さて、この二之丸には秀吉の直臣や側室の屋敷があって、ここは秀吉に日常的に近侍する人々の生活空間であった。その全容はまだまだ不明であるが、現在二之丸東部の「大阪城梅林」がある地域は、かつて「市正曲輪」と呼ばれていたことから片桐且元の屋敷があったと考えられるし、側室筆頭であった京極龍子は西の丸に屋敷を与えられて「西之丸様」と呼ばれ、鶴松・秀頼の生母である浅井茶々も二之丸に屋敷を与えられて「二之丸殿」と呼ばれていたことなどが、この推定を裏付けている。

この工事は、『多聞院日記』天正十六年二月晦日条の「世上花盛也、大坂普請モヤウヤウ周備」なる記事によって、およそ二年余の歳月を経て完成したことがうかがわれるのであるが、大坂城普請もようやく周備したということの記事からは、多聞院英俊が大坂城の築造工事そのものがこの時点で完了したのであるという認識を持っていたことをも推測させる。

なお、諸大名の屋敷は大坂城の南・西部に広く展開する「上町城下町」に造営されたようで、天正十一年八月には長岡忠興屋敷（中央区玉造）、十二年十二月までに筒井順慶屋敷（順慶町、中央区南船場）、十四年末までに豊臣秀次屋敷（中央区法円坂）などの存在が確認できる。(19)

2　聚楽第の構築

ところでこの時期、秀吉は大坂築城工事と並行して、関白に相応しい居城を構築するべく、妙顕寺城を発展的に解消させる形で洛中での新たな城郭の造営に着手した。聚楽第の造営である。

この工事が大坂城二之丸普請と並行して行なわれたことは、宇野主水の『貝塚御座所日記』の次の条文から判明する。

【史料5】『貝塚御座所日記』天正十四年三月二日条

一、京都内野辺ニ、関白殿ノ御殿タテラルベキニ付而、二月下旬ヨリ諸大名在京シテ大普請ハジマル也。大坂ニハ中国之大名ノボリテ普請アリ。人足七八萬、又ハ十萬バカリアルベシト云々。京都ノ普請ソノツレナル事ニテハナシ。猶以大篇ト云々。

（『真宗史料集成』第三巻）

この記事は、聚楽第と大坂城の造営にあたって、大坂城普請には中国地方の大名が当たり、聚楽第普請には当時政権に服属していた中国以外の諸大名が当たったというのであるが、天正十一年九月に開始された大坂城・妙顕寺城普請の場合と同様に、秀吉においては京坂における居城構築が同時並行的に行なうべく認識されていることを示すものである。

このことは先の【史料4】において秀吉が築城用の「苧」十駄を二つに分けて、京都と大坂に五駄ずつ送るように指示したことからも窺い知ることができるのであるが、『兼見卿記』天正十四年二月二十三日条に「今日内野殿下御屋敷縄打有之」とあるので、普請の開始日も大坂と同じであったことが分かる。

聚楽第造営の具体的な経過については省略するが、秀吉の聚楽第移徙は、『兼見卿記』天正十五年九月十三日条に「今日聚楽御移徙也」とあることから、工事開始からおよそ一年半を経てその大要を整えていたことが分かる。

聚楽第の構造は、本丸を中心に北の丸・西の丸・南二の丸と呼ばれる諸曲輪（以上を内郭とする）が貼り付くもので、それらは全体として一部を重複する内堀（「内郭堀」）によって囲まれるが、さらに本丸の周囲には外堀（「外郭堀」）に囲まれた外郭とされる区域が存在するようなので[20]、不明な部分も少なくないが、『浅野文庫諸国古城之図』の「聚楽第」を参考にすれば、内堀に囲まれた秀吉の占有空間である内郭と、外堀で囲まれた一族・有力大名屋敷などのある外郭とから成っていたということになろう[21]。

3　大坂城と聚楽第の築城構想

こうして、大坂城の場合も聚楽第の場合も、政権が天正十四年二月から諸大名を二分して同時並行の形で始めさせた工事をもって、前者においては本丸の周囲に展開する二之丸が、後者においては本丸と西之丸・南二之丸などが出来上がり、さらに大名屋敷も前後して相次いで営まれるに至った可能性が高く[22]、とすればこの天正十四年の場合も、天正十一年九月に大坂城と妙顕寺城を同時並行して築城したように、大坂における本城整備と京都における公邸整備をいわば一組の工事として行なわせようとしたところにその大きな意義があるものと考えられる。

すなわち、これをもって、京坂における城主秀吉の居住空間と側近や側室、豊臣一門・有力大名などが占拠する空間とからなる城郭・城下町の構造が体裁を整えたと見ることも可能であって、いわば、天正十一年以来指向して来た京坂においてそれぞれの機能を分有し補完する形の居城と城下町を営むという秀吉の一種の連携構想とでもいうべき発想がここでも踏襲されたとの評価を与えることができるだろう。

なお、秀吉移徙の二ヶ月後の天正十五年十一月、妙顕寺城の堀が埋められている（「下京文書」）ことに[23]、妙顕寺城と聚楽第の関係性が如実に表われているように思われる。

さて秀吉は、この後、九州の島津氏征討を経て全国制覇への道を歩み、天正十八年ついに、七月に小田原の北条氏を討ち、さらに奥羽に進んで会津黒川で奥羽仕置を行なうことによって天下統一を成し遂げたのであるが、さっそく、その翌年早々から京都の聚楽第城下町の改造に着手する。これが、一月中旬に発令され、翌閏一月から始まったとされる土居堀の普請であり、これによって豊臣政権による「京都全域を囲む土居と堀が構築された[24]」のであるから、これはまさに都市京都を囲む「惣構」の造作であった。

しかし、そうした最中の一月、五畿内のうち大和・和泉を領していた豊臣秀長が病没した。この事態に対して秀吉は、大和一国のみ秀長の後継者たる豊臣秀保[25]に与え、和泉国は収公して城代小出秀政に管理させることとした[26]。

第三節　伏見城の造営と伏見・大坂での「惣構堀」構築および宇治川・淀川諸普請

秀長が亡くなった天正十九年には、八月に嗣子鶴松までもが没した。秀吉は失意のあまり、関白職を辞することとし、甥の秀次を後継者として関白の位と聚楽第を譲り、自らは太閤となって伏見に新たな「太閤隠居所」（『多聞院日記』天正二十年八月二十四日条）としての城郭を造営することとした。

1　伏見城の造営

関白秀吉の政庁である聚楽第は、天正十五年に完成した。翌十六年にはこの聚楽第に後陽成天皇の行幸を仰ぎ、その翌年五月にはここで、いわゆる「金賦」の盛儀を行なってもいる。さらに翌十八年三月、北条氏討伐のために小田原へ出発した秀吉が天下統一を果たして凱旋したのも聚楽第であった。いわばこの頃が秀吉の絶頂期と言ってよいのかも知れない。

しかし、翌天正十九年八月に豊臣宗家の後嗣たるべき愛児鶴松を失った秀吉は、止む無くその後継者として甥の秀次（豊臣秀保の長兄）を選び、同年十二月秀次を関白に付け聚楽第を明け渡したうえで、自らは太閤として新たな居城を山城国に築くこととなる。これが伏見城であるが、秀吉が聚楽第を秀次に明け渡した後、大坂城があるのになぜ新たにこの地に隠居所としての居城を築く必要があったのかという点は、管見の限りではあるが、これまでほとんど問題とされてこなかったようにも思われる[27]。

ここで注意したいのは、秀次に関白職を譲ったものの、秀吉は必ずしも後継者としての秀次に全幅の信頼を置いていたのではなかったらしいということである[28]。とすれば、新たな関白政権の拠点となった聚楽第とは別に、山城国内―既に槇島城は廃城になっていた可能性が高い―に自己の居城を確保しておく必要を思うに至った秀吉が、そのために営もうとした可能性もあるものと考えたい。

それはともかく、築城工事は天正二十年（＝文禄元年）八月頃から始まったことが、『兼見卿記』天正二十年八月二十日条に「今日、太閤大坂より伏見に至って御上洛云々、伏見御屋敷普請縄打被仰付」とあることから判明するし、その完成時期も『時慶記』文禄二年閏九月二十一日条によると、その前日に秀吉が伏見に「御越」したことが分かるので、着工後一年余りでこの城はほぼ完成していたものであろう。

こうした工事期間から考えると、当初の伏見城は「御屋敷」という方がふさわしいものであったと思われる[29]。

2　「伏見惣構堀・大坂惣構堀」の構築

ところが秀吉は、文禄二年秋、隠居城であったはずの伏見城を見直し、もっと大きな城郭を目指すことになる。

その理由について『京都の歴史4』では、明の講和使節を引見するにさいして「交渉を有利に導くためにも、秀吉の権威を最大に誇示しうる舞台が用意されなければならなかった」ことをその理由のひとつにあげている。[30]もちろんそういう面もあっただろうが、それだけで以下に述べるような大規模な工事をする必要があったのか、今一つ納得できないようにも思うのである。当時の記録からは、残念ながらその意図を直接読み取ることはできないが、いずれにしろ、相当大規模な工事になったことは疑い得ない。当時、朝鮮に在陣していた諸大名を除く全国の大名にことごとく軍役を課して実施されることとなったからである。

この工事には、徳川家康とその家臣も参加を命ぜられているが、その一人で、当時下総国上代城（千葉県香取市）主であった松平家忠の日記である『家忠日記』[31]に依って普請に至る様子をみてみると、まず、その頃江戸にいた家忠のもとに（江戸城の）普請奉行衆から「京都伏見御普請」への人足動員を要請されたのが文禄二年九月九日のことであった（したがって、秀吉から家康への発令は八月末から九月初めということになる）。[32]その後、江戸の榊原康政邸で諸部将が集まって普請の談合をしたうえで、家忠自身が伏見に到着したのが翌三年三月二日、そしてその翌日に伏見にて普請の小屋場を受け取り、同月十二日から普請を開始している。

こうして始まった家忠の伏見城普請の担当個所や完了時期については明確でないが、相当長く続いたのは確かなようで、七月三十日には家康から普請が長期にわたっているので人数を半分帰国させよ、との命を受けており、その後も、後述するように「淀堤」や「真木嶋堤」など堤普請までも行なっている。

いずれにしろ、この文禄三年の普請が実に多面的で大規模なものであったことは、次の史料からも窺うことができる。

【史料6】『駒井日記』文禄三年正月二十日条

伏見之丸之石垣・同総構堀、大坂惣構堀三ヶ所江三ニ分而被仰付由

（藤田恒春校訂『増補　駒井日記』）

ここで命ぜられているのは、伏見城内の曲輪の石垣[33]と惣構堀、そして大坂惣構堀の三ヶ所であった。すなわち、ここでも惣構堀の構築については伏見と大坂がやはり一組の工事として構想されていたのである。そしてさらに、伏見の惣構堀については、

【史料7】（文禄三年）正月十九日付上杉景勝宛豊臣秀吉朱印状

於伏見惣構堀普請、従来月十日被仰付之条、令用意人数四千人召連可罷上候、不可有由断候也、
（文禄三年）正月十九日（秀吉朱印）
羽柴越後宰相とのへ
（『大日本古文書』上杉家文書の二）

とあって、正月十九日発令二月十日開始であったことが分かるが、大坂の惣構堀についても、

【史料8】（文禄三年）正月十九日付宮部長熙宛豊臣秀吉朱印状写

於大坂惣構堀普請、従来月十日被仰付之条、令用意人数千人可召上候、不可有油断候也、
（文禄三年）正月十九日　秀吉判
宮部兵部少輔との
（「参考諸家系図　六十八　多賀氏」[34]）

とあり、伏見と大坂の堀普請は同日発令、同日開始とされていることに注意しておきたい。

ところで山田邦和によれば、伏見惣構堀は、慶長再建の伏見木幡城と城下町絵図に見える惣構堀（山田のいう第三・四期）が、指月段階（同じく第二期）にまで遡るものとする見解を表明しており[35]、従いたい。とすれば、この時築かれた惣構堀は水堀と空堀を併用し内側に土塁を配するもので、およそ南北三・七キロ、東西四・三キロになるという。

一方、大坂惣構堀については『大坂陣山口休庵咄』に「惣がまへ、西ハ高麗橋筋横堀の内、南ハ八町目黒門の内」とあることから、西の横堀（江戸期の東横堀川の前身）と南の空堀（天王寺区空堀町に名を残す）であったと思わ

れる。城下町の東と北はいずれも自然河川で画されているから、この西・南方面の堀普請によって、水堀と空堀で囲まれたおよそ二・二キロ四方に達する城下町が現われたこととなる。

3　淀城の破却と淀川・宇治川堤の構築

ところで実は、秀吉はこれら京坂の惣構堀普請と並行する形で、淀川筋において幾つもの大規模な土木工事を行なっていた。

【淀城の破却】

まず、淀城の破却である。秀吉は、文禄三年春に淀城を廃してその遺材を伏見に運ばせている。『駒井日記』文禄三年三月十八日条には、「淀天守并矢倉壊候奉行、大工指図持而伏見へ罷越旨　太閤様御諚之通、以長束被仰出旨（以下略）」とある。

この淀城は、城郭研究上では、元和九年（一六二三）に築造された松平氏の淀城と区別するため、淀古城とよばれているものであるが[36]、宇治・木津・淀・桂の諸河川が合流する要衝に築かれた城で、十五世紀からその名が史上に現われるようである。天正十年の山崎合戦に際して明智光秀が改修し、その後は小野木重次が入るが、天正十七年一月になって秀吉がまた改築を始めている。この改築の理由については、秀吉の子を懐妊した側室茶々の居城とするためとする説が有力であるが、それはそれとして、淀城が聚楽第と大坂城との結節点に位置するという事実を忘れることはできない[37]。当時、大名貴顕が京都から下坂する場合は、鳥羽まで陸路を取り、その後は船で淀川を下るというのが一般的なコースであるが、その鳥羽から約五キロ下流にあって、宇治川や木津川との合流点でもある淀の地は、まさに京都と大坂をむすぶ戦略的な重要性を持っていたといってよい。ところが秀吉は、この改築間もない淀城を廃城にして、天守以下、その主要な建物を伏見に移築してしまっているのである。

【大坂―伏見間の淀川堤の構築】

さらに秀吉はこの時期、諸大名に命じて大坂から伏見に向かう淀川沿いの堤を構築させている。いわゆる「文禄堤」の構築である。『家忠日記』文禄三年八月八日条には、「淀堤つき候」とあって、この頃家忠が伏見城のみならず淀川の堤の普請まで担当していたことが判明する。この工事は、翌々年まで続けられたようで、『当代記』文禄五年条に、「伏見御普請とて、二月、諸国衆、河内国に上る。堤、関東衆これを築く」とある。そして、この堤の構築の目的は、『吉川家譜』[38]に、「秀吉ヨリ輝元公・隆景公・広家公へ大坂ヨリ伏見迄、左右ノ堤経営ヲ命セラル」とあることから、大坂と伏見までの堤の経営、言い換えれば、大坂―伏見間における堤上通行の利便を図るためであったことがわかる。

【小倉堤・槇島堤の構築】

またこれとは別に、秀吉は伏見城の東南方向に小倉堤や槇島堤の構築をも行なわせている。この工事がいつから始められたのかは不明だが、『家忠日記』文禄三年八月二十五日条に、「真木嶋堤又あたり候」とあることから、槇島堤の分は少なくともこの日以前に始められていたことは間違いない。

この工事については足利健亮の詳しい考察があって[39]、それによれば、これらの工事は堤の構築とともに宇治川の河道変更を含む大規模なもので、小倉堤によって巨椋池の池中を南北に貫く堤上の街道が新設され、大和から伏見に至る新たな大和街道（新大和街道）が出来上がったとされる。そして、その結果、「山城盆地の南北交通は、ほとんどすべて小倉堤―豊後橋の一線上に集約されることとなった」としている。

4　文禄三年開始の諸普請の意義

以上に述べてきた大坂・伏見の諸普請を含めてこれら淀川沿いの各所で行なわれた築城や破却の工事、あるいは川堤の整備工事を箇条書きに書き上げてみると次のようになる。

i．伏見城曲輪の石垣普請＝城郭としての防衛力強化。

ii．大坂および伏見の総構構築＝両城下町ともいちじるしく防衛力が強化された。

iii．大坂城と伏見城間の淀川堤の構築＝両城間の連携が密接になったこと、具体的には、兵力や物資等の移動がスムーズにできるようになった。

iv．淀城の破却＝大坂城と聚楽第の連携を断ち切るうえで効果があった。

v．伏見城南の小倉堤・槇島堤の構築＝大和からの人や物の移動がことごとく掌握できるという意味で、大和―京都間の連携を阻む効果があった（このことはさらに後述）。

以上のi～vにいたる工事は、いずれも文禄二年秋から三年にかけて秀吉の政権が発令し、諸大名をして実行に移させたものであり、それぞれが個別に計画され、たまたま同時期に開始された普請であると見なすことは難しい。むしろ、これらは一連の大きな計画のなかでのものであると理解すべきであろう。

それでは、これらの動き全体を突き動かしている論理は何であろうか。[40]これはやはり、『家忠日記』の記事から分かるように、伏見城普請が文禄二年八月三日のお拾い（後の秀頼、以下秀頼とする）誕生直後である八月下旬頃に発令された事実を考慮すると、直接的には秀頼誕生に伴う対関白政権施策ということになるものと思われる。

秀頼は、文禄二年八月三日に秀吉の第二子として誕生した。天正十九年に第一子鶴松を亡くした秀吉がまさに老年にいたって手に入れた我が子であったから、その可愛がり様も尋常ではなかったようである。秀吉の心に甥秀次を後継者としたのが早すぎたとの後悔の念が起こっても仕方がない。こうして両者の間に疎隔が生じたが、相手は現任の関白である。力で踏みつぶすわけにもいかない秀吉は、伏見と大坂両城下町の囲郭化を図り、宇治川・淀川の堤構築によって両城下の連携強化を図ることによって秀次に自己の威信と軍事力を誇示するとともに、他方でそれまで大坂と聚楽の中間にあって両者をつなぐ位置にあった淀城を廃することによって、大坂城と聚楽第とを分断して、聚楽第に拠る秀次の孤立化を図ったのではないだろうか。

なおその場合、秀吉にとって、秀次の弟で当時大和郡山の城主であった豊臣秀保の存在も不気味なものではなかったかと思われる。秀保は、天正七年生まれという説に従うと、当時十六歳の青年武将であったが、秀吉は文禄三年三月二十日、関白秀次への露骨な政治的干渉というべき事件―秀次蔵入地の算用の仕方について秀吉の奉行らが報告を求める―の後、同月二十八日には秀保の算用についても報告させようとしており（『駒井日記』同日条）、これらは両者にたいしての政治的圧力と捉えることも可能だからである。こうした秀吉側の動きを考える時、先に見た小倉堤の構築の結果、伏見城天守付近からは「湖上の一本道が直ちに視界に飛び込み、その上を通過する人々の動きが手に取るように読み取れたに違いない」という足利の指摘がにわかに注目される。なぜなら、史料面の裏付けは全く無いのであるが、もし秀次・秀保兄弟が連合して秀吉に敵対するような事態を秀吉が想定していたとするならば、この新大和街道は、大和郡山方面から伏見を目指して進軍してくる秀保の軍勢を一望の元に捉え得るという意味で絶好の位置を占めると評価することができるからである。

以上のような論理が秀吉に伏見・大坂惣構堀以下の諸普請を決意させた直接的な原因であろうと思われるが、今一つ、これとも深くかかわって、秀保は兄秀次に先立って文禄四年四月、十津川で謎の入水を遂げており、これによってふたたび大和の国主が不在となったことについても考えてみたい。

この事態に対して、秀吉は新たな郡山城主に増田長盛を任じることによって、これまで秀長―秀保と豊臣一門から城主を輩出していたあり方を断念したともいえよう。しかも、秀保の死についてはその不審な顚末から秀吉の関与を疑う見解もあり[41]、それが事実とすれば、七月の秀次の追放・切腹とも相まって、秀吉は秀頼の誕生をきっかけに、これまでの京坂における居城連携構想に自らの手で大きな変更を行なったとも考えられるところである。

すなわち、秀頼誕生に伴い、太閤秀吉と関白秀次の間に緊張が生じたが、そこで秀吉は秀次を追い落とし聚楽第を破却することによって、伏見・大坂両城による新たな連携構想として、大坂城主に秀頼を据え、自身は伏見城においてそれを後見するという枠組みを目論んだものではないかということである[42]。大坂惣構と伏見惣構の普請が一組の工事として構想されたことの意味はそこにもあると言えるだろう。

こうして秀吉は、文禄三年に行なった伏見・大坂における惣構堀の構築を踏まえ、翌年に京坂居城における連携構想の再編を断行したと考えられる。

第四節　秀吉最晩年の洛中・大坂・伏見普請

秀吉は、その最晩年に洛中、大坂、伏見においてまたもや城普請を実施する。ここでは、その概要をたどるとともに、特に慶長三年に行なった大坂城普請の実態について見ていく。

1　慶長二年の「京都屋敷」構築

慶長二年正月になると、秀吉は御所の近くで新たな屋敷の造営に着手する。これは、『言経卿記』によると、当初「東洞院御屋敷」などとも呼ばれ、「三条坊門ヨリ四条坊門マテ四町、又西ハ東洞院ヨリ東へ四町」として計画されたものであるが、四月二十六日になると、場所を「禁中巽方」の「北土御門通ヨリ南へ六町、東ハ京極ヨリ西へ三町」に移して、再び町家の立ち退き、縄張りを行なったもので[43]、「上京御屋敷」・「大閤御屋敷」とも「新城」(『義演准后日記』)とも呼ばれている。この新たな屋敷は、五月四日に「町屋共破コホチ少々有之」という有様であったが、わずか三ヶ月後の八月三日には早くも「大方周備」し、更に「又西南へヒロケラル、ト云々」という有り様であった。そして、九月二十六日には「大閤御父子上洛、今度新屋敷へ御移徙云々」（『兼見卿記』同日条）と秀吉父子が揃ってこの新城に移徙している様子が窺える。

この後、この屋敷がどのように利用されたのかあまり分からないが、「来十二日比、秀頼上京ノ新宅へ御移徙幷御元服云〻、当年五歳也、但於　禁中可有御元服云々」（『義演准后日記』九月八日条）という記事からは秀頼の元服が禁中で執り行なわれることも窺えるので、京都御屋敷は今のところ、伏見から禁裏までが遠いことに鑑みて、老齢化する自らや逆に今後その機会が増えるであろう秀頼の参内の便のための施設と考えるしかないのではないだろうか[44]。

いずれにしろこの御屋敷は、「新城」とも呼ばれたものの、その造営期間から見ても大坂や伏見などとは同列に論じられない性格のものであり、加えて秀吉は翌年八月に死去するのであるから、あまり活用する期間も無かったことは間違いない[45]。

そして慶長四年九月二十六日、大坂城西之丸を家康に明け渡した北政所が「禁中辰巳角故大閤殿中へ」（『言経卿記』）と移り住み、さらに翌五年八月二十九日、「禁中近所故」という理由で破却されることになったとされ、九月十三日には「禁中巽方秀頼卿御城ヲ南面御門崩了、内屛先日相崩也」（『言経卿記』）という有様であった。

2　慶長三年の大坂・伏見普請

秀吉は、その死を迎える慶長三年にも、大坂と伏見、大和の多聞城[46]で普請を行なわせている（**表1**）。特に五月十七日には伏見の「伏見石垣普請」と大坂の「大坂普請」が同時に発令されていることが注目される。伏見の場合は普請開始日こそ不明だが、発令が大坂と同一であることからすれば、開始日も大坂と同じ六月十日であった可能性が高く、とすればここでも秀吉は大坂と伏見における普請を一組の工事として命じていることとなる。

表1　慶長三年に豊臣秀吉によって発令・実施された城郭普請

城	普請	日付		備考
伏見城	「伏見御普請」	二月朔日～：近国衆 三月旦～：関東衆	普請開始日 普請開始日	『当代記』。著者不祥だが、松平忠明との説もある 『当代記』
	「伏見石垣普請」	五月十七日：前田利家宛カ	発令日	『古蹟文徴』八所収
多聞城	「和州多門普請」	五月十七日：前田利家宛カ	発令日	和州多門は大和国多聞城（奈良市）をいう。 『古蹟文徴』八所収
	「多門普請」	五月十七日：溝口秀勝宛	発令日。普請は六月十日開始	溝口秀勝は、当時堀秀治の与力大名として越後新発田城主。
大坂城	「大坂普請」	五月十七日：宮部長熙宛	発令日。普請は六月十日開始	鳥取城主宮部長熙宛、因幡衆への動員指令書

【出典】伏見城関係＝『当代記』（続群書類従完成会）、「古蹟文徴」（『豊臣秀吉文書目録』）。多聞城関係＝溝口文書・「古蹟文徴」（いずれも『豊臣秀吉文書目録』）。大坂城関係＝大阪城天守閣所蔵文書。

この時の普請について、「伏見石垣普請」の実態はよく分からないのに対して、「大坂普請」については史料に恵まれているので前章（第七章）で詳説した。よってここでは詳しくは述べないが、それを踏まえて確認しておきたいのは、大坂の普請が二段階に分かれて発令・実施されていたことである。

第一段階の普請は五月十七日発令、六月十日開始であったのに対し、第二段階の普請は、おそらく六月下旬発令、七月初旬の開始であったと思われる。

この年行なわれた大坂城普請の内容について筆者は、ⅰ大坂城二之丸の各虎口の外側に馬出曲輪を構築する。[47] ⅱ秀頼の大坂城移徙を予定していた秀吉は、それに伴って在伏見の北国・東国諸大名の大坂移転を命じ、その移転先確保のための普請、[48]であったと考える。そして、ⅱの発令は六月末頃と想定されるから、[49]五月十七日に発令されたのは、ⅰの馬出曲輪設置工事であったということとなる。

いずれにしろ、この五月発令の普請が大坂・伏見両城を対象としていることから、この時点での秀吉は今後も大坂・伏見の両城を修築して将来的には大坂城主に秀頼を据え、秀吉が伏見城においてこれを後見するというような政権構想を抱いていたことは間違いないであろう。

ところが、六月に入ると秀吉の体調は一気に悪化するに至り、その結果、もはや自らの死が間近いのを悟った秀吉が、先の構想を放棄して行なわせたのがⅱの大坂における大名屋敷移転であったと見られる。つまり、自らの死後、秀頼をすみやかに城主として大坂に移らせることを前提に、大坂城下に関東・東北大名の屋敷を大坂に集中させるという構想を実行させることに専念することとし、それに伴ってこの時期以降の普請は大坂城に集中されることとなった。その結果、伏見城の普請は自然に打ち切られるに至ったものと考えたい。[50]

おわりに

以上、天正十一年九月に開始された洛中・大坂における居城普請を皮切りに秀吉最晩年の伏見・大坂における普請まで、京坂において実施された居城普請の経過と概要を、秀吉の政権構想と絡めながら見てきた。以下、それをまとめた**表2**を参照しながら簡単にその要点を振り返ることでまとめとしたい。

秀吉は、賤ヶ岳合戦の勝利によって信長後継者の地位を確立し、居城を播磨姫路から摂津大坂に移すことによって中央政権の樹立に成功した。そして大坂城の築城工事を始めることとなるのだが、それと同時に洛中においても在京時の宿館と朝廷との窓口を兼ねた妙顕寺城を営んだ。そして、天正十三年には畿内近国の征圧に成功するとともに自ら関白にも就任し、それを踏まえて翌年二月から、先の妙顕寺城を発展的に継承する形で関白の公邸たる聚楽第の造営に着手する。そしてこの時同時に大坂城では二之丸の構築に着手した。こうして、おおざっぱに言えば、

表2　京坂における秀吉居城の構築（普請の月は開始月を示す）

年次	京都（洛中）	京都（山崎・伏見）	摂津（大坂）	事件
天正10年		7：山崎城		6：本能寺の変・清須会議
天正11年	**9：妙顕寺城普請**		**9：本丸普請**	4：賤ヶ岳合戦
天正12年		3：山崎城天守破却	8：移徙	3：小牧長久手合戦
天正13年			1：二之丸普請の発令断念。	3：紀州攻め、6：四国攻め、7：関白任官、8：越中攻め、⑧：大名配置替え
天正14年	**2：聚楽第普請**		**2：二之丸普請**	
天正15年	9：移徙			3：九州島津攻め
天正16年			3：竣工	4：後陽成の聚楽行幸
天正18年				3：小田原攻め、8：奥羽仕置
天正19年	2：洛中総構堀（御土居）			1：秀長没、8：鶴松没、12：秀次関白任官
天正20年（文禄1）		8：伏見指月城		1：後陽成の聚楽再行幸、4：文禄の役
文禄2年				8：秀頼誕生
文禄3年		**2：伏見之丸・惣構堀**	**2：惣構堀**	
文禄4年	7：聚楽第破却			4：秀保没、7：秀次没
文禄5年（慶長1）		⑦：指月城倒壊、直ちに伏見木幡に築城		⑦：伏見大地震
慶長2年	4：京都屋敷			7：慶長の役
慶長3年		2・3：伏見普請 **6：伏見普請**	**6：大坂普請** 7：大名屋敷造成	8：秀吉没
慶長4年			2：大坂堀普請	
慶長5年			5：城之普請	

※太字は、同時に京坂において計画・実施された普請。⑦・⑧は閏7月、閏8月。

天正十六年三月頃までに聚楽・大坂ともに本丸・二之丸からなる城郭とその周辺に展開する大名や町人の屋敷からなる城下町が出来上がった。

このように、二度にわたる京坂の居城普請はいずれも同時並行的に構想され、実施されたのである。すなわち秀吉は、その中央政権樹立の当初から、豊臣氏の本拠地たる大坂と朝廷のある洛中に居城を営み、それぞれに機能を分有させて支配を進めようとの構想を持っており、それをここでも踏襲し推進したと言えよう。

しかし翌十九年以降、弟秀長（一月）・長男鶴松（八月）の病没、一方文禄二年には第二子秀頼の誕生（八月）など、家族・一門をめぐる不慮の出来事によって、秀吉の政権構想は大きな変更を余儀なくされることとなった。十九年の秀長の後継には甥の秀保を充て、鶴松の死にはやはり甥の秀次に聚楽第を譲り、伏見に隠居城を建設することでこの事態を乗り切ろうとするが、文禄二年に秀頼が誕生するや、秀吉は一転して伏見と大坂の強化策と聚楽第の孤立化に着手した。すなわち、両城下町に惣構堀を築くとともに、宇治川・淀川沿いに堤を構築して両者の連携強化を図り、一方では淀城を破却することによって聚楽第の孤立をも図ったのである。

こうして秀吉は、従来の聚楽＝大坂に替わって伏見＝大坂による新たな居城連携構想を軸とした政権を目指そうとした。これは、将来的に大坂城主となる秀頼を伏見城の秀吉が後見するという構想であり、慶長三年には、それを裏付けるように五月に伏見・大坂の更なる普請を発令する。しかし、六月早々から病が悪化し、もはや余命の長くないことを悟った秀吉は伏見城で秀頼を後見するという将来構想を断念し、自らの死後できるだけ早い段階で秀頼を大坂に移すことを前提に大坂城の普請を集中的に行なわせることとなった。それが七月一日から始まる大坂普請で、伏見にあった東北・関東の大名屋敷を大坂に移転させるための土地造成であった。そしてそれにもとづいて、秀吉死後の翌四年一月十日、秀頼が伏見から大坂に移ってくることとなるのである。

さて今、改めて京坂において同時並行的に行なわれた居城普請の相関関係を書き出してみると、次の表のように

①天正十一年九月開始	大坂城本丸普請＝妙顕寺城普請
②天正十四年二月二十三日開始	大坂城二之丸普請＝聚楽第普請
③文禄三年二月十日開始	大坂惣構堀普請＝伏見惣構堀普請
④慶長三年六月十日開始	「大坂普請」＝「伏見石垣普請」

なる。

すなわち、この間の京坂における諸普請の開始月日が、一部不明なところはあるものの、見事に対応していることが分かる。そこから見えてくるのは、政権の成立当初から一貫してその中心には大坂城があり、秀吉はこの城を本拠城と定めたうえで長期にわたってその整備に努めるとともに、その一方で洛中あるいは伏見において公権力を振るう場としての居城や惣構の整備をいわば一組の工事として同時並行的に進めるという手法を取っていたことである。もちろん、単独に行なわれた普請もあるので、同日発令・開始であることにあまり大きな意味を見出す必要は無いのかも知れないが、少なくとも秀吉自身が意図的に、重要な局面でこれら京坂における城郭普請を同時並行的に行なわせてきたことは確かであり、やはりそこに政権の一貫した築城・整備方針を見出すことは可能であろう。そのそれぞれの背景と意義については上述してきたとおりである。

なかでも、①②と③④の間に大きな懸隔のあることは明らかであって、伏見築城をきっかけとして、大坂城＝聚楽第から大坂城＝伏見城へと居城の組み合わせが変更されたことは、その政権構想の大きな変更に伴うものであったことを推測させる。そこに秀吉周辺の人物の死没、或いは誕生といった秀吉近親にかかわる要素が大きく関わっているのは確かであるが、筆者は、それともかかわって本書第四章で論じた秀吉の五畿内支配構想も大きく関係しているのではないかと思っている。すなわち、秀吉は大坂城のある摂津を中心に五畿内をもってその外構え（惣構）となすという「大坂城―五畿内外構え制」構想を持っていたのであるが、この構想と本章のテーマである京坂における居城の連携構想とは深く連動していたのである。本章では、議論が煩雑になるのを避けるために、あえてろう。

「大坂城―五畿内外構え制」構想を絡めて論じるのを避けたが、両者が深い内的関連を持っているのは明らかであ

　ともあれ、この居城連携構想をそれ以前の武家政権と朝廷との距離感という観点から考えてみた場合、鎌倉幕府のような遠隔支配でもなく、と言って室町幕府のような同じ洛中に拠点を構えるのでもない、いわば第三の道、すなわち京都近郊に自ら政権の軍事的・政治的拠点を確保しながら洛中にも拠点を設けて公的支配を進めていくという、旧主信長の仕方を秀吉もその政権確立当初から踏襲しようとしていたということは指摘できるだろう。このことについて思い合わされるのは、天正四年正月に安土築城を開始した信長が、「京都にも御座所仰付らるべきの由候て」として、安土普請を信忠にまかせたうえで同年四月、関白二条晴良の邸宅を接収して新たな御屋敷とするべく村井貞勝にその普請条々を仰せ付けていることである（奥野高広・岩沢愿彦校注『信長公記』）。ただ、信長の場合はそれがいまだ萌芽的な形でしか行なわれなかった[51]のに対して、秀吉は信長の後継者という立場から早々と中央政権を始めることができたためにこの構想をも一貫して継続的に推し進めていくことができたのだというところに歴史的な意義を与えられるのではないかと思う。

　最後に、本章で述べてきた京坂における秀吉居城の構築経過を模式図風に図示すること（**図1**）によって本章を終えたい。

図1　秀吉の京坂での居城構築（太字）経過の概念図（著者作成）

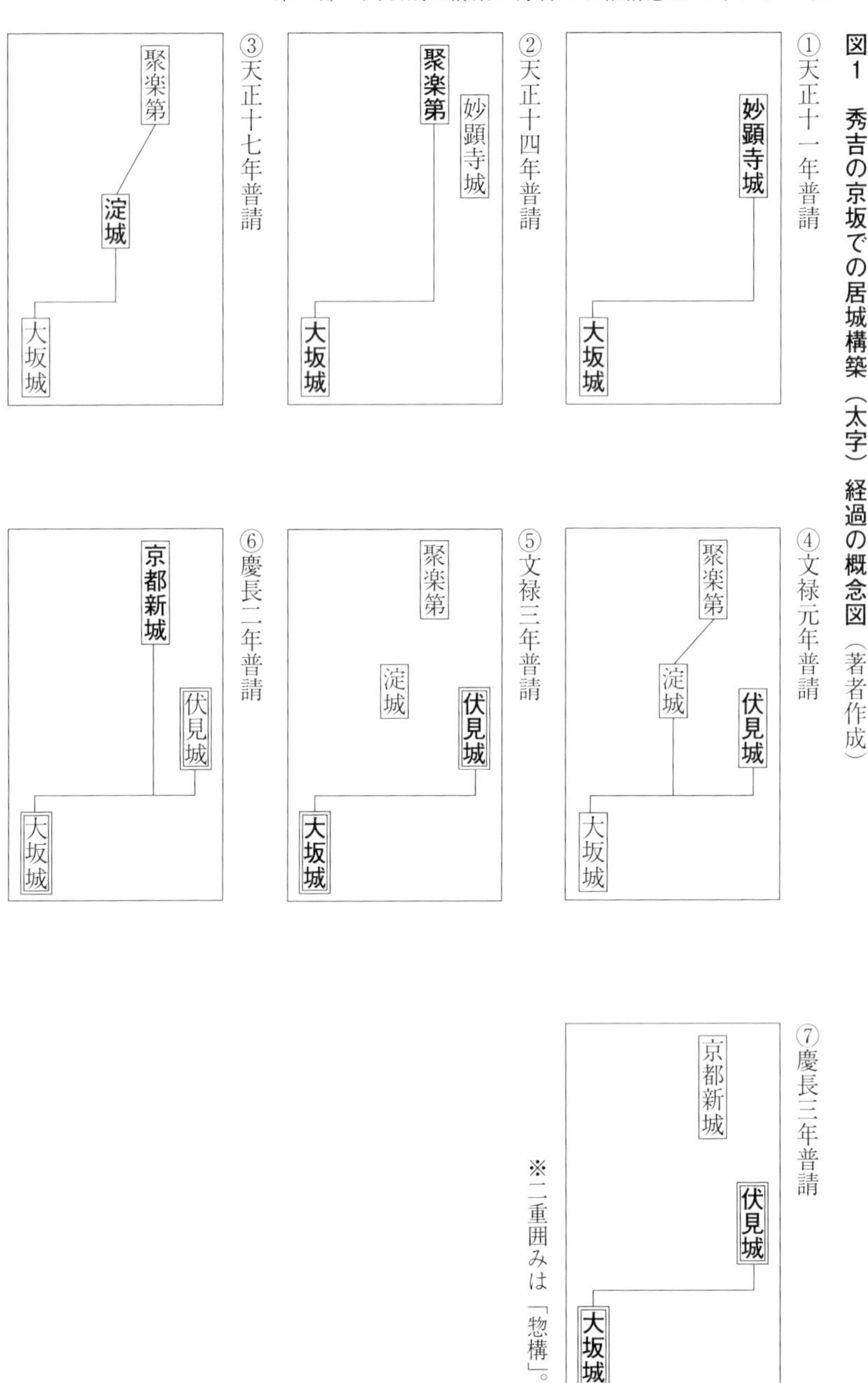

※二重囲みは「惣構」。

注

（1）そうしたなか、横田冬彦が一九九三年、「城郭と権威」（『岩波講座　日本通史』第十一巻近世1、岩波書店）において、「京の城」を取り上げ、本章で取り上げる妙顕寺城・聚楽城・伏見城・京都新城の築城経緯を述べるなかで、簡略ながら大坂築城をも対比的に言及しているのは、こうした問題関心を自覚的に取り上げたという意味で先駆的な仕事の一つであろうと思われる。そして横田は、これを下敷きに二〇〇一年、「豊臣政権と首都」（日本史研究会編『豊臣秀吉と京都』文理閣）において、先行研究における織豊政権の特質としての「首都＝副都ないし二都論」を踏まえながら、豊臣政権におけるその実態についてのより詳しい議論を展開している。そこでは、聚楽第・伏見城・大坂城とそれぞれの城下町を考察の対象としながら大坂と京都における首都性の意味付けを行なっている。

（2）そのため、本章第一節1は第五章と、第三節2は第六章と、第四節2は第七章の論述に基づいているところが大きい。そちらをも参照されたい。

（3）天正十二年三月二十五日には山崎城の「天主」が破却され、どこかに運ばれている（『兼見卿記』同日条）。

（4）『浅野考譜』は、秀吉下向の意義を次のように述べている（傍線は引用者）。

一（天正）十一年癸未年、秀吉姫路に帰城有て、播州をハ舎弟羽柴美濃守秀長に譲しかハ、則秀長の城代木下右衛門佐勝利と、長吉入替て後、秀吉、長吉ともに上洛す、（『大日本史料』十一編之四）

なお、天正十一年の秀吉の姫路帰城はこの時以外知られていない。

（5）八月五日には近江の諸職人宛の諸役免許状（名古屋市博物館編『豊臣秀吉文書集』一（吉川弘文館、二〇一五年）、797号文書）が出されているが、七日付の浅野長吉書状によってそれが大坂築城参加のためであることが分かっている。これが現時点における確実な大坂築城の準備にかかわる初見史料である。

（6）拙稿「本願寺の貝塚・天満移転をめぐる諸問題」（『ヒストリア』250号、二〇一五年。本書第二章に再録）。

（7）（天正十四年）二月八日付蜂須賀家政宛秀吉朱印状写（『豊臣秀吉文書集』三、1850号文書）によると秀吉は、家康を赦免することとなったので、「依之大坂普請申付候」と言っており、二之丸普請延引の原因に徳川討伐のこともあったことが分かる。

（8）「妙顕寺」（『日本歴史地名大系27　京都市の地名』平凡社、一九七九年）。現在、同跡地は市街地化しているが、古城町の名が残っている。

（9）『妙顕寺文書』「歴代略伝」天正十二年九月三日条（『大日本史料』十一編之八）には「天正第十一庚申九月五日、二條妙顕寺真地羽柴筑前守上官已前也御屋敷被定、為替地上京北洛外当寺今境内地給之也」とある。

（10）『言経卿記』天正十一年九月二十三日条に次の記事がある。

一、就身上之儀、冷泉・四条・河野越中入道等同道、玄以へ罷向、本国寺ニ普請之由有之間、則罷向了、先河野〆案内、筑州内浅野弥兵衛尉折帋相渡了、次対顔、

すなわちこの頃、六条の本国寺においても玄以を奉行とする普請が始まっており、その現場へ玄以も出向いていたとするのであるが、この時本国寺で普請が行なわれていたとする記事はほかになく、むしろ同書十月三日条の以下の記事と比較すると、これは妙顕寺普請の誤りであった可能性が高い。

一、冷泉へ可来之由使者有之、則罷向処、本願寺使者河野越中入道来、身上之儀半夢斎玄以馳走之由有之、申渡了、（中略）則礼ニ罷向之処ニ、妙顕寺普請中付、幸在之間、則対顔、冷泉・四条・河野越中等同道了、（以下略）

然りとすれば、妙顕寺築城工事は九月二十三日以前に開始されていたこととなる。

（11）天文五年（一五三六）七月に起こったいわゆる「天文法華の乱」はその最も大規模な戦闘の一つであった（今谷明著『天文法華の乱』平凡社、一九八九年）。

（12）「本國寺城跡〜天文法華の乱の舞台〜」（京都市文化市民局編『京の城—洛中洛外の城郭—』京都市、二〇〇六年）。

（13）このことについて『貝塚御座所日記』には、次のようにある。

一、京都ニハ玄以宿所、元妙願（顕）寺ト云寺也。ソレニ要害ヲカマへ、堀ヲホリ、天主ヲアゲテアリ。秀吉御在京之時ハ、ソレニ御座候也。常ハ玄以ノ宿所也。（『真宗史料集成』第三巻）

なお、『お湯殿の上の日記』天正十四年四月三日条には、この妙顕寺城の天守に秀吉の側室が住んでいた可能性を示す記述がある。

くわんはくきやうのてんしゆの女はうしゆよりみのかみ。一折まいる。

（『続群書類従』補遺三）

関白秀吉の京の天守に住まいする女房衆から美濃紙が一折送られてきたというのである。関白秀吉の京都屋敷ならば、普通聚楽第を思い浮かべるが、その築城工事は十四年二月下旬から石垣・堀普請が始まっているから四月三日に天守が完成していた筈がない。とすれば、この天守は妙顕寺屋敷のものと考えざるをえないのである。この時期、秀吉の妻や母は大坂城に居たので、ここでいう「天守の女房衆」はその側室であった可能性が高いといえよう。このことについて、『兼見卿記』天正十四年五月十六日条に「殿主之御女中ヨリ美濃紙十帖、到来了」と見える女性について、その編者は前田利家三女で秀吉側室の摩阿を充てている。

(14)『信長公記』（角川文庫版）巻二には「二条の古き御構」とある。これは二条勘解由小路にあった斯波義廉邸を修復したことにちなむ呼称である。

(15)摩阿宛秀吉自筆書状（『豊臣秀吉文書集』一、866号文書）。ただし、書状には「大さかをうけとり候て、人数いれおき」とのみあって、築城のことには触れていないが、その後の経緯を見れば当然それが前提であっただろう。

(16)本国寺のある六条堀川から、御所近くの二条坊門に敷地を移し得たこと。

(17)注(13)前掲『貝塚御座所日記』。

(18)フロイス「一五八六年の報告書」（『耶蘇会の日本年報』第二輯、拓文堂、一九四四年）。

(19)長岡屋敷は『兼見卿記』天正十一年八月晦日条、筒井屋敷は『多聞院日記』天正十二年十二月二十六日条、豊臣秀次屋敷は『言経卿記』天正十四年十二月二十九日条による。

(20)百瀬正恒「聚楽第の築城と都市の発展」（注(1)二〇〇一年前掲書）。

(21)なお、森島康雄「聚楽第と城下町」（注(1)二〇〇一年前掲書所収）は、こうした聚楽第造営時の大名屋敷が天正十九年の「京中屋敷替え」によって移転させられた結果、成立したのが聚楽第の東方、御所に西接する「大名屋敷地区」であったとする。

(22)横田冬彦「豊臣政権と首都」（注(1)前掲二〇〇一年論文）には大坂・京都における大名屋敷に関する豊富な事例を踏まえた考察がある。横田はそこで、大坂で屋敷を営んだのは「秀吉の直属家臣団」であるとし、それ以外の東国・西国大名は京都屋敷を営むのが基本であるとしている。

(23) 横田注(1)前掲一九九三年論文。

(24) 中村武生「豊臣政権の京都都市改造」(注(1)二〇〇一年前掲書所収)。加えて同論文中の「惣構構築年表」。

(25) 豊臣秀保は三好吉房と秀吉姉の三男で、秀次の弟。天正十六年正月八日、叔父豊臣秀長の養子となり、秀長が没した後を襲って天正十九年、大和一国を賜り郡山城主となった。文禄元年正月には従三位権中納言に任じられ、大和中納言と呼ばれるが、文禄四年四月十六日、吉野の十津川で入水横死した(高柳光壽・松平年一著『増訂　戦国人名辞典』吉川弘文館、一九七三年)。

(26) 『岸和田市史』第3巻(岸和田市、二〇〇〇年)は、天正十三年七月に小出秀政が城主となったとし、その時点では知行高が僅か四千石であったため、城主というより、城代・城番ないし代官ともいえるとしている。そして、その後秀政の所領が加増され、天正十五年に一万石の大名となり、さらに文禄四年八月には二万石の加増により三万石となったともしている(第一章第二節、福山昭執筆)。ただ、ここでは天正十三年五月に和泉国が秀長に与えられたこと、またその死後の状況も注意されておらず、この間の所領関係が判然としない。筆者としては、同書に収める「表3　小出秀政の所領」に、小出の本知は天正十三年以来文禄三年に至るまで四千石のままで、ようやく同四年八月にいたって一万石となることが見えているので、その間はずっと城代的立場であったと考えたい。

(27) 黒川直頼・野田只夫「伏見城と城下町」(『京都の歴史4　桃山の開花』學藝書林、一九七〇年)。山田邦和「伏見城とその城下町の復元」(注(1)二〇〇一年前掲書所収)など。なお、『宇治市史』には「普請狂いの秀吉」なら当然、と書いてある。

(28) 黒川直頼・野田只夫(注(27)前掲論文)には、秀吉が秀次の関白任官直前の十二月二十日に誓書(『本願寺文書』)を提出させているとし、その内容から見て、「秀吉が自分の政権に対する一抹の不安をもつとともに、後継者としての秀次の器量にも全面の信頼をもっていなかったことが読み取れる」としている。従いたい。

(29) この伏見城は伏見指月の地にあったもので、文禄五年七月に大地震で倒壊して放棄される城で、伏見指月城などとも呼ばれている。

(30) 黒川直頼・野田只夫の注(27)前掲論文。
(31) 『家忠日記』(『増補 続史料大成』十九巻。臨川書店、一九八一年)。
(32) 当時名護屋城にいた秀吉が、お拾い誕生の報に接して急遽肥前を立ち、大坂に帰り着いたのが八月二十五日(『兼見卿記』同日条)、そして家康がその後を追いかけるように大坂に戻ったのが同月二十九日である(『家忠日記』九月十六日条)から、その後間もない頃に秀吉から家康に伏見城普請への参加が命ぜられたのであろう。
(33) 「伏見之丸」について、伏見城三之丸とする見解(大阪市立中央図書館編刊『大阪編年史』第二、一九六七年)がある。
(34) 青森県史編さん委員会編『青森県史』資料編近世1、青森県、二〇〇一年。
(35) 山田邦和「伏見城とその城下町の復元」(注(1)二〇〇一年前掲書所収)。
(36) 「淀城」(『日本城郭大系』十一、新人物往来社、一九八〇年)。
(37) 黒川直頼も、「聚楽第と方広寺」(注(27)前掲論文)において、「淀殿の産所として、偶然にこの地が脚光をあびたということはできないであろう。おそらく戦国初期から果たした華々しい戦略的役割と、秀吉政権の二つの政庁(聚楽第と大坂城―引用者)を結ぶ中心点としての位置が、秀吉をしてこの地を選ばせるにいたったのであろう」と指摘している。
(38) 摂津市史編さん委員会編『摂津市史』摂津市役所、一九七七年。
(39) 足利健亮「伏見城と城下町成立の意味」(同著『中近世都市の歴史地理』地人書房、一九八四年)。
(40) 足利健亮は、注(39)前掲書において、この文禄三年の諸土木事業を「宇治川迂回河道の新設、小倉堤の築堤、豊後橋の架設、宇治橋の撤去、淀廃城、淀堤築堤、伏見城下町の「ヨコ」町化などの諸事業が、決して個々バラバラのものではなく、互いに密接に関連するもので、天下人秀吉の脳裏に描かれた「伏見経営構想」の部分部分に相当する」と総括している。しかしながら、ここで足利の言う伏見経営構想とは、「平安京と平城京を結ぶ天下一の街道が通っている。一方、淀川・瀬戸内を経、そしてやがて大陸へと向かう天下一の水路がある。両者が丁字型に交わるその点、言ってみれば日本の臍にでも例えられそうなその点が、伏見であった。いや、そういう点を占めるように、伏見というものを構想した。大坂でも、京都でもそれは実現しなかったことである。天下人は、その最晩年に伏見で実現した、いかにも天下人らしい野心的な構想というべきではないだろうか」という一文の中に示されているように観念的であって、またそこには文禄年間における秀吉政権内の確執や、大坂城や聚楽第の軍事的・政治的位置付けを勘案する視点が無く、「日本のへそ」たる伏見を偏重する見方に終始しているように思われてならない。

(41) この秀保の死について、朝尾直弘は「不審な点があり、時期的に見て疑おうとすれば疑いうる」との見解も表明している（朝尾直弘「豊臣政権論」（『岩波講座　日本歴史』9、一九六三年。後に『朝尾直弘著作集』第四巻、岩波書店、二〇〇四年に再録））。

(42) このことは秀次が文禄四年七月に自刃した後、聚楽第がもはや秀吉によって再使用されることなく、自殺したわずか十三日後の七月二十八日に「聚楽御殿共伏見へ被成御引、只今一度ニ御立被成候」との命が秀吉によって出されている（「佐藤方政宛豊臣氏奉行衆連署状」（注(27)前掲書所収））ことからも窺えよう。

(43) 京都屋敷の計画変更の理由について、『当代記』では次のように述べる。

　自此春中、四條に太閤新構有普請けるか、地利狭して又白川出口江有普請、町人壊家を迷惑す、

(44) ここで『舜旧記』が京都御屋敷の所在地について福大明神町としているのは不審である。この屋敷は「禁中巽方」にあったが、福大明神町は御所の西方にあたる。

(45) 横田は、注(1)前掲一九九三年論文において、京都新城が城郭として未完成であった可能性を示唆している。

(46) 多聞城は永禄三年（一五六〇）、松永久秀によって築かれ、天正三年（一五七五）には塙直政が大和守護として入部したが、翌々年に廃城となった。通説では、この時に石材は筒井城に、建築資材は信長の二条屋敷に持ち去られたとされている（『日本城郭大系』第十巻）。しかし、それから二十年以上を経た慶長二年に再び秀吉の命によって大坂・伏見と同日発令、同日開始で普請がなされていることはほとんど知られていない。この多聞城普請については、管見の限りその詳細を物語る史料がなく、その前後の経過も明らかでないので普請意図は不明というほかないが、将来的に秀吉・秀頼の居城となる伏見・大坂城普請とともに実施されていることからいえば、これら両城の守衛にかかわるものではないだろうか。記して後考に備えたい。なお、本書第七章第三節を参照されたい。

(47)　この工事によって築かれたと思われる堀と曲輪の遺構が二〇〇三年に調査されており、報告書はこの遺構の造成年代を慶長三年の可能性が高いとしている（江浦洋「堀83をめぐる諸問題」（財）大阪府文化財センター編『大坂城址』Ⅲ、二〇〇六年）。

(48)　この普請こそ、『松谷伝承記』にいうところの「大坂町中屋敷替」である（内田九州男「秀吉晩年の大坂城大工事について」『大阪城天守閣紀要』5号、一九七七年）。

(49)　（慶長三年）七月朔日付、石田三成宛伊達政宗書状写に、「大坂へ　秀頼様被成御移徙候て、北国・東国之諸大名、悉可罷越之旨候、依之家共の引領とて、銀子・御俵粮、各ニ被下候、一昨日廿八日、江戸内府へ各被召集、米・銀之御朱印拝領」（仙台市史編さん委員会編『仙台市史』資料編十一、仙台市、二〇〇三年）とあって、秀頼が伏見から大坂へ移徙するにあたり、伏見城下にあった北国・東国大名の屋敷をも大坂に移すこととなったので、彼らにその引越料として支給される「銀子・俵粮」にかかわる秀吉朱印状が去る六月二十八日、伏見の徳川家康邸で下賜されたことがわかる。

(50)　「（慶長三年）八月五日付秀吉遺言覚書案」（早稲田大学図書館所蔵文書）には、「大坂ハ秀頼様被成御座候間」の文言があって、秀吉死後、大坂城は秀頼の居城とするべきことがうたわれている。

(51)　洛中における宿館変遷の概要を『信長公記』によって窺うと、永禄十一年（一五六八）十月、足利義昭を奉じて入京した信長はその後、上京驢庵邸、本能寺、妙覚寺等に寄宿するが、元亀三年三月には再々上洛するのに「御座所」が無くては不便との考えから上京武者小路の徳大寺公維邸を公儀普請により建立することとなるのだが、翌年将軍義昭と不和になり中止となった。その後はまた、妙覚寺、相国寺、知恩院などを宿所とするが、ようやく天正四年四月に二条晴良邸を接収して二条屋敷を造営することとなり、翌五年閏六月には移徙する。しかし、わずか二年余り後の天正七年十一月にはこれを誠仁親王に献上してしまい、信長は再び妙覚寺や本能寺を宿所とすることとなり、十年六月の本能寺の変を迎えることとなる。この間十五年、信長が自らの屋敷を構えたのはわずかに二年に過ぎず、その大半を妙覚寺、相国寺、本能寺などを宿所として過ごしていたのである。

補論3　松平忠明の大坂城「三ノ丸壊平・市街地開放」をめぐって

はじめに

松平忠明は天正十一年（一五八三）、三河新城城主奥平信昌と徳川家康の長女亀姫との間に、その四男として生まれた。同十六年には早くも家康の養子となって松平の姓を授けられ、文禄元年（一五九二）には叔父徳川秀忠の偏諱を得て忠明と名乗り、慶長十五年（一六一〇）には二十七歳で伊勢亀山五万石の城主となった。さらに同二十年（七月に元和と改元）閏六月には大坂の陣における戦功によって豊臣氏滅亡後の大坂城主に抜擢され、十万石を拝領したという。しかし元和五年（一六一九）七月、秀忠の意向によって大阪が幕府直轄地とされると、忠明は十二万石に加増のうえ大和郡山城へ移された[1]。

今ここで問題にしたいのは、その松平忠明在坂中の事業として知られる大坂城の「三ノ丸壊平・市街地開放」といわれているものである。これは豊臣時代の三之丸を壊平し、新たに市街地として開放したとされる事業であるが、この事業については、管見の限り同時代史料にこうした言葉で語られているものとしては存在しない。では、何が典拠かといえば、おそらく一九一三年に刊行された『大阪市史』[2]第一の次の文言である（傍線引用者）。

大坂城はもと本丸・二ノ丸・三ノ丸より成りしが、忠明移り住むに及び、本丸二ノ丸を以て城地に当て、三ノ

図1　「三重構造説」による大坂城地と近傍（参謀本部編『日本戦史　大阪役』一八九七年、同復刻版、村田書店、一九七七年、附図より）

丸を壊平して新たに市街を開かんとせり」。すなわち、豊臣時代大坂城の平面構造は、本丸・二之丸・三之丸より成るものであったが、慶長二十年に松平忠明が城主となるに及んで、本丸と二之丸のみを城地とし、三之丸はこれを壊平して、新たに市街地を開こうとした、というのである。

さて、豊臣時代大坂城の平面構造についての戦前までの見解は、参謀本部編『日本戦史　大阪役』（一八九七年）では、もっぱら本丸・二之丸・三之丸がほぼ同心円状に配置される輪郭式の三重構造であるとの説を採っていた（以下、この考えを三重構造説という）。そのことは、『日本戦史』所載の大坂城全図（**図1**）を見ればよく分かるであろう。

上引の『大阪市史』第一もこれらの見解を踏襲したものに他ならないが、ここで著者の幸田成友が指す三之丸について、ふたたび同書によってその概要を窺うと、

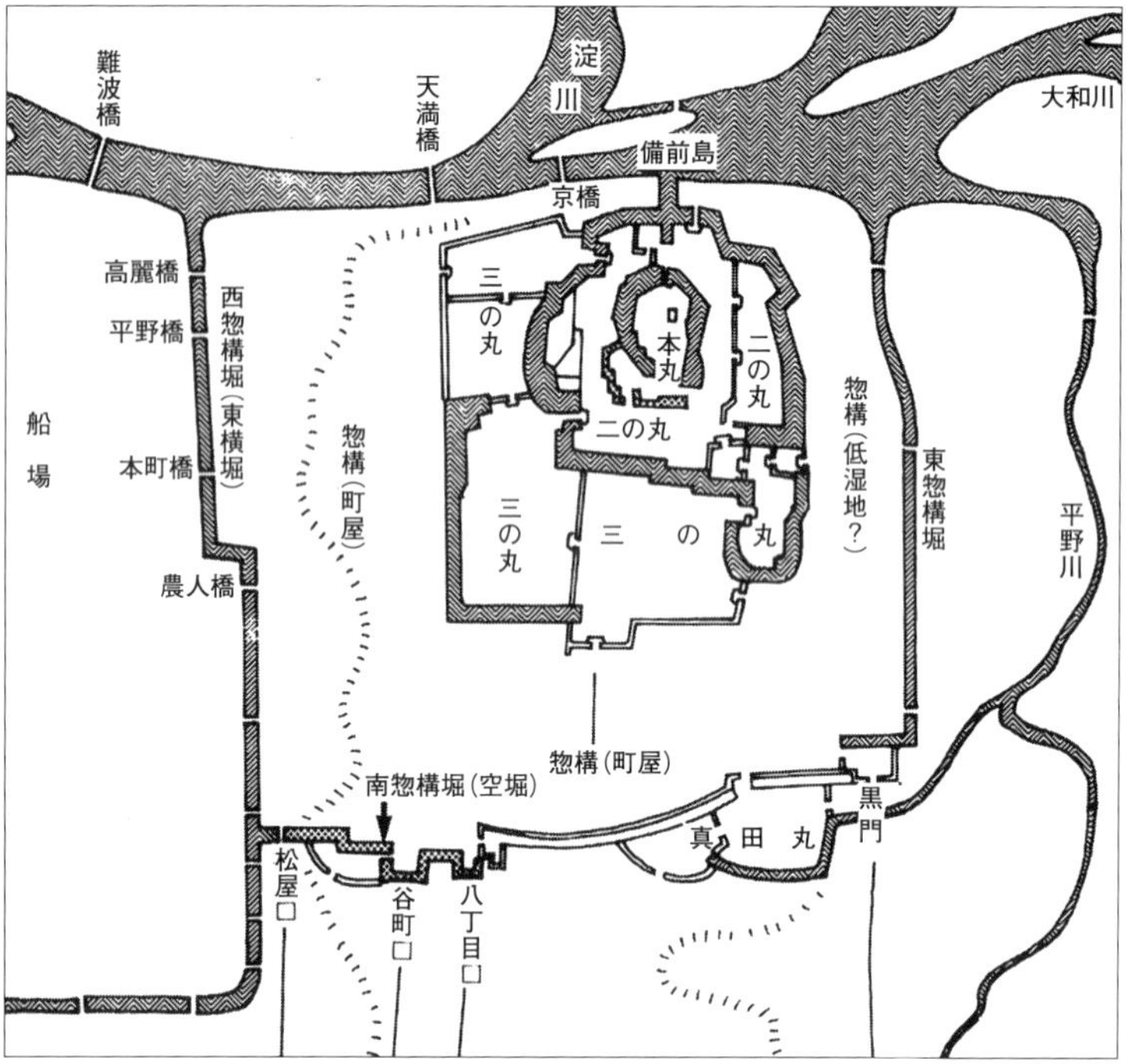

図2　「四重構造説」による大坂城地と近傍（渡辺武『図説　再見大阪城』社団法人大阪都市協会、一九八三年より）

三ノ丸は二ノ丸を囲繞し、東は大和川、北は大川を境とし、西は東横堀川、南は空堀を以て限れり。本丸・二ノ丸・三ノ丸の周囲合計三里八町といふ。大坂城の総構堀は文禄三年正月、伏見城三ノ丸の石垣幷に総構堀の工事と同時に命ぜられたるものにして、（下略）

とあって、幸田も三之丸をもって二之丸を囲う最も外側の曲輪とし、その四至は東が大和川[3]、南が空堀[4]、西が東横堀川[5]、北が大川[6]であったとする。そして三之丸を囲む惣構堀の普請は、文禄三年正月に伏見城の普請と同時に発令され、実施されたとの認識を示している[7]。すなわち幸田は、文禄三年の惣構堀開削によって新たに囲い込まれた大坂城の最外郭を三之丸と理解しているのである。

　こうしたいわば明治以来の見解が、戦後十数年頃までは定説とされていたのである。
ところが一九六〇年、櫻井成廣によってま

ずこの三之丸と惣構堀についての異論が出され[8]、さらに一九七〇年以降、櫻井の説を批判的に継承する形で、岡本良一によって大坂城の構造は本丸・二之丸・三之丸・惣構という四重の輪郭式曲輪から成っていたという説（以下、四重構造説という[9]）が提唱された。すなわち惣構堀は、三之丸を囲む堀ではなく惣構というひとつの曲輪を囲む堀であるとの理解である。

この説は、さまざまに補強されながら今日に至っているのであるが[10]、それらによれば、文禄三年に惣構堀を廻らして築かれたのは惣構という大坂城最外郭の曲輪であり、さらに秀吉最晩年の慶長三年になって、大坂城強化の目的で二之丸と惣構の間に二之丸堀に外接する形で、堀や柵をもって囲われて成立したのが三之丸という曲輪であったことになる。**図2**を見ていただければ、それが二之丸の西・南方面に広がる広大な曲輪であることが理解いただけるであろう[11]。

こうして設置された三之丸は、それまであった町家を城外に移転させ、その跡地には伏見から移住させた大名の屋敷が建てられて、純粋の武家地になったとされる。すなわち、文禄三年に築かれた惣構内部には、武士と町人の居住区が混在していたのであるが、この工事によって二之丸堀に近い部分のみが新たに囲われ、三之丸として完全に武家屋敷地化されるとしたのである[12]。

第一節　「市街地開放」の意味

こうした学説史の流れのなかで、では大坂夏の陣後に松平忠明が行なったとされる「三ノ丸壊平・市街地開放」がどのようなものとして理解されているかというと、たとえば伊藤毅は、近年刊行した『町屋と町並み』（山川出版社、二〇〇七年）において、松平忠明の功績を列挙するなかで次のように言う。

忠明の事績とされる都市計画には、（1）大阪城三の丸（一五九八〈慶長三〉年秀吉晩年の工事＝大坂城第四期工事によって完成）の壊平と市街地開放、（2）以下は略）

ここで言われている「大坂城三の丸の壊平と市街地開放」という表現は、先に引いた幸田の『大阪市史』第一に由来していることが明らかであるが、伊藤は四重構造説に立脚して、忠明が壊平した大坂城三之丸は、慶長三年の秀吉晩年の工事によって完成した曲輪であると理解しているのである。

このように、同じ「三ノ丸壊平」という言葉を使っているけれども、戦前までの三重構造説と戦後に提唱された四重構造説とでは、三之丸の意味内容とそれに伴う具体的な場所比定が大きく異なっている。ここで、三重構造説に立ってみると、三之丸をもって大坂城の最外郭と理解しているから、三之丸を壊平することによって二之丸堀の外側の地域が市街地として開放されたとなるのに対して、四重構造説で理解しようとすると、次のように当該地のいささか複雑な変遷過程を想定せざるを得なくなってしまう。

今、徳川時代の外堀（豊臣期の二之丸堀に相当）に外接する地域の有り様を、安政三年（一八五六）水帳による町割図[13]（**図3**）で見てみると、外堀を半ば取り囲むように広大な武家地の広がっている状況（斜線部）が見て取れる。ここは大坂城代の下屋敷を始めとする大坂在番諸士の屋敷地であるから、城内ではないが、かといって市街地として開放されたともいえない地域である。この地域のこうした在り様は、現在知られるもっとも古い寛永八（一六三一）・九年頃成立の「大坂御城幷町中之図[14]」に描かれた状況から幕末に至るまで、基本的に変わるところはない。

したがって、四重構造説に立った場合、慶長三年に三之丸として武家地となったこの地域の大半（南・西部）は、元和初年に松平忠明によっていったん市街地に開放された後、寛永八年頃までにまたもや住民を他所に追いやって武家地とされたという複雑な変遷を辿ったこととせざるを得ない。その最後の変化は、元和五年の大坂城代設置時というのが考えやすいのかも知れないが、この時期に再び当該地においてそうした大規模な住民の移動が行なわれ

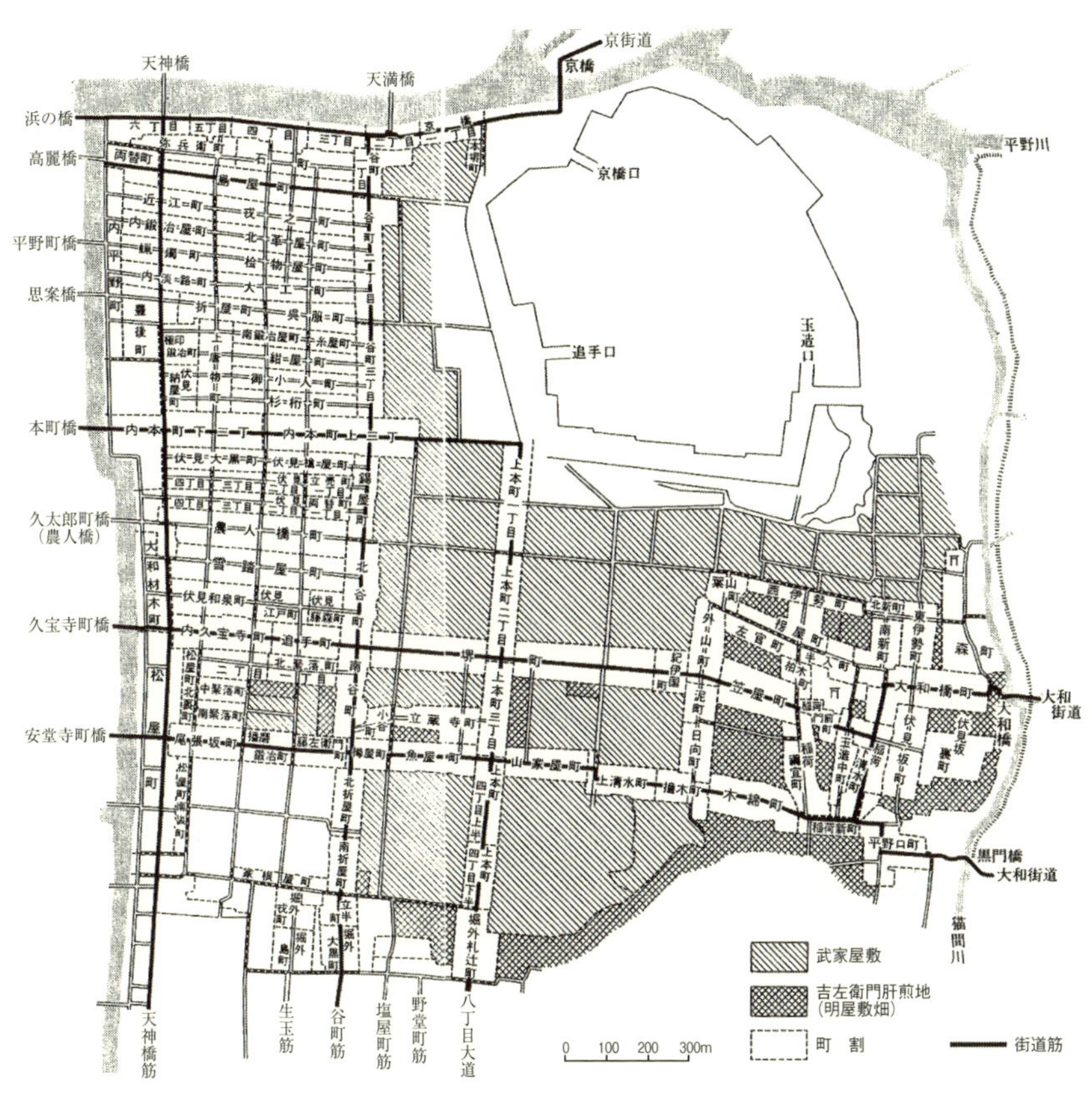

図3　大坂城の南部・西部に広がる武家地（斜線部）（『新修　大阪市史』三　図4）

たことを物語る史料・口碑は一切存在しない。このことからすれば、四重構造説に立った「三ノ丸壊平・市街地開放」論が成立しないのは明らかである。

しかしながら、では幸田の言うように「三ノ丸壊平・市街地開放」を三重構造説に立ってすべて説明することができるかといえば、残念ながらそれにも全面的に従うことはできないように思われる。というより、むしろここで大切なのは「三ノ丸を壊平して新に市街を開かんとせり」という言葉によって、幸田が如何なる歴史事象を説明しようとしたかを今一度、検証して見ることであろう。そこで以下、幸田の見解を史料で補足しながら見ていくこととしたい。

幸田は、惣構堀によって囲まれた三之丸をどのような場所と見ていたのだろうか。上引の「忠明移り住むに及び、本丸二ノ丸を以て城地に当て、三ノ丸を壊平して新たに市街を開かんとせり」という文言からは、それまでの三之丸を純粋な武家地と見なしており、それを開いて市街地としたと理解することができそうである。実際、この一節の末尾に掲げられた参考書目の一つであり、幸田も当然目を通したであろう『大坂三郷御取立承伝記』[15]には、「上町東堀迄ハ諸士方屋敷ニ而」とあって、「上町東堀」すなわち西の惣構堀である東横堀川にいたる三の丸地域が武家地であったかのような記述がある。

しかしその一方、大坂の陣に豊臣方として参加・籠城した山口休庵の『大坂陣山口休庵咄』[16]には、「惣がまへ、西ハ高麗橋筋横堀の内、南ハ八丁目黒門の内、町ヤハ壱間もこぼち不申候」とあって、幸田のいう三ノ丸内にも町人地が存在したことを明記しているし、また、大坂夏の陣における加賀前田家の将士の軍功を記した「元和大坂役将士自筆軍功文書」(前田育徳会尊経閣文庫蔵)に収められた史料[17]にも、次のように、その内部で武家地と町人地の住み分けがなされていたことを窺わせる記事がある。

一昨日七日に城御せめ成され候刻、(中略)それより三のまるのうち侍町大手の筋へ罷越し候へハてきいて(出で)申候て、

(百二十ノ二　佐藤瀬兵衛)

ここからは、三之丸の内部に侍町すなわち武家屋敷街のあったことがはっきりと読み取れる。

以上の史料の性格から見て、後者の見解により信頼が置けるのは明らかだが、幸田は『大阪市史』第一の「三ノ丸」を紹介した一節の末尾に『大坂陣山口休庵咄』を参考書目として掲げているから、当然目を通していたにちがいない。それを受けてか、幸田は同書一七三頁において図の伝来が不詳であることから、「悉く信ずる能はず」としながらも、『太閤時代大坂城図』に掲げられた「東横堀以東(三之丸内)」における町人(職人)町の名を列挙してもいるのである。

こうして見てくると、筆者には三之丸の有り様についての幸田の見解は、いささか自家撞着を来しているようにも見えるのだが、その後、幸田の見解は「三之丸＝武家専用地」説として理解されていくことになるようだ[18]。

第二節　「三ノ丸壊平」の意味

それはともかく、ではそうした三之丸を開平し市街地化するとは、具体的にどのような事業が想定できるのであろうか。ここで、やはり『大阪市史』第一に掲げられた参考書目の一である『大坂濫觴書一件』[19]中の次の記事に注目したい（傍線引用者）。

一元和二辰年大坂地割被仰付候、御外廓御取払之節、御城内八町内玉造り伏見坂町・笠屋町・東伊勢町等他所へ替地被仰付、同二月丁割出来、（以下略）

これによると、元和二年、まさに松平忠明の治世に大坂の地割付（引用文末尾の丁割のこと）が改めて命じられ、そのとき外郭が取り払われたことが分かる。外郭という語が武家専用地としての最外郭を意味するとすれば、三之丸を指すといえよう。したがって、幸田が本史料などに拠って三之丸を市街地化する事業を指して「三ノ丸壊平・市街地開放」と表現した可能性は充分ありそうである。しかし、三之丸が必ずしも武家専用地ではなかったという理解に立てばこの用法はおかしく、むしろ「取払」という語が具体的には撤去・破却という意味であることからすれば、「三ノ丸壊平」は三之丸を囲む惣構堀の跡地に残されていた何らかの施設（このこと後述）を取り壊す事業を指すのだと理解するべきであろう。このことは、同書に掲げる次の項からも窺うことができる（傍線引用者）。

一元和五未年難波御堂津村御堂再建之節、大坂御城外郭土台御破却之節、余石両門跡へ被下、普請御助力在之、（以下略）

これは、元和五年、難波御堂と津村御堂を再建した時に、かつて大坂城の外郭の土台を破却した際に出た石材の余り石を、幕府から両門跡に下されたという記事である。「外郭土台」という表現から、たとえば惣構の要所に作られた櫓台のようなものを意味するのであろう。

このように見てくると、幸田が「三ノ丸壊平」という言葉に込めた意味はどうあれ、松平忠明によって行なわれたのは、惣構堀関連施設の破却事業ではなかったかと思われるのである。[20]しかも続けて、城南の玉造にあった伏見坂町（大和橋の南にのびる両側町）・笠屋町（玉造稲荷神社の西側。のちに岡山町と改称）・東伊勢町（元玉造門外）などの移転の事を述べているから、破却されたのは主として三之丸の南惣構堀跡の施設であったことは間違いない。[21]すなわち、この事業によって城塞都市大坂の南を限る障害物が最終的に壊され埋められることによって、その内外は地形的に繋がることとなったのである。

なお、これと並行して三之丸内の新たな町割が実施されているが、幸田はこの町割によって生じた広大な空き地に伏見町人の新たな移住・町立てが始まるに至ったとしているので、これらの事業をも含めて「市街地開放」と称したのであろう。[22]

そうなると、ここで問題になるのはこの外郭取払い事業と、大坂冬の陣後に埋められた惣構堀との関係である。

周知のように、冬の陣の和睦に伴って、本丸の堀を除く大坂城の堀はすべて埋められ、柵や塀などの防御施設もすべて撤去されたとされており、そこに惣構堀も含まれていたことはいうまでもない。しかし実は、これらの堀の埋め戻しや防御施設の撤去がどの程度のものであったのかは必ずしも明らかではない。図式的には、堀が完全に埋められ柵や塀も撤去された結果、夏の陣では人馬の通いにもまったく支障がなくなったと考えがちであるが、実態はそうでもないようだ。『大坂陣山口休庵咄』[23]には「夏陣に八二の丸堀ハ御座候へども、さくもゆい不申候」とあるし、慶長二十年五月七日の合戦における旧平岩親吉家中の高名書上げが収録されている「平岩主計殿家中書上分限帳」（名古屋市蓬左文庫所蔵）にも、「天王寺表惣かまひ尺まへ（惣構柵前）」・「いくたまさくきわ（生玉柵際）」・「二之丸きハほりはた（際堀端）」などの表現が散見される。

このことについて、『大坂御陣覚書』には、板倉勝重が（慶長二十年）三月五日に飛脚をもって両御所に呈した書状のなかで「大坂表惣構塀柵を付申事、埋候堀の土をあけ、浅所ハ腰長、深所ハ肩を越申候よし」と書き記していることが紹介されており[24]、夏の陣に備えて大坂方の手によって緊急に堀が掘り返され、柵や塀が結い直されたことを示唆している。おそらく、こうして掘り返された防御施設の残骸が、夏の陣後も何らかの形で残っていたのではないだろうか。忠明の「御外廓御取払」はまさにこうした諸施設の撤去という意味であったのではないかと思われる。

おわりに

以上、松平忠明が行なったといわれる大坂改造事業について、これまで無批判に使用されてきた「三ノ丸壊平・市街地開放」という語を再検討し、それを豊臣期大坂城の構造をめぐる観点から眺めてみると、そこにどのような問題が含まれているのかという点を明らかにした。その結果を踏まえれば、これまで武家地から市街地への開放という意味で使われてきた「三ノ丸壊平」とか「市街地開放」という表現は不適切な用語と言わざるを得ず、今後はより実態に即した用語に改めるべきであろうと思われる。

ともあれ今日、幸田のいうような松平忠明のはなばなしい事績が本当に悉くその治世下でなされたものなのか、という点に大きな疑問が突きつけられているのが現状のようにも思われる[25]。そうしたなかで、「三ノ丸壊平・市街地開放」とされる事業の内実を今一度考え直してみることは決して意味のないことではないだろう。

注

（1）峰岸純夫・片桐昭彦編『戦国武将合戦事典』（吉川弘文館、二〇〇五年）ほか。

（2）『大阪市史』第一は、一九一三年、大阪市参事会の編集・刊行にかかる。この『大阪市史』五巻七冊は、当時の大阪市史編纂主任幸田成友の執筆によるもので、戦前刊行の自治体史のなかでも白眉といわれる名著である。なお、幸田の大阪市史執筆の経緯については、藤本篤著『大阪市史物語』（松籟社、一九九三年）に詳しい。

（3）ただし、大坂城の東の最外郭を限るのは大和川ではなく、本願寺時代から大坂城域の東辺を流れていた猫間川である（矢内昭「惣構堀の築造と内町の完成」『新修　大阪市史』三、大阪市、一九八九年）。

（4）現在の中央区谷町七丁目付近を東西に走る堀で、水を入れない空堀（からぼり）であった。なお『大坂陣山口休庵咄』（『続々群書類従』第四、続群書類従完成会）には、この堀は「石垣なし、たゝきとい（叩き土居）ニて」とあって、石垣の無い素掘りの堀であったことが分かる。

（5）当時は、単に新堀あるいは横堀といった。東横堀川と呼ばれるようになるのは、慶長五年に西横堀川が開削されてからである（大阪市参事会編注（2）前掲書）。

（6）旧淀川の本流で、およそ現在の大阪市の中心を流れる部分を指して特に大川と呼ぶ。

（7）このことは、（文禄三年）正月十九日付宮部兵部少輔宛豊臣秀吉朱印状写（『青森県史』資料編近世1所収「参考諸家系図六十八　多賀氏」）や『駒井日記』文禄三年正月二十日条などによって確認できる。

（8）櫻井成廣「大坂城解説」（『日本城郭全集』第六巻近畿編、日本城郭協会、一九六〇年）。

（9）岡本良一著『大坂城』（岩波書店、一九七〇年）、同著『岩波グラフィクス18　大坂城』（岩波書店、一九八三年）など。

（10）大坂城平面構造についての学説史については、渡辺武「大阪城史叙述のうつりかわりについて」（『大阪の歴史』59、大阪市史編纂所、二〇〇二年）、拙稿「慶長三～五年の大坂城普請について」『ヒストリア』198号。本書第七章に再録）などを参照されたい。

（11）渡辺武著『図説　再見大阪城』（社団法人大阪都市協会、一九八三年）挿図による。

(12) 渡辺武「第二節　秀吉の大坂築城」『新修　大阪市史』三（注(3)前掲書）一九八九年。なお、この説では、天正十一年に始まった本丸普請を第一期工事、天正十四年に始まった二之丸普請を第二期工事、そして文禄三年の惣構堀普請を第三期工事、慶長三年の三之丸普請を第四期工事と呼んでいる。

(13) 『新修　大阪市史』三（注(3)前掲書）第一章第五節付図。

(14) 内田九州男「新出の寛永期大坂城図について」（『大阪城天守閣紀要』8、一九八〇年）。本図を皮切りに、明暦大坂図・元禄大坂図・文政大坂図・文久大坂図などで時代を追って確認できる。

(15) 安永九年（一七八〇）成立。大阪市参事会編『大阪市史』第五、一九一一年所収。

(16) 注(4)前掲書。

(17) 大阪市史編纂所・大阪市史料会編『新修　大阪市史』史料編第五巻、大坂城編、二〇〇六年所収。

(18) たとえば渡辺武は、注(12)前掲論文のなかで、「この見方（幸田らの見解）によると、豊臣期の三の丸は（中略）全く市街地を内包しない純粋の軍用地であった」と述べている。

(19) 元禄十二年（一六九九）成立。注(15)前掲書所収。

(20) なお、「壊平」という語は、大坂冬の陣後の大坂城破却完了を報じた『駿府記』慶長二十年正月十八日条に「将軍家十九日到伏見可有御帰陣由言上云々、大坂城二之丸迄悉壊平、本城計相残云々」（傍線引用者）とする用例がある。これもやはり堀を埋め、柵や塀を取り払う事業（防御施設の破却）を指す語であろう。

(21) 残りの三方面の惣構の堀や川は大川（北）・東横堀川（西）・猫間川（東）として存続した（**図3**参照）。

(22) 注(2)前掲書。ただし、伏見町人の移住・町立ては、元和二年の松平忠明の事業によるものではなく、同五年に大坂の直轄化と共に幕府によって行なわれた伏見町民の大坂誘致の結果であることが、内田九州男によって明らかにされている（同「大坂三郷の成立」（『大阪の歴史』7、大阪市史編纂所、一九八二年））。すなわち、外郭の破却・町割りと伏見町人の誘致・町立てとはまったく別の事業であった。

(23) 平岩親吉（一五四二～一六一一）は、徳川家康の武将、譜代大名。幼時より家康に仕える。天正十年本能寺の変の直後、家康が信濃半国と甲斐国を手に入れた時、甲斐郡代となる。慶長八年家康の九男義直が甲斐国を与えられた時、その附家老となって国政を沙汰した。同十二年義直が尾張国に転じると、甲斐府中から犬山に転じ十二万石余を領した。慶長十六年十二月三十日没。後嗣なく、平岩氏の嫡流は改易となった。（以上は注（1）前掲書「平岩親吉」（所理喜夫執筆）による）。とすれば、ここで大坂夏の陣に参戦した平岩家中とはその遺臣ということになろう。

（24）『大日本史料』十二編之十七。

（25）内田注（22）前掲論文。

終章　本研究のまとめと今後の課題

はじめに

本書は、豊臣政権の形成過程および大坂城の築造過程や構造の変遷にかかわって、互いに関連する諸論考から成る二部構成を取っている。

第一部の「豊臣政権の形成過程をめぐって」では、天正十年（一五八二）六月の清須会議頃から十三年七月の関白任官頃に至るおよそ三年間を主たる考察の対象に、この間の秀吉の政権構想にかかわる諸課題を扱う論考を収めた。この時期は、秀吉の六十二年にわたる生涯のなかではごく短いものであるが、政権の形成過程から見た場合、大変重要かつ明確な一画期をなすとの認識からである。

第二部の「大坂城の構築と秀吉の政権構想をめぐって」では、秀吉の軍事的・政治的本拠地となったのが大坂城であり、そういう意味で大坂城の実態解明は第一部の課題と密接な関連を持つものであるが、それにとどまらず大坂城が秀吉の全治世を通じてその本城であったという認識のもと、大坂城とその城下町の築造経過や構造の解明を目指した論考を収めた。そのうえで、大坂と京都の諸居城との相関関係にかかわる検討も行なうことによって、それらのあり方と政権構想との全体的な関係性を取り扱うこととした。

以下、第一・二節において上記諸論文の個別のまとめを行ない、「おわりに」で全体的なまとめと今後の展望を述べる。

第一節　第一部に収録した諸論文のまとめ

第一章　「清須会議体制」下の羽柴秀吉の政治的立場と課題—その居城構築と洛中支配・居所のあり方をめぐって—

本章では、本能寺の変直後に起きた山崎合戦や清須会議から大坂築城の着手に至る、天正十年（一五八二）六月から同十一年九月頃までの、およそ一年数ヶ月間における織田家宿老としての秀吉の立場と課題をめぐって検討した。

具体的には、天正十年六月二十七日、清須会議において約諾された織田三法師（信長嫡孫・信忠嫡男）を織田家の家督として盛り立てていく「誓印之置目」がその後の織田一門や宿老衆を規定することとなった点に着目して、この体制を「清須会議体制」と呼び、宿老の一人としてこの体制の一角を占めた秀吉が、何時頃、如何にしてその立場を脱し、信長の後継者としての道を歩み始め得たのかという課題を探り、「清須会議体制」の規定性とそれに伴う秀吉の限界性が集約的に表れているその居城経営をめぐる問題、および洛中支配・洛中居所のあり方というテーマをとりあげて、その克服すべき課題に如何に対処していったのかを見ていった。なお、これには中央政権としての豊臣政権の開始をいつに求めるのかという問題が含まれている。

さて秀吉は、清須会議の結果それまで保持していた近江の長浜城を手離したため、居城としては播磨の姫路城だけとなったが、畿内支配の拠点として新たに山崎築城を開始した。しかし、これは柴田勝家から織田家家督の三法師から預かった「御分国」における恣意的な築城であると非難された。また洛中の執政権もいち早く秀吉が握ったものの、それを担う京都奉行の顔ぶれは二転三転したし、さらにこの時期の秀吉の上洛もその都度家臣の屋敷や寺社に宿泊するという便宜的な滞在の仕方を取らざるを得ない状況にあった。

つまり、この時期の秀吉による京都とその近郊をめぐる政権運営は相当不安定なものであったのである。そして、秀吉をめぐるこうした事態は、この体制下の秀吉が、あくまで播磨に本拠を置く織田家宿老の一人にすぎないという立場からする構造的な限界に起因するものであったが、そのことを自覚していた秀吉は、自らのこの立場を止揚すべく、柴田と彼が支持する織田信孝らに三法師に対する反逆者の烙印を押して、彼らを倒すことに奔走し、同年十二月の挙兵を皮切りに、その半年後に行なわれた賤ヶ岳合戦によって彼らを倒すことに成功した。さらにこの直後、秀吉は姫路を弟の羽柴秀長に譲ることとしたうえで五畿内の一角である大坂に入城するとともに、三法師やその名代織田信雄をも畿内から排除するという挙に出、一気に自らを織田家宿老という立場から解放するとともに、中央政権としての豊臣政権の樹立に成功したことを明らかにした。

以上、本章ではこの一年間の秀吉の諸行動が、「清須会議体制」に規定された織田家宿老という身分からの解放運動であったという観点から論じた。このように措定することによって、半年にもわたる反対勢力との執拗な抗争の意義や、その直後に本拠を播磨姫路から五畿内の一角である摂津大坂に移し得たことの意味が鮮明になると考える。

第二章　本願寺の貝塚・天満移座と羽柴秀吉の紀州攻めについて

本章では、豊臣政権と浄土真宗本山本願寺との間に横たわる論点のうち、天正十一年七月に行なわれた本願寺顕如の貝塚移座および同十三年五月に行なわれた天満移座の経過と意義をめぐって、秀吉による紀州攻めとの関係性という観点から検討した。

貝塚への本願寺移座という問題は、織田信長の後継者として全国的権力を確立しようとしていた時期の秀吉にとってはその対処を誤れば大きな障害ともなりうる出来事であり、両者の初期的な関係性を窺う上で重要なテーマであるが、管見の限りこれまでこの問題を扱った専論はない。一方、天満への移座については、秀吉が天正十三年三・四月に行なった紀州攻めの成果を受けて、それまで貝塚に居た本願寺をこの地に誘致したものであるが、天満に移転させた理由については、天正十一年以来、この地に京都の朝廷や五山などを誘致するつもりであった秀吉がそれに失敗したため、その移転用地を宛てたものだとする見解が有力である。

しかし、秀吉による本願寺の天満誘致は、そうした偶発的な事態の結果によって行なわれたものではなく、十一年来の秀吉の周到な準備の結果であり、そこにも信長の後継者としての地位を確立しようとしていた秀吉が、本願寺の処遇と紀州攻めを通じて如何に自らの政権の安定を図ろうとしたかという重要な論点が横たわっているように思われた。

そこで、「石山合戦」後の和睦によって本願寺十一世の顕如らが紀州鷺森に退いた時点の検討から始め、貝塚への移座と天満への移座について、この間の数次にわたる秀吉の紀州攻め計画と絡めながらそれぞれの持つ課題・意義について検討した。

その結果、この移座問題は、まず大坂を本拠地として天下統一事業を進めようと目論んでいた秀吉にとって焦眉の課題であった紀州の反秀吉勢力の征圧事業と関連して捉えるべきものであったこと、次に、天正十一年秋に行なわれた天満中島普請から一年半という長いブランクを経て本願寺の天満誘致が実現したのは、秀吉が朝廷の天満誘致に失敗したからではなく、秀吉と本願寺との間で交わされていた内約が実行された結果であったと見られるのであって、秀吉は大坂築城当初から天満における中心施設として本願寺を据える予定であり、本願寺もそれを了解していたのであったこと、そして本願寺としても、もはや武家権力と軍事的に伍しての存立が現実的でないと判断した顕如らがこの移座を好機と捉え、積極的に豊臣政権の傘下に入ることで宗教権門としての自らの新しい運命を切り開こうとしたことの三点が挙げられよう。

以上、本章では秀吉の政権構想のなかに本願寺を如何に位置づけるかという問題とともに、秀吉が本拠地大坂を如何に整備していこうとしていたかの問題について論じた。

第三章　「大坂遷都論」再考―羽柴秀吉の政権構想をめぐって―

本章では、内田九州男が一九八八・八九年に相次いで発表した「大坂遷都」構想をめぐる一連の論考をどう評価するのかという問題について検討することを通して、秀吉が賤ヶ岳合戦の勝利によって織田信長の後継者としての地位を確立し、天下統一への拠点としての大坂を手に入れた天正十一年五月から、関白公邸としての聚楽第造営に着手する同十四年二月にいたるまでのおよそ二年九ヶ月の間を対象に、当該期の秀吉が抱えていた限界性とその克服過程という問題を取り扱った。

内田はこれらの論考において、大坂築城工事が始められる天正十一年九月頃の秀吉の見解として、京都から大坂への遷都構想と自らが将軍となって大坂に幕府を開くという政権構想（これを「大坂遷都論」という）があったこと、しかしながら秀吉は朝廷の誘致に失敗したため、止む無く方針を転換し、聚楽第を築くに至ったとの見解を示した。この説は大きな反響を呼び、賛同者も相次いだが、そのなかに内田の所論を独自に検証したうえでのものは無く、その一方、当該期の朝廷と豊臣政権との関係性を取り扱った論考において大坂遷都論が無視されるという状況も続いている。

そこで、この問題について独自に検討を加えた結果、内田のいう「大坂遷都論」の中身である秀吉の将軍就任と開幕、朝廷や五山を軸とした京都の大坂移転、聚楽築城の意図に関する議論などはいずれもなりたたず、天正十一年九月頃に提起したとされる大坂遷都の構想は総体として成立しないと考えられるにいたった。

ではこの検討結果を踏まえて、この時期以降の秀吉の政権構想はどのように描けるのであろうか。この問題について、内田説に立ってその後の政権運営の方針転換を主張した横田冬彦の所説を批判する形で論じた。横田は、秀吉が大坂遷都を目論んだものの当時はその実力がなく、特に小牧長久手合戦における緒戦の敗北が、秀吉に大坂遷都構想を断念させ、それまでの武力主義から止む無く関白任官という伝統的位階制度に則った方針へと変更させたとした。

これに対して筆者は、天正十一年九月段階の秀吉にあっては、大坂に居城を建設したものの、依然として周囲を取り巻く敵も多く、京都においてはようやく朝廷との窓口を兼ねた自身の屋敷を営むことができたにすぎなかった。そのため、如何に今後の政権運営を進めていくかというような点については未だ確たる方針を打ち出しうる段階にはなかったとし、それが翌年三月以来、徳川家康・織田信雄と小牧長久手合戦を戦うなかで、秀吉はその和平工作を進めるとともに、同年十月に関白任官を視野に収めた叙位任官運動を開始することで、自らの進むべき方向性を見出したとした。この方針転換は、横田のいう小牧長久手合戦での敗戦によるやむを得ない路線変更ではなく、当面の敵である信雄・家康らを臣従させることはもちろん、天下統一事業を全国的に推し進めるうえでのもっとも効果的な方途を得るための機会と捉えなおして実施した、積極的かつ用意周到な路線変更であったことを強調した。すなわち、天正十二年十月の叙爵時点で、秀吉は公武の頂点に立つ関白職就任を目指したのであり、従来説（定説と言っていいかもしれない）のような、近衛・二条間の関白相論勃発を好機と捉えた「棚ぼた式」任官ではなく、そこには秀吉の強い意志があったとしたのである。

以上、本章では大坂遷都論批判の上に立って、遷都を公言した天正十一年八月段階の秀吉はいまだ周囲に多くの敵を抱えており、政権運営の確たる方針を見出せる段階ではなかったが、翌年の小牧長久手合戦の収拾を目論む中で、公武の頂点に立つ関白に任官するという新たな政権運営の方針を得て翌年七月に実現させたとした。このように見なすことによって、関白政権樹立への道筋が秀吉の確固たる方針として理解できることになった。

第四章　羽柴秀吉の五畿内支配構想―大村由己「柴田退治記」の史料批判を通じて―

　豊臣政権の諸大名支配の構想について、画期的な論点を示したのは藤木久志である。藤木は一九七八年、いわゆる「惣無事令」論を提起し、それ以後、この論を発展的に改変しながら推し進め、一九八五年の『豊臣平和令と戦国社会』に結実させた。本書において藤木は、秀吉は天下統一事業を進めるにあたって、関白高権を元とした「惣無事令」によって東国・西国各地の大名の紛争を調停しようとし、この「令」を関白秀吉による「職権的な広域平和令」と規定し、これに従わない場合には「叡慮」を体した関白軍による軍事制圧という手段を取った、とした。これは、「豊臣平和令」として普遍化され、現在も大きな影響力を持っている見解である。

　一方ここ十年程、こうした藤木の「惣無事令」論の再検討が精力的に進められていることもまた周知の事実である。特に、近年の研究動向の特徴として、東国における「惣無事令」について特化した再検討が精力的に行なわれているように思われるが、また北国・西国における「惣無事令」についても、積極的な批判的検討が行なわれている状況にある。

　このように、「惣無事令」論研究の現状は、主として豊臣政権による関東・奥羽、あるいは中国・西国・北国などにおける支配の構想にかかわる議論となっている。これは、畿内に権力の基盤を置く中央権力としての豊臣政権が、それを前提に如何なる仕方で全国支配を推し進めようとしていたのかという観点に立つ限り有効な研究であるが、そこには一つの大きな空洞が存在するように思われた。というのは、では秀吉が天下統一事業を遂行するにあたって、その政権の足元であり拠点であった五畿内とその近国についてはどのような支配構想をもっていたのかと言う点が抜け落ちているからである。取り分け、天正十年六月の本能寺の変以降、同十三年七月の関白政権樹立に至るおよそ三年余の間に、秀吉が五畿内とその周辺地域を如何なる構造をもった体制としてまとめあげ、全国支配への拠点としようとしたのかという点についてのまとまった研究は、これまで知られていない。

そこで、本章では、この三年余における豊臣政権の畿内とその近国に対する支配構想について、秀吉に近侍した大村由己の手になる「柴田退治記」（『天正記』の一つ）の史料批判的検討を軸としながら論述した。

その結果、秀吉は賤ヶ岳合戦直後の天正十一年五月には、近くその居城として修築する予定の大坂城を中心とした五畿内支配構想とでも称しうる構想を抱いて、自己の軍事的政治的基礎を固めようとしていたことが分かった（これを第一次「大坂城―五畿内外構え制」と呼ぶ）。ただし、それはこの時点における秀吉の限界性からくるあくまで暫定的なものであって、翌十二年秋に小牧長久手合戦の講和を有利に進めた秀吉が、十三年の関白任官前後からその再編成に着手し、同年閏八月の大規模な諸大名の転封により、一気に秀吉・秀長兄弟による畿内掌握を完成させたことを明らかにした（これを第二次「大坂城―五畿内外構え制」と呼ぶ）。

またこの時秀吉はさらに、弟秀長と分有する五畿内諸国を内圏、その周辺諸国を主として血族・姻族の羽柴一門が支配する外圏とでも称すべき、いわば二重の同心円的支配を構想していたことも分かってきた。そして秀吉は、この大坂城を核とした同心円的支配体制を基本的に保持したまま、天正十五年の島津攻め、十八年の北条攻め・奥羽仕置を敢行して全国制覇を成し遂げたのである。

このように、秀吉は天正十一年五月の中央政権確立当初から、その時々の限界を抱えながらも、本城たる大坂城を取巻く五畿内と近国諸国の「豊臣一門化」を進めようとしてきたのであったが、その発想の基盤を占めるのが「柴田退治記」に表出された大坂城―五畿内外構え構想にあったと見なしうる。秀吉は、この構想を発展させて政権のバックボーンとしながら、東国・北国・西国など各方面の征圧事業に奔走したのであるから、そうした意味でこの「大坂城―五畿内外構え制」こそ秀吉が天下統一事業を推し進めるうえでのもっとも中核とも言うべき体制であったと結論付けられるであろう。

補論1　天正十～十三年における三好信吉（豊臣秀次）の動向について

豊臣秀吉の甥である豊臣秀次の生涯を丹念に探ることは、秀吉による政権構想の一端を探るうえで大変重要な仕事であることはいうまでもない。しかし、天正十三年閏八月に近江八幡山城主に任じられるまでの秀次の動向については、良質な史料に恵まれないこともあって従来不明とされてきた面が多く、その活動実態がほとんど明らかにされてこなかった。そこで本論では、管見に触れた諸史料の再検討を通じて、この時期の秀次（当時の実名に従い、以下三好信吉とする）の動向を具体的に探っていくこととした。

信吉は、天正十年六月の清須会議以降同年十月までのある時に、叔父秀吉の意向によって当時河内南部を領していた三好康長の養子となった。ところが、十一月下旬、その頃摂津の大半を領していた池田恒興が摂津の三田城・兵庫城を秀吉に割譲することとなり、その接収に赴いた信吉は、その後もそのまま兵庫城に留まり、政務を執ることとなった（三田城には山崎片家が入った）。翌十一年になると信吉は、秀吉に従って二月の北伊勢合戦に従軍した後、三月には柴田勝家の近江進出に伴って江北に出陣するが、秀吉の指示によりいったん居城の兵庫城に引き上げ、改めて四月四日、今度は秀吉から長浜城の留守居を命ぜられ、再度江北に赴いた。そして、賤ヶ岳合戦後に行なわれた所領替えにおいて、池田恒興父子が摂津から美濃に移されたのと同時に養父の康長も美濃へ移されたため、信吉は養父康長の所領であった河内南部を継ぐ阿波三好家の当主となったが、おそらく秀吉の河内国直轄化の方針によって、河内に赴くことなくそのまま摂津に留め置かれ、兵庫城からそれまで池田輝政（恒興次男、父とともに美濃へ移る）の居城であった尼崎城に移って、西摂の支配にあたり、天正十三年閏八月の近江移封までここに在城した。

以上は、もちろんこの時期の信吉の動向をめぐる素描に過ぎないが、これまでほとんど明らかにされてこなかった当該期信吉の活動の一端を明らかにし、第四章で述べた秀吉の畿内をめぐる政権構想の補強ができたのではないかと思う。

補論2　大坂築城工事開始頃の秀吉縁者の居所と行動―『大日本史料』十一編之四所収、二通の羽柴秀吉書状の検討を通じて―

『大日本史料』十一編之四に、天正十一年八月に秀吉が行なった有馬温泉への湯治にかかわる史料として収録された二通の秀吉書状がある。一通は、八月十七日付杉原家次（八月一日に近江の坂本城主に抜擢された）宛のもので、今日出発することを述べるとともに八月二十八、九日頃に「皆々」を率いて大坂へ来るようにと指示したもの、もう一通は宛名日付とも不詳の自筆書状で、あなたを湯に入れるために大坂の築城工事も雑賀攻めも延期すると言い、また秀吉母の消息を尋ねるなど、極めて親しい女性に宛てた書状である。これらは、いずれも周知の史料であるにもかかわらず、これまで充分な吟味がされてきたとはいいがたいものである。

本論では、この大坂築城工事の開始直前に突如秀吉から言い出され、その延期をしてまでも行なわれた有馬温泉行きをめぐる二通の秀吉書状の解読を鍵として、それに同行した女性が誰であり、いかなる理由で同行したのかという問題の解明を軸に、当該期における秀吉の室と母、および後に「淀殿」の名で知られるようになる浅井長政と市の長女である浅井茶々の動向、さらには上述したように、坂本城主の杉原家次が八月末に「皆々」を率いて大坂にやってくるようにと指示されたことの意義をめぐって考察したものである。

こうした詳細な考察は本稿によって初めて加えられたものであるが、これによってこの時期の秀吉にごく親しい縁者の動向が判明しただけではなく、それとともにこれらの書状が秀吉夫婦間の細やかな愛情といったことまでをも窺わせる豊かな内容をもつ史料であることを明らかにした。

第二節　第二部に収録した諸論文のまとめ

第五章　大坂城本丸普請をめぐる諸問題―石垣用材の搬入・積み上げと普請の実態をめぐって―

天正十一年四月の賤ヶ岳合戦で柴田勝家・織田信孝らを破ることによって、亡主信長の後継者たる地位を獲得した秀吉が、新たな政権の本拠地として選んだのが大坂城であった。秀吉は同年九月に着手した第一期工事を皮切りに、天正十四年、文禄三年、慶長三年と、最晩年に至るまで大坂や城下町の経営に意を尽くすこととなるのだが、そうしたなかにあって、とりわけ第一期工事として行なわれた本丸の築造が、当時の政権の置かれていた状況からも如何なる内実を伴うものであったかは重要な問題であろう。しかも、その築造経過にかかわる史料が比較的豊富に残されていることもあって、これまで多くの論考がものされてきたのは周知のことに属する。とはいえ、細かく見ていけば、まだまだ解明されていない問題点が多々あることも事実であると思われた。

本章では、こうした問題意識のもと、まず本丸普請のなかの石垣構築にかかわる石運びと石積みをめぐる問題を取り上げ、その石取り道の整備、石運びの様相を具体的に描き出した。そしてそのなかで明らかになってきた普請工期の問題から、本丸普請の実態に迫るという手法を取った。その結果、いわゆる「中井家本丸図」に描かれた本丸の構造物のすべてがこの時に構築されたのではなく、本願寺時代に築かれた水堀や石垣（下ノ段・中ノ段）などを再利用して、その内部に新たに石垣（詰ノ丸）を積み、南・南西部に新たな空堀と石塁をめぐらしたものであることを明らかにした。

そういう意味では秀吉の行なった大坂築城は新築ではなく、本願寺の遺構を最大限利用した修築というべきものであったということとなるが、これは当時の秀吉が置かれていた周辺諸勢力との軍事・政治的緊張性からいえば、むしろ当然であったといえよう。

第六章　豊臣期大坂の「惣構」をめぐる諸問題

秀吉が長年にわたって整備・拡大を重ねてきた大坂城や城下町の構造については、明治時代以来の長い研究史がある。そうしたなか、二〇〇三年に大坂城大手前で行なわれた大阪府警本部建替工事に伴う発掘調査をきっかけに、大坂城の「惣構」と「三之丸」の位置や構造が研究者のあいだで改めて一つの大きな論点として浮上してきた。

ところが、そうしたなかにおいても、文禄三年（一五九四）に大坂城の最外郭として構築された「惣構」の範囲については、これまで南・北は空堀から大川（旧淀川本流）、東・西は大和川から横堀（後の東横堀川）までのおよそ二・二キロ四方（四・八平方キロ）の範囲で想定されるという明治期以来の説が一貫して揺るいでこなかった。また、この「惣構」構築は長らく、大坂城「三之丸」構築と読み替えられて、二・二キロ四方に及び、本丸・二之丸・三之丸から成る大城郭としての大坂城がこの時に完成したとも考えられていた。

本章では、こうした「惣構」理解について疑義を呈したうえで、その再検討を通じて新たな「惣構」像を提示し、もって城と城下町を含む都市大坂の成り立ちや構造的変遷の実像の一班に迫った。

その結果、「惣構」は文禄三年の構築以降その廃絶に至るまで一貫して同一形態・同一構造であったのではなく、時々の情勢の変化、政権の思惑によって変貌を遂げてきたものであり、とりわけ慶長四年に行なわれた天満堀川の開削によって上町城下町のみならず天満城下町をも囲い込む形での「惣構」が完成したことを明らかにした。

また、歴史用語としての「惣構」と「三之丸」の意味上の違いとその初出時期のズレをも積極的に評価したうえで、文禄三年の惣構堀普請によってできあがったのは、「三之丸」を最外郭とする大坂城ではなく、天正十六年に完成した本丸・二之丸から成る大坂城を核とし、上町・天満の城下町を「惣構」で囲った都市大坂であったとし、そしてそれが、天満を放棄したうえで、上町城下町のみを囲む新たな「惣構」である「三之丸」を最外郭とする大城郭となるのは、大坂冬の陣を間近に控えた慶長十九年十月のことであるとした。すなわち、その最終末の一時期を除き、豊臣時代のほとんどの期間において大坂城は本丸・二之丸からなる二重構造であったと考える。

従来の大坂城の構造理解は、参謀本部による「大阪の役」研究が出発点となったために、最終末期（慶長十九年十月以降）の大坂城の城域がそのまま秀吉在世時の城域であると、スライドさせて捉えられてきたのであるが、それに根本的な疑義を呈することとなった。

第七章　慶長三～五年の大坂城普請について―「三之丸築造」をめぐる諸問題―

本章は、秀吉最晩年の慶長三年（一五九八）に始められた大坂城の改造について、それを新たな曲輪「三之丸」の構築であるとする―これは一九七〇年、岡本良一によって初めて唱えられた大坂城四重構造説（本丸・二之丸・三之丸・惣構）に端緒を持つ―説を批判する形で、十三点にのぼる普請関係史料を再吟味し、この時の普請の実態を探ろうとしたものである。

その結果、これら普請史料には一切「三之丸」という文言はなく、ただ「大坂普請」あるいは「大坂御普請」とのみあることを明らかにした。それを踏まえ、この時秀吉のもとで行なわれた大規模な普請は「三之丸」築造工事ではなく、大坂城の各出入り口（大手、玉造、京橋の三ヶ所）の前面に馬出曲輪を設けること、そして天満地区の西を限る天満堀川の開削、および伏見から移住した大名の屋敷地造成であるとした。そして、この伏見から大坂に屋敷を移した大名の屋敷地についても、従来言われていたような広大なものではなく、大坂城西の二之丸堀外（大手前高校・大阪府庁舎・府警本部付近）のおよそ十九万平方メートルであろうとした。

そして、これらの普請が行なわれたのは、慶長三年に大手・玉造の馬出曲輪建設と大名屋敷地の造成、翌四年に京橋の馬出曲輪と天満堀川の開削（これは五年まで続いていた可能性がある）であると推定した。

さらに、慶長三年の普請については二段階あるとし、それぞれに異なった意義があるとした。すなわち、第一段階の普請は、五月に大坂のほか伏見・多聞の城普請が同時に発令されたもので、四月に発病したとはいえ、秀吉がいまだ自分の死期の近いことを予想していなかったことを前提として行なわれた馬出曲輪・堀普請であった（堀普請は翌四年実施）。それに対して第二段階の普請は、六月に再び深刻な病状に陥った秀吉が、自らの死期の近いことを悟った上でのもので、急遽伏見在住の東国・北国大名の大坂移住を実行することとし、その用地確保のために急がれた工事であったことを明らかにした。

以上によって、秀吉の最晩年に行なわれた大坂城と城下町における大普請が、それまで言われてきた「三之丸」の普請ではないこととともに、その具体的な様相がかなり明らかになったものと考えている。

第八章　豊臣秀吉による京・大坂の居城構築とその政権構想―大坂城と妙顕寺城・聚楽第・伏見城の造営をめぐって―

秀吉の大坂城整備工事は、第一期（天正十一年開始）、第二期（天正十四年開始）、第三期（文禄三年開始）、第四期（慶長三年開始）と大きく四時期にわたって行なわれた。

第一期普請は、天正十一年九月に始められた本丸築造工事であるが、じつはこの時、同時に洛中における居城普請をも開始していた。これが妙顕寺城である。この城は内堀・外堀の二重の堀を構え、天守をも有した本格的な城郭であったが、大坂城が羽柴／豊臣氏の本城と考えられるのに対して、妙顕寺城は在京時の宿館であるとともに朝廷との窓口的役割をも果たすものであった。すなわち、秀吉は既にこの時点で大坂、京都の両地においてそれぞれの役割を分有する城郭を営む構想を持っていたと言える。

本章は、こうした大坂、京都における秀吉居城の構築をめぐって、それが秀吉の政権構想とのかかわりのなかで如何に実行されていったのかを検討しようとしたものである。

さて、天正十三年七月、関白に就任した秀吉は、その地位に相応しい新たな居城の構築を目指し、翌十四年二月から開始した。これが聚楽第であるが、この時、秀吉は大坂城二之丸の構築をも計画、当時の政権の力の及ぶ地域の諸大名を二分して聚楽第と大坂城の築城にあたらせた。こうして天正十一年に同時並行的に京坂の地で行なわれた普請がここでも踏襲されたと見、かかる両地での連携構想に着目してさらに論を進めた。

秀吉は、天正十八年、小田原攻めを敢行して天下統一を成し遂げるのだが、その翌十九年正月には京都の改造を断行し、聚楽第を中心とする惣構（＝御土居堀）の構築を行なった。ところが、まさにこの土居堀普請と時を同じくして弟の大和郡山城主秀長が亡くなり、八月には嫡男鶴松までもが没することによって、秀吉はその政権構想の大きな変更を余儀なくされることとなった。すなわち、秀長死後の郡山城には甥の秀保を入れて豊臣一族で五畿内を支配するという方針を堅持することとなった（和泉国は収公）が、鶴松の死去に際してはついに関白の位とその公邸である聚楽第を甥の秀次に譲るとともに、自らは山城国内に隠居城としての伏見城を経営することとなった。ところが、文禄二年八月にお拾い（後の秀頼）が生まれるとその直後に諸国の大名に発令して、翌三年二月から大坂・伏見の城下を囲う総構をそれぞれ構築し、さらに大坂城と聚楽第とをつなぐ交通の結節点である淀城を廃して遺材を伏見に運びこみ、大坂と伏見をつなぐ淀川の堤（いわゆる文禄堤）を築くなど、各種の土木工事を同時並行的に行なわせていった。その結果、これら一連の工事によって大坂城と聚楽第は分断され、逆に大坂城と伏見城の連携は強化されることとなった。これは、老年にして実子お拾いを得た秀吉が、いったんは豊臣家の後継者とした秀次と秀保兄弟を追い落とすための示威活動と解したとき、もっともよく説明できるように思われる。

秀次の死の直後に聚楽第を破却した秀吉は、大坂城と伏見城のさらなる改造に意を注ぐようになる。それは、将来的に秀頼を大坂城主に、自らはその後見として伏見城に居るという体制を指向する新たな連携構想であったが、その最中、体調の悪化によって最早余命の長くないことを悟った秀吉は、自分の死後、秀頼を速やかに豊臣家の本城大坂に迎えるべく、関東・東北の諸大名を大坂に移住させるための新たな工事を行なわせるに至る。こうして秀吉の意図した大坂—伏見連携構想は最終的に崩壊するのである。

こうして見てくると、秀吉の京坂における居城整備の根幹には一貫して大坂城があるのであって、それを自らの本城として確保・整備し続ける一方、状況に応じてその場所は変えながらも、京都に公権力を振るう場としての城郭を整備するという手法を取ったことは明らかである。これを筆者は、旧主織田信長の手法に学びながらそれを発展的に継承していったものと評価した。

補論3　松平忠明の大坂城「三ノ丸壊平・市街地開放」をめぐって

本論は、大坂夏の陣直後の慶長二十年六月、新たに大坂城主とされた松平忠明（家康の外孫）が実施したとされてきた大坂城「三ノ丸壊平・市街地開放」を再検討したものである。

この「三ノ丸壊平・市街地開放」という言葉は、一九一三年刊行の『大阪市史』第一に初出するものであって、大坂城が本丸・二之丸・三之丸からなるとする三重構造説に立って唱えられたものである。ところが戦後、大坂城の本丸・二之丸・三之丸・惣構の四重構造説が提唱されたが、そこでも忠明の事業として大坂城の「三ノ丸壊平・市街地開放」が掲げられている。そのことによって生じた矛盾点を指摘したうえで、松平忠明によって行なわれたとされる「三ノ丸壊平・市街地開放」の実像を論じたものである。

その結果判明したことは、忠明の行なった「三ノ丸壊平・市街地開放」とは、従来言われてきたような、武家地である三之丸を市街地に開放することではなく、武家地と町人地が混在していた最終末期の三之丸を囲む惣構堀のうち、南の惣構堀である空堀を埋め戻し、そこに残存していた櫓や塀などの撤去を意味するものであった。

以上から、これまでともすれば無批判に使われてきた「三ノ丸壊平」や「市街地開放」などの用語使用に警鐘を鳴らす結果が導かれたといえよう。

おわりに　総括と課題

本書は、天正十一年に端を発する豊臣政権形成期の政権構想やその本拠城である大坂築城との関わり、また大坂城・城下町の築造経過や構造、さらには京都の諸居城との相関関係等のテーマについて論じた諸論稿から成っている。

第一部では、天正十年六月から同十三年七月の関白任官前後の秀吉について、その立場や限界性を具体的に指摘し、それを秀吉が如何なる政権構想のもとに、どのように乗り越えて関白任官に至ったのかという観点から論じた。豊臣政権の画期については、天正十三年七月の関白任官までをその第一期とし、賤ヶ岳合戦後の大坂獲得をもって前後に分ける朝尾直弘の見解がある。筆者は、その検討をも包摂する形で清須会議から賤ヶ岳合戦に至る時期の秀吉の立場と動向の再検討を行ない、当時の秀吉が清須会議の置目に規定される織田家宿老であることの限界性を認識してその克服を目指し、賤ヶ岳合戦の勝利によってその克服を果たすことで、合戦直後に信長の後継者としての地位を確立し、本拠地を播磨から摂津に移すことで中央政権を樹立した経緯を述べ、さらにその中央政権樹立後の諸課題を解決し克服する方途を探るなかで関白就任への展望をもった任官運動を展開したこと、さらに獲得した関白政権のもとでは畿内五ヶ国を秀吉・秀長兄弟で掌握する支配体制（大坂城―五畿内外構え制）を確立し、それをバックボーンとして全国制覇への道を歩み、天正十八年の天下統一に至ったのだという筋道を提示した。

私見によれば、これまでこの時期の秀吉政権の動向については、山崎合戦や賤ヶ岳合戦、大坂築城、小牧長久手合戦などの諸事象が個別具体的に述べられ、それぞれの歴史的背景やその意義が述べられることはあっても、それが全体としてこの時期の秀吉の政権構想、或はその形成過程にどのような位置にあるのかという点は、あまり考慮されてこなかったように思われてならない。本研究がそうした状況を乗り越える一助となればと願っている。

一方、大坂城については、近世社会を切り開いた英雄の居城として明治時代からその構造や築城実態についての活発な研究が続けられてきた稀有な城郭であると見なしていいだろう。第二部では、関白政権形成期の軍事的・政治的本拠地となったのがその大坂城であり、秀吉が如何なる構想のもとにその経営を図ったのかという問題は、政権そのもののあり方とも密接なかかわりを持つものであるとの認識のもと、大坂城とその城下町について、その築造経過や構造的変遷を論じた。特に、天正十一年九月の本丸普請、文禄三年の惣構堀普請、さらには慶長三年に行なわれた「大坂普請」・「大坂御普請」についても従来説を批判する形で新説を披瀝した。

特に明治時代以来、惣構堀普請によって囲まれた領域を「三之丸」の成立と見なし、これによって大坂城の城域が飛躍的に拡大したとする見解が行なわれ、戦後になるとそれを批判する形で、文禄三年の堀普請で構築されたのは「惣構」であって、慶長三年にその内側で二之丸堀に外接する「三之丸」という新たな曲輪が構築されたとの説が提出された。しかし筆者は、「三之丸」文言が慶長十六年まで現れないことに注目して、文禄三年の惣構堀普請によって形成されたのは、城下町大坂を囲む領域としての「惣構」であって、大坂城そのものは天正十六年の二之丸普請で完成していると主張し、また「三之丸」の構築は慶長十九年まで下がるのではないかとした。(1)そして最後に、こうした一連の大坂城普請の検討結果を踏まえて、秀吉が大坂城の整備と並行する形で行なってきた京都における居城の整備との相関性に着目して検討を加え、これら京・大坂における居城経営が秀吉の政権構想と深く関係するものであることを見てきたところである。

以上の検討によって、改めて豊臣政権下における大坂城の重要性が浮き彫りにされるという結果を示すこととなったが、実は、筆者は当初、こうした豊臣政権の元での大坂城の位置付けの相対化を目指したのである。にもかかわらず、むしろ秀吉がその政権樹立当初から死去にいたるまで一貫して大坂城をその政権運営の要として重視し、城下町を含めた改造を重ねてきたことを確認することとなったのは、私にとってはある意味で意外でもあった。今後は、この成果を踏まえながらより精緻な大坂城・城下町像を模索していきたいと思う。

※

こうして本書の全体像を概観してくると、政権論、居城（城郭）論、都市（城下町）論が混然一体となっており、何ともまとまりの悪い研究であることを痛感させられるのであるが、それにもかかわらず、こうした秀吉の居城・都市論との関係性を主たる視点に据えた豊臣政権論、とりわけ政権形成過程におけるそれは意外なことにこれまでほとんど論じられたことがなく、そういう意味において筆者は、本書のような複眼的かつ通史的な視角は有効ではないかと考えているところでもある。

とはいうものの、本書における筆者のまなざしは一貫して権力者の動向に向けられており、そのもとで呻吟していた民衆への視角は等閑視されるままに終始したことも事実である。

秀吉の度重なる居城普請について、有名な天正十九年二月の京都落首（広島大学文学部日本史学研究室所蔵「猪熊文書」）のうちの二首、

いしふしん　城こしらへも　いらぬもの　あづちお田原　見るにつけても

おしつけて　ゆへバゆわるゝ　十らくの　ミやこの内ハ　一らくもなし

などに表出された民衆の怨嗟の声をどう取り上げるのかという問題は、豊臣政権の本質をどう捉えるのかという問題でもあり、そのようなものとして常に筆者の脳裏にありながらもついに本書では果たすことができなかった。従ってこれが、筆者にとっての当面する課題ということになろう。

ところで近年、大阪市史編纂所編『新修　大阪市史』本編第三巻（大阪市、一九八九年）・同資料編第一巻考古資料編（二〇〇四年）・資料編第五巻大坂城編（二〇〇七年）などが相次いで刊行され、豊臣時代にとどまらず、徳川時代も含めた大坂城史の研究環境が飛躍的に整ってきたことを痛感するが、さらに最近では大坂城と城下町をめぐって活発な研究が行なわれ、新たな包括的な研究も発表される[2]など、個人でできるレベルをはるかに超えた博物館・大学・研究機関などの連携による総合的研究が始まっている状況にある。そうしたなか、もはや古希を迎えた筆者の健康が許すならば、今後はこれら諸著作の恩恵にも浴しながら更なる研鑽に努め、自分なりに先に述べた課題をも視野に入れた研究を続けていければと念じている。

注

（1）慶長十六年に「三之丸」文言が初出するにもかかわらず、「三之丸」の構築を慶長十九年とすることについては、第六章注(45)をご覧いただきたい。

（2）研究代表者脇田修『大阪上町台地の総合的研究―東アジア史における都市の誕生・成長・再生の一類型―』（公益財団大阪市博物館協会・大阪文化財研究所・大阪歴史博物館、二〇一四年）、大阪歴史博物館・大阪文化財研究所編『大坂　豊臣と徳川の時代』（高志書院、二〇一五年）、大阪市立大学豊臣期大坂研究会編『秀吉と大坂　城と城下町』（和泉書院、二〇一五年）などが念頭にある。

索引

凡例　人名索引：歴史上の人物に限定したが、羽柴／豊臣秀吉のみ繁多となるので割愛した。適宜、丸括弧のなかに通称・前名・後名などを入れた場合がある。
事項索引：鍵括弧の項目は、引用史料である。本願寺は、権力主体として出てくる場合と寺院名として出てくる場合を区別し、後者は省略した。

人名索引

事項索引

初出・改稿一覧

序　章　豊臣政権形成過程についての研究史　新稿

第一部

第一章　「清須会議体制」下の羽柴秀吉の政治的立場と課題―その居城構築と洛中支配・居所のあり方をめぐって―　新稿

第二章　本願寺の貝塚・天満移座と羽柴秀吉の紀州攻めについて　『ヒストリア』250号（大阪歴史学会、二〇一五年）を改稿

第三章　「大坂遷都論」再考―羽柴秀吉の政権構想をめぐって―　『史学雑誌』125編11号（史学会、二〇一六年）を改稿

第四章　羽柴秀吉の五畿内支配構想―大村由己「柴田退治記」の史料批判を通じて―　「豊臣秀吉と茨木城」（拙編『よみがえる茨木城』（清文堂、二〇〇六年）所収）を改稿

補論1　天正十～十三年における三好信吉（豊臣秀次）の動向について　新稿

補論2　大坂築城工事開始頃の秀吉縁者の居所と行動―『大日本史料』十一編之四所収、二通の秀吉書状の検討を通じて―　新稿

第二部

第五章　大坂城本丸普請をめぐる諸問題―石垣用材の搬入・積み上げと普請の実態をめぐって―　拙著『天下統一の城　大坂城』（新泉社　二〇〇八年）第二章を改稿

第六章　豊臣期大坂の「惣構」をめぐる諸問題　『ヒストリア』259号（大阪歴史学会、二〇一六年）を改稿

第七章　慶長三～五年の大坂城普請について―「三之丸築造」をめぐる諸問題―
『ヒストリア』198号（大阪歴史学会、二〇〇六年）を改稿

第八章　豊臣秀吉による京・大坂の居城構築とその政権構想―大坂城と妙顕寺城・聚楽第・伏見城の造営をめぐって―
「秀吉の大坂城拡張工事について」（渡辺武館長退職記念論集刊行会編『大坂城と城下町』（思文閣出版、二〇〇〇年）所収）を改稿

補論3　松平忠明の大坂城「三ノ丸壊平・市街地開放」をめぐって
『日本歴史』739号（日本歴史学会、二〇〇九年）を改稿

終　章　本研究のまとめと今後の課題
新稿

※いずれも本書収録にあたり、初出論文中の出典や表現を一部改めたところがある。

あとがき

本書は、二〇一六年十二月、大阪大学に提出した学位申請論文をもととした全十章（序章と終章を含む）、補論三から構成される論文集である。その半数以上は、初出・改稿一覧に示したように、一九七四年（昭和四十九）に大阪市経済局所管（当時）の歴史博物館である大阪城天守閣の学芸員に採用されて以来、折に触れ豊臣期・徳川期の大坂城研究に携わってきた著者が、これまで機会を得て発表してきた論考を再掲したものである。

筆者は、もともと日本考古学を専攻し、後期古墳時代の群集墳のあり方をテーマにしてきた者であるが、大阪城天守閣に奉職してからは、最初に書いた大阪市天王寺区上之宮町所在の古墳跡をテーマとした論考（「大阪市内出土の埴輪鳥・家について」『大阪城天守閣紀要』3、一九七五年）を除けば、その後は織豊期の大坂城や城下町を対象とした考古学的研究を目指してきた。たとえば織豊時代を象徴する代表的な遺物であると評価できる「金箔瓦」の集成と考察（「金箔瓦試論」・「金箔瓦試論補遺」『大阪城天守閣紀要』6・8、一九七八・八〇年）や、あるいは徳川期大坂城再築に際してその石垣用材を提供した石切丁場などについての現地踏査（「岡山県邑久郡牛窓町前島所在大坂城石切丁場」『大阪城天守閣紀要』7別冊、一九七九年）などがそうである。ただ、こうした研究・調査を進めるなかで、歴史考古学の分野では既に周知のことではあったが、改めて、当該期の大坂城をめぐる諸事象やその歴史的意義を総体として理解するには、文献史学の成果をも積極的に取り入れなくてはならないとの考えをも抱くようになった。

そうしたなか、折に触れて職場の上司・先輩である渡辺武・内田九州男両氏のご指導も得ながら大阪城天守閣所蔵史料をはじめとする戦国・織豊期の古記録・古文書などをぼつぼつ読むようになっていった（二〇〇九～一七年まで龍谷大学の大学院生諸氏と続けてきた古活字版『天正記』の翻刻・本文改訂という仕事―その成果は龍谷大学の『国史学研究』・『龍谷日本史研究』誌に連載―もその延長上にある）。そしてまた、いつの頃からか、「豊臣期大坂築城史料」・「徳川期大坂築城史料」・「天正前半期秀吉の動向」・「大坂の陣関係史料」などのテーマを立て、自治体史などに収録された信長・秀吉をはじめとする織豊期の武将等の書状や『大日本史料』・『大日本古記録』等に収録された大坂城に関係する古記録などのコピーを取り、一枚一枚カードに貼り付けてテーマ別・編年順にファイルするという作業を行なうようになった。これは、今では四百枚近くにもなっており、私にとって大切で貴重な財産になっている（とはいうものの、遺漏も当然あって、そういう意味では二〇一五年二月に名古屋市博物館編『豊臣秀吉文書集』の刊行が始まったことは本当にありがたかった）。その一方、四十歳を前にした時に、今も筆者を苦しめる慢性関節リウマチを発症し、城跡にある歴史博物館に勤める考古学専攻者としては色んな意味でもっとも行ないやすい全国の戦国・織豊期城郭の現地踏査といったフィールド・ワークが難しくなるというようなこともあった。

そうした様々な要因が積み重なって、考古学的手法と文献史学的手法との両方を視野に入れながら、軸足は後者において研究を進めるという学問的スタイルを取らざるを得なくなっていったのだが、こうして例えば、大阪市中央区で発掘調査された豊臣期の屋敷遺構を豊臣秀次や加藤清正の大坂屋敷地と同定する作業（いずれも「大坂城と城下町の終焉」佐久間貴士編『よみがえる中世2　本願寺から天下一へ　大坂』平凡社、一九八九年に収録）や、福岡県行橋市の石切丁場から切り出され、大坂城西之丸の細川忠興担当丁場に積み上げられた大角石の検討（「福岡県行橋市沓尾における徳川時代大坂城残石の調査」日本考古学協会第七三回総会発表資料、二〇〇七年。拙著『天下統一の城　大坂城』新泉社、二〇〇八年）を行なったりしてきた。

もちろんこうした手法が、学際的といえば聞こえはよいが、ともすれば如何にも中途半端な研究手法として考古学・文献史学研究者のどちらからも支持されないものとなる危険性を有していることは承知しているつもりである。しかし、発見される地下遺構や遺物とともに、実に豊富な文献史料が残されている大坂城を研究するにあたっては、やはり両者の総合的検討という観点が不可欠であることもまた当然というべきで、本書においてもこうした研究手法による成果を基軸としながら卑見を開示してきたつもりである。こうして成った本書が、豊臣政権の形成過程や大坂城の実像の解明に僅かでも貢献し得たのならば喜びそれに過ぎるものはない。

※

最後に、これまで四十年以上の長きにわたってご指導をいただいてきた渡辺武・内田九州男の両氏をはじめとする大阪城天守閣の先輩・後輩の諸氏、そして怠惰で不才の筆者を、時に厳しく、時に暖かく見守ってくださった龍谷大学の岸田裕之・平田厚志、大阪大学の村田路人・野村玄の諸先生方に深甚の謝意を表したいと思います。さらにこの間の長きにわたって絶えずご厚誼・ご指導をいただいてきた故脇田修（大阪城天守閣運営委員、大阪歴史博物館）、故畑中誠治（滋賀大学）、佐藤宗諄（滋賀大学・奈良女子大学）、北垣聰一郎（石川県立金沢城調査研究所）、北原糸子（国立歴史民俗博物館・立命館大学）、高橋昌明（神戸大学）、玉野富雄（大阪産業大学）、都出比呂志（滋賀大学・大阪大学）、中尾芳治・八木久栄・長山雅一（いずれも大阪市教育委員会）、西ヶ谷恭弘（日本城郭史学会）、野中和夫（日本大学）、萩原三雄（帝京大学文化財研究所）、堀田暁生（大阪市史編纂所）の諸先生と、大澤研一（大阪歴史博物館）・佐久間貴士（大阪樟蔭女子大学）・白峰旬（別府大学）・辻尾榮市（郵政考古学会）・中井均（長浜城博物館・滋賀県立大学）・仁木宏（大阪市立大学）・乗岡実（岡山市教育委員会）・松尾信裕（大阪城天守閣・大阪歴史博物館）・森毅（大阪市経済戦略局）・森岡秀人（芦屋市教育委員会）氏らをはじめとする同学の皆さん（ご所属はすべてを網羅したものではないし、過去のものを含む）に、そして、還暦から古希を迎えんとする年齢の筆者を共に学ぶ者として暖かく受け入れてくださった龍谷・大阪両大学の院生諸氏に対しても心からの感謝の意を表します。

そして末尾ではありますが、本書の出版にあたって何かとご高配をいただいた和泉書院代表取締役社長兼編集長の廣橋研三氏には取り分け厚く、心からの御礼を申し上げたいと思います。

二〇一九年十一月二十二日

中村博司

■著者紹介

中村博司（なかむら　ひろし）

一九四八年滋賀県大津市生。一九七二年滋賀大学教育学部卒業。一九七四年より大阪城天守閣学芸員。二〇〇〇年より大阪城天守閣館長（二〇〇七年退職）。二〇〇九年龍谷大学大学院文学研究科修士課程、二〇一七年大阪大学大学院文学研究科博士課程修了。文学博士（大阪大学）。

この間、大阪産業大学・大阪樟蔭女子大学・帝塚山学院大学・龍谷大学で非常勤講師を勤める。また、（公財）日本城郭協会評議員・甲府城石垣整備活用等調査委員会委員（山梨県）・大坂城石垣整備委員会委員（大阪市）などを歴任。

主な著書に、『戦国合戦絵屏風集成』全六巻（共著、中央公論社）・『日本城郭体系』第十二巻大阪・兵庫編（共著、新人物往来社）・『日本名城集成　大坂城』（共著、小学館）・『よみがえる中世』2（共著、平凡社）・『よみがえる茨木城』（編著、清文堂）・『天下統一の城　大坂城』（単著、新泉社）・『大坂城全史』（単著、ちくま新書）など。

日本史研究叢刊34

豊臣政権の形成過程と大坂城

二〇一九年一二月一五日初版第一刷発行
（検印省略）

著　者　中村博司
発行者　廣橋研三
印刷所　亜細亜印刷
製本所　渋谷文泉閣
発行所　有限会社　和泉書院
大阪市天王寺区上之宮町七-六
〒五四三-〇〇三七
電話　〇六-六七七一-一四六七
振替　〇〇九七〇-八-一五〇四三

ISBN978-4-7576-0916-7　C3321